Neue
Kleine Bibliothek 67

für
Bernd
von
[illegible]
25/10/2000

Winfried Wolf

Fusionsfieber

Oder: Das große Fressen

Globalisierungsmythos – Nationalstaat – Wirtschaftsblöcke

PapyRossa Verlag

Umschlag: Willi Hölzel
Satz: Volker Hirsekorn
Druck: Interpress

Die Deutsche Bibliothek – CIP-Einheitsaufnahme

Wolf, Winfried:
Fusionsfieber oder: das große Fressen / Winfried Wolf. - Köln :
PapyRossa-Verl., 2000.
(Neue Kleine Bibliothek ; 67)
ISBN 3-89438-210-4

Inhalt

Teil I
Einleitung

Ohne Einladung
Sind wir gekommen
Siebenhundert (und viele sind noch unterwegs)
Und haben Dich gesehen
Plötzlich über Nacht
Öltank.
Eilet herbei, alle
Die ihr absägt den Ast, auf dem ihr sitzet
Werktätige!
Gott ist wiedergekommen
In Gestalt eines Öltanks.
Was ist für Dich ein Gras?
Du sitzest darauf.
Wo ehedem ein Gras war
Da sitzest jetzt Du, Öltank!
Und vor Dir ist ein Gefühl
Nichts.
Darum erhöre uns
Und erlöse uns von dem Übel des Geistes.
Im Namen der Elektrifizierung
Der Ratio und der Statistik!

Bertolt Brecht, Hundert Intellektuelle beten einen Öltank an[1]

1

Mehr noch als die Zeitung von gestern vermitteln manchmal Fusionen von gestern den Eindruck, als sei nichts so alt wie sie. Die Schlagzeilen von der Übernahme Chryslers durch die Daimler-Benz AG 1998 sind längst verblichen. Was damals als größte Fusion in der Industriegeschichte galt, wurde längst durch neue Rekorde überrundet. Wer erinnert sich noch an das Fusionsfieber im Jahr 1999, als die deutsche Telekom Telecom Italia übernehmen wollte? Richtig: Der Zwerg Olivetti machte das Rennen und Ron Sommer sagte zum Abschied leise Arrivederci. Als im August des Jahres 2000 Rolf E. Breuer die stolzen

Gewinnergebnisse seines Instituts, der nach der Bilanzsumme größten Bank der Welt, präsentierte, da strahlte der Vorstandssprecher der Deutschen Bank, als habe er im ersten Halbjahr 2000 durchgehend auf einer Sonnenbank und nicht im Ehebett und dann im Clinch mit der Dresdner Bank gelegen. Dabei spricht vieles dafür, daß auch Aktionäre und Broker bereit sind, die »Mega-Blamage« vom Scheitern des »größten Deals in der deutschen Bankgeschichte« zu vergessen, weil sich die Gier nach Größe auch anderweitig darstellen läßt – etwa mit den 114,6 Prozent Plus beim Gewinn im ersten Halbjahr 2000.[2]

Das schwindelerregende Karusell dreht sich längst weiter. Mitunter werden Riesen in wenigen Jahren zur vernachlässigbaren Größe, während bis dahin weniger bedeutende Unternehmen aus dem Nichts zur Weltgröße emporschießen. Dresdner Bank und Hypo Vereinsbank sind solche Beispiele. Vor fünf Jahren kannte jeder Broker an der Wall Street den Namen »Dresdner Bank«, doch kaum jemand den der zwei bayerischen Finanzinstitute, die 1998 die Hypo Vereinsbank erst formierten. Bald könnte im internationalen Fusionsfieber nur noch die Hypo Vereinsbank von Interesse sein. Gelingt die im Sommer 2000 angekündigte Verbindung mit der BankAustria, dann weist das neue Unternehmen eine Bilanzsumme aus, die gut eineinhalb Mal so groß wie diejenige der Dresdner Bank ist; im Jahr 2000 läge Hypo Vereinsbank mit BankAustria auf Rang 5 der größten Banken der Welt – gäbe es in diesem Sektor nicht ein halbes Dutzend neuer Großfusionen, die im Gebäude der weltgrößten Banken kaum einen Stein auf dem anderen lassen – (vgl. dazu Kapitel 12).

2

So vergänglich die *einzelnen* Vorgänge im Fusionsfieber auch zu sein scheinen und so sehr dasselbe als ein ewiger Strom erscheint, so handelt es sich doch um einen *Prozeß mit Anfang und Ende*. Francis Fukuyamas Thesen vom »Ende der Geschichte« sind in vieler Hinsicht falsch. Eine davon betrifft die Basis der Geschichte, die er in Menschen sieht, die seit der Französischen Revolution »soziale Manipulationen« am ewig gültigen Markt vorgenommen hätten – ein geschichtliches Kapitel, das seit der großen Wende 1989/90 für immer und ewig abgeschlossen sei.[3] In Wirklichkeit sind die Menschen bisher nur in historischen Ausnahmesituationen selbst Subjekte, die Geschichte machen. Die wesentliche Antriebskraft unserer Gesellschaft ist vielmehr ihre materielle Basis – die Ökonomie. Das lehrt sehr deutlich diese Arbeit über das Fusionsfieber. Will man dieses verstehen, so ist eine knappe Einordnung der »Merger and Acquisition«-Prozesse (»M&A«) in die Wirtschaftsgeschichte des Kapitalismus sinnvoll.

Die Geschichte des kapitalistischen Wirtschaftssystems ist eine fortwährende Geschichte der Enteignung privater Eigner, der Anhäufung von Eigentum bei größeren Privateigentümern, der Ansammlung und Konzentration von Macht bei einer ständig kleineren Zahl von Eigentümern und Großaktionären und einer wachsenden Ohnmacht von immer mehr Menschen. Das »Fusionsfieber«, das seit Jahren die Weltwirtschaft beherrscht, ist in gewissem Sinn eine *besondere Ausformung* dieses viele Jahrhunderte währenden Prozesses.

Die Conquista und die Schaffung von Kolonialländern stellen die erste Stufe in diesem Aneignungs- und Enteignungsprozeß dar. Die wirtschaftlich und militärisch überlegenen europäischen Länder Portugal, Spanien, die Niederlande, Britannien und Frankreich unterwarfen sich seit Beginn des 16. Jahrhunderts in Afrika, Asien und Lateinamerika Gebiete, die hundertfach größer als die eigenen »Mutter-Territorien« waren. Sie preßten aus diesen Regionen und aus den dort lebenden Menschen Schätze hervor, wie sie die Menschheit weder in ihrer Größe, noch in dem damit verbundenen Blutzoll je gesehen hatte. Karl Marx beschrieb, wie dieser Prozeß in einem direkten Zusammenhang mit der industriellen Revolution in Europa zu sehen ist: »Die Entdeckung der Gold- und Silberländer in Amerika, die Ausrottung, Versklavung und Vergrabung der eingeborenen Bevölkerung in die Bergwerke, die Eroberung und Ausplünderung Ostindiens, die Verwandlung Afrikas in ein Geheg zur Handelsjagd auf Schwarzhäute, bezeichnen die Morgenröte der kapitalistischen Produktionsära. Diese idyllischen Prozesse sind Hauptmomente der ursprünglichen Akkumulation,« also Grundlage der hierauf folgenden industriellen Revolution.[4]

Das läßt sich auch höchst praktisch darstellen. Der belgische Ökonom Ernest Mandel stellte eine detaillierte Rechnung auf, die zur Schlußfolgerung gelangt: Die Gewinne aus dem Gold- und Silberimport aus den neuen Kolonien und die Gewinne aus dem Sklavenhandel entsprachen »mehr als einer Milliarde Goldpfund, das heißt mehr als dem Wert des gesamten Anlagekapitals in allen europäischen Industrienationen um das Jahr 1800.«[5] Auf dem Umweg über Finanzhäuser materialisierten sich die aus den Kolonien geraubten Reichtümer und überführten Gewinne in den ersten Fabrikanlagen in England, Frankreich, den Niederlanden und später auch in Deutschland.

Überwiegend parallel zur Kolonialisierung kam es in den Mutterländern des modernen Kapitalismus zu einer zweiten großen geschichtlichen Form von Enteignung – derjenigen Menschen, die mit ihren kleinen Produktionsmitteln und Werkzeugen gewissermaßen »verwachsen« waren. Millionenfaches Bauernlegen, hunderttausendfache Pleite von Handwerker-Existenzen und Kleinbetrieben waren die Grundlage für das Entstehen des großen Kapitals. Erst die Zerstörung vor allem der kleinen bäuerlichen Existenzen schuf das Arbeitskräftereservoir für die »ursprüngliche Akkumulation des Kapitals«. Erst die Zerstörung der Familien mit dem millionenfachen Einsatz von Kinder- und Frauenarbeit bewirkte den Dumping-Preis für Arbeit, der dieses Kapital »beflügelte«. Oder, wie es in einem zeitgenössischen Bericht aus dem Jahr 1860 heißt: »Kapital flieht Tumult und Streit und ist ängstlicher Natur. Das ist... nicht die ganze Wahrheit. Das Kapital hat einen horror vor Abwesenheit von Profit, oder sehr kleinem Profit, wie die Natur vor der Leere. Mit entsprechendem Profit wird Kapital kühn. Zehn Prozent sicher, und man kann es überall anwenden; zwanzig Prozent, es wird lebhaft; 50 Prozent positiv waghalsig; für 100 Prozent stampft es alle menschlichen Gesetze unter seinen Fuß; 300 Prozent, und es existiert kein Verbrechen, das es nicht riskiert, selbst auf die Gefahr des Galgens. Wenn Tumult und Streit Profit bringen, wird es sie beide encouragieren. Beweis: Schmuggel und Sklavenhandel.«[6]

3

Die kapitalistische Wirtschaftsweise kennt generell den Zug zur Größe. Dies resultiert bereits aus der maßgeblichen Triebkraft dieser Produktionsweise, der Profitmaximierung. Grundsätzlich existieren dabei *zwei* Möglichkeiten, die Unternehmensgrößen zu steigern: Das »Wachstum aus eigener Kraft« und ein Wachstum durch Übernahme anderer Unternehmen.

Das Wachstum aus eigener Kraft heißt vor allem die Anhäufung der im Unternehmen erzeugten Gewinne durch Reinvestition. Es handelt sich um eine natürliche Akkumulation oder Expansion von Kapital. Diese stellt einen Aneignungsprozeß besonderer Art dar, indem die Arbeitskräfte einen Wert über denjenigen hinaus, der ihnen in Form von Löhnen und Gehältern zufließt, erzeugen – einen Mehrwert. Die inzwischen vollzogene Trennung der Arbeitskräfte von den Produktionsmitteln verschleiert diesen Vorgang und produziert den Schein, als wären unterschiedliche Produktionsfaktoren und nicht allein verausgabte Arbeitskraft wertschaffend. Doch ohne Arbeit bleiben Maschinerie und Geldkapital für gewöhnlich totes Kapital – es sei denn, wir erlebten ein Spekulations- und Fusionsfieber wie in jüngerer Zeit, was zu einem zeitweiligen Abheben der Finanz- von der Produktionssphäre führt.

Die Steigerung der Kapitalgrößen aus »eigener Kraft« erfolgt vor allem in Perioden mit hohen Raten des allgemeinen wirtschaftlichen Wachstums. Sie prägte den frühen Kapitalismus des 19. Jahrhunderts und im 20. Jahrhundert die Periode nach dem Zweiten Weltkrieg, insbesondere die fünfziger bis siebziger Jahre (siehe Kapitel 1 und 2). Diese Expansion ist naturgemäß beschränkt durch die Wachstumsrate der Wirtschaft im allgemeinen bzw. diejenige des spezifischen Unternehmens.

In Zeiten niedriger wirtschaftlicher Wachstumsraten, bei hohen Börsenkursen mit spekulativer Tendenz, aber auch in Krisenphasen dominiert allerdings die zweite Form des Kapitalwachstums: die der Kapitalkonzentration in Form von »Unternehmenstransaktionen«, dem M&A-Business. Das war in Deutschland so im Gründerboom und im darauffolgenden Gründerkrach 1870 bis 1875. So die vorherrschende

Tendenz auf internationaler Ebene im Vorfeld der Weltwirtschaftskrise 1929 und in der großen Depression 1930 bis 32. Das damalige Fusionsfieber wurde von dem großen bürgerlichen Ökonomen Joseph Schumpeter detailliert und als Beispiel kapitalistischen Verfalls beschrieben.[7] Seit sich die ersten internationalen Rezessionen 1974/75 und 1980/82 einstellten und die Wachstumsraten wieder verlangsamten, erleben wir erneut die Wiederkehr eines solchen Fusionsfiebers. Diese zweite Wachstumsform, die im Zentrum dieser Arbeit steht, beschrieb Karl Marx als »Konzentration bereits gebildeter Kapitale, Aufhebung ihrer individuellen Selbständigkeit, Expropriation von Kapitalist durch Kapitalist, Verwandlung vieler kleineren in wenigere größere Kapitale.« Vor allem gilt jetzt: Dieser Prozeß des Wachstums einzelner Kapitale »unterscheidet sich von dem ersteren dadurch, daß er nur veränderte Verteilung der bereits vorhandenen und funktionierenden Kapitale voraussetzt, sein Spielraum also durch das absolute Wachstum des gesellschaftlichen Reichtums oder die absoluten Grenzen der Akkumulation nicht beschränkt ist. Das Kapital schwillt hier in einer Hand zu großen Massen, weil es dort in vielen Händen verlorengeht. Es ist die eigentliche *Konzentration* im Unterschied zur Akkumulation.«[8]

4

Die Anhäufung von Macht bei einzelnen Konzernen scheint heute einmalig zu sein. Das ist nicht falsch – und teilweise doch unhistorisch.

Tatsache ist, daß jede große Periode der kapitalistischen Entwicklung ihre eigene Form der Zusammenballung von Kapitalmacht kannte, die bis dahin einmalig in der Menschheitsgeschichte war. Einmalig war die Macht, die die Englisch-Ostindische Kompanie auf dem Höhepunkt des britischen Kolonialreichs – mit dem exklusiven Monopol des Teehandels sowie des chinesischen Handels und des Gütertransports von und nach Europa – innehatte. Einmalig war die Herrschaft, welche die »Eisenbahnkönige« seit der Mitte des 19. Jahrhunderts in ihren jeweiligen Ländern ausübten: George Hudson in England, Bethel Henry Strousberg in Deutschland, Vanderbilt in den USA und die Eigentümer der Eisenbahngesellschaft Crédit Mobilier in Frankreich.[9] Einmalig war die Macht, die das Bankhaus J.P. Morgan und der Großunternehmer John D. Rockefeller mit seinem Ölkonzern Standard Oil am Anfang des 20. Jahrhunderts in den USA und teilweise international ausübten.[10] Und einmalig war schließlich die Machtkonzentration, die der I.G. Farben seit Mitte der zwanziger Jahre in Deutschland und später im NS-Staat zukam.Neu an der aktuellen Kapitalkonzentration ist weniger, die Macht *einzelner* (Personen oder Unternehmen) in der Gesamtökonomie. Neu ist, daß wir es heute einerseits mit einem stofflich breiter gefächerten Kapitalismus zu tun haben, in dem jedoch andererseits alle Branchen international definiert und in welchem so gut wie *alle* diese Weltbranchen von wenigen Konzernen kontrolliert werden. Ein Konzern (Microsoft) kontrolliert den größten Teil der Computer-Software. Zwei Konzerne (Boeing und Airbus) beherrschen den Weltmarkt der zivilen und den größten Teil der militärischen Jets. Drei Konzerne (Bridgestone, Goodyear und Michelin) beherrschen den internationalen Reifenmarkt. Vier Konzerne kontrollieren das Welt-Businness mit großen Kraftwerken (Alstom-Alcatel, Siemens, GEC und Mitsubishi Heavy Industries). Elf Konzerne haben in der Autoindustrie das Sagen (vgl. Kapitel 8). Und zwölf Finanzinstitute beherrschen die Weltfinanzmärkte (siehe Kapitel 12).

Das ist der reale Kern des Mode-Begriffs »global player«: Ein weltweiter Kapitalismus, in dem in fast allen wichtigen Branchen eine Handvoll Unternehmen den Markt weitgehend kontrollieren. In dieser Hinsicht erleben wir eine *struktuelle Veränderung* des Kapitalismus. Joseph Schumpeter prägte in seiner bahnbrechenden Arbeit über die Konjunkturzyklen den Begriff eines »vertrusteten Kapitalismus«, der in direktem Widerspruch zu dem von ihm beschriebenen »Wettbewerbskapitalismus« stünde. Er meinte zu Recht, daß diese Art Kapitalismus zur Zeit seiner Analyse »noch nicht entwickelt genug ist, um in irgendeinem Land das Bild zu beherrschen.« Wäre dies so, dann allerdings würden ganz andere Gesetzmäßigkeiten als die von ihm beschriebenen vorherrschen. Vor allem gäbe es dann kaum mehr die von ihm positiv beschriebene Innovationsfähigkeit.[11] Heute allerdings sehen wir uns einem solchen »vertrusteten Kapitalismus« gegenüber.

5

In der Geschichte der Kapitalkonzentration war niemals nur die abstrakte Konzentration von Werten (Dollar, Pfund Sterling, Mark) entscheidend. Es ging immer auch um die Frage, wer eine spezifische *stoffliche* Produktion kontrolliert. Dabei standen immer die Kontrolle über Transport, Energiequellen bzw. Rohstoffe im Zentrum. Entsprechend den technologischen Revolutionen, die in diesen Sektoren stattfanden, veränderte sich der Angelpunkt, von dem aus eine beherrschende Kapitalkonzentration in einem spezifischen Sektor gleichgesetzt werden konnte mit einer vorherrschenden Position in der Weltwirtschaft.

Dieses Buch beschreibt, wie sich die maßgebliche Kapitalkonzentration im 19. und 20. Jahrhundert parallel mit der stofflichen Weiterentwicklung in diesen Sektoren veränderte: von Eisenbahnen, Kohle und Stahl Ende des 19. Jahrhunderts zu Auto, Rohöl und Petrochemie ab Beginn des 20. Jahrhunderts – vgl. Kapitel 5. Das galt im übrigen auch für die den Eisenbahnen vorausgegangene Transporttechnologie, die der Kanäle des 17. bis 19. Jahrhunderts. So kommt es, daß die Rekorde für langfristige Profitabilität in diesen Sektoren erzielt wurden: Eine der ältesten Aktiengesellschaften, die Leeds and Liverpool Canal Company, warf im Zeitraum 1786 bis 1919 oder über eine Periode von 133 Jahren in jedem Jahr Gewinn ab, und zwar meist zwischen 15 und 20 Prozent.[12] In den USA war es dann die Pennsylvania Railroad Company, die zwischen 1856 und 1969, also über einen Zeitraum von 113 Jahren, Jahr für Jahr Dividenden zwischen acht und zehn Prozent bezahlte.[13] Mit dieser Arbeit wird erstmals nachgewiesen, wie sich die gegenwärtige Kapitalkonzentration stofflich vor allem als Konzentration von Werten und Macht in den Sektoren Ölverarbeitung, Auto und Rüstung darstellt, also in den heute strategisch entscheidenden Branchen der Rohstoffgewinnung, des Transportsektors und der Kriegstechnik (vgl. die Kapitel 8 und 11).

6

Die Kapitalkonzentration erschien in früheren Perioden oftmals dadurch gerechtfertigt, daß sie für den *stofflichen Arbeitsprozeß* zwingend war. Tatsächlich hätte das gewaltige Kanal-Netz, das England bereits Anfang des 19. Jahrhunderts durchzog und das ebenso groß wie das westdeutsche Autobahnnetz im Jahr 1985 war, niemals gebaut werden können ohne eine gewaltige Kapitalkonzentration mit der spezifischen Unternehmensform der Aktiengesellschaft.[14] Vergleichbares gilt für die Eisenbahnen. Marx schrieb hierzu: »Die Welt wäre noch ohne Eisenbahnen, hätte sie solange warten müssen, bis die Akkumulation einige Einzelkapitale dahin gebracht hätte, dem Bau einer Eisenbahn gewachsen zu sein. Die Zentralisation dagegen hat dies, vermittelst der Aktiengesellschaften, im Handumdrehen fertiggebracht.«[15]

Hier gab es eine entscheidende Veränderung. Das Fusionsfieber, das seit Ende des 20. Jahrhunderts wütet, kann in so gut wie keinem M&A-Fall als *stofflich notwendig* dargestellt werden. Ob Daimler mit oder ohne Chrysler antritt, hat keine Auswirkung auf die Produkte; schon gar nicht werden diese erst dadurch ermöglicht. Daß Bill Gates und Microsoft absolut marktbeherrschend sind, nutzt den Konsumentinnen und Konsumenten nicht nur nichts; es schadet ihnen. Bei einer ganzen Reihe von Branchen bieten heute kleinere Produktionseinheiten sogar stofflich bessere Voraussetzungen als große. Dies gilt beispielsweise für den Energiesektor und für eine alternative und dezentrale Energieerzeugung. Kapitalkonzentration ist damit heute meist mit Zerstörung und Vernichtung von Werten verbunden. Sie kennt nur noch das eine Ziel: Machtkonzentration (vgl. Kapitel 13).[16]

7

In der aktuellen Debatte über die Globalisierung im allgemeinen und über das Fusionsfieber im besonderen wird gemeinhin davon ausgegangen, die Machtkonzentration läge allein bei staatenlosen Konzernen. Nationalstaaten spielten so gut wie keine Rolle mehr. Das ist falsch. Ein roter Faden, der dieses Buch durchzieht, besteht in Dutzenden von Nachweisen, daß der Prozeß der Kapitalkonzentration auch heute strikt entlang »nationaler« Linien verläuft und daß es parallel zur wachsenden Macht der 200 größten Konzerne der Welt zu einer Neubelebung der Nationalstaaten, zu Versuchen der Schaffung von Wirtschaftsblöcken – EU und Nafta (USA, Kanada und Mexiko) –, denen teilweise staatliche Funktionen zukommen, und zu einer verschärften Konkurrenz zwischen Nationalstaaten und nationalstaatlichen Konzernen kommt (vgl. die Kapitel 9 und 10). Diese Arbeit ist damit auch eine Schrift wider den Mythos der Globalisierung. Das allerdings macht die aktuellen Prozesse der Kapitalkonzentration nicht sympathischer. Vielmehr ist die national gefärbte Form der M&A-Prozesse auch die Basis für einen wachsenden Nationalismus, Rassismus und für eine sich erneut verschärfende Tendenz zu Kriegen.

Auch hier ist ein Blick in die Wirtschaftsgeschichte förderlich. Anfang des 20. Jahrhunderts argumentierte Karl Kautsky, Nationalstaaten spielten eine immer geringere Rolle. Er entwickelte die Theorie eines neuen »Ultraimperialismus«, der sehr nah an das herankam, was heute als »Globalisierung« fröhliche Urständ feiert. Tatsächlich kam es bald darauf zum Ersten Weltkrieg, der strikt entlang der »nationalen« Linien verlief. Nochmals 30 Jahre früher sah ein J.A. Hobson die Vision eines einheitlichen Europas voraus, in dem »der größte Teil Westeuropas dann... den Charakter annehmen (könnte), den einige Gegenden in Südengland... und an der Riviera bereits haben.«[17] Tatsächlich gibt es selbst heute noch kein einheitliches Europa. Gerade in der EU sind nach wie vor nationalstaatliche Tendenzen präsent. Der Maastrichter Vertrag und die Einführung des Euro stellen im Grunde Hebel dar, mit denen eine Einheit, die in 40 Jahren Geschichte der EWG/EG/EU auf politischem Weg nicht erreicht wurde, über wirtschaftliche Zwangsinstrumente und bei Hinnahme enormer Risiken durchgesetzt werden soll (vgl. Kapitel 10 und 13).

8

Die bisherige Geschichte der Kapitalkonzentration war immer auch eng mit Kriegen verbunden. Der mächtigste deutsche Stahlkonzern, Krupp, und das größte Finanzinstitut, die Deutsche Bank, hatten maßgeblichen Einfluß auf Entscheidungen, die zum Ersten Weltkrieg führten. IG Farben, Daimler-Benz und insbesondere die Deutsche Bank waren in den dreißiger Jahren treibende Kräfte bei der deutschen Aufrüstung und der Finanzierung der NSDAP. Der militärisch-industrielle Komplex in den USA stellt heute ein enges Geflecht aus Banken, Rüstungskonzernen, Militär/Pentagon und Politik dar und spielte eine wesentliche Rolle bei den Entscheidungen über die Kriege der USA in Korea 1950-52, in Vietnam 1965-1975, am Golf 1990/91 und gegen Jugoslawien 1999.

Ein wichtiger Aspekt im aktuellen Fusionsfieber ist damit auch die wachsende Kapitalkonzentration im Rüstungssektor. Die Europäische Union versucht auch auf diesem Gebiet den Abstand zu den USA zu verringern, indem sie die Bildung eines gigantischen militärisch-industriellen Komplexes und damit die Militarisierung der Politik fördert. Im Juli 2000 erfolgte der Börsengang des kurz zuvor gebildeten größten europäischen Rüstungskonzerns, des European Aeronautic Defence System (EADS), basierend auf dem Zusammengehen der größten nationalen Rüstungsunternehmen der BRD, Frankreichs und Spaniens. Dieses neue Unternehmen wird in Westeuropas Rüstungsmarkt – zusammen mit British Aerospace Systems – beherrschend sein und politisch wie ein Instrument zur Auspressung immer neuer Steuermilliarden für die Tötungsindustrie wirken. Dies läßt sich bereits an der Mitgift ermessen: Pünktlich zum Börsenstart beschloß bzw. bestätigte die Bundesregierung Militäraufträge, die sich auf rund 100 Milliarden Mark addieren (vgl. Kapitel 11).

9

In der aktuellen Debatte über Globalisierung und Fusionsfieber gibt es zwei vorherrschende, gleichermaßen falsche Grundaussagen. Die eine spricht der Globalisierung überwiegend oder ausschließlich gute Eigenschaften zu. Diese Linie folgt dem Trampelpfad der vorherrschenden Politik, den Helmut Kohl 16 Jahre lang beschritt und in dessen Fußstapfen Gerhard Schröder wandelt. Danach, so der letztere, sei deutlich zu machen, »daß bei Fusionen... die Chancen in den Mittelpunkt der Auseinandersetzung gerückt werden müssen.«[18] Die andere betont zwar einige berechtigte Ängste und zerstörerische Auswirkungen von Globalisierung und Kapitalkonzentration. Diese werden jedoch als Teil eines nicht aufhaltbaren Prozesses dargestellt, mit Akteuren, die in »Netzwerken operieren«, so Viviane Forrester, wobei »die Fäden dieses in Entstehung begriffenen Netzes fast unsichtbar und deshalb schwer zu erfassen (sind)«, so Robert Reich.[19] Diese Arbeit liefert Material und Argumente zur Widerlegung dieser Grundaussagen. Dem aktuellen Fusionsfieber werden ausschließlich negative Folgen zugesprochen – soweit dies die übergroße Mehrheit der Weltbevölkerung und nicht die wenigen tausend Superreichen betrifft. Die ablaufenden Prozesse der Kapitalkonzentration sind jedoch nicht »anonym«, »fast unsichtbar« oder »schwer zu erfassen«. Hinter ihnen stehen konkrete Akteure, große private Eigner oder Großaktionäre. Der Film »Roger and me« beschrieb diesen persönlichen Aspekt des zerstörerischen Wirkens von General Motors und seinem damaligen Boss Roger Smith auf hervorragende Weise. Die Berichterstattung im LabourNet nennt regelmäßig Namen und Adressen, die das Fusionsfieber faßbar machen. Die Zeitschrift Fortune veröffentlicht alljährlich die Liste der 500 größten Konzerne der Welt – übrigens mit den Namen aller CEOs (etwa: Vorstandsvorsitzenden), der Telefonnummern und Internet-Pages der Konzern-Zentralen. Allein die »Mitteilung«, daß bei diesen 500 Unternehmen – im Weltmeer der Globalisierung eine kleine Größe – im Jahr 1999 die gewaltige Zahl von 43.955.988 Menschen beschäftigt war, ist Ausdruck einer unglaublichen und undemokratischen Konzentration der Macht Weniger über ein Millionenheer von Arbeitskräften.[20]

10

Wenn Globalisierung und Kapitalkonzentration keine anonym ablaufenden Prozesse sind, dann sind sie auch beeinflußbar. Dann ist Gegenwehr möglich. Es handelt sich dabei nicht um eine theoretische Möglichkeit, sondern um handfeste Realität. In Dutzenden Auseinandersetzungen haben sich in den vergangenen zwei Jahren Belegschaften gegen die Auswirkungen des Fusionsfiebers gewehrt – teilweise mit Erfolg. Während in früheren Zeiten offizielle internationale Politik-Veranstaltungen als Prozeß einer Völkerverständigung zelebriert werden konnten, sind sie heute von Protesten derjenigen begleitet, welche die Macht der großen Konzerne und Banken bekämpfen. Der zapatistische Aufstand im südlichsten mexikanischen Bundesstaat, Chiapas, begann zum Zeitpunkt, als die Nafta unter Einbeziehung Mexikos in Kraft trat; er richtet sich ausdrücklich gegen die neoliberale Ordnung der Konzerne.[21] Die Bauern auf dem Plateau Larzac im Süden Frankreichs stellten ihren Kampf gegen McDonalds, Fast Food und das große Agrobusiness in den Zusammenhang von Neoliberalismus und Globalisierung. Als sie das erste Mal bei den Protesten gegen die WTO-Konferenz in Seattle Ende 1999 ihre Losung »Roquefort für alle!« vortrugen, stieß dies auf breite Zustimmung. Ähnliche Gedanken legte Bertolt Brecht fünfzig Jahre zuvor in den »Flüchtlingsgesprächen« der Figur Ziffel in den Mund:

»Ich hab mich oft gewundert, warum die linken Schriftsteller zum Aufhetzen nicht saftige Beschreibungen von den Genüssen anfertigen, die man hat, wenn man hat. Ich seh immer nur Handbücher, mit denen man sich über die Philosophie und die Moral informieren kann... Eine einfache Beschreibung der Käsesorten, faßlich und anschaulich geschrieben, oder ein künstlerisch empfundenes Bild von einem echten Omlette würde ungemein bildend wirken.«[22]

III

Wenn Überlieferung und Kanonisierung nicht bloß anonym ablaufende Prozesse sind, dann sind sie auch beeinflußbar. [illegible] [illegible] [illegible]. Es handelt sich dabei nicht um eine theoretische Möglichkeit, sondern um handfeste Realität. In Dutzenden [illegible] Auseinandersetzungen haben sich in den letzten Jahren zwei führende Kollegen [illegible] [illegible] die [illegible] des [illegible] geredet – [illegible] [illegible] [illegible] [illegible] [illegible] [illegible] [illegible] als [illegible]

[illegible] [illegible] [illegible] [illegible] [illegible] [illegible] [illegible] [illegible] [illegible] [illegible] [illegible] [illegible] [illegible] [illegible] [illegible] [illegible] [illegible] [illegible] [illegible] Moral [illegible] [illegible] [illegible] [illegible] [illegible] [illegible] [illegible] [illegible] [illegible] [illegible]

Teil II
Kapitalakkumulation seit 1980 – Inneres Wachstum und Wachstum durch Kapitalkonzentration

Demokratisierung der Wirtschaft ist ebenso unsinnig wie die Demokratisierung der Schulen, der Kasernen oder der Zuchthäuser.

Der Industriekurier, 7. Oktober 1965

Nicht immer galt die Feststellung, daß in der kapitalistischen Ökonomie allein Größe zähle. In der Nachkriegszeit und insbesondere in den siebziger Jahren wurde oft die gegenteilige Behauptung aufgestellt. Und gelegentlich schien sich in der Praxis zu bewahrheiten, daß »small beautiful« sei.

Anfang der achtziger Jahre setzte sich jedoch der Trend zur Größe als entscheidender Maßstab erneut durch – zuerst in der Praxis und inzwischen auch in der Theorie. Deutlicher denn je geht es den großen Unternehmen seither um »Empire Building«, um den Gewinn von Marktmacht durch die Schaffung großer Konzerne. Dabei schien für eine gewisse Zeit und zumindest für einige Länder die Vergrößerung der Konzerne aus eigener Kraft, durch die Akkumulation der Gewinne und damit durch ein »inneres Wachstum« zu überwiegen.

Doch seit den achtziger Jahren des 20. Jahrhunderts findet der Zug zur Größe vor allem durch »Mergers & Acquisitions« statt. Zunächst erlebten wir solche neuen Wellen der Unternehmenszusammenschlüsse und –übernahmen in den USA. Mit ihnen flossen neue oder aktualisierte Begriffe wie »feindliche Übernahmen«, »Management Buy Out«

oder »junk bonds« in die wirtschaftspolitische Terminologie ein. Ende der achtziger Jahre wurde auch Westeuropa von dieser Welle erfaßt.

Die Jahre 1989/90 brachten eine besonders deutliche Akzentuierung. Mit dem damit verbundenen Ende des »Kalten Kriegs« wurden alle Fesseln und Rücksichtnahmen abgestreift, die teilweise zuvor die Gesetzmäßigkeiten des Kapitalismus modifiziert und abgeschwächt hatten. Die »Moderne«, die jetzt in unseren Gesellschaften Einzug hält, weist viele Charakteristika eines Kapitalismus auf, wie er von Emile Zola in dem Roman »Das Geld« oder auch von Karl Marx im »Kommunistischen Manifest« beschrieben wurde.

Dabei rückte jetzt Westeuropa zunehmend in das Zentrum des Fusionsfiebers. Im Jahr 1999 übertrafen die Unternehmenszusammenschlüsse und -übernahmen in Westeuropa erstmalig diejenigen in Nordamerika. Dazu trugen die Vergrößerung der EU und die Konkretisierung ihres inneren Marktes mit den Verträgen von Maastricht, Amsterdam und die Einführung des Euro bei. Letzten Endes ist das Fusionsfieber jedoch ein Resultat zweier wirtschaftspolitischer Vorgänge, die das neoliberale Credo ausmachen. Da gibt es zum einen die »Sparpolitik«, deren Folge zurückbleibende Masseneinkommen und damit eine relativ zu geringe kaufkräftige Nachfrage ist. Zum anderen waren wir bisher mit einer fortgesetzten Steigerung der Aktienkurse an den internationalen Finanzmärkten konfrontiert. Damit wurden auch große Unternehmen zu Objekten großangelegter Spekulationsgeschäfte.

Kapitel 1
Small was beautiful – Veränderungen seit den siebziger Jahren

> Das kapitalistische System der freien Marktwirtschaft ist das beste Wirtschaftssystem, das die Welt je gekannt hat. Ich bin 100 Prozent dafür. Ich bin der erste, der zugibt, daß ich immer die Republikaner favorisiert habe, wenn die Geschäfte gut gelaufen sind und ich viel verdient habe. Aber seit ich zu Chrysler gekommen bin, tendiere ich mehr zu den Demokraten.
>
> *Lee A. Iacocca, Ex-Ford-Manager und Chrysler-Boß, nachdem die US-Regierung unter dem Demokraten Carter den Konzern mit einer staatlichen Bürgschaft in Höhe von umgerechnet 4 Milliarden Mark gerettet hatte*

Bis in die achtziger Jahre hinein galt in der Wirtschaftstheorie die Losung »Small is beautiful«. Größe brachte es nicht allein; General Motors galt als ein schwerfälliger und wenig profitabler Riese. »Elephants don't gallop«, hieß das im Wirtschaftsenglisch; Großkonzerne wären unflexibel. Das ließ sich auch wissenschaftlich belegen. In Großbritannien betrug das Wachstum der Dividendenzahlungen im Sektor der kleinen Kapitalgesellschaften im Zeitraum 1955 bis 1988 jährlich 3,3 Prozent gegenüber 1,5 Prozent im Bereich der großen Konzerne. Das habe sich, so die britische Ausgabe der »Financial Times«, »radikal verändert«. Denn: »Seit 1989 beträgt die reale Wachstumsrate der Dividendenzahlungen kleiner Gesellschaften 0,9 Prozent verglichen mit 4,2 Prozent Wachstum, die diesbezüglich von den großen Kapitalgruppen erzielt werden.«[1]

Im großen und ganzen traf das auch für die westdeutsche Ökonomie zu. BMW war lange Zeit profitabler als Daimler. Dennoch gilt BMW heute als Übernahmekandidat, während Daimler ein Unternehmen nach dem anderen übernimmt. Nixdorf wurde im Vergleich zur »lahmen Ente« Siemens als »Shooting Star« gehandelt – bis das letztgenannte Unternehmen das erste übernahm. Grundig schien lange Zeit flexibler und innovativer als der Koloß Philips zu sein – bis sich Philips Grundig einverleibte. Chrysler wurde als beweglicher als GM und Ford gepriesen und eine ganze Legende um dieses Unternehmen und seinen dynamischen Boß, den Ex-Ford-Manager Lee A. Iacocca gewoben – bis das Unternehmen von Daimler übernommen wurde. Damals gab es den Siegeszug des Buchs von und über Iacocca, mit dem der Ruf des »kleinen David« Chrysler, der die Goliaths GM und Ford – scheinbar – besiegt hatte, dokumentiert werden sollte.[2] Apple wurde als der kreative Software-David gehandelt – bis der Goliath Microsoft sich mit Apple kapitalmäßig verband.

In den achtziger Jahren hat sich – wie dies auch vor dem Zweiten Weltkrieg der Fall war – weltweit erneut Größe als der entscheidende Maßstab für Wirtschaftsmacht und zunehmend auch für Profitabilität herausgestellt. In den Worten der »Financial Times«: »Heute gilt: ›A good big one will always beat a good little one.‹ – Ein gutes großes (Unternehmen) wird noch immer ein gutes kleines schlagen«.

Die Gründe für diese Rückkehr zur kapitalistischen Normalität sind im wesentlichen in der Wirtschaftsgeschichte nach dem Zweiten Weltkrieg zu suchen. Die Nachkriegszeit war in vieler Hinsicht eine Sonderperiode mit hohen Wachstumsraten, die kleineren Kapitalien große Chancen bot. Es gab einen langen Boom mit überdurchschnittlich hohen Wachstumsraten. In diesem Klima war die Konkurrenz noch nicht allzu stark ausgeprägt. Große Unternehmen dümpelten teilweise in Selbstgenügsamkeit und mit dem Polster gewaltiger Marktanteile vor sich hin. Sie waren, aus der Sicht der »Financial Times«, »notorisch ineffizient und hatten eine zu große Belegschaft«. Das galt insbesondere für die weltgrößte Nationalökonomie: Die USA waren mit dem Zweiten Weltkrieg zu einer Wirtschaftsmacht aufgestiegen, die auf dem Weltmarkt dominierte. 1947 hatten die USA und Kanada einen Anteil am Welthandel von 27 Prozent erreicht; der addierte Anteil von ganz Westeuropa war auf 34 Prozent gesunken. 1960 lag der Anteil allein der USA auf dem Weltmarkt immer noch bei 16 Prozent – und damit ebenso hoch wie die Weltmarktanteile der BRD, Frankreichs und Italiens zusammen. Japan brachte es damals gerade auf 3 Prozent. Südkorea war faktisch auf dem Weltmarkt nicht existent; es hielt offiziell einen Anteil von 0,02 Prozent.

Die »Sattheit« der Großen brachte gute Chancen für junges Kapital und für aufsteigende »junge« kapitalistische Nationalstaaten und deren Industrien mit sich. Neue, aggressive Unternehmen entstanden und hatten teilweise und zeitweilig Erfolg. Solche Unternehmen waren »flexibler und, relativ gesehen, profitabler als die großen« (»Financial Times«). Der Aufstieg Japans und später derjenige Südkoreas in den Club der mächtigen Industriestaaten ist zu einem erheblichen Teil durch diese Rahmenbedingungen zu erklären. Ende der achtziger Jahre war der Anteil der USA am Welthandel auf 11 Prozent gesunken. Nun erreichte bereits die BRD US-Niveau. Japan brachte es ebenfalls auf knapp 10 Prozent. Und Südkorea hatte seinen Anteil auf 2,3 Prozent verhundertfacht.[3]

Diese Veränderungen wurden jedoch nicht einfach hingenommen. Mit ihnen verschärfte sich die Konkurrenz. Der Aufstieg des japanischen Kapitals stellte eine enorme Herausforderung für die Konzerne in den USA und in Westeuropa dar. In Westeuropa wurde dies mit dem Bestseller von Jean-Jacques Servan-Schreiber »Die amerikanische Herausforderung« artikuliert. Einige fanden es überraschend, andere logisch, daß Franz Josef Strauß das Vorwort für die deutsche Ausgabe dieses Buchs verfaßte – und damit für ein neues Staatsgebilde EWG als Antwort auf diese Herausforderung plädierte (vgl. Kapitel 10). Die Industrieunternehmen Nippons rollten einzelne Märkte wie die Optik-Branche, die Werften, die Elektro- und Elektronikindustrie und schließlich den Fahrzeugbau förmlich auf. Als Reaktion darauf kam es bei den »traditionellen« großen Unternehmen in Nordamerika und Westeuropa zu einem massiven Rationalisierungs- und Umstrukturierungsprozeß – u.a. indem die Produktionsmethoden des aggressiven jungen japanischen Kapitals (»lean production«, »just in time«, »team work«) aufgegriffen, teilweise adaptiert und teilweise verfeinert bzw. weiterentwickelt wurden. Bald waren die alten Industriegiganten völlig neu strukturiert oder sie wurden übernommen und zerschlagen. Klangvolle Namen wie PanAm, AEG, Horten oder Hoesch verschwanden. Einige bereits belächelte »alte Tanten« verwandelten sich erneut in aggressives Großkapital. Während Ford in den siebziger Jahren noch als »lame duck«, als lahme Ente, galt und zeitweilig sogar als Übernahmekandidat gehandelt wurde, entwickelte sich der Autoriese über die Verjüngungskur von joint ventures mit dem japanischen Hersteller Mazda, mit der bald folgenden faktischen Übernahme dieses Pkw-Herstellers und mit neuen US-Werken auf der Grundlage japanischer Fertigungsmethoden zeitweilig zu dem weltweit profitabelsten Großunternehmen.[4]

Schließlich kam es nach dem Zweiten Weltkrieg auf der stofflichen – »gebrauchswertmäßigen« – Seite der Produktion zu wichtigen Veränderungen, die zunächst die großen traditionellen Unternehmen benachteiligten und deren Wachstum behinderten. Zwischen den Weltkriegen und insbesondere nach 1945 erfolgte der Niedergang einiger traditioneller Wirtschaftszweige, so des Bergbaus, der Kohleförderung und der Stahlindustrie. In diesem Branchen hatten gewöhnlich auch die großen Industriegiganten ihren Schwerpunkt.

Die entscheidenden neuen Industrien, die in den USA bereits vor dem Zweiten Weltkrieg aufgestiegen war, waren der Fahrzeugbau und die ölverarbeitende Industrie. Diese dominierten in der Weltökonomie spätestens seit den siebziger Jahren. Eine weitere wichtige Industrie, die nach 1945 aufsteigen sollte, war die Elektronikbranche. Ihr Gewicht erreicht zwar auch am Beginn des 21. Jahrhunderts bei weitem nicht dasjenige der Auto- und Ölkonzerne. Die Elektro- und Elektronikindustrie ist jedoch zusammen mit den privatisierten Telekommunikationskonzernen, den Software-Unternehmen und den Betrieben der »New Economy« (Internet usw.) von strategischer Bedeutung.

All diese Umstrukturierungen hatten in den unterschiedlichen Nationalstaaten in der Regel erhebliche negative Auswirkungen auf die großen traditionellen Konzerne. Das deutsche Stahlunternehmen Klöckner Werke verschwand komplett vom Markt. Andere Stahlgiganten wie Krupp und US Steel gerieten in erhebliche Schwierigkeiten, bis sie schließlich völlig umstrukturiert wurden. Sofern sich solche traditionellen Unternehmen der »Schwerindustrie« nicht rechtzeitig eine neue Basis verschafften, wie dies z.B. dem ursprünglichen Stahl- und Röhrenhersteller Mannesmann mit dem Einstieg in die Telekommunikation und dem ursprünglichen Stahl- und Bergbauunternehmen Thyssen mit den neuen Schwerpunkten Maschinenbau, Autozulieferung und Rüstung gelang, wurden sie aus der Spitzengruppe der Großkonzerne verdrängt. Umgekehrt boten der relativ junge Fahrzeugbau und die ganz neue Sparte Elektronik neuem Kapital große Chancen, da diese Sektoren doppelt und dreimal höhere Wachstumsraten aufwiesen als der Durchschnitt der Industrie.

Seit den sechziger Jahren zeichnete sich im westeuropäischen Fahrzeugbau und seit den siebziger Jahren in der internationalen Elektronikindustrie die Wende ab. Der größte Teil dieser Industrien ist seither auch auf eine »economy of scale«, auf die »Ökonomie der großen Serie« angewiesen: Allein eine Massenfertigung von Pkw, von Lkw, von Computern, von Halbleiterplatten, von Handys usw. bringt diejenigen Kostenvorteile, die zum Erhalt der Konkurrenzfähigkeit erforderlich sind. Für Sonderfertigungen in »Nischen« und für kreative »Hobbylabore« in Garagen bietet sich kaum mehr Raum. Das zwang auch frühere »Spezialisten« in der Autoindustrie – wie z.B. Daimler-Benz und BMW, die vor allem Luxusautos herstellten, – ihr Programm »nach unten« (C- und A-Klasse, 3er Reihe) bzw. in alle Richtungen (Übernahme von Chrysler, gescheiterte Übernahme von Rover) auszubauen.

Eine ganze Reihe bürgerlicher und marxistischer Ökonomen argumentierten vor diesem Hintergrund, bereits diese stoffliche Entwicklung – die Notwendigkeit der Ökonomie der großen Serie – würde dazu führen, daß die Enge des Nationalstaats gesprengt werden würde. Diejenigen, die heute von einer Globalisierung sprechen, sehen diese Tendenz bereits verwirklicht. Diese Schrift zieht eine andere Bilanz, betont aber durchaus den Widerspruch zwischen den objektiven Anforderungen zur großangelegten Produktion und der fortdauernden Existenz von Nationalstaaten, die in den meisten Fällen Fesseln für eine »economy of large scale« darstellen.

An dieser Stelle bleibt festzuhalten: Die Veränderungen in der Struktur des weltweiten Kapitalismus beschreiben im wesentlichen das Ende besonderer Bedingungen, die den Nachkriegskapitalismus kennzeichneten und die nicht typisch für die kapitalistische Wirtschaft waren. Heute ist im Kapitalismus Kleinheit kein Vorzug. Mehr noch, es ist ein Stigma, das oft den Untergang verheißt. Daß es dennoch zu einer Ideologie des »small is beautiful« kam, hat auch damit zu tun, daß in einer nichtkapitalistischen Gesellschaft, die sich an menschlichen Bedürfnissen und umweltschonender Fertigung orientiert, diese Maxime durchaus Sinn macht. Die Umweltbewegung und die Grünen haben dies oftmals richtig thematisiert, ohne allerdings in ausreichendem Maß zu berücksichtigen, in welcher konkreten Gesellschaft wir leben und daß deren Maxime der Profitmaximierung in Widerspruch zu elementaren menschlichen Bedürfnissen und zur Ökologie gerät. Diejenigen jedoch, die ernsthaft vorgaben, die Maxime »small is beautiful« und die kapitalitische Produktion könnten eine Einheit bilden, demonstrierten damit ihr geistiges Unvermögen und eine unhistorische und kurzatmige Betrachtungsweise. Oder sie wollten damit einen Beitrag zur herrschenden Ideologie leisten, wonach in der »westlichen Wertegemeinschaft« ein jeder »seine Chance« habe und der Weg vom »Tellerwäscher zum Millionär« kein ungewöhnlicher sei.

Kapitel 2
»Inneres Wachstum« und Kapitalkonzentration – das deutsche Beispiel 1966 bis 1999

Wenn ich jetzt so manchmal höre, unsere Konjunkturpolitik sei ein Geschenk für die Unternehmer, so sage ich: Unsere aktive Konjunkturpolitik ist eine Politik für die arbeitenden Menschen. Arbeitsplätze und Einkommen können nur gesichert werden, wenn die Schornsteine wieder rauchen.

Karl Schiller, Wirtschaftsminister, 1967

Kapitalistische Unternehmen können, wie in der Einleitung dargelegt wurde, grundsätzlich auf zweierlei Art und Weise wachsen: aus eigener Kraft, also mittels der Kapitalakkumulation, was auch durch das Aufsaugen kleinerer Unternehmen begleitet sein kann. Oder durch Kapitalkonzentration, also Unternehmenszusammenschlüsse und Firmenübernahmen großen Umfangs.

In der Bundesrepublik Deutschland kam es nach der ersten Rezession 1966/67 und im Zusammenhang mit der ersten internationalen Rezession nach dem Zweiten Weltkrieg 1974/75 zu einem ersten sprunghaften Anstieg der Unternehmenszusammenschlüsse. Wurden 1966 und 1967 »nur« 43 bzw. 65 anmeldepflichtige Unternehmenszusammenschlüsse gemeldet, so waren es 1975, 1976 und 1977 pro Jahr rund zehnmal mehr. In der ersten Hälfte der sechziger Jahre waren das Wachstum der zehn größten und dasjenige der 100 größten BRD-Konzerne noch weitgehend identisch. Danach allerdings differenzierten sich die Wachstumsraten dieser beiden Gruppen erheblich. Die 10 größten wuchsen nunmehr wesentlich schneller als die übrigen großen Unternehmen.[5]

Nach diesem ersten großen Schub von Unternehmenszusammenschlüssen und -übernahmen gab es eine gewisse Phase der Beruhigung. Mitte der achtziger Jahre beispielsweise lag in Westdeutschland das Wachstum der 50 größten Industriekonzerne fast gleichauf mit dem Wachstum der 500 größten. Es schien eine weitgehend gleichmäßige – und eher zurückhaltende – Vergrößerung der Unternehmen zu geben. Zu diesem Zeitpunkt wuchs die Belegschaftszahl der 50 größten Unternehmen weitgehend parallel mit der Umsatzentwicklung; es kam nur noch zu einem verhaltenen Prozeß der Rationalisierung. Zeitweilig schien die Kapitalkonzentration sogar gestoppt zu sein.[6]

Entsprechend glaubte 1987 das »Handelsblatt«, außerordentlich Betrübliches vermelden zu müssen: »Der Gesamtumsatz der Hundert (größten Unternehmen; W.W.) schrumpfte 1986 um über fünfeinhalb Prozent, die akkumulierten Erträge gar um 7 Prozent – ein enttäuschendes Resultat in einem Jahr, in dem das Sozialprodukt um über zwei Prozent, der Staatsverbrauch um zweieinhalb Prozent und der private Verbrauch um mehr als vier Prozent zunahmen.« Der Berichterstatter über die »100 Größten« mußte damals noch anfügen: »Die 100 größten Unternehmen beschäftigten im letzten Jahr (1986) über 4,9 Millionen Menschen und damit über 4 Prozent mehr als 1985.«[7]

Fünf Jahre später konnte eine tiefgreifende Wende vermeldet werden. Nun wurde die Hitliste der deutschen Großunternehmen erneut mit Fanfarenstößen präsentiert. 1992 hieß es beispielsweise anläßlich der Präsentation der »100 Größten« in der »Wirtschaftswoche«:

»Die Bundesrepublik, im Maßstab 4 zu 1 erweitert, hat ihre ökonomische Strahlkraft verloren und droht – wie Wirtschaftsprofessoren unken – in die zweite Liga der Industrienationen abzusteigen. Aber die Giganten der deutschen Industrie kümmert die nationale Enge kaum noch. Hatte 1966 kein (west) deutscher Konzern die Umsatzmarke von 10 Milliarden überschritten, produzierten damals erst wenige Großunternehmen jenseits der schwarz-rot-goldenen Grenzpfähle, so sind die Wirtschaftsriesen heute zu Global Players geworden und in neue Dimensionen gewachsen... Die Riesen suchen in allen Regionen der Triade – Nordamerika, Japan, Europa – vertreten zu sein: strategische Allianzen sind angesagt; Firmenkäufe die Regel.«[8].

Inzwischen hatte auch ein tiefgreifender Wandel in der Zusammensetzung der »Hundert Größten« stattgefunden. Von den 100 umsatzstärksten Industrieunternehmen des Jahres 1966 waren 1991 nur noch 55 in dieser Liste zu finden. Laut Angaben desselben Berichts der

»Wirtschaftswoche« wurden »zwei aufgeteilt, zehn mußten in die zweite Liga absteigen, 33 wurden aufgekauft – davon 25 von den deutschen Topkonzernen.«

Weitere sechs Jahre später, am Ende des 20. Jahrhunderts, wurde die Größe der Unternehmen erst recht als das entscheidende Kriterium für wirtschaftliche und gesellschaftliche Macht herausgestellt. Allerorten wurde in den deutschen Medien nun gefeiert, daß Daimler mit der Übernahme von Chrysler und als DaimlerChrysler zum größten Industriekonzern der Welt aufstieg. Das Unternehmen setzte 1999 rund 300 Milliarden Mark um – was dem Bruttosozialprodukt des Industriestaats Norwegen entspricht. Auch im Finanzsektor werden die Muskeln gezeigt: Formal – und gemessen an der Bilanzsumme von 1,6 Billionen Mark – wurde die Deutsche Bank nach der Übernahme des US-Instituts Bankers Trust zur größten Bank der Welt (auf die gescheiterte Verbindung zwischen der Deutschen Bank und der Dresdner Bank wird in Kapitel 12 eingegangen).

Das publizistische Flaggschiff des deutschen Bürgertums, die »Frankfurter Allgemeine Zeitung«, präsentierte 1999 die Liste der 100 größten deutschen Unternehmen im triumphalistischen Jahrhundertvergleich. »Auf den ersten Blick«, so der FAZ-Autor Jürgen Jeske, »scheint sich wenig verändert zu haben am Ende dieses Jahrhunderts. Deutschland erwirtschaftet das drittgrößte Bruttoinlandsprodukt in der Welt nach den Vereinigten Staaten und Japan und ist der zweitgrößte Exporteur der Welt vor Japan. So ähnlich sah es auch schon im ersten Jahrzehnt dieses (des 20., W.W.) Jahrhunderts aus. Nur zählte damals Großbritannien zu dieser Spitzengruppe und nicht Japan. (...) Zu Beginn des Jahrhunderts galt die Deutsche Bank als größte Bank der Welt mit Aktivitäten in aller Welt, auch in Amerika. Nach der Fusion mit Bankers Trust ist sie es heute wieder.(...) Auch heute spielen deutsche Unternehmen längst wieder mit in der Weltliga und rangieren in einzelnen Branchen ganz vorn.« Mit kaum verhohlenem Nationalismus bringt das Blatt es auf den Punkt: »Anders gesagt: Die deutschen Unternehmen, die deutsche Wirtschaft haben sich in diesem Jahrhundert zweimal von den Zerstörungen und Erschütterungen der beiden Weltkriege erholt, von der Weltwirtschaftskrise und der großen Inflation und ihren Folgen und von den Auswirkungen einer vier Jahrzehnte währenden Teilung des Landes. Und es gilt wieder, was zu Beginn des Jahrhunderts festgestellt wurde: Die deutsche Industrie gehört zu den Industrien in der Welt mit den modernsten Anlagen und mit hoher weltwirtschaftlicher Verflechtung.«[9]

Die historischen Vergleiche und Bezugnahmen zeugen von einer wenig demokratischen Grundhaltung: Was soll als positiv zu werten sein, wenn die deutsche Wirtschaft am Beginn des 21. Jahrhunderts wieder dort steht, wo sie 100 Jahre zuvor unter Kaiser Wilhelm stand – als sie die damals aufgehäufte Macht in koloniale Eroberungen, in den ersten von Deutschen begangenen Völkermord (an den Nama und Herero im heutigen Namibia) und insbesondere in den zerstörerischen Weltkrieg »investierte«?

Doch bleiben wir beim Thema Kapitalkonzentration. Untersuchen wir diesen Prozeß für die deutsche Wirtschaft genauer. Tatsächlich erleben wir trotz gewaltiger Umstrukturierungen und trotz der Erweiterung des kapitalistischen Wirtschaftsgebiets auf deutschem Boden 1989/90 um gut ein Viertel eine kontinuierliche Zusammenballung von wirtschaftlicher und gesellschaftlicher Macht in den Händen weniger großer Unternehmen.

Das wird deutlich, wenn wir die Entwicklung der 15 größten deutschen Industriekonzerne über einen längeren Zeitraum verfolgen (siehe die Tabellen 1 und 2).[10]

Diese 15 größten deutschen Industriekonzerne des Jahres 1999 verkörpern nur begrenzt Kontinuität: Zwar zählten im Jahr 1985 alle »15 Größten« des Jahres 1999 mit der Ausnahme von Henkel auch zu dieser Gruppe. 1966 allerdings waren »nur« 11 der 15 Größten des Jahres 1999 in der entsprechenden Führungsgruppe präsent. Ein Unternehmen, das 1966 noch auf Rang 5 lag, die Klöckner Werke AG, ging faktisch pleite, zwei andere – Krupp und Hoesch – wurden von Thyssen übernommen, ein weiteres – die Metallgesellschaft – erlebte eine tiefe Krise, in deren Folge es aus dieser Führungsgruppe ausschied.[11] Mannesmann schließlich taucht 1999 das letzte Mal in dieser Gruppe auf; der Konzern wurde Anfang des Jahres 2000 von Vodafone-Airtouch übernommen und dabei »zerlegt«. Bedenkt man noch den Sonderfall Aventis als deutsch-französisches Unternehmen, dann sind die Veränderungen nicht unbeträchtlich. Im Jahr 2000 befinden sich in

Tabelle 1: Entwicklung der 15 größten Industriekonzerne des Jahres 1999 im Zeitraum 1966-1999

Konzern	Umsatz in Mrd DM			Beschäftigte in Tsd.		
Rang (1999)	1999	1991	1966	1999	1991	1966
1 DaimlerChrysler	300	95	5,8	467	379	123
2 Volkswagen/VW	150	76	9,9	306	267	127
3 Siemens	140	77	7,8	443	416	257
4 Veba	105	57	6,8	132	115	80
5 BMW	69	30	0,8	115	74	13
6 Thyssen/Krupp*	65	37	6,8	185	149	92
7 BASF	58	47	4,7	105	128	50
8 Bosch	54	34	3,1	194	182	57
9 Bayer	54	42	5,9	120	164	84
10 Mannesmann	47	27	4,3	131	122	73
11 Aventis/Hoechst**	41	47	5,8	101	179	79
12 Viag	39	24	1,2	82	74	21
13 Preussag	33	25	1,2	79	69	18
14 MAN	26	19	4,8	64	64	74
15 Henkel	23	13	1,3	57	42	12
Summen	1204	650	70,2	2581	2426	1161

* 1991 u. 1966: nur Thyssen ** 1991 u. 1966: nur Hoechst

Tabelle 2:Addierter Umsatz und Beschäftigtenzahl der 15 größten BRD-Industriekonzerne des Jahres 1999 in vH des Bruttoinlandsprodukt bzw. in vH aller abhängig Beschäftigter in den Jahren 1966, 1991 und 1999

BIP in Mrd DM			Umsatz 15 Größte in vH des BIP			Beschäftigte in BRD; in Mio			Besch.d. 15 Größten in vH aller Besch.		
1966	1991	1999	1966	1991	1999	1966	1991	1999	1966	1991	1999
492	2854	4000	14,3	22,7	30,1	23	33	30	5,0	7,3	8,7

dieser 15er-Spitzengruppe nur noch neun Unternehmen, die auch 1966 zu derselben Gruppe zählten.

Doch diese Brüche in der Kontinuität sind im Grunde nicht entscheidend für unsere Fragestellung nach der Zunahme der Kapital- und Machtkonzentration. Zum einen, weil sich hinter den führenden und zum Teil wechselnden großen Konzernen oft eine Kontinuität der

Personengruppen bzw. vor allem der Finanzgruppen, die die Unternehmen kontrollieren, verbirgt. Zum anderen ist eine Kontinuität in der Machtzusammenballung in dieser Spitzengruppe belegbar. Diese Entwicklung kann als beeindruckend oder als beängstigend bezeichnet werden. Die 15 größten BRD-Konzerne beschäftigten 1966 1,2 Millionen Menschen, was 5 Prozent aller lohnabhängig Beschäftigten entsprach. 1999 lag die Beschäftigtenzahl dieser Gruppe bei knapp 2,6 Millionen und entsprach damit 8,7 Prozent aller abhängig Beschäftigten. Noch größer ist die Zunahme der Machtkonzentration bei der Wertschöpfung: Während der addierte Umsatz der 15 Größten von 70 Milliarden Mark im Jahr 1966 »erst« 14 Prozent des westdeutschen Bruttoinlandprodukts von Westdeutschland entsprach, machen die 1204 Milliarden Mark Umsatz der 15 Größten des Jahres 1999 bereits 30 Prozent des Bruttoinlandproduktes der inzwischen vergrößerten Bundesrepublik Deutschland aus.

Gegen diese Vergleichszahlen läßt sich einwenden: Die Beschäftigten- und Umsatzzahlen der 15 Größten beziehen sich jeweils auf die *weltweite* Beschäftigtenzahl und Wertschöpfung dieser Gruppe. Das Bruttoinlandsprodukt ist jedoch eine rein »inländische Größe«; das gleiche gilt für die Gesamtsumme der Lohnabhängigen. Trotz dieser berechtigten Problematisierung sind diese Bezugnahmen natürlich in zweifacher Hinsicht aussagekräftig. Zum einen wird die *Dynamik* der Machtkonzentration zutreffend wiedergegeben. Zum anderen bringen der weltweite Gesamtumsatz und die Gesamtzahl der weltweit Beschäftigten gemessen am Bruttoinlandsprodukt bzw. an allen im Inland lohnabhängig Beschäftigten natürlich durchaus reale Machtverhältnisse zum Ausdruck. Schließlich gebieten die (mit Ausnahme von Aventis/Hoechst) in der BRD angesiedelten Konzernzentralen über diese Größenordnungen und bringen das damit verbundene Gewicht gegenüber der Bundesregierung bzw. der Gesellschaft auf die Waagschale. Damit wird real wachsende Macht zum Ausdruck gebracht.

Im übrigen wurde mit der deutschen Einheit die Zunahme der Machtkonzentration statistisch eher relativiert: Das Bruttoinlandsprodukt und die Zahl der abhängig Beschäftigten – und damit die Bezugsgrößen für addierten Umsatz und Beschäftigtenzahlen der »15 Größten« – sind ab dem Jahr 1990 erheblich gestiegen, während gleichzeitig in den neuen Ländern in einem historisch gesehen einmaligen Ausmaß Produktionsanlagen und damit gesellschaftliches Kapital vernichtet wurden. Dennoch wuchs die Macht der ausschließlich westdeutschen Konzerne im 8-Jahres-Zeitraum 1991 bis 1999 schneller als in der 25-Jahres-Periode 1966 bis 1991.

Hinzu kommt die Tatsache, daß sich die Konzerne immer weniger an der Finanzierung gesellschaftlicher Aufgaben beteiligen. Während 1970 das Steueraufkommen, das in erster Linie aus Steuern auf Unternehmen und Vermögen stammte, noch 30 Prozent des gesamten Steueraufkommens ausmachte, lag der entsprechende Anteil im Jahr 1996 bei 17,5 Prozent. Und dieser Trend wird sich ab dem Jahr 2001 beschleunigt fortsetzen. Schließlich war das entscheidende Ziel der Steuerreform, die im Juli 2000 verabschiedet wurde, die »Entlastung« der Unternehmen und damit die Verbesserung des »Standortvorteils« für große Unternehmen in der Bundesrepublik Deutschland. Wobei es hier natürlich einen inneren Zusammenhang gibt: Gerade die Konzentration von Macht ermöglicht es diesen Konzernen, darauf hinzuwirken, daß sie steuerlich immer weiter entlastet werden und der deutsche Bundeskanzler stolz darauf ist, sich als »Kanzler aller Autos« zu bezeichnen, und es kaum problematisch empfindet, wenn er als »Kanzler der Bosse« tituliert wird.[12]

Die Kapitalkonzentration, die hier für die Bundesrepublik Deutschland beschrieben wurde, leitet über zum aktuellen Prozeß der Unternehmenszusammenschlüsse und –übernahmen. In der 15er Führungsgruppe der deutschen Industrieunternehmen des Jahres 1999 befanden sich bereits vier, die direkt in Unternehmenstransaktionen involviert waren bzw. sind – drei Mal als Subjekte, einmal als Objekt: Daimler übernahm Chrysler, Thyssen integrierte das Unternehmen Krupp (das zuvor Hoesch übernommen hatte). Die Chemieunternehmen Hoechst (BRD) und Rhone Poulenc (Frankreich) gingen zum neuen Konzern Aventis zusammnen. Und Mannesmann wurde von Vodafone Airtouch geschluckt.

Alle diese vier Fälle von »mergers & acquisitions« – oder kurz: »M&A« – fanden in den letzten zehn Jahren statt. Sie dokumentieren also den neuen Trend in der Kapitalentwicklung. Umgekehrt ließe sich allerdings auch sagen: Die Mehrheit der Großunternehmen in dieser

Führungsgruppe erreichte ihr Wachstum nicht durch Unternehmenstransaktionen, sondern überwiegend durch »inneres Wachstum« und durch die Akkumulation der im Unternehmen erwirtschafteten Gewinne – durch das, was Marx ursprünglich als »Kapitalkonzentration« bezeichnet hatte. Teilweise kam es zu diesem Wachstum so gut wie ausschließlich aus eigener Kraft – so bei Bosch, Mannesmann, Henkel, Bayer, MAN. Teilweise überwog bei anderen Unternehmen in dieser Unternehmens-Gruppe zwar dieses innere Wachstum. Es war jedoch gepaart mit – gemessen am Kernunternehmen – »kleineren« Firmenübernahmen (so im Fall Siemens mit Nixdorf, im Fall BMW mit Rover, im Fall VW mit Seat und Skoda, im Fall Veba mit Dea/Texaco).

Daimler dagegen hat sich geradezu nach oben katapultiert. Während 1991 der Abstand dieses Unternehmens, das damals bereits auf Platz 1 der Liste der größten westdeutschen Industriekonzerne stand, zum zweitgrößten Industriekonzern VW »nur« 19 Milliarden Mark oder 20 Prozent betrug, realisiert DaimlerChrysler heute schlicht einen doppelt so großen Umsatz wie VW. Dies konnte Daimler-Benz bzw. DaimlerChrysler durch eine Kombination aller drei beschriebenen »Züge zur Größe« erreichen: erstens dem inneren Wachstum (Daimler-Benz wurde, gemessen am Umsatz, bereits in den achtziger Jahren zum größten Pkw- und Lkw-Hersteller Europas), zweitens durch die Übernahme eines halben Dutzend »kleinerer« Unternehmen (u.a. MTU, AEG, MBB, Adtranz, Dornier, Freightliner, Fokker) und schließlich drittens durch die eine große Übernahme: die des drittgrößten Pkw-Herstellers der USA, der Chrysler Corporation.

Kapitel 3
Unternehmenstransaktionen als Motor der Kapitalakkumulation

> Die Konkurrenz rast (...) im direkten Verhältnis zur Anzahl und im umgekehrten Verhältnis zur Größe der rivalisierenden Kapitale. Sie endet stets mit dem Untergang vieler kleiner Kapitalisten, deren Kapitale teils in die Hand des Siegers übergehen, teils untergehen.. Abgesehen davon bildet sich mit der kapitalistischen Produktion eine ganz neue Macht, das Kreditwesen, das in seinen Anfängen verstohlen, als bescheidene Hilfe der Akkumulation sich einschleicht..., aber bald eine neue und fruchtbare Waffe im Konkurrenzkampf wird und sich schließlich in einen ungeheuren sozialen Mechanismus zur Zentralisation der Kapitale verwandelt. Im Maß wie die kapitalistische Produktion und Akkumulation, im selben Maß entwickeln sich Konkurrenz und Kredit, die beiden mächtigsten Hebel der Zentralisation.
>
> *Karl Marx, Das Kapital, Band I*

Seit Ende der achtziger Jahre verschiebt sich beim »Zug zur Größe« das Schwergewicht vom »inneren Wachstum« zur Kapitalkonzentration durch Fusionen und Übernahmen. Dieser Prozeß begann zunächst Ende der siebziger Jahre in den USA, wo er sich in den 80er und 90er Jahren breit entwickelte. Er erfaßte in den neunziger Jahren Westeuropa und erreichte in der zweiten Hälfte der neunziger Jahre auch die dritte Triaden-Macht, Japan.

Bei den »Mergers & Acquisitions«-Geschäften handelt es sich um einen Prozeß, der bis Mitte 2000 auch auf internationaler Ebene ständig größere Dimensionen annahm. 1987 bis 1993 wurden weltweit jährlich Unternehmenstransaktionen registriert, bei denen der addierte Börsenwert bei knapp 400 Milliarden US-Dollar lag. 1995 erreichte dieser Wert erstmals 1000 Milliarden US-Dollar. 1998 waren es 2600 Milliarden. Und 1999 lag dieser Wert bereits bei knapp 3,5 Billionen US-Dollar.[13]

Der addierte Betrag der »Mergers & Acquisitions« betrug im Zeitraum 1987 bis 2000 rund 12.000 Milliarden Dollar. Welche destruktiven Auswirkungen diese »Branche« auf Volkswirtschaft, Demokratie und Arbeitsplätze hat, soll in Teil V Thema dieses Buches sein; hier bleibt die bemerkenswerte Feststellung: Auch wenn der größte Teil dieser Summen nicht wirklich ausgegeben wird und die Unternehmensübernahmen meist zum überwiegenden Teil durch Aktientausch »bezahlt« werden, so wies in den neunziger Jahren doch kein anderer internationaler Wirtschaftszweig eine solche Dynamik auf wie die »Branche Unternehmenstransaktionen«.

Dabei kam es zu einer Gewichtsverlagerung von Nordamerika nach Europa: Während bis 1998 der Schwerpunkt der internationalen M&A-Geschäfte noch in den USA lag, überstieg im Jahr 1999 der Börsenwert der in Europa fusionierten und aufgekauften Gesellschaften erstmals denjenigen in den USA. Dabei hatte das Fusionsfieber in den USA nur geringfügig nachgelassen. Vielmehr explodierten inzwischen die Unternehmenstransaktionen vor allem in Europa. 1994 gab es in dieser Region »nur« 103 Großfusionen, 1997 waren es 152 und 1998 schon 248. Auch »feindliche Übernahmen« wurden in Europa »salonfähig«. Während sich die Zahl der »unfriendly takeovers« 1995 bis 1998 noch zwischen 6 und 11 bewegte, waren es 1999 bereits 34; das Gesamtvolumen der feindlichen Übernahmeangebote in Kontinentaleuropa betraf 1998 »nur« Unternehmen mit einem addierten Börsenwert von 14 Milliarden US-Dollar; 1999 lag dieser Wert bei 803 Milliarden Dollar.[14]

Im März 1999 widmete die französische Tageszeitung »Le Monde« dem Prozeß der »frénésie des fusions-acquisitions«, der Raserei mit Fusions- und Unternehmenserwerbs-Geschäften, eine ganze Seite. Die Autorin Martine Orange begann ihre Analyse mit den Sätzen: »Eine Woge von Fusionen und Unternehmensaufkäufen, deren Urspungsland die USA sind, überrollt derzeit Europa. Seit sechs Monaten gibt es eine Flut von Kaufanfragen, die vor keinem großen Unternehmen halt macht.« Das Blatt sprach von einem »Fieber«, das geradezu grassiere. Vertreter großer Konzerne, die bisher ihre Aufkaufwut nicht befriedigen konnten, äußerten sich deshalb geradezu »persönlich frustriert«. In diesem Sinne wird der VW-Chef Ferdinand Piech mit den

Worten zitiert: »Wir haben in den vergangenen Jahren unsere Einkaufstour absolviert. Doch wir mußten uns eingestehen, daß es nichts Interessantes zu kaufen gibt.«[15]

Einmal abgesehen davon, daß sich VW bereits in früheren Jahren mit den Aufkäufen von Seat und Skoda und Bentley »eindeckte«, fand der VW-Chef ein Jahr nach der zitierten Aussage, im März 2000, dann doch wieder etwas zur Befriedigung seines Egos: mit dem Erwerb einer maßgeblichen Beteiligung an dem schwedischen Lkw-Hersteller Scania. Im übrigen hat der »persönliche Frust« natürlich einen höchst materiellen Hintergrund: Von Fusionen profitieren in einem hohen Maß die Vorstände und das obere Management der darin involvierten Unternehmen; diese schlagen sich in deutlich erhöhten Bezügen nieder. Handelt es sich gar um das Zusammengehen mit US-amerikanischen Gesellschaften, dann kann sich dies gut und gern in einer Verdopplung der Vorstandsbezüge niederschlagen: Chrysler-Boss Bob Eaton verdiente vor der Fusion mit Daimler 20 Millionen Mark jährlich; sein deutscher Gegenpart Schrempp brachte es auf »nur« 3 Millionen Mark Jahressalär.[16]

In dem angeführten »Le Monde«-Artikel wurden objektive Faktoren angeführt, welche den Prozeß der »Mergers and Acquisitions« anheizten: So habe die Einführung des Euro zu einer wirtschaftlichen Vereinheitlichung in der EU beigetragen, die Sicherheit hinsichtlich zukünftiger Wechselkursentwicklungen erhöht und damit die Bereitschaft zu Mergers & Acquisitions-Geschäften in Westeuropa gesteigert. Hinzu komme, daß die Unternehmen in den letzten Jahren mit hohen Profiten ihre »Kriegskassen« prall gefüllt hätten und nun kaum Ausgaben scheuten.

Diese Argumente sind zumindest unzureichend, um die explosionsartige Steigerung der »M&A«-Geschäfte zu verstehen. Das »Euro-Argument« kann beispielsweise nicht erklären, weswegen die Firmenaufkäufe und -zusammenschlüsse gerade auch in der Schweiz, in Großbritannien und in Schweden in massivem Umfang stattfinden, obgleich diese drei Länder nicht zur Euro-Zone zählen. Hinsichtlich des zweiten angeführten Argumentes gilt: Pralle Kriegskassen gab es in früheren Zeiten auch. Zu fragen ist: Warum wurde damals mehr in die Erweiterung der Produktion des eigenen Unternehmens investiert? Warum wurden damals diese »Kriegskassen« weit weniger für »Investitionen« zur Übernahme anderer Unternehmen eingesetzt?

Die Erklärungen für das weltweite Fusionsfieber müssen tiefer ansetzen.

Ursachen für »das große Fressen«

Die Ursachen für das neue Fusionsfieber liegen natürlich grundsätzlich in der Natur des Kapitals und in seinen Entwicklungstendenzen, wie sie in der Einleitung beschrieben wurden. Doch es müssen besondere Faktoren vorliegen, um die beschleunigten Prozesse der Unternehmenstransaktionen seit Anfang der neunziger Jahre zu erklären.

Hier sind im wesentlichen vier Aspekte entscheidend: (1) das Ende des Kalten Krieges, (2) die Austeritäts- oder »Stabilitätspolitik« mit ihren stagnierenden und rückläufigen Masseneinkommen, (3) die Politik der Privatisierungen bzw. der »Entstaatlichungen« und schließlich (4) die wachsende Spekulation bei gleichzeitig niedrigen Zinsen.

1 Mit den Jahren 1989/90 hat sich die Weltwirtschaft insofern dramatisch geändert, als ein großer Sektor, der sich bisher dem privatkapitalistischen Zugriff weitgehend entzogen hatte, implodierte und Teil der »one world« des Kapitalismus wurde. Das weckte bereits objektiv große Begehrlichkeiten. Diejenigen Konzerne, die sich im russischen Rohstoffsektor verankern können oder für die geplante Massenmotorisierung in China fertigen, erwarten gigantische Extraprofite und eine massive Kapitalakkumulation. So übernahm beispielsweise VW den tschechischen Autohersteller Skoda, Siemens und ABB integrierten mehrere osteuropäische Kraftwerksbauer.

Parallel mit dem Verschwinden des nichtkapitalistischen Sektors kam es weltweit zu einem Rückgang der antikapitalistischen und sozialistischen Bewegungen (Vietnam-Krieg, nicaraguanische Revolution, Anti-Apartheid-Bewegung), der Umweltbewegung, der Friedensbewegung und des Widerstands von Gewerkschaften und Lohnabhängigen gegen das Diktat des Kapitals. Dabei handelte es sich teilweise um eine längerfristige Entwicklung, die bereits Ende der siebziger Jahre eingesetzt hatte. Dieser Rückgang wurde jedoch in erheblichem Maß auch von der »Implosion« der UdSSR und dem »Anschluß« der DDR an die BRD beschleunigt.

Das Ende des »Kalten Kriegs« und das Abflauen eines antikapitalistischen Widerstands haben auch eine gesellschaftspolitische Dimension. Seither erscheint jeder Gedanke an eine Abmilderung der rohen Wirkungsweise der kapitalistischen Kräfte als Luxus; die Ideologie der »sozialen Marktwirtschaft« wurde abgestreift. Es zählen allein die Größe und das Faustrecht. Im übrigen gilt, daß ein jeder seines Glückes Schmied sei.

Für die USA als die stärkste Wirtschaftsmacht ist nun auch jede Rücksichtnahme auf die kapitalistische Konkurrenz, der nach dem Zweiten Weltkrieg teilweise als Schutz vor einer »kommunistischen Übernahme« (siehe zum Beispiel den »Marshall-Plan«) unter die Arme gegriffen wurde, überflüssig geworden.

Damit sind große Unternehmenszusammenschlüsse, Übernahmen, massenhafte Zerstörung von Kapital und die Monopolisierung von Branchen nicht nur marktgängig geworden. Sie sind inzwischen vor allem auch *gesellschaftsfähig*.

Kartellrechtliche Bedenken gegen Unternehmenstransaktionen wurden förmlich weggefegt. Noch vor 12 Jahren lehnte das Bundeskartellamt die Übernahme des Rüstungunternehmens MBB durch die Daimler-Benz AG ab; diese Unternehmenstransaktion wurde erst durch eine »Ministergenehmigung« ermöglicht; das Wirtschaftsministerium machte höhere, »nationale Interessen« geltend.[17]

1999 hingegen ging die weit größere Fusion zwischen der Daimler-Rüstungstochter Dasa und der französischen Gruppe Aérospatiale-Matra mit der Beigabe des spanischen Rüstungsunternehmens Casa glatt über die Bühne. Weder die deutsche, noch die EU-Kartellbehörde beanstandeten die Bildung dieses Rüstungskolosses, der im Juli 2000 an die Börse ging, und der die gesamte EU-Rüstungsbranche dominiert und von den Regierungen bzw. den Steuerzahlenden Monopolgewinne erpressen wird.[18]

2 Seit den achtziger Jahren weist die Weltwirtschaft nicht nur Wachstumsraten auf, die gegenüber den sechziger und siebziger Jahren

erheblich reduziert sind und im Fall der BRD halbiert wurden.[19] Wir haben es seither vor allem auch mit einer Wirtschaftspolitik zu tun, die sich der »Austerität«, der »Stabilität« oder dem »Sparen« verschrieben hat. Nach einer kurzen Phase mit keynesianischen Elementen, in der durch erhöhte Staatsausgaben versucht wurde, die Krisentendenzen zu reduzieren, gingen alle Regierungen der OECD-Staaten spätestens seit Ende der achtziger Jahre zum Gegenteil über: Die staatlichen Ausgaben wachsen kaum noch; die Neuverschuldungen werden abgebaut, teilweise konnte sogar die absolute öffentliche Schuld reduziert werden.

Dieser restriktiven staatlichen Politik entspricht eine international zu beobachtende Unternehmensoffensive, deren Ziel eine Optimierung der Ausbeutung der Ware Arbeitskraft ist: Weniger Menschen erarbeiten in dichteren Arbeitstagen ein wachsendes Wertprodukt. Die Folge: Im Vergleich zwischen den siebziger und den neunziger Jahren stieg die Massenerwerbslosigkeit sprunghaft an; die Masseneinkommen stagnierten oder sanken. Das »Normalarbeitsverhältnis« wurde millionenfach untergraben; vielfach wurden aus einem sozialversicherten Arbeitsplatz zwei oder drei »prekäre Jobs«.

In der Bundesrepublik Deutschland gab es trotz der erheblichen staatlichen Transfers in die neuen Länder seit 1990 rückläufige Masseneinkommen, also real sinkende Einkommen der Bevölkerung.[20]

Diese strukturellen Veränderungen mündeten zwar weltweit in verbesserten Profitraten und neu ansteigenden Gewinnen. Doch angesichts dieser – von ihnen selbst mitgeschaffenen, geforderten und begrüßten – Bedingungen macht es für Unternehmen wenig Sinn, diese Gewinne in erweiterte Produktionskapazitäten zu investieren. Dafür gibt es schlicht keine ausreichende kaufkräftige Nachfrage. Sinn macht nur, das Geld in Kanäle, die von den Regierungen geöffnet werden, zu investieren – beispielsweise in die »entstaatlichten«, nunmehr privatisierten Sektoren Gesundheit, Bildung, Altersvorsorge (Pensionsfonds und Versicherungen), Transport oder Rüstung. Oder eben in den Aufkauf von Unternehmen und damit auch in die Spekulation *mit* Unternehmen.

3 Die Regierungen der kapitalistischen Staaten betreiben seit den acht-

ziger Jahren – und beschleunigt seit der »Wende« 1989/90 – eine umfassende »Entstaatlichungspolitik«. Diese stellt gewissermaßen den Kern dessen dar, was oben bereits mit den Worten umschrieben wurde, nach dem Ende des »Kalten Krieges« müßten keinerlei soziale Rücksichten mehr genommen werden. Bereiche des gesellschaftlichen Lebens, die in den meisten hochindustrialisierten kapitalistischen Staaten seit einigen Jahrzehnten und aus unterschiedlichen Gründen der privatwirtschaftlichen Kontrolle entzogen waren, werden erneut derselben unterstellt. Die staatlich betriebenen Eisenbahngesellschaften wurden (Japan) oder werden (Europa) privatisiert. Die bisher öffentlich organisierten Nahverkehrsunternehmen werden aufgrund einer EU-Richtlinie aufgespalten und weitgehend privatisiert. Die im größten Teil der Welt in öffentlichem Besitz befindlichen Telefon-, Post- und Telekommunikationsunternehmen wurden fast alle privatisiert bzw. befinden sich auf dem Weg zur Börse. Die bisher als staatliche oder gemeinschaftliche Aufgabe begriffene »Daseinsvorsorge« für Gesundheit, Alter, Ausbildung und Bildung wurde in vielen Ländern ganz oder teilweise »entstaatlicht«. Und schließlich wurden Tausende einzelne, bisher staatliche Unternehmen, z.B. die Unternehmen der Energie- (Elektrizität, Gas), der Wasserversorgung und Abwasserentsorgung, der Stadtreinigung und Müllabfuhr und der Luftfahrt, privatisiert.

Damit wurden riesige neue Bereiche für die Anlage privaten Kapitals bereitgestellt. Unter den 100 größten Konzernen Westeuropas befanden sich 1999 allein 15, die Produkte dieser »Entstaatlichungspolitik« sind bzw. die sich auf dem Weg in die Privatisierung befinden. Der addierte Umsatz dieser Unternehmen beläuft sich für das Jahr 1999 auf 331 Milliarden Euro. Gemessen am gesamten Umsatz der 100 Größten in Westeuropa macht der Anteil dieses neu privatisierten Kapitals gut 12 Prozent oder ein Achtel aus – was eine riesige Summe für neue Anlage suchendes Kapital darstellt.[21]

4 Schließlich sind Unternehmenstransaktionen für viele Beteiligten ein äußerst einträgliches Geschäft. Das gilt für das Management ebenso wie für die Branche, die sich darauf spezialisiert hat: die Investmentbanken.

Die gegenwärtigen Unternehmenstransaktionen finden in einem Klima allgemeiner Spekulation statt. Dabei wurden Unternehmen selbst zum Objekt dieser spekulativen Engagements. Dies wurde und wird durch die Einführung des »shareholder value« stimuliert. Mit dem shareholder value-Prinzip wurden die Gehälter der Vorstandsmitglieder und des oberen Managements der Konzerne zu einem größeren Teil an die Entwicklung der Aktienkurse des eigenen Unternehmens gekoppelt. Damit gibt es ein direktes Interesse der Top-Manager an einer Unternehmenspolitik, die den Aktienkurs puscht – was durch Unternehmensfusionen und Übernahmen ausgelöst werden kann. Auch der Ausverkauf des eigenen Unternehmens kann im finanziellen Interesse des Top-Managements sein: Der Mannesmann-Chef Esser bezog nach der Übernahme »seines« Konzerns durch Vodafone-Airtouch ein Abschieds-Taschengeld in Höhe von 60 Millionen Mark. Der Chef von Bankers Trust erhielt nach der Übernahme »seines« Instituts durch die Deutsche Bank 200 Millionen Mark Trostgeld. Der Ex-Chef von Compaq kassierte gar eine Abfindung von umgerechnet 760 Millionen Mark.

Insgesamt führte die »neue Unternehmenskultur«, die insbesondere in den USA stark von den M&A-Geschäften und dem »share holder value« geprägt ist, dazu, daß – so die Analyse des US-Blattes »Business Week« – die »Durchschnittsgehälter der US-Top-Etage allein in den 90er Jahren um 442 Prozent auf deutlich mehr als durchschnittlich 10 Millionen Dollar pro Jahr und Person« hochgeschnellt sind. Während in den achtziger Jahren ein US-Manager noch rund doppelt so viel wie sein deutscher Kollege erhielt, verdient er Anfang 2000 siebenmal so viel. Dieses US-Niveau u.a. mit Unternehmensübernahmen und -fusionen zu erreichen, ist wiederum eine starke Motivation der westeuropäischen Top-Manager.[22]

Mit dem allgemeinen Anstieg der Aktienkurse stieg auch der Börsenwert der Unternehmen (soweit diese als Aktiengesellschaft an der Börse notiert sind). Der Wert eines Unternehmens wird bei den M&A-Geschäften kaum mehr nach den Profiterwartungen und Dividendenausschüttungen, also nach Profitabilität und Rentabilität gemessen. Auch die Größe des Umsatzes, die Mitarbeiterzahl, die »Marktpositionierung« und die zu erwartende längerfristige Entwicklung sind sekundär. Entscheidend ist vielmehr der aktuelle Börsenwert und die – zum Beispiel mit einer Übernahme oder Fusion – zu erwartenden Steigerung der Marktkapitalisierung des Unternehmens.

Die Börsenkapitalisierung – der Kurs der einzelnen Unternehmens-Aktie multipliziert mit der Zahl der ausgegebenen Aktien – spielt auch für die Kreditwürdigkeit eine wichtige Rolle. Viele der Unternehmenstransaktionen werden mit Krediten finanziert, wobei ein hoher Börsenwert eine hohe Beleihung ermöglicht. Da die Börsenwerte der Unternehmen oft völlig abgehoben von den materiellen Daten sind, bergen solche kreditfinanzierten M&A-Geschäfte auch enorme spekulative Gefahren in sich. Das US-Unternehmen General Electric beispielsweise wies Anfang 2000 mit über 500 Milliarden US-Dollar eine Börsenkapitalisierung auf, die bei mehr als dem Dreifachen des Jahresumsatzes lag. 20 Jahre zuvor war GE »nur« 12 Milliarden US-Dollar teuer. GE-Boss Jack Welch trägt den Spitznamen »Neutronen-Jack«, was signalisieren soll: Überall, wo Welch wie eine Neutronenbombe einfällt, verschwinden die Menschen bzw. deren Jobs, während die Gebäude stehen bleiben und die Profite explodieren. Jack Welch bezog das Spitzengehalt unter allen Top-Managern. Welch kassierte Mitte 2000 7,1 Millionen Dollar Vorschuß für ein noch zu schreibendes Buch über seine »Ideen und sein Leben«, bei dem der Verlag mit einem Absatz von mehr als 5 Millionen Exemplaren rechnet – auch dies ist Ausdruck der Kultur der »neuen Ökonomie«.[23]

Die gute Börsenkapitalisierung eines Unternehmens kann – wegen der hohen möglichen Kreditaufnahme – reizvoll für M&A-Geschäfte sein. Erst recht aber gilt dies für eine niedrige – oder »vom Markt« bzw. den »Marktteilnehmern«, den Spekulanten, als »zu niedrig« eingeschätzte – Börsenkapitalisierung. Dies kann Anreiz zum heimlichen Aufkauf von Aktien und Erwerb einer Minderheitsbeteiligung sein, wie dies in den Jahren 1999 und 2000 die Gruppe »Cobra« bei der Commerzbank tat – und damit auf die Übernahme dieser Bank oder eine Fusion spekulierte, damit ihr dann das Aktienpaket mit hohem Aufschlag abgekauft würde.[24] Dies ist meist jedoch Anreiz für die großen Investmentbanken, die im M&A-Geschäft engagiert sind und meist auch aktiv Unternehmenstransaktionen vorbereiten. Die Tatsache, daß das hoch bewertete Unternehmen Mannesmann »feindlich übernommen« werden konnte, hat insbesondere in der Bundesrepublik Deutschland Spekulationen über neue Übernahmekandidaten ins Kraut schießen lassen. In einem Vergleich der jeweils zehn größten Unternehmen einer internationalen Branche gelangte die »Wirtschaftswoche« zu dem ernüchternden Ergebnis: »Gemessen an der Börsenkapitalisierung liegt kein deutsches Unternehmen in seinem Bereich an der Weltspitze... Selbst der Autohersteller DaimlerChrysler kommt nur auf den zweiten Platz und weist nicht einmal die Hälfte des Marktwertes von Toyota aus... Die Deutsche Bank... belegt gerade Rang 10. Selbst das Softwarehaus SAP liegt abgeschlagen auf dem fünften Platz... Das ist heute so gefährlich wie nie zuvor. Denn allein eine hohe Börsenkapitalisierung bietet Schutz vor feindlicher Übernahme. Und selbst sie ist nicht genug, wenn der kaufwillige Konkurrent an der Börse noch höher gehandelt wird, wie Vodafone im Vergleich zu Mannesmann. Spätestens seit dem Ende des Düsseldorfer Traditionsunternehmens wissen die Chefs: Jeder kann übernommen werden.«[25]

Bezweifelt werden kann, daß es gegen solche Übernahmen keinen Schutz geben würde und alles allein Sache eines anonymen Marktes sei. Immerhin hielt sich »die Politik« am Ende aus dem Vodafone-Mannesmann-Deal heraus und reklamierte keine »nationalen Interessen«. Immerhin hielt der Bund vermittelt über die Deutsche Bahn AG bis kurz vor dem Mannesmann-Ausverkauf eine Sperrminorität am Herzstück der Mannesmänner, dem Unternehmen Arcor.[26] Immerhin stimmte der Mannesmann-Aufsichtsrat am Ende einstimmig der Übernahme zu – und immerhin saßen in demselben u.a. der DaimlerChrysler-Boss Schrempp, der Allianz-Boss Henning Schulte-Noelle, der IG Metall-Vorsitzende Zwickel und der Ex-Bahnchef Dürr; der Mannesmann-Vorstandsvorsitzende Esser selbst gilt als Mann der Deutschen Bank. Auch war umgehend nach der Übernahme klar, daß diejenigen Mannesmann-Teile, die für die deutsche Industrie strategisch wichtig sind (etwa die Autozulieferer VDO und Sachs und das Rüstungsunternehmen Krauss-Maffei), ausgegliedert werden und in deutschem Eigentum bleiben. Gerade der Fall Mannesmann riecht nach einem zwischenstaatlichen Deal, an dem gewaltige Summen verdient wurden (und für den am Ende allein die Arbeitnehmer werden zahlen müssen): Für die wechselseitige Werbeschlacht wurden zwei Milliarden Mark ausgegeben. Die Investmentbanken verdienten an dem Deal Honorare in Höhe von 400 Millionen Mark. Und außer der 60-Millionen-Mark-Abfindung für den Vorstandsvorsitzenden gab es auch fürstliche »Lösungen« für die übrigen Mitglieder von Vorstand und Aufsichtsrat.[27]

Insgesamt wirkte sich der Deal wie eine gewaltige Gratis-Werbekampagne für die Investmentbanken aus. Diese konnten im ersten Halbjahr 2000 allein in Europa Aufträge für neue Unternehmenstransaktionen in Höhe von weiteren 1600 Milliarden US-Dollar in ihre Bücher holen.[28] Dieser Sektor der Finanzwirtschaft wurde zur ertragreichsten Branche der gesamten aktuellen Weltökonomie. Alle Großbanken haben daher eine Abteilung »Investment-Banking« aufgebaut oder sich einen solchen Zweig »zugelegt«, indem sie eine oder mehrere reine Investmentbanken kauften. So erwarb die Deutsche Bank Morgan Grenfell und die Dresdner Bank Kleinwort Benson, zwei Investmentbanken jeweils mit Sitz in London. Den Kern des Investmentbank-Business bilden jedoch die – noch – unabhängigen reinen Investmentbanken der USA. Diese waren in den letzten fünf Jahren ebenfalls in erheblichem Maß von Übernahmen und Zusammenschlüssen geprägt. Die Profite, die in diesem Sektor erzielt wurden und werden, und noch mehr die Profitraten – die Gewinne bezogen auf das angelegte Kapital oder die Bilanzsumme – sind phänomenal. Darüber hinaus nehmen diese Banken eine strategische Funktion im aktuellen Monopoly des Kapitals, beim Fusionsfieber, ein. So gut wie alle großen Unternehmenszusammenschlüsse werden in einer dieser fünf großen, weltweit agierenden Investmentbanken angedacht und von einer derselben oder auch mehreren vorbereitet und in der Durchführung begleitet. Die sagenhaften Profite, die diese Banken realisieren, und – noch mehr – die Schlüsselrolle, die ihnen zukommt, veranlaßten das Top-Management der Deutschen Bank, sich den Erwerb einer dieser Investmentbanken zum Ziel zu setzen (siehe Kapital 12). [29]

Die fünf US-amerikanischen Investment-Banken und die eine japanische Bank dieser Art sind auf der Einnahmenseite und bei der

Tabelle 3: Daten und Profitablität der weltweit größten Investmentbanken (Angaben für das Geschäftsjahr 1999)

Institut	Land	Einnahmen	Bilanzsumme	Börsenwert	Profite	Profite in vH d. Einn.
		in Mio US-Dollar				
Merril Lynch	USA	34.879	328.071	12.808	2618	8
Morgan Stanley*	USA	33.928	366.967	17.014	4791	14
Goldman Sachs	USA	25.363	250.491	10.145	2708	11
Lehman Brothers	USA	18.989	192.244	6.283	1.132	6
Nomura Sec.	Jap.	10.222	141.351	13.473	1.308	13
Zum Vergleich:						
Deutsche Bank	BRD	58.585	841.797	23.200	2.694	5

* Voller Name: Morgan Stanley Dean Witter

Bilanzsumme wesentlich kleiner als zum Beispiel die Deutsche Bank. Beim Börsenwert reichen einige, so vor allem Morgan Stanley Dean Witter, nah an die Deutsche Bank heran. Bezüglich der Profitabilität überragen alle diese Investment-Banken die Deutsche Bank. Teilweise liegen die Profite als Prozentsatz der Einnahmen bei mehr als dem Doppelten der entsprechenden Gewinnmarge der Deutschen Bank.

Dabei wird immer deutlicher: Diese M&A-Geschäften haben die Tendenz, sich zu verselbständigen. Bei ihnen stehen zunehmend allein das Geschäft und das Volumen desselben im Zentrum; die Resultate in den Unternehmen, die in die Transaktionen involviert sind, erweisen sich meist als sekundär. Und sie sind zunehmend negativ. Eine Studie ergab: Bei feindlichen Übernahmen mußten in Westeuropa die Sieger einen Zuschlag von 44 Prozent auf den Aktienkurs des Opfers zahlen – im Fall Mannesmann waren es sogar 123 Prozent. Und dabei blieb es nicht. Im Durchschnitt sank der Börsenwert der Angreifer um 15 bis 30 Prozent. Ein Sprecher der Investmentbank J.P. Morgan äußerte hierzu: »Viele großen Firmen waren bereit, ihre strategischen Ziele über den Aktionärswert zu stellen und bezahlten einen hohen Preis, um ihre Position schnell zu verbessern.«[30]

Tatsächlich wird dieser »Preis« in erster Linie von den Beschäftigten bezahlt; diese müssen in aller Regel die Kosten für die Übernahmeschlachten in Form von Entlassungen und Arbeitsintensivierung und Lohnverzicht bezahlen.

Kapitel 4
Die Weltmacht der »200 Größten«

> Dreihundert Männer, von denen jeder jeden kennt, leiten die wirtschaftlichen Geschicke des (europäischen) Kontinents. Es handelt sich... um die zweite Generation der Erwerbenden und Leitenden.
>
> *Siemens-Mitbegründer Walther Rathenau 1909.*[31]

Vergleichbares, was der deutsche Industrielle Rathenau vor fast einem Jahrhundert für Europa formulierte, läßt sich heute für die Weltwirtschaft sagen. Die 200 größten Konzerne der Welt üben heute eine ähnliche große Wirtschaftsmacht auf globaler Ebene aus wie das Anfang des 20. Jahrhunderts für die angeführten »300 Männer« und deren Wirtschaftsmacht in Europa gesagt werden konnte.

Die 200 weltweit größten Konzerne vereinten Mitte der 60er Jahre rund 17 Prozent des weltweiten Bruttoinlandprodukts auf sich. 1982 war dieser Anteil bereits auf 24 Prozent oder ein knappes Viertel angestiegen. 1999 verfügen diese 200 Weltkonzerne bereits über einen Umsatz, der 35 Prozent des Welt-Bruttoinlandproduktes entspricht. Sie haben damit ihre Machtposition allein im 35-Jahres-Zeitraum 1965 bis 2000 verdoppelt. Dabei verstärkte sich diese Machtkonzentration inbesondere seit Ende der achtziger Jahre beschleunigt – was dem beschriebenen Prozeß der internationalen Kapitalakkumulation und -konzentration entspricht.

Vergleicht man die Listen der größten Konzerne der Welt, die das US-Wirtschaftsblatt »Fortune« jährlich veröffentlicht, dann lassen sich daraus hinsichtlich der Struktur und Entwicklung dieser Machtkonzentration einige weitergehende Schlußfolgerungen ziehen. So erlebten die 200 Größten in den vergangenen zwei Jahrzehnten eine nicht unbeträchtliche Veränderung in ihrer Zusammensetzung. So hat sich die Zahl der US-Konzerne in dieser Gruppe von 1982 bis 1995 von 80 auf 53 verringert. Gleichzeitig vergrößerte sich die Zahl der japanischen Konzerne im gleichen Zeitraum von 35 auf 62. Die Zahl der in dieser Spitzengruppe vertretenen britischen Konzerne sank von 18 im Jahr 1982 auf 11 im Jahr 1995.

Das schien ein deutlicher Trend zu sein: Schwächung der USA und Aufstieg der Konkurrenz, vor allem der japanischen. Doch dieser Trend hielt nicht an. Im Gegenteil: Er wurde wieder umgedreht.

Vier Jahre später – bis zum Jahr 1999 – war die Zahl der US-Konzerne in der Gruppe der 200 größten Unternehmen der Welt wieder von 53 auf 76 gestiegen; die Zahl der japanischen Multis reduzierte sich wieder von 62 auf nunmehr 40. Die Anzahl der niederländischen Konzerne allerdings hat sich erheblich erhöht – von vier im Jahr 1995 auf sechs in der 1999er Liste. Hinzu kommen zwei Konzerne – Unilever und Royal Dutch Shell – mit niederländisch-britischem Kapital. Tabelle 3 gibt die entscheidenden Daten für die Entwicklung 1995 bis 1999 wieder.[32]

Tabelle 4: Die 200 größten Konzerne der Welt 1995 und 1999 nach Herkunftsländern und »nationaler Machtkonzentration«

Land	1995 Zahl der Unternehmen in Gruppe 200 Größte	1999 Zahl	1999 add. Umsatz in Mrd $	Anteil an 200er Umsatz
(1) USA	53	76	3.187	37,8 %
(2) Japan	62	40	2.014	23,9 %
(3) BRD	23	22	997	11,8 %
Zwischensummen	138	138	6.198	73,5 %
(4) Frankreich	19	17	628	7,5 %
(5) Großbritannien	11	10	369	4,4 %
(6) Niederlande	4	6	217	2,6 %
(7) Niederl/Brit.	2	2	149	1,8 %
(8) Italien	5	6	215	2,5 %
(9) Schweiz	8	6	213	2,5 %
(10) Süd-Korea	6	4	120	1,4 %
(11) Spanien	1	3	78	0,9 %
(12) Schweden	2	1	26	0,3 %
(13) Belg./NL	-	1	44	0,5 %
(14) Andere	4	6	178	2,1 %
Gesamt	200	200	8.435	100 %

Ein großer Teil der Unternehmen in der Spitzengruppe der 200 größten Konzerne war in den vergangenen zehn Jahren in der einen oder anderen Form am Fusionsfieber beteiligt. Anders formuliert: Ein Konzern, der nicht selbst aktiver Teil in diesem Fusionsfieber war, konnte sich nur im Fall außerordentlicher Profitabilität und einem enormen, überdurchschnittlichen Wachstum durch reine Kapitalakkumulation in dieser Spitzengruppe halten. Deutlich wird an dieser Aufstellung, wie groß das Gewicht der USA ist – und mit gebührendem Abstand dasjenige Japans und der BRD. Deutlich wird insbesondere auch, daß in dieser tonangebenden Gruppe der 200 größten Konzerne der Welt fast nur solche Unternehmen das Sagen haben, die ihren Sitz in einem der folgenden neun Nationalstaaten haben: USA, Japan, BRD, Frankreich, Großbritannien, Niederlande, Italien, Schweiz oder Südkorea. Die übrigen Nationalstaaten, die mit »eigenen« Konzernen in dieser Liste auftauchen, können in der Regel nur einen Konzern aufbieten – und des öfteren handelt es sich dann um ein Versorgungsunternehmen, dem nicht dasselbe Gewicht zukommt wie den Industriekonzernen, mit denen die erwähnten neun führenden Nationalstaaten in der Regel in dieser Gruppe vertreten sind.

Tabelle 4 verdeutlicht mit dem Vergleich 1995/1999 die wiedergewonnene enorme Macht der US-Konzerne. Ende des 20. Jahrhunderts wurden die Verhältnisse, wie sie im übrigen diesbezüglich bis Anfang der neunziger Jahre geherrscht hatten, wieder hergestellt. Die USA stellten 1999 76 der 200 weltgrößten Konzerne. Diese 76 Multis vereinen fast 40 Prozent oder zwei Fünftel des Gesamtumsatzes der 200 Größten allein auf sich. Die 40 japanischen Großunternehmen, die 1999 noch zu dieser Gruppe zählten, konzentrieren ein knappes Viertel des Weltumsatzes der »200 Größten« auf sich. Bereits mit erheblichem Abstand folgt die Gruppe der 22 deutschen Konzerne, die es auf einen Anteil von knapp 12 Prozent am Gesamtumsatz der 200 weltgrößten Unternehmen bringen.

Geographisch konzentrieren sich die 200 Größten im wesentlichen auf die acht Länder USA, Japan, BRD, Frankreich, Großbritannien, Niederlande, Italien und die Schweiz. Interessant ist das – relativ gesehen – erhebliche Gewicht, das die kleinen Nationalstaaten Niederlande und Schweiz als Mutterländer von insgesamt zwölf Konzernen aus der Gruppe der 200 haben, wobei hier die erwähnten zwei britisch-niederländischen Unternehmen noch nicht einbezogen sind. Jedes von ihnen liegt in dieser Hinsicht beispielsweise auf demselben Niveau wie Italien.

Im großen und ganzen läßt sich sagen: Die weltwirtschaftliche Macht liegt am Beginn des 21. Jahrhunderts dort, wo sie auch am Beginn des 20. Jahrhunderts lag: bei den Ländern, die vor hundert Jahren die Kolonialmächte waren und die ihre Industrialisierung zu einem erheblichen Umfang mit der Ausbeutung und Ausplünderung derjenigen Regionen finanziert hatten, die heute als »Dritte Welt« bezeichnet werden.

Interessant ist in diesem Zusammenhang der Fall *Südkorea.* Dieses Land erlebte eine krasse Wirtschaftsentwicklung, die allerdings typisch für die über mehr als hundert Jahre gefestigten Strukturen der Weltökonomie ist. In der 1995er Wertung befanden sich noch sechs südkoreanische Konzerne unter den »200 Größten«. Anläßlich dieser Zahlen in der 1995er-»Fortune-Liste« sah sich Frédéric F. Clairmont in »Le Monde Diplomatique« veranlaßt, eine geradezu historische Wertung vorzunehmen:

»Den atemberaubendsten Aufschwung verzeichnet Süd-Korea, wo innerhalb kürzester Zeit zum ersten transnationalen Unternehmen fünf weitere hinzugekommen sind. An der Spitze steht Daewoo, eine der aggressivsten transnationalen Unternehmensgruppen des koreanischen Imperialismus. (...) Die weltweite Expansion von Daewoo ist symptomatisch für das Wachstum der koreanischen Firmengruppen, der sogenannten chaebol. Die Umsätze der dreißig führenden chaebol sind zwischen 1992 und 1996 von 223 Milliarden US-Dollar auf 367 Milliarden Dollar gestiegen... Die Arbeiteraufstände im Januar dieses Jahres (1997) haben zwar den Mythos vom koreanischen ›Wunder‹ erschüttert, doch sie werden die weitere Expansion dieser Giganten im In- und Ausland nicht bremsen können.«[33]

Auch dieser Trend hat sich nicht nur nicht fortgesetzt. Er wurde ausgebremst und teilweise umgekehrt.

Zwar waren es am Ende nicht primär die Arbeiteraufstände, sondern in erster Linie die »Asien-Krise« der Jahre 1997/98, die zu einer erheblich veränderten Landschaft führten: Der Wert der koreanische

Währung wurde im Verlauf dieser Krise fast halbiert; die Börsenkurse sackten zusätzlich in sich zusammen; ein halbes Dutzend südkoreanischer Großunternehmen ging faktisch pleite. Vier Jahre nach Frédéric Clairmonts Analyse gibt es in der Liste der Top 200 nur noch vier südkoreanische Konzerne; Daewoo ist nicht mehr unter ihnen. Und selbst diese nüchternen Zahlen der 1999er Liste bringen den Rückfall der südkoreanischen Industrie nur unzureichend zum Ausdruck. Tatsächlich sind Daewoo und Kia, zwei der »aggressiven chaebols«, aus der Top-200-Liste des Jahres 1995, inzwischen keine selbständigen Konzerne mehr. Und auch der Autokonzern Hyundai, der in der 1999er Top-200-Liste noch – auf Platz 107 – auftaucht, ist inzwischen gezwungen, sich eng an Mitsubishi und DaimlerChrysler anzulehnen. Die Wahrscheinlichkeit, daß selbst noch Hyundai seine Selbständigkeit verliert und aus der Liste der 200 größten Konzerne der Welt getilgt wird, ist groß.

Die Bilanz lautet: Das südkoreanische »Wunder« wurde mit der Wirtschafts- und Finanzkrise 1997/98 beseitigt; einen »südkoreanischen Imperialismus« gibt es nicht mehr (falls dieser Ausdruck überhaupt je berechtigt war).

Die 200 größten Konzerne der Welt repräsentieren die heute wirtschaftlich stärksten Länder der Welt. Diese Unternehmen kontrollieren laut offizieller Statistik rund ein Drittel des Bruttoinlandprodukts der Welt, die eine Gesamtbevölkerung von 5 Milliarden Menschen aufweist. Doch in den Mutterländern dieser mächtigsten Konzerne leben nur rund 10 Prozent der Weltbevölkerung.

Bereits diese Proportionen sind Beleg für den Widerspruch zwischen dem demokratischen Anspruch der »westlichen Wertegemeinschaft« und den wirtschaftspolitischen Realitäten. Dabei ist die damit gegebene Beschreibung der Kapital- und Machtkonzentration noch unzureichend. Frédéric F. Clairmont betonte dazu in »Le Monde Diplomatique«, diese sei »in Wirklichkeit noch viel extremer«. Denn, so Clairmont, »nicht alle der 200 Größten sind autonome Unternehmen, wie die Beispiele Mitsubishi, Sumitomo oder Mitsui zeigen. Unter den 200 Größten befinden sich fünf Mitsubishi-Unternehmen, deren Gesamtumsatz 320 Milliarden Dollar übersteigt. Diese fünf Firmen besitzen zwar ein hohes Maß an Autonomie, sind aber... eng verzahnt. Das gleiche gilt für ihre Vernetzung in den Bereichen Wirtschaft, Politik und Industriespionage. Ihr politischer Arm ist die Liberaldemokatische Partei, deren Organisationskosten zu 37 Prozent vom Mitsubishi-Imperium finanziert werden.«[34]

An dieser Stelle wurde Clairmonts Analyse durch die jüngere Entwicklung noch zusätzlich unterstrichen: Seit Mitte 2000 ist Hyundai eng mit Mitsubishi verbunden – und Mitsubishi Motors wiederum ist mit dem weltweit größten Hersteller von Pkw und Lkw, mit DaimlerChrysler, verbunden. Die reale Konzentration der Wirtschaftsmacht ist demnach noch wesentlich größer als in den Statistiken ersichtlich, die in diesem Kapitel wiedergegeben und analysiert wurden.

Teil III
Die Stoffe, aus denen die kapitalen Träume sind: Von Dampf & Stahl zu Öl & Auto

Was für General Motors gut ist, ist auch gut für die USA.

Charles Edward Wilson, Vorsitzender des General Motors-Verwaltungsrats; im Zweiten Weltkrieg zugleich Leiter der US-Heeresverwaltung

Als Robert McNamara den Stuhl des Präsidenten im Ford-Konzern aufgab, um Verteidigungsminister der USA im Vietnamkrieg zu werden, verließ er nur eine große Organisation, um eine andere zu übernehmen.

Ferdinand Lundberg, The Rich and the Superrich. A Study of Power and Money Today. New York 1968

Zwar zählt im Kapitalismus letzten Endes allein das Preisschild: der Dollar-, DM- oder Yen-Wert, den die erstellten Waren, Anlagen oder Top-Manager auf dem Markt erzielen. Letzten Endes stehen hinter diesen Preisschildern jedoch immer auch die Produktion von Gütern, von Gebrauchswerten und die Erbringung konkreter Dienstleistungen. Selbst Rüstungsproduktion dient letzten Endes einem konkreten Zweck: der Zerstörung, dem Vernichten, dem Krieg. Gäbe es hierfür keine Nachfrage, machte Rüstung keinen Sinn.

Die Geschichte des Kapitalismus, also die Geschichte der Konzentration von Macht und Kapital, war demnach immer auch eine Geschichte der Konzentration von gesellschaftlichem Reichtum – in konkreter *stofflicher* Form.

Welche Stoffe dabei jeweils die für die Macht auf dem Weltmarkt entscheidenden darstellten, war zweifellos zeitbedingt. Genauer: Dies korrelierte in erster Linie mit der Entwicklung der Produktivkräfte und zu einem gewissen Grad sicherlich auch mit der »Kultur«, dem Geschmack, den Prioritäten, die sich die Gesellschaft selbst setzte bzw. die ihr gesetzt wurden.

Eine Gesellschaft, deren grundlegende Energie die Dampfkraft ist, deren revolutionäres Fortbewegungsmittel Eisenbahnen sind und die in Kriegen auf Panzerschiffe und »Dicke Bertas« setzt, mag ihre modischen Accessoires in Portwein, Kniggebockern und Wiener Cafés haben. Ihre Ökonomie wird jedoch von Kohleförderung, Stahlproduktion und Werften bestimmt. Eine Gesellschaft, deren grundlegende Energie auf Öl und Atomenergie basiert, die in Pkw, Lkw und Flugzeugen die epochemachenden Mobilitäts- und Transportmittel sieht, die das Internet als maßgeblichen Informations- und Kommunikationsträger entwickelt und die ihre Kriege mit Jeeps, Panzern, Kampf-Jets und elektronisch gesteuerten Waffen bestreitet, mag im modernen Erscheinungsbild von Hamburgern, Handys und Internet-Cafés bestimmt sein. Ihre Ökonomie wird jedoch von der Ölverarbeitung, dem Fahrzeugbau, einer Flugzeugindustrie und den »militärisch-industriellen Komplexen« bestimmt.

Am Beginn des 21. Jahrhunderts erleben wir eine stoffliche Konzentration des gesellschaftlichen Reichtums, wie sie auch am Beginn des 20. Jahrhunderts gegeben war. Während in den Eisenbahngesellschaften um 1900 die Stahlproduktion und die Länge der Eisenbahnnetze der stoffliche Maßstab von Reichtum und Macht waren, sind dies am Beginn des 21. Jahrhunderts die Industrien, die die »Autogesellschaft« bestimmen: Öl, Ölverarbeitung, Fahrzeug- und Flugzeugbau und die damit verbundene Rüstungsindustrie.

In diesem III. Teil machen wir zunächst einen Schritt um 100 Jahre zurück, um die Kapitalkonzentration in ihrer stofflichen Form um die Jahrhundertwende 1899/1900 und ihre Transformation zu beschreiben. Wir landen schließlich erneut bei den gewaltigen M&A-Geschäften des neuen, 21. Jahrhunderts, die in erheblichem Maß auch die heute tonangebenden Kapitalgruppen im Bereich der Ölverarbeitung, des Fahrzeugbaus und der Luftfahrtindustrie betreffen. Die Übernahme Chryslers durch Daimler-Benz spielt dabei eine wichtige Rolle.

Kapitel 5
Die stoffliche Transformation des Kapitalismus im 20. Jahrhundert

> Ford führte sein Unternehmen mit gangsterhaften Methoden... Ich erwähne den verstorbenen Henry Ford als das Beispiel eines Mannes, der sein Unternehmen mit zügelloser Gewalt und hinterhältigen Vorwänden führte... Wenn man die Berichte des National Labor Relation Board (einer offiziellen Institution der US-Regierung zur Beobachtung der Arbeitswelt-Verhältnisse; W.W.) liest, so muß man schlußfolgern, daß Henry Ford von irgendeiner Mafia-Organisation nichts mehr zu lernen brauchte.
>
> *Ferdinand Lundberg, The Rich and the Superrich. A Study of Power and Money Today. New York 1968*

Großbritannien war Mitte des 19. Jahrhunderts die militärische und wirtschaftliche Führungsmacht. Dem entsprach die britische Position in der damals strategischen Transporttechnologie: im Eisenbahnbau und im Export von Bahntechnik. Der wichtigste Konkurrent in Europa war Deutschland. Auf dem Weltmarkt entstand mit den USA jedoch bald die Wirtschaftsmacht, die alle anderen überflügeln sollte.

Nach der Bildung des Deutschen Reichs 1871 begann in Deutschland ein Gründerboom, der vor allem ein Eisenbahnbauboom war. Bald übertraf Deutschland Großbritannien auf diesem Sektor: 1885 war in Großbritannien und Irland ein 30.800 km langes Eisenbahnnetz in Betrieb; in Deutschland hatte das Netz eine Länge von 37.000 km. Am Ende des Ersten Weltkriegs wies das deutsche Eisenbahnnetz 65.000 km und das britisch-irische 38.000 km Länge aus.

Die USA verfügten bereits 1850 über ein Schienennetz, das größer als das britische war. 1880 waren in den Vereinigten Staaten von Amerika mit 151.000 km bereits fast so viele Schienenkilometer in Betrieb wie in ganz Europa (160.000 km). Bis dahin war die US-amerikanische Ökonomie noch in erster Linie auf den gewaltigen inneren Markt konzentriert. Danach begann in Nordamerika ein weltweit einmaliger Wirtschafts- und Eisenbahnbauboom, dem die Expansion der USA zur führenden Welthandelsmacht entsprach. 1910 gab es in den USA ein Schienennetz von knapp 400.000 km Länge – rund doppelt so lang wie das zu unterschiedlichen Nationalstaaten gehörende Schienennetz in Europa und vier Mal so groß wie die Netze der beiden wichtigsten Weltmarktkonkurrenten zusammen, des britischen Empires und des Deutschen Reichs.[1]

Dieser Entwicklung entsprachen die Positionen der konkurrierenden kapitalistischen Mächte in der Stahlerzeugung, dem grundlegenden Stoff in dieser Phase der Industrialisierung. Im Jahr 1880 konzentrierte Großbritannien noch knapp die Hälfte der Weltproduktion an Rohstahl auf sich. Im Welthandel waren es gar 80 Prozent der Stahlexporte, die auf britische Rechnung gingen. 1893 wurde die britische Stahlerzeugung erstmals von der des wichtigsten europäischen Konkurrenten übertroffen. Bis 1910 erreichte diese deutsche Rohstahlerzeugung sogar die doppelte Menge der britischen.

Doch bereits 1890 waren die USA zum weltweit führenden Rohstahlerzeuger aufgestiegen. 1900 nahmen sie beim Stahlexport bereits Platz eins ein. Und am Beginn des Ersten Weltkriegs erreichte die US-Rohstahlerzeugung 40 Prozent der Welterzeugung. Die USA übertrafen zu diesem Zeitpunkt die Summe der britischen, deutschen und französischen Stahlerzeugung. Nach dem Ersten Weltkrieg und nach dem Zweiten Weltkrieg konnten die USA ihre Position jeweils nochmals ausbauen: 1950 übertraf die US-amerikanische Rohstahlerzeugung diejenige von gesamt Europa um 50 Prozent.[2]

Die Schlacht um den Weltmarkt der Eisenbahnen war von gewaltigen Unternehmenstransaktionen – Mergers & Acquisitions – und noch größeren, damit verbundenen Weltmarktkrisen und Zusammenbrüchen geprägt. Der bürgerliche Nationalökonom Joseph Schumpeter sprach von einer »absichtlichen Förderung des Spekulationsfiebers« und beschrieb Übernahmeschlachten, die viel Gemeinsamkeit mit derjenigen zwischen Vodafone und Mannesmann aufweisen. Im Rahmen der Krise des Jahres 1883 wurde »die Kontrolle vieler Eisenbahngesellschaften in andere Hände gelegt.« Was danach, so Schumpeter, »die Öffentlichkeit und die Politik sah und worüber sie in Erregung geriet, das war einerseits die Schaffung neuer wirtschaftlicher Positionen, die in der Vorstellung des kleinen Mannes mit einer zugleich gewaltigen und unheimlichen Macht ausgestattet waren, und andererseits das Schauspiel von Finanzmanövern, das der vorherrschenden Neigung zur Spekulation ebensoviel Nahrung bot wie der sittlichen Entrüstung.«[3]

Als im Verlauf einer großen Krise die Kapitalkonzentration in den USA sich enorm verstärkte und die Finanzgruppe um J.P. Morgan dutzende Bahngesellschaften übernahm, titelte das »Berliner Tageblatt« am 3. Dezember 1907: »Morgan – Diktator!« Der Artikel und die beschriebenen Vorgänge dokumentierten, daß die politische Macht in den USA bei dem Bankier Morgan und nicht bei Präsident Theodore Roosevelt liege und argumentierte, »nach deutschen Gesetzen« würde Morgan »wegen Erpressung verhaftet«.[4]

Anfang des 20. Jahrhunderts konzentrierte sich das produktive Vermögen in den USA bei zwei Kapitalfraktionen: Die schon erwähnte der Gruppe um das Bankhaus J.P.Morgan, die mit Eisenbahnen, Bergbau und Stahl verbunden war, und die Gruppe um John D. Rockefeller, die mit der Förderung von Ölvorkommen (Standard Oil) und den Elektrokonzernen General Electric und Westinghouse. verbunden war. Die Konzentration von Kapital, Macht und Vermögen, die in diesen beiden Finanz- und Industrieimperien konzentriert war, dürfte alles übertreffen, was es diesbezüglich heute gibt. Um das Jahr 1910 herum wurden die Vermögen der Rockefeller- und der Morgan-Gruppe auf annähernd den gleichen Wert geschätzt; beide zusammen kontrollierten mit 40 Milliarden Dollar Gesamtaktiva rund ein Drittel des gesamten Reichtums der USA. Auf europäische Verhältnisse umgerechnet, verfügte jede der zwei Kapitalgruppen »über viermal so viel, als die Einkommen der vier europäischen Nationen Großbritannien, Deutschland, Frankreich und Italien zusammen betragen, und zwanzigmal so viel, als die Jahreseinnahme der Vereinigten Staaten beträgt.«[5]

Diese Kapitalkonzentration hatte sich mit der Wirtschaftskrise 1929-32 und den Antitrust-Maßnahmen in den USA etwas relativiert. Doch im wesentlichen blieb sie bestehen. Insbesondere war das Rockfeller-Imperium die Grundlage für eine Umstrukturierung zunächst der US-amerikanischen Wirtschaft und schließlich der Weltökonomie. Aus kapitalistischen Gesellschaften, die von Stahl, Bergbau und Eisenbahnen dominiert waren, wurden die heutigen kapitalistischen Gesellschaften, die von Ölinteressen und dem Auto bestimmt werden.

Das gesamte 20. Jahrhundert war geprägt durch einen Aufstieg der eng miteinander verbundenen Öl-Industrie und dem Fahrzeugbau zu den mächtigsten Wirtschaftszweigen der Welt. Gleichzeitig kam es zu einem Niedergang der Eisenbahnen und der Schwerindustrie (Bergbau, Eisen und Stahl). Damit wurde weltweit der Schwerpunkt in der stofflichen Zusammensetzung des Kapitals verändert. Oftmals bedeutete dies auch, daß sich andere – »neue«, junge« Kapitalgruppen – etwa Rockefeller/Standard Oil, Ford, N.I. Du Pont und General Motors – durchsetzten. In jedem Fall handelte es sich um einen Vorgang, der für die gesamte Weltökonomie weitreichende Konsequenzen hatte. Auch die Weltwirtschaft am Beginn des neuen, 21. Jahrhunderts wird durch diese Veränderungen, die sich in den USA Anfang des 20. Jahrhunderts, in Westeuropa nach dem Zweiten Weltkrieg durchsetzten und die gegenwärtig den »Rest der Welt« verändern, geprägt – ungeachtet der Bedeutung von Personalcomputern, Internet und Biotechnologie.

Es waren im wesentlichen sieben Gründe, die die weltweite Durchsetzung derjenigen Kapitalfraktionen, die um Auto und Öl gruppiert sind, bewirkten:

1 Die Dampfkraft als entscheidende Energiebasis der ersten Phase der industriellen Produktion war der Energiequelle Öl, die Ende des 19. Jahrhunderts für den industriellen Einsatz entdeckt und zu den Derivaten Benzin, Diesel, Kerosin, Flugbenzin weiterverarbeitet wurde, unterlegen. Der auf der Energiequelle Rohöl basierende Verbrennungsmotor und später das Düsentriebwerk brachten erhebliche Fortschritte hinsichtlich Geschwindigkeit und Kraftentwicklung mit sich. Der Pkw, Lkw und das Flugzeug – und zugleich die »Parallelprodukte« Jeep, Panzer und Kampfjet – waren als technologisch überzeugende Produkte nur auf Basis der Energiequelle Rohöl bzw. dessen Derivaten entwickelbar (Elektroautos können auch hundert Jahre später nur für begrenzte Einsatzmöglichkeiten überzeugen).

Unter diesen Umständen gab es Anfang des 20. Jahrhunderts zwei entscheidende Fragen: Wer verfügt über die größten eigenen Ölquellen bzw. wer kontrolliert solche außerhalb des eigenen Territoriums? Und zweitens: Wer ist – so wie der Eisenbahnindustrielle George Stevenson dies ab 1825 tat – als erster in der Lage, massenhaft ein zentrales Produkt auf Basis der neuen Technologie herzustellen und dabei die für die kapitalistische Ökonomie entscheidenden Sektoren zu revolutionieren: den Transportsektor und die Rüstungsindustrie.

Die Antworten darauf lauteten:

- Die USA verfügten als einziges hochentwickeltes kapitalistisches Land über eigene Ölressourcen, die ein halbes Jahrhundert lang zur Selbstversorgung ausreichen sollten.
- Die entscheidenden Ölquellen in der Welt, die sich außerhalb der Territorien der führenden kapitalistischen Länder befanden, wurden von den alten Kolonialmächten, vor allem von Großbritannien, sowie in zunehmendem Maß von der neuen Militärmacht Nr. 1, den USA, direkt oder indirekt kontrolliert.
- In den USA entstand in Detroit eine Industrie, die massenhaft Lkw und Pkw herstellte und so den Transportsektor – zunächst in den USA und bald auch weltweit – revolutionierte.
- Die USA waren auch in der Lage, die »fortgeschrittenste« Waffentechnik zu entwickeln und den Rüstungssektor zu revolutionieren (siehe Kapitel 11).

Diese Antworten auf die strategischen Fragen am Beginn des 20. Jahrhunderts materialisierten sich in spezifischen Unternehmen, die auch am Beginn des 21. Jahrhunderts von maßgeblicher Bedeutung sind.

- Standard Oil und die Rockefeller Gruppe kontrollierten vor hundert Jahren den größten Teil der US-amerikanischen Ölfelder. Der entscheidende Sproß der Standard Oil-Gruppe trägt heute den Namen Exxon (Esso) und stellt das größte Unternehmen der Welt dar.
- Royal Dutch Shell und British Petroleum behielten als Folge des britischen und niederländischen Kolonialreichs die Kontrolle über einen erheblichen Teil der Ölvorkommen bzw. der Verarbeitung von Rohöl. Standard Oil/Exxon bzw. andere Standard Oil-Nachfolgeunternehmen wie Chevron und Texaco kamen bald hinzu, indem sie im Schlepptau mit der wachsenden globalen militärischen Präsenz der USA ihren Einfluß in neokolonialer Weise ausdehnten.
- Ford begann Anfang des 20. Jahrhunderts mit der massenhaften

Fertigung von Lkw und mit der Serienproduktion von Pkw. Ab 1929 kam General Motors hinzu.

Aus diesen revolutionären Veränderungen an der Basis der kapitalistischen Produktion – der entscheidenden Rohstoffquelle – resultierten damit Unternehmen, die bald die USA, Großbritannien, die Niederlande und einen großen Teil des Weltmarkts dominierten. Diese Unternehmen beherrschen auch am Beginn des 21. Jahrhunderts die Spitzengruppe der 200 größten Konzerne der Welt: Exxon, Royal Dutch Shell, BP/Amoco, General Motors und Ford vereinten 1999 ein Umsatzvolumen von knapp 700 Milliarden US-Dollar auf sich. Das entsprach 8 Prozent des Umsatzvolumens der 200 größten Konzerne der Welt. Von diesen fünf Konzernen, deren Vorläufer vor 70 und zum Teil vor 100 Jahren das neue Öl- und Autozeitalter einläuteten, belegten 1999 drei die ersten drei Ränge der größten Konzerne der Welt, und alle fünf gehörten dem Club der zehn größten Unternehmen der Welt an.

2 Kriege und die ständige Aufrüstung wirkten als Katalysatoren zur Durchsetzung der »Öl- und Autogesellschaft«.

Die zwei Weltkriege haben die Durchsetzung der Öl- und Autoindustrie auf weltweiter Ebene massiv begünstigt. In beiden Weltkriegen waren die Vereinigten Staaten von Amerika der »lachende Dritte«: Die USA beteiligten sich in beiden Kriegen jeweils spät auf militärischem Gebiet. Sie erlitten relativ geringe Verluste und im eigenen Land so gut wie keine Zerstörungen. Sie waren beide Male der entscheidende Kreditgeber für die europäischen Alliierten.

Spezielle Faktoren kamen hinzu: Der Hauptaktionär von General Motors, der Clan E.I. du Pont de Nemours, besaß im Ersten Weltkrieg eine Art Monopol auf Sprengstoffe und Munition – und erstarkte auf diesem Weg zur bald mächtigsten Kapitalgruppe der USA.[6] Mit den Gewinnen aus dem Pulver- und Sprengstoffmonopol und dem Ersten Weltkrieg kaufte sich E.I. du Pont de Nemours in den General Motors-Konzern ein, der sich zu diesem Zeitpunkt als Ergebnis einer Fusion aus 21 unabhängigen Automobilgesellschaften herauskritallisierte. Im Zweiten Weltkrieg wurde der Konzern N.I. du Pont von der US-Regierung mit dem Bau der Atombombe beauftragt. General Motors verdiente im Krieg – zusammen mit den übrigen Autokonzernen – im großen Maßstab an staatlichen Rüstungsaufträgen zur Motorisierung der Armee und an der Herstellung von Flugzeugmotoren.

Eine ähnliche Bedeutung hatten Rüstung und Krieg für die deutsche Ökonomie. Die Zielsetzung der NS-Regierung im Zweiten Weltkrieg war davon bestimmt, durch militärische Eroberungen oder durch die Massenproduktion von chemisch erzeugtem Kraftstoff (Buna) eine eigene Rohölbasis zu erlangen und eine eigene Kraftfahrzeugproduktion aufzubauen. Alle Kriege des 20. Jahrhunderts brachten vor allem den Ölkonzernen und natürlich der Rüstungsindustrie gewaltige Extraprofite – nicht zuletzt der Nahost-Krieg 1973 und der Golfkrieg 1990/91 mit ihrem Boom der Ölpreise. Viele Autobauer waren ohnehin ursprünglich Rüstungskonzerne – so Daimler, Benz, Borgward, BMW, Fiat, Skoda und Mitsubishi. Diejenigen, die sich ursprünglich auf zivile Fertigungen konzentriert bzw. die nach Kriegen eine zivile Produktion aufgenommen hatten, verwandelten sich in Kriegszeiten immer in Unternehmen, die fast ausschließlich für die Rüstung fertigten. Die Konversion von der Pkw- zur Jeep-Fertigung, von der Lkw- zur Panzer-Produktion und vom Pkw- und Lkw-Motoren-Bau zur Herstellung von Panzermotoren und Flugzeug-Triebwerken wurde dabei in jeweils erstaunlich kurzer Zeit realisiert. Erinnert sei an die »schwerwiegenden« Argumente, die von den gleichen Konzernleitungen dann ins Feld geführt werden, wenn es um die Konversion »in umgekehrter Richtung«, der Umwandlung von Rüstungsproduktion in zivile Fertigungen, geht.

Schließlich erhielt ab dem Zweiten Weltkrieg und mit den Investitionen in die »Weltraumforschung« die Flugzeug- und Raumfahrtindustrie ein immer größeres Gewicht. Ausgaben für die »zivile« Luft- und Raumfahrt und solche für militärische Projekte (SDI; Satelliten-Beobachtungsystem »Galileo«) verschmolzen und verschmelzen mit den allgemeinen Rüstungsausgaben zu den heute bekannten militärisch-industriellen Komplexen. Diese stellen erneut einen massiven Stimulus für die Öl- und Autokonzerne dar, die oft auf vielfältige Art und Weise mit diesen Komplexen verbunden sind (vgl.Kapitel 11).

3 Die Rockefeller/Standard Oil-Gruppe und die Fahrzeugbauer Ford und General Motors stellten junge Industrien dar. Auf sie traf das zu, was bereits in Teil II über junge Industrien gesagt wurde: Sie erwiesen sich aus objektiven Gründen als beweglicher und oft als innovativer. So konnte es sich Henry Ford in der Weltwirtschaftskrise leisten, seine gesamte Pkw-Massenfertigung für ein Jahr komplett einzustellen. Das war für die Unternehmen, die bei den Eisenbahnen engagiert waren, nicht möglich – zu gewaltig war das hier angelegte Kapital, das im übrigen, anders als in der Autoindustrie, in Verkehrsmitteln *und in Verkehrswegen* realisiert war und im Fall der Nichtnutzung enorme (Abschreibungs-) Kosten verursachte.

So traf die Weltwirtschaftskrise 1929-32 auch weit mehr die Eisenbahnen, den Bergbau und die Stahlindustrie. Nach dieser Krise waren diese Sektoren insbesondere in den USA qualitativ geschwächt; die Öl- und Autoindustrie dagegen erlebte jetzt ihren Durchbruch.

4 Die Methoden der Massenherstellung erwiesen sich bei der gegebenen neuen Produktivität des Kapitalismus im 20. Jahrhundert als ideal für den Bereich der Kfz-Herstellung. Sie taugten schon rein stofflich weit weniger für den Bereich der Eisenbahnen.

Der Begriff »Fordismus« bezieht sich bereits direkt auf eine Herstellung, wie sie erstmals in den Schlachthöfen von Chicago und dann in Henry Fords Kfz-Fabriken praktiziert wurde: mit einer extremen Aufteilung des Arbeitsprozesses in einzelne, sich wiederholende Verrichtungen, die durch das *Fließband* miteinander verbunden wurden und zum Gesamtprodukt Blechdose Wurst oder Blechkiste Auto führten.

Die Fertigung von Lokomotiven und Eisenbahnwaggons war damals jedoch vollständig von einer handwerksmäßigen Herstellungsform bestimmt, was heute in der Bahntechnik noch eine große Rolle spielt. Die Größe einer Lok oder eines Triebwagens und die (relativ) geringe Stückzahl, in der diese gefertigt werden, widersetzen sich den Produktionsmethoden des »Fordismus« und »Taylorismus«.

5 Die neue Macht der Öl- und Autolobby wirkte nicht nur vermittelt

über die »normalen« Marktgesetze. Sie wurde gezielt und mit konspirativen Mitteln gegen die Konkurrenz, vor allem gegen die Eisenbahnen und die übrigen öffentlichen Verkehrsmittel, eingesetzt. 1949 stellte ein Bericht eines Untersuchungsausschusses des US-Senats fest, daß »General Motors darin involviert war, in 45 US-Städten... den Abbau von hundert elektrischen Nahverkehrssystemen und ihren Ersatz durch General Motors-Busse zu betreiben.« Auf dem Höhepunkt der sogenannten Ölkrise, im Jahr 1974, ergab dann eine Studie, die nach ihrem Verfasser Bradford C. Snell benannt wird, ein umfassendes Bild. Danach wurden in Millionenstädten wie Baltimore, Philadelphia, New York, St. Louis und Los Angeles die öffentlichen Verkehrsunternehmen, die Jahrzehnte lang gut funktioniert hatten, planmäßig aufgekauft und abgebaut. In der »Snell-Studie« wird der Beginn dieser »Initiative« auf die dreißiger Jahre festgelegt, als General Motors (also die Familie Du Pont de Nemours), Standard Oil of California (also Rockefeller) und Firestone (durch Heirat eng mit Ford verbunden) die Holdinggesellschaft National City Lines gründeten.[7] Bis 1950 kaufte diese Gesellschaft elektrische Verkehrssysteme auf und wandelte sie in Buslinien um. Teilweise wurden die Linien auch an private Unternehmen verkauft, die sich jedoch vertraglich verpflichten mußten, künftig nur benzinverbrauchende Ausrüstungen einzusetzen. Snell warf in seiner Studie den drei Autokonzernen GM, Ford und Chrysler, die alle an dieser Politik beteiligt waren, vor, auf diese Weise die öffentlichen Verkehrssysteme in zumindest in den betreffenden 45 US-amerikanischen Großstädten zerstört und das gesamte US-amerikanische Bodentransportsystem umgekrempelt zu haben. Das wurde noch dadurch begünstigt, daß General Motors zu diesem Zeitpunkt auch 70 Prozent aller Autobusse und 80 Prozent aller Lokomotiven in den USA herstellte, also auch die Bahntechnik weitgehend kontrollierte.[8]

Der Angriff von außen auf die Schienenverkehrssysteme wurde im übrigen durch eine Zersetzung von innen begünstigt: Seit den oben skizzierten Übernahmeschlachten um die US-amerikanischen Eisenbahngesellschaften, die um die Jahrhundertwende stattfanden, wurden diese von Finanzgesellschaften und branchenfremden Eigentümern kontrolliert. Diese waren zu einem Teil mit Interessen verbunden, die in direktem Widerspruch zu denen der Bahngesellschaften standen. U.a. betrieb die größte US-amerikanische Eisenbahngesellschaft, die Penn Central, die Fluggesellschaft Executive Jet Aviation, die sich das Ziel gesetzt hatte, die damals führende Fluggesellschaft PanAm von Platz 1 zu verdrängen. Es war bekanntermaßen die Luftfahrt, die in den USA im Fernverkehr entscheidend zur Verdrängung des Personenverkehrs auf Schienen beigetragen hat.[9]

6 Die USA boten einen idealen Boden für die Durchsetzung einer stofflichen Zusammensetzung der kapitalistischen Ökonomie, bei welcher Auto und Öl dominieren. Sie verfügten über einen *gewaltigen inneren Markt.* Das Land war aufgrund eigener Ölquellen bis zum Zweiten Weltkrieg nicht auf Öleinfuhren angewiesen; nach dem Zweiten Weltkrieg dominierten US-amerikanische Ölkonzerne auch im internationalen Ölgeschäft und bei den Ölimporten.

Indem die USA nach dem Zweiten Weltkrieg endgültig zur führenden Wirtschaftsmacht aufstiegen, exportierten sie gewissermaßen auch »ihre Wirtschaftsstruktur«. In dem weltweiten Siegeszug von Auto, Öl und Flugzeugen konnten die US-Konzerne seit den zwanziger Jahren auch auf US-Stützpunkte in Europa zurückgreifen – so auf die US-Töchter GM/Opel, Ford in Berlin und Köln und die in Deutschland lange Zeit führende Ölgesellschaft und Standard Oil-Tochter Deutsch-Amerikanische Petroleum AG, später in Deutsche Shell AG umbenannt.

Lkw und Pkw haben sich in Europa erst ab den sechziger Jahren durchgesetzt und beherrschen in Westeuropa erst seit den achtziger Jahren den Transportsektor, wobei gleichzeitig die Bahn über Bahnreform bzw. Bahnprivatisierungen ins Abseits gedrängt wird. Dies erfolgt im Vergleich zu den USA mit einer Verspätung von 40 bis 50 Jahren; die Pkw-Dichte in den USA lag Ende der zwanziger Jahre auf einem Niveau, wie es in Westeuropa erst Ende der siebziger Jahre erreicht wurde. Noch 1996 lauteten die einleitenden Sätze in einem EU-Dokument zum Kfz-Verkehr: »Jeder zweite Haushalt in der EU verfügt über keinen Pkw.«[10]

Diese gewaltige zeitliche Verschiebung in der Durchsetzung einer einheitlichen Wirtschaftsstruktur und Transporttechnologie hat sehr viel mit dem Siegeszug der US-Konzerne, der insbesondere nach dem Zweiten Weltkrieg stattfand, zu tun.

7 Ein letzter Faktor, der die weltweite Durchsetzung der Auto- und Ölkonzerne begünstigte und die Eisenbahnen verdrängte, ist in der fundamental unterschiedlichen Struktur des Straßen- und Schienenverkehrs zu sehen. Bei den Eisenbahnen sind Betrieb und Verkehrsmittel schwer von den Fahrwegen, den Schienensträngen, und den Bahnhöfen zu trennen. Das Schienenverkehrssystem funktioniert dann am besten, wenn Verkehrswege (Gleiskörper), Fahrzeuge (Loks, Waggons) und Betrieb in ein- und demselben Unternehmen zusammengefaßt sind.[11]

Umgekehrt eignet sich der Straßenverkehr – und im übrigen auch die Binnenschiffahrt – ideal für eine Trennung von Verkehrswegen (also Straßen bzw. Binnenwasserstraßen) und Verkehrsmitteln (Pkw, Lkw, Bussen bzw. Schiffen). Hier ist es für ein optimales Funktionieren nicht wichtig oder sinnvoll, ob die Straßen oder Wasserwege denselben Eigentümer haben wie die Fahrzeuge.

Diese getrennte Struktur im Straßenverkehr ist eine Goldgrube für den privaten Kapitalismus. Sie eignet sich ideal für eine umfassend betriebene Umsetzung des Prinzips der Privatisierung von Profiten und der Vergesellschaftung von Verlusten. Die Finanzierung der Straßen, Brücken und Tunnelbauten – ihr Bau und Unterhalt – erfolgt mit Steuermitteln. Die volkswirtschaftlichen und ökologischen Kosten des Straßenverkehrs, insbesondere auch die damit verbundenen Zerstörungen von Städten und Landschaften, sind ebenfalls Sache der Gesellschaft – sei es vermittelt über öffentliche Aufwendungen (Steuern), über die Solidargesellschaft der Kranken- und Rentenversicherten (auf die die Unfallkosten abgewälzt werden) oder als Bürde für spätere Generationen. Auf diese Weise werden die Kosten des privaten Pkw-Verkehrs relativ niedrig gehalten; sie sanken sogar seit den fünfziger Jahren relativ kontinuierlich – gemessen als Anteile an den Haushaltseinkommen.[12] So konnte aus dem Luxusartikel Auto das Massenprodukt Pkw werden. Nur mit einer solchen Vergesellschaftung eines erheblichen Teils der Kosten des

Gesamtsystems Straßenverkehr konnte die »individuelle Motorisierung« den Massencharakter annehmen, wie wir ihn heute in den OECD-Staaten und in Teilen Asiens und Lateinamerikas kennen.

Damit verbunden ist ein Faktor, der in der umweltpolitischen Kritik des Straßenverkehrs meist übersehen wird und der massive Auswirkungen auf die internationale Arbeitsteilung, die »globalisierte Weltwirtschaft« hat: Durch diese Struktur des Autoverkehrs – der im wesentlichen die Struktur der Binnenschiffahrt, der Hochseeschiffahrt und des Flugverkehrs entspricht – wurden die für die Industrie und für die internationalen Konzerne anfallenden Transportkosten auf einen Bruchteil dessen gedrückt, was sie tatsächlich betragen. Auch hier kommt es zur großangelegten Vergesellschaftung eines erheblichen Teils der Kosten – im Lkw-Verkehr, in der Binnenschiffahrt, im internationalen Schiffsverkehr und in der Luftfahrt. Damit werden weltweit Produktionskosten gesenkt, indem die Transporte enorm verbilligt werden, was letzten Endes die Umsätze und die Profite der privaten Konzerne steigert. Eisenbahnen können im übrigen im Güterverkehr nur dort konkurrieren, wo sie ähnlich günstige – meist erneut von den Steuerzahlenden subventionierte – Tarife anbieten. Das wiederum begünstigt ständig verlängerte Transportwege und eine ständig weiter »entwickelte« internationale Arbeitsteilung.[13]

***

Der stoffliche Umbau der Weltwirtschaft von Eisenbahnen und Schwerindustrie zu Auto und Öl hat nichts an der Konzentration des stofflichen Reichtums geändert. Wenn vor hundert Jahren die damaligen Kolonialmächte und die Vereinigten Staaten von Amerika, wie beschrieben, den größten Teil der Eisenbahnen, der Kohleförderung und der Stahlproduktion auf sich vereinigten, so ist heute der neue stoffliche Reichtum – die weltweite Pkw- und Lkw-Fertigung, die Herstellung und der Verbrauch von Benzin – auf die USA, Deutschland, Frankreich, Großbritannien und Japan konzentriert. Bei all diesen strategisch wichtigen Gütern konzentriert diese Gruppe aus fünf Staaten, in denen weniger als zehn Prozent der Weltbevölkerung leben, mehr als

50 Prozent des stofflichen Outputs oder der Herstellung bzw. des Verbrauchs auf sich. Nur der Anteil derselben Staatengruppe an der weltweiten Stahlherstellung und Kohleförderung, deren Bedeutung enorm nachgelassen hat, fiel zurück (siehe dazu die Angaben in Tabelle 5).[14]

Tabelle 5: Stoffliche Weltmächte – die weltweite Herstellung bzw. Förderung strategisch wichtiger Güter 1995 und der Anteil einzelner Länder an diesem Welt-Output

„Stoff"	Welt Einh.	Anteile einzelner Staaten in vH d. Outputs USA	Japan	BRD	F	GB	Erfasste %-Summe
Steinkohle Mio t	3650	23,3	0,1	1,5	0,1	1,4	26,4
Rohstahl 1000 t	755884	12,5	13,4	5,6	2,4	2,3	36,2
Elektrizität GwH	13097	25,2	6,8	4,1	3,7	2,5	42,3
Maschinenbau Drehmasch.	61.900	6,1	32,8	13,2	..	..	52,1
Benzin 1000 t	797863	40,8	4,7	3,0	2,2	3,4	54,1
Pkw 1000 Einh.	36400	17,3	20,1	12,4	8,2	4,1	62,1
Lkw u. Busse 1000 Einh.	14100	40,0	18,4	2,1	3,0	1,6	65,1

Verkürzt lassen sich die Angaben in der Tabelle wie folgt zusammenfassen: Je mehr die dort aufgeführte stoffliche Produktion zu den neuen Schwerpunkten der kapitalistischen Weltökonomie zählt, desto stärker sind ihre Herstellung bzw. ihr Verbrauch auf die wenigen führenden kapitalistischen Länder konzentriert.

Kapitel 6
Kräfteverschiebungen in der Autoindustrie im 20. Jahrhundert

> Die Wirtschaft in einem Deutschland, das politisch unabhängig bleiben will, ist heute ohne Öl nicht denkbar. Der deutsche Treibstoff muß daher selbst unter großen Opfern verwirklicht werden.
>
> *Adolf Hitler, ein Jahr vor der Machtergreifung (1932)*

Die beschriebenen Veränderungen in der stofflichen Zusammensetzung der Ökonomie in den hochindustrialisierten kapitalistischen Ländern verschoben auch die Gewichte in der zentralen innerimperialistischen Auseinandersetzung. Die internationale Konkurrenz hat sich nicht nur stärker konzentriert, sondern auch stofflich konkretisiert. Spätestens mit der Übernahme des US-amerikanischen Chrysler-Konzerns durch das deutsche Unternehmen Daimler-Benz 1998 und mit den Übernahmen von Nissan durch Renault bzw. von Volvo durch Ford 1999 wurde für eine breite Öffentlichkeit deutlich, daß der Autobranche eine entscheidende Rolle im Ringen der Konzerne und Nationalstaaten um Hegemonie zukommen würde.

Das war den strategisch denkenden Vertretern großer Konzerne bereits vor dem Zweiten Weltkrieg klar. Ihre Erkenntnis lautete: Das Feld, auf dem sich die Zukunft der nationalen Konzerne erweisen würde, würde nicht mehr die Schwerindustrie, sondern die Autoindustrie und – damit verbunden – die Ölverarbeitung und die Kontrolle über die Ölquellen sein. Angesichts des Vorsprungs, über den die US-Konzerne auf diesen Gebieten verfügten, lag es nahe, daß die Konkurrenz in Europa hier nur bestehen würde, wenn eine »nationale« Autoindustrie mit staatlicher Hilfe und Zoll-Schutz vor US-Importen aufgebaut werden könnte.

Und so wurde auch verfahren: In Frankreich wurde eine *staatliche* Autogesellschaft – Renault – gegründet. In Italien forcierte der faschistische *Staat* den Bau der Autostrade und garantierte mittels einer protektionistischen Politik die Vorherrschaft von Fiat auf dem italienischen Binnenmarkt (die bis heute zu einem erheblichen Teil staatlich abgesichert wird). In Spanien wurde dem *staatlichen* Autokonzern SEAT der spanische Markt gesichert. Diese Unternehmen waren teilweise von vornherein (Fiat und SEAT) bzw. im Krieg als Rüstungsunternehmen aktiv. Das Land, in dem diese Strategie am deutlichsten ausgesprochen und umgesetzt wurde, war Deutschland unter dem Nationalsozialismus. Die Wirtschaftspolitik des *NS-Staats* hatte sich von Anfang an der Förderung der Autoindustrie verschrieben. Dem dienten der großangelegte Bau von Reichsautobahnen, die Schaffung des *staatlichen* Volkswagenwerks in Fallersleben, dem heutigen Wolfsburg, begleitet von der Konzeption einer »Volksmotorisierung«, die Bündelung der Kräfte der chemischen Industrie in Gestalt der IG Farben, um künstlichen Kraftstoff herzustellen und schließlich – im Krieg – das Ziel des direkten Zugriffs auf Ölvorkommen. Daß es dabei immer um reine Rüstungsprojekte ging, wird bereits daran ersichtlich, daß vor dem Zweiten Weltkrieg im VW-Werk so gut wie keine privaten Pkw, sondern von vornherein »Kübelwagen« für die Motorisierung der Wehrmacht produziert wurden – bis Kriegsende 40.000 Einheiten.

Selbst die liberale britische Regierung sah nach dem Zweiten Weltkrieg und angesichts der übermächtigen US-Konkurrenz nur die Möglichkeit, die Autoindustrie in einem neuen *staatlichen* Auto- und Rüstungskonzern, British Leyland, zusammenzufassen. Das japanische Kapital verfolgte vor und nach dem Zweiten Weltkrieg eine vergleichbare Politik: Der Aufbau der Autoindustrie wurde als *nationale* Aufgabe gesehen; die Autokonzerne bildeten das Herzstück der Industriekonglomerate; was vor dem Krieg die »zaibatsu« waren, waren nach 1945 die »keiretsu«: Unternehmensgruppen, hinter denen eine Großbank (z.B. die Mitsui Trust & Banking) stand, die eine eigene Schwerindustrie-Basis aufwiesen (z.B. Mitsui Mining) und als deren dynamischster Teil sich der »dazugehörige« Autokonzern erwies – im Fall dieser keiretsu das Unternehmen Toyota. Gleichzeitig sicherte der japanische Staat bis in die neunziger Jahre hinein, daß der japanische Markt für Kfz-Importe fast völlig abgeschottet blieb.[15] Im Grunde kopierte die südkoreanische Industrie im allgemeinen und die südkoreanische Autoindustrie im besonderen die Politik Nippons mit ihren Wirtschaftskonglomeraten, den »chaebol«.

Bemerkenswert an den Vorgängen in Europa, Japan und Südkorea war, daß so gut wie überall auf vergleichbare staatliche Hilfen und den Protektionismus zurückgegriffen wurde – sei es durch faschistische Regierungen in Rom, Madrid und Berlin, die die Autarkie ohnehin in ihrem Wirtschaftsprogramm führten, durch die autoritär-kaiserliche und später bürgerlich-demokratische Regierung in Tokio oder die unterschiedlichen autoritären Regime, die es in Südkorea bis in die achtziger Jahre gab, sei es durch die bürgerlich-demokratischen Regierungen in London und Paris.

Nach dem Zweiten Weltkrieg schien zunächst das Rennen für die nordamerikanischen Auto- und Ölunternehmen gelaufen. Die drei US-Autokonzerne General Motors, Ford und Chrysler dominierten nach dem Zweiten Weltkrieg absolut. Im Jahr 1950 wurden 80 Prozent aller weltweit produzierten Kraftfahrzeuge auf den Anlagen der »Big Three« hergestellt – allerdings einschließlich der Fließbänder ihrer Tochterunternehmen oder Niederlassungen in Europa. Die Autoindustrie der Achsenmächte Deutschland, Japan und Italien existierte kaum noch. Diejenige der anderen Westalliierten – die französische und britische – war enorm geschwächt. Daß die mit den USA konkurrierende Autoindustrie in all diesen Ländern dennoch wieder aufgebaut wurde, ist in erster Linie der Existenz der Sowjetunion und dem Kalten Krieg geschuldet. Daß diese europäische und japanische Autoindustrie inzwischen in scharfer Konkurrenz zu den US-Konzernen agiert und daß ausgerechnet die Autoindustrie der Siegermacht Großbritannien faktisch nicht mehr besteht und diejenige der Siegermacht Frankreich eine eher zweitrangige Rolle spielt, kann – je nach Blickrichtung – als Ironie oder Tragödie bezeichnet werden.

Tatsachen sind: Bis 1997 – dem Zeitpunkt der Übernahme von Chrysler durch Daimler-Benz – war der Anteil der US-Konzerne an der Pkw-Weltproduktion von 80 auf rund 33 Prozent gefallen. Die US-Automacht wurde dabei zunächst durch den Aufstieg der westeuropäischen Konkurrenz, deren Produktion 1997 knapp 30 Prozent der weltweiten Autoproduktion ausmachte, begrenzt. Ab den siebziger Jahren kam der – zunächst unaufhaltsam erscheinende – Siegeszug der japanischen Autoindustrie hinzu. Die japanischen Autokonzerne konzentrierten 1997 bereits 20 Prozent der internationalen Autoproduktion auf sich. Und erneut ergibt sich das Bild, das wir bereits bei der Analyse der »200 größten Konzerne der Welt« vor uns sahen: Über 80 Prozent der weltweiten Produktion von Kfz findet innerhalb der Triadenmächte statt. Die stoffliche Produktion im Fahrzeugbau konzentriert sich zu vier Fünfteln auf Nordamerika, Westeuropa und Japan. Dabei muß beachtet werden, daß der größte Teil der Kfz-Produktion, der in Osteuropa, in Südamerika oder in den asiatischen Ländern außerhalb Japans und Korea stattfindet, von Fließbändern derjenigen Autokonzerne stammt, die ihr Hauptquartier in einer Triaden-Macht haben. Die erwähnten vier Fünftel der Welt-Kfz-Produktion, die innerhalb der Triadenmächte hergestellt werden, bekommen somit ein noch weit größeres Gewicht. Und sie widersprechen der These einer »Globalisierung«. Es verhält sich sogar umgekehrt:

Der Anteil der Kfz, der innerhalb der Triadenmächte hergestellt wurde, lag 1996 bei 78,7 Prozent und stieg bis 1999 auf 79,7 Prozent (siehe Tabelle 6). Dabei gibt es zwei Veränderungen, die darauf hindeuten, daß sich diese Triadenkonzentration noch verstärkte: So muß zum einen Osteuropa mit seiner stark wachsenden Pkw-Produktion zunehmend als Teil der EU angesehen werden. Zum anderen wird inzwischen, wie noch dargestellt wird, ein großer Teil der südkoreanischen Autoproduktion von westeuropäischen und US-amerikanischen Konzernen kontrolliert. Im übrigen bringen die Zahlen in der Tabelle deutlich die Krisen zum Ausdruck, die es 1997/98 in Südostasien und 1998/99 in Südamerika gab, was in diesen Regionen, Japan inbegriffen, zu massiven Einbrüchen in der Kfz-Herstellung führte.[16]

Die Bilanz der Untersuchung der weltweiten Autoproduktion lautet: Eine Globalisierung gab es in diesem Sektor nie. Und in den letzten Jahren hat sich der »Triaden-Zentralismus« noch verstärkt.

Im Kampf um die Auto-Weltmacht sind nicht allein der Ort der Produktion und der Markenname der Hersteller von Bedeutung. Als entscheidend erweist sich, welche Marktanteile die einzelnen Autohersteller Europas, Japans oder Nordamerikas erobern konnten. Und auch hier ist wenig von einer Globalisierung und stattdessen viel Protektionismus zu erkennen. Denn der nähere Augenschein ergibt:

Tabelle 6: Weltproduktion von Pkw, Kombi und kleinen Nutzfahrzeugen 1996 und 1999 nach Ländern und Regionen

Region/Land	Kfz-Produktion in 1000 E. 1996	1999	Anteile in vH Lkw) 1996	1999
EU (15 Länder)	14417	16854	28,2	30,4
davon:				
BRD	4842	5687	9,5	10,2
Frankreich	2391	3170	4,7	5,7
Spanien	2412	2852	4,7	5,1
Großbritannien	1924	1972	3,8	3,5
Italien	1545	1701	3,0	3,1
Nafta	15452	17514	30,3	31,5
Davon:				
USA	11833	13021	23,2	23,5
Mexiko	1223	1448	2,4	2,6
Japan	10347	9895	20,2	17,8
Triaden-Mächte	40216	44263	78,7	79,7
Osteuropa	2091	2642	4,1	4,7
Türkei	267	294	0,5	0,5
Südkorea	2812	2843	5,5	5,1
Indien	762	820	1,5	1,5
Malaysia + Taiwan	615	610	1,2	1,1
China	1474	1824	2,9	3,3
Brasilien/Argent.	2125	1650	4,2	3,0
Australien	345	321	0,6	0,6
Südafrika	394	296	0,8	0,5
Erfaßte Länder	51100	55563	100	100

Marktanteile erringen die Autokonzerne zunächst am einfachsten innerhalb des eigenen Nationalstaats oder in der Triaden-Region, in der »ihr« Nationalstaat« organisiert ist. So kontrolliert Fiat 80 Prozent des italienischen Automarktes und Renault und Peugeot PSA kontrollieren zusammen 75 Prozent des französischen Pkw-Marktes. Die Übermacht auf dem »eigenen« Markt erreichten diese Unternehmen, obgleich ihr Erfolg auf den »freien« Märkten mehr als gering ist und obgleich sie in einem der gegnerischen Triaden-Märkte so gut wie nicht vertreten sind.

Als besonders schwierig erwies sich, Marktanteile in den »gegnerischen« Nationalstaaten, vor allem in denen, die selbst über eine »nationale« Autoproduktion verfügen, zu erobern. Das gilt im besonderen Maß für die Märkte innerhalb der »gegnerischen« Triadenmächte.

Da die »gegnerischen« Nationalstaaten und vor allem die konkurrierenden Blöcke dahin tendieren, ihre Märkte abzuschotten und da gelegentlich Kriege den Geschäftsgang überlagerten, erwies sich die Strategie des Exports von Kraftfahrzeugen für diese Märkte oftmals als allzu unsicher. Statt dessen erschien es sinnvoll, eigene Fertigungen innerhalb des jeweils konkurrierenden Blockes aufzubauen.

Was heute »transplants« genannt wird, gibt es in der Autobranche seit den 20er Jahren: Fertigungen der Autokonzerne in den Märkten der Konkurrenz selbst. Der Begriff »transplants« trifft im übrigen – ganz im Gegensatz zu dem Terminus der »transnationalen Konzerne« – den Nagel auf den Kopf: Bei den »transplants« handelt es sich um Fabriken, die aus den Mutterländern in den gegnerischen Markt transferiert oder in das andere Land transplantiert wurden.[17]

So gelang es den zwei führenden US-Auto-Konzernen bereits in den zwanziger Jahren, innerhalb Europas zu produzieren und sich derart gegen einen europäischen Protektionismus zu schützen. Dies erfolgte durch die Übernahme des britischen Autoherstellers Vauxhall und der Adam Opel AG durch General Motors in den zwanziger Jahren und durch den Aufbau eigener Ford-Werke in Großbritannien und Deutschland Ende der zwanziger und in den dreißiger Jahren.

Daß die Bourgeoisie zwar den Nationalstaat schamlos für die eigenen Interessen einsetzt, aber zugleich kein Vaterland kennt, wurde bereits im »Kommunistischen Manifest« festgestellt. Was damit alles impliziert sein kann, wurde im Zweiten Weltkrieg besonders kraß verdeutlicht. Die Ford-Werke und die General Motors (Opel)-Werke in Deutschland hatten ohne die Ausübung von Zwang so gut wie uneingeschränkt für die NS-Kriegsproduktion gearbeitet – einschließlich der Anforderung von Zwangsarbeiterinnen und Zwangsarbeitern und der Unterzeichnung der Geschäftspost mit »Heil Hitler«. Sie taten dies, wie der Henry Ford-Biograph Robert Lacey festhielt, »ohne Hemmungen«.[18]

Das ist nicht alles. Zumindest einer dieser US-Autokonzerne leistete strategische Hilfe für die NS-Kriegspolitik. Erst in den siebziger Jahren wurde mit dem bereits angeführten »Snell-Report« des US-Senats einer breiteren Öffentlichkeit bekannt, daß die US-Tochter Opel-Werke AG in Rüsselsheim das Triebwerk für den ersten Düsenstrahl-Kampfjet der Welt, die Me 262, entwickelten und herstellten. Zu diesem Zeitpunkt verfügten die USA bzw. die Allierten über kein vergleichbares Flugzeug. Glücklicherweise mangelte es am Kriegsende der NS-Luftwaffe an Flugbenzin, um die Me 262 noch wirkungsvoll einzusetzen – u.a. weil die USA inzwischen die deutschen Produktionsstätten für künstliches Benzin bombardierten (was sie erst taten, als es um den Schutz der eigenen Truppen ging, also nach der Landung in der Normandie).[19]

Nach dem Zweiten Weltkrieg bildeten die Werke der nordamerikanischen Autokonzerne in Europa das entscheidende Standbein der US-Fahrzeugbranche in diesem Triadenblock – wobei inzwischen zu den »klassischen« GM- und Ford-»transplants« in Westdeutschland oder Großbritannien neue Werke in anderen europäischen Ländern, so in Spanien, Portugal, Ungarn und Polen, hinzukamen.

Weit weniger erfolgreich waren bis 1998 in dieser Hinsicht die europäischen Konzerne. Ihre vorausgegangenen Versuche, sich in den USA als Massenhersteller zu verankern, scheiterten bis Mitte der neunziger Jahre kläglich. Die Volkswagen AG mußte sich aus den USA bereits Ende der siebziger Jahre komplett zurückziehen und ein Werk, in dem ein Jahrzehnt lang produziert worden war, schließen und ein zweites Werk, das hinzugekauft worden war, vor Eröffnung der Produktion wieder aufgeben. Renault hatte ebenfalls den Versuch unternommen, in den USA Fuß zu fassen und den US-Hersteller American Motors, die damalige Nummer 4 auf diesem Markt, übernommen. Auch dieses Projekt scheiterte; Renault zog sich vom US-Markt zurück; die Jeep-Sparte von American Motors wurde bald darauf von Chrysler übernommen und bildet dort auch heute noch – im DaimlerChrysler-Verbund – eine der profitabelsten Sparten.

Die 1996 und 1997 in den USA aufgenommenen Fertigungen von Mercedes-Benz und BMW hatten zumindest bisher einen ausgesprochen spezifischen Charakter, da sie nur auf ein kleines Marktsegment – Geländewagen, »Freizeit-« und Sportwagen – orientieren. Allerdings konnten Mercedes und BMW in diesem, derzeit hochprofitablen Bereich des US-Pkw-Markts ihre Marktanteile erheblich steigern – auf knapp 20 Prozent 1998 und 1999.[20]

Bis 1997 waren es allein die japanischen Hersteller gewesen, die in beiderlei Hinsicht am erfolgreichsten waren: Einerseits innerhalb der anderen Triaden-Regionen zu produzieren und andererseits den eigenen Markt abzuschotten. »Japan Incorporated« konnte bis zu diesem Zeitpunkt verhindern, daß US- oder europäische Konkurrenz hinter den hochgezogenen Schutzwällen in Japan selbst Pkw herstellt. Auch mit Importen konnten sich die anderen zwei Triaden-Mächte nur marginal auf dem japanischen Markt verankern.

Eine genauere Untersuchung dieser Markenanteile ergibt das folgende Bild: In der Europäischen Union kontrollierten 1996 die Automarken mit Sitz in Europa 61 Prozent des Automarktes; ein Viertel entfiel auf Ford und GM und deren Töchter Opel, Vauxhall, Jaguar und Saab. Die japanischen Konzerne verfügten über einen Marktanteil von weiteren 10 Prozent am EU-Automarkt. Aus anderen Statistiken geht hervor, daß dabei rund ein Drittel aus ihren »Transplants« in Europa kamen.[21]

Fast völlig abgeschottet präsentierte sich bis 1996 der *japanische Automarkt*, auf welchem es die US-, die EU- und die südkoreanischen Marken zusammen gerade mal auf 5 Prozent Marktanteile brachten.

Der *US-Automarkt* war bereits vor der Übernahme von Chrysler durch Daimler weniger abgeschottet als der japanische, aber doch mehr eingefriedet als der westeuropäische: Die »Big 3« kontrollierten bis dahin gut 60 Prozent des Marktes. Die einzigen Herausforderer waren bis 1997 die japanischen Hersteller, die 30 Prozent des Marktes – vor allem mit Autos aus ihren »Transplants« in der NAFTA – erobert hatten.

Alle EU-Marken zusammen brachten es zu diesem Zeitpunkt auf – bescheidene – 7 Prozent. Zusammen mit den koreanischen Importen lag der Anteil von Autos, die zu diesem Zeitpunkt von nicht US-amerikanischen Unternehmen stammten, bei knapp 40 Prozent – eine vergleichbare Situation zu den 40 Prozent Marktanteilen, die zu diesem Zeitpunkt Nicht-EU-Hersteller in Westeuropa hielten.

Der *südkoreanische* Pkw-Markt war vor der »asiatischen Krise« zu 99,5 Prozent ausschließlich von den südkoreanischen Autoherstellern – vor allem Hyundai (45%), Daewoo (10%) und Kia (29%) – beherrscht. Immerhin: 1993 lag dieser Anteil noch bei 99,9 Prozent.[22] Umso gewaltiger sind die Veränderungen, die mit dieser Krise eintraten, die aus dem abgeschottetsten Pkw-Markt der Welt denjenigen machen sollten, der am stärksten von ausländischen Autokonzernen beherrscht ist.

Auch hier widerspricht die Untersuchung der These von der Globalisierung: Die Märkte der Nationalstaaten bzw. Blöcke sind heftig umkämpft und die Konkurrenz ist immer nationalstaatlich »gefärbt«. Dabei besteht diese Konkurrenz fast ausschließlich zwischen den Triaden-Mächten.

***

Die Kapitalkonzentration in der Stahlproduktion wurde vor 100 Jahren sehr deutlich als eine politische Angelegenheit angesehen, entsprechend präsentiert und schließlich – im Krieg – eingesetzt. Die Kapitalkonzentration in der Autoindustrie wurde und wird ähnlich verstanden. Als die nationalsozialistische Führung in Deutschland vor gut 65 Jahren beschloß, den Fahrzeugbau zur zentralen Kampfarena in der Schlacht um die Weltmärkte zu machen, stieg Mercedes-Benz groß in den Automobilsport ein. Das NS-Regime finanzierte für Mercedes-Benz die Hälfte der hier anfallenden Kosten. Die Autorennen wurden als Ausdruck der neuen Macht der deutschen Wirtschaft bzw. des deutschen »Dritten Reichs« gewertet und präsentiert. Sie waren bereits Teil der Militarisierung Deutschlands; beispielsweise durften ab 1933 nur Mitglieder der SS, der SA oder des »Nationalsozialistischen Kraftfahrerkorps ((NSKK) die Rennen fahren.

Ende des 20. Jahrhunderts stieg Daimler-Benz erneut in großem Maßstab in die »Formel 1« ein. Parallel arbeitet sich der Konzern mit der Übernahme von Chrysler in die Spitzengruppe der drei größten Industriekonzerne der Welt vor.[23]

Kapitel 7
Daimler übernimmt Chrysler: »Megafusion« und Triaden-Krieg

Es liegt der Verdacht nahe, daß es mit den Synergieeffekten nicht weit her ist.

Christian Breitsprecher, Analyst der Deutschen Bank zum Zusammenschluß DaimlerChrysler im Sommer 2000

Am 6. Mai 1998 enthüllte das »Wall Street Journal« exklusiv unter der Überschrift »Daimler-Benz und Chrysler in Geheimgesprächen über 35-Milliarden-Dollar-Deal« den kommenden Zusammenschluß der beiden Autokonzerne. Zwei Tage später fand sich in der führenden deutschen Wirtschaftszeitung, im »Handelsblatt«, die einzigartige Mitteilung oder Entgleisung – sie wurde danach nie mehr an anderer Stelle in der bürgerlichen Presse wiederholt: »Beide Unternehmen« – Daimler-Benz und Chrysler – werden »zunächst auf die neu gebildete Oppenheim AG verschmolzen... Der Name Oppenheim soll Resentiments jüdischer Großanleger gegen die Fusion verhindern.«[24]

Tatsächlich erschien bei der Unternehmenstransaktion Daimler-Benz/Chrysler die Tatsache, daß der größte deutsche und zugleich in starkem Maß durch die NS-Geschichte belastete Industriekonzern durch die Übernahme eines US-Unternehmens zum – damals – weltweit größten Industrieunternehmen aufrückte, ein solches Politikum, daß die deutsche Seite glaubte, mit solch einem makabren Trick US-Proteste unterlaufen zu können. Am Ende gab es diese Proteste nur verhalten; Chrysler wurde in das Daimler-Imperium einverleibt. Das Bankhaus Oppenheim scheint allerdings für die Verschleierungsaktion reichlich bedacht worden zu sein; jedenfalls beglückwünschte es den Deal in ganzseitigen Anzeigen.[25]

Im Grunde kann der Deal Daimler-Chrysler auch etwas weniger dramatisch gesehen werden – als Ausdruck der im Kapitel 6 beschriebenen weltweiten Veränderungen auf dem zentralen Schlachtfeld der internationalen Großkonzerne. Denn kein Autokonzern verkörperte diese Entwicklung deutlicher als das Unternehmen Chrysler selbst. Dieses hatte 1978 noch 1,5 Millionen Kfz gefertigt; Mitte der achtziger Jahre waren es halb so viele. Die Belegschaftszahl wurde im Zeitraum 1978 bis 1985 um 100.000 reduziert – auf 80.000! Der Konzern war in eine tiefe Existenzkrise gestürzt, aus der er nur durch einen Milliarden-Kredit der US-Regierung herauskam.

Chrysler war bis zu dieser Krise ein Unternehmen, das damals ebenso wie heute DaimlerChrysler als »transnationaler Konzern« hätte bezeichnet werden können. Chrysler produzierte weltweit Autos – u.a. in Europa. 1958 übernahm dieser US-Konzern in Frankreich das Unternehmen Simca, das 1934 von Italienern gegründet und 1953 von Ford übernommen worden war. Teil von Simca war die Autoproduktion von Sunbeam in Großbritannien. Auch in Spanien hatte Chrysler-Simca Werke. Chrysler hatte auch einen 25-Prozent-Anteil am japanischen Autohersteller Mitsubishi – wie seit Mitte 2000 DaimlerChrysler. Damit war Chrysler kurzzeitig ein Global Player.

Umso tiefer der Fall. In der Chrysler-Krise gab der US-Konzern 1978 Simca-Sunbeam an die Peugeot-Gruppe ab. Die Mitsubishi-Anteile wurden sukzessive verkauft. Auch die wichtigen Engagements im Rüstungs- und Elektronik/Weltraumbereich wurden aufgegeben. So gesehen war Chrysler zum Zeitpunkt seiner Übernahme 1998 »nur« ein höchst profitabler US-Konzern. Es handelte sich nicht (mehr) um ein Unternehmen von strategischer Bedeutung.

Die Connection Daimler-Chrysler wurde und wird gern als »Megafusion« präsentiert. »Mega« stimmt, Fusion nicht. »Mega« ist, daß mit dieser Verbindung ein Konzern mit 234 Milliarden Mark Umsatz und mit 421.000 Beschäftigten entstand, der in der EU der mit Abstand größte ist. Das neue Unternehmen weist einen größeren Umsatz auf als die addierten Umsätze aller anderen Autobauer auf deutschem Boden zusammen. DaimlerChrysler wurde – hinter General Motors und Ford und vor Toyota – gemessen am Umsatz der drittgrößte Autobauer der Welt. In der Weltliga der größten Unternehmen nahm DaimlerChrysler 1998 Rang zwei und 1999 Rang fünf ein. »Mega« ist, daß bei dem Zusammengehen von Daimler-Benz mit Chrysler die größte

Kapitalkonzentration in der Industriegschichte des Kapitalismus erfolgt. Größere gab es bis zu diesem Zeitpunkt nur im Finanzsektor – mit den zuvor erfolgten Vereinigungen von Citicorps und Travelers und Nations Bank mit BankAmerica. Die ebenfalls kurz zuvor im industriellen Bereich realisierte Verbindung Sandoz und Ciba-Geigy zu »Novartis« wurde mit 214 Milliarden Mark addiertem Umsatz als »die größte Kapitalkonzentration in der Industriegeschichte« gefeiert; der Daimler-Chrysler-Deal stellte dann einen neuen Rekord dar.

Doch »eine Fusion«, »ein Zusammenschluß«, im angelsächsischen Sprachgebrauch: »a merger«, eine wie auch immer geartete *gleichberechtigte Verbindung* Daimler-Chrysler fand nicht statt, auch wenn dies – aus nachvollziehbaren Gründen – so präsentiert wurde. So hieß es beispielsweise in der »Welt am Sonntag« zur Verbindung »Daimler/Chrysler«: »Es ist gerade ein grandioses Resultat unserer Zeit, daß sich Unternehmen über nationale Grenzen hinweg zusammenschließen können. Freude sollte aufkommen, daß sich Unternehmen über Staatsgrenzen hinweg in nahezu allen Winkeln der Welt engagieren.«[26]

Das sah die US-Presse von vornherein erheblich anders. Die »Washington Post« z.B. sprach schlicht von einem »takeover«, einer Übernahme. Und die »Financial Times« stellt darüber hinaus klar, weshalb das Versteckspiel stattfand und weshalb von einer »Fusion« die Rede war. In einem Artikel in diesem führenden britischen Kapitalblatt wurde dargestellt, daß im neuen Unternehmen maßgebliche Chrysler-Leute zunächst wichtige Jobs innehaben, später aber durch Daimler-Leute abgelöst würden. Dann hieß es weiter: »All das weist auf die Anstrengungen von Daimler hin, eine große Unterstützung für das Projekt in den USA zu erhalten. Obwohl alles als ein Zusammenschluß, als eine Fusion von Gleichen, verkauft wird, stellt der Aktien-Deal, wie er ... verkündet wurde, nichts anderes als den Erwerb von Chrysler durch Daimler für 38 Milliarden US-Dollar (umgerechnet 68 Mrd. DM) dar.«[27]

Genau so war es. Tatsächlich erhielten die bisherigen Daimler-Aktionäre mit 54 Prozent die unzweideutige Mehrheit an der neuen Gesellschaft DaimlerChrysler. Aus kosmetischen Gründen wurde der Konzern zunächst gleichberechtigt von Jürgen Schrempp, dem Daimler-Vorstandsvorsitzenden, und von Bob Eaton, dem Chrysler-Chairman, geführt. Für die billigeren Ränge war im Blatt »Die Woche«

davon die Rede, dem Daimler-Management sei »aufgezwungen« worden, daß es »zwei gleichberechtigte Firmensitze« geben werde. Und der »Spiegel« fabulierte, »mit der Fusion« sei »eine Wirtschaftswelt geschaffen worden, die kein Zuhause mehr kennt«.[28]

Mit solchen und vergleichbaren Aussagen wurden Nebelbänke aufgebaut. Oder: Jeder weiß, wo im Fall einer 54-Prozent-Mehrheit die Musik spielt. Tatsache ist: Bereits nach knapp zwei Jahren schied Bob Eaton aus dem Konzern aus. Mitte 2000 ist von den fünf Top-Leuten von Chrysler nur noch einer – Gary Valade – im Unternehmen verblieben. Schrempp hat allein das Sagen (letzten Endes ist die Haltung der Deutschen Bank entscheidend). Die DaimlerChrysler-Aktie ist nicht mehr – wie zuvor die Chrysler-Aktie – Teil des US-Aktienindex »Dow Jones«, weil DaimlerChrysler an der Wall Street als rein deutsches Unternehmen gewertet wird. Es gibt juristisch nur einen Sitz des Konzerns: Stuttgart.

Der neue Zusammenschluß Daimler-Chrysler dokumentiert die Regel der »nationalen Übernahme«, auf die weiter unten noch eingegangen wird, einigermaßen deutlich. Denn angesichts des Bilanz-Zahlenwerk hätte auch einiges für eine gleichberechtigte Fusion gesprochen: Daimler und Chrysler lagen hinsichtlich des Umsatzes nah beieinander. Die 14 Milliarden US-Dollar Differenz, um die Chrysler hier 1997 hinter Daimler lag, machte der US-Autokonzern durch einen um 60 Prozent höheren Gewinn wett. Auch 1999 ist der Chrysler-Teil der profitablere im Vergleich mit den Konzernteilen, die Daimler-Benz einbrachte.

Dennoch kam es nicht zu einer solchen gleichberechtigten Fusion. In den USA machte die »New York Times« auch darauf aufmerksam, daß Daimler-Benz in erheblichem Maß vom Nationalstaat Bundesrepublik Deutschland bei diesem Takeover unterstützt wurde, während in diesem Fall die Regierung in Washington offensichtlich Chrysler nicht mehr – wie 1979 – protegierte. Unter der Überschrift »Daimler, Chrysler and the History of State Help« wurde in dem führenden US-Blatt auf die kontinuierliche enge Zusammenarbeit hingewiesen, die es zwischen dem deutschen Staat und Daimler einerseits und zwischen Chrysler und der US-Regierung andererseits seit einem Dreivierteljahrhundert gab. Dies wurde vor allem durch die Verbindung beider

Unternehmen zum Rüstungssektor belegt. Der Artikel schließt mit den Sätzen: »All dies bietet eine andere Sicht gegenüber denen, die von freien Märkten sprechen, die über zentrale Planer gesiegt hätten, die weltumspannende Deals als Siege von Weltaktionären über engstirnige nationale Interessen feiern... Big Business (...) war noch immer ein Produkt von großen Regierungsgeschäften‹.«[29]

Dabei gibt es gute Argumente dafür, daß die US-amerikanische Seite es sich eher leisten konnte, den Deal als eine deutsche Übernahme zu charakterisieren und offen das Ganze als ein nationales deutsches Projekt – mit Unterstützung durch die Bundesregierung – darzustellen. Aus Sicht der in den Vereinigten Staaten maßgeblichen Kapitalkreise handelte es sich bei Chrysler nicht mehr um ein Unternehmen von strategischer Bedeutung. Hier gibt es eine Parallele zum Fall Mannesmann, dem deutschen Unternehmen, das Anfang 2000 an das britische Kapital »abgegeben« wurde – nicht ohne gleichzeitig die strategisch entscheidenden Teile (Autozulieferung und Rüstung) herauszulösen. Chrysler war zu einem früheren Zeitpunkt strategisch relevant gewesen, so in der Rüstungsfertigung. Chrysler verfügte über eine Panzerfertigung und mit der Tochter Gulfstream Aerospace über einen Rüstungs- und Flugzeughersteller. Doch diese Chrysler-Bereiche waren Jahre zuvor an Unternehmen des »nationalen« US-Kapitals abgegeben worden. Bei Chrysler gab es zum Zeitpunkt der Übernahme keine strategische Technologie. Vor allem gab es dort keine weltweite Präsenz. Chrysler war so gesehen wenig, und doch wieder viel: eine Geldmaschine. Geldmaschinen allerdings können gekauft werden – wenn dafür ausreichend Geld gezahlt wird.

Aus deutscher Sicht allerdings handelte es sich bei der Übernahme von Chrysler um eine strategische Operation. Das Projekt zielte von vornherein auf den Triaden-Konkurrenzkampf. Das zeigte bereits der Geheimcode »Gamma«, der im Daimler-Management für die Verbindung mit Chrysler galt: »alpha« war die Bezeichnung für eine mögliche Verbindung Daimler-Benz mit General Motors. Der Code »beta« stand für ein Zusammengehen von Daimler mit Ford. Nachdem diese beiden erstgenannten Projekte nicht zuletzt deshalb, weil in beiden Fällen Daimler bzw. die deutsche Seite nicht mehr das Sagen gehabt hätten, abgehakt waren, blieb »gamma« oder: DaimlerChrysler.[30]

Mit der Übernahme von Chrysler konnte die deutsche Seite drei Ziele erreichen:

Das vordergründige, zunächst maßgebliche und *erste* Ziel war es, auf dem entscheidenden industriellen Schlachtfeld des Pkw-Absatzes und der Pkw-Fertigung in der gegnerischen Triade selbst Fuß zu fassen – nach Möglichkeit mit einem großen Coup, um eine mögliche Gegenwehr zu erschweren.

Die japanischen Autokonzerne hatten eineinhalb Jahrzehnte gebraucht, um knapp ein Fünftel des Marktes der Nordamerikanischen Freihandelszone (Nafta; USA, Kanada und Mexiko) zu erobern. Daimler-Benz glückte dies fast auf einen Schlag. Mit der Übernahme von Chrysler durch Daimler veränderte sich die im vorausgegangenen Kapitel beschriebene Lage auf dem Markt Nordamerika schlagartig. Plötzlich kontrolliert DaimlerChrysler rund 12 Prozent des Pkw-Marktes in den USA. Zusammen mit BMW verfügt die deutsche Konkurrenz seither über einen Marktanteil von rund 15 Prozent. Und ähnlich wie bei der Nippon-Konkurrenz ist dabei wichtig, daß diese neue starke deutsche Position kaum angreifbar ist. Die DaimlerChrysler-Pkw, die in Nordamerika abgesetzt werden, stammen nunmehr überwiegend aus Fertigungsstätten innerhalb des Wirtschaftsblockes Nafta. Dabei sind die Chrysler-Fabriken, obgleich diese nunmehr deutsches Eigentum sind, aufgrund der knapp einhundert Jahre währenden Industriegeschichte Chryslers weit mehr in die US-Ökonomie integriert als die beschriebenen »transplants«.

Mit der Übernahme von Chrysler durch Daimler präsentiert sich Daimler als ein im US-Markt verankertes Unternehmen, mit großen Fertigungsstätten in der Nafta, mit großen Zulieferungen auch von reinen US-Unternehmen, mit davon abhängigen gut hunderttausend Arbeitsplätzen. DaimlerChrysler nimmt damit in den USA eine Stellung ein, wie sie die US-Tochter Opel seit den zwanziger Jahren in Deutschland einnimmt.

Mit dem Projekt »DaimlerChrysler« wurde somit die Verwundbarkeit der Deutschen Bank und von Daimler-Benz beim Weg an die Weltmarktspitze und bei der Orientierung auf Rüstung – die noch in Teil IV zu beschreiben sein wird – erheblich reduziert.

Damit drückt sich in der Übernahme Chryslers durch Daimler das gestiegene Gewicht des deutschen Kapitalismus – mit dem von diesem im wesentlichen beeinflußten »Hinterland« EU – auf dem industriell wichtigsten Sektor aus. Relativierend ließe sich auch sagen, daß damit die westeuropäische Konkurrenz auf dem nordamerikanischen Markt gleichgezogen hat und auf demselben inzwischen eine vergleichbare Position wie die japanische einnimmt.

Ein *zweites* Ziel, welches das Daimler-Management mit der Chrysler-Übernahme erreichte, liegt im Bereich des *Lkw-Marktes*. Mit der Übernahme der Chrysler Corp., die über eine starke Position bei leichten Lkw und Pick-ups verfügte, wurde DaimlerChrysler zum unangefochtenen Weltmarktführer. Daimler ist damit auch auf dem Nafta-Markt – u.a. mit der eigenen Marke »Freightliner« – Marktführer im Lkw-Bereich.

Ein *drittes* strategisches Ziel des »gamma-Projektes« bestand für das Daimler-Management darin, sich tatsächlich als *nationales* Unternehmen eine *Weltbasis* zu verschaffen. Damit wurde aus dem eher biederen deutschen Unternehmen Daimler-Benz mit DaimlerChrysler eine *nationale Weltfirma*, die gerüstet zu sein scheint für strategische Allianzen mit Konzernen in allen Triaden-Mächten. Daimler-Benz hat mit der Integration von Chrysler mit General Motors und Ford und der Präsenz dieser Weltkonzerne in allen drei Teilen der Triade gleichgezogen: Die GM- und Ford-Fertigungsstätten in Europa wurden bereits aufgezählt; in Japan kontrolliert GM Isuzu und Fuji (Subaru) und hält 10 Prozent an Suzuki. Ford ist faktisch Eigentümer von Mazda.

Vor diesem Hintergrund ist es unernst, den Aussagen der Medien Glauben zu schenken, Jürgen Schrempp und Bob Eaton hätten sich diesen Takeover allein ausgedacht. Solche strategischen Entscheidungen werden *ganz oben* getroffen. Zuständig für derlei strategische Entscheidungen sind die Zentralen derjenigen Banken, die die betroffenen Konzerne beherrschen, bzw. die namentlich bekannten Großaktionäre. Das ist im Fall Daimler-Benz die Deutsche Bank und das war im Fall Chrysler der Milliardär Kirk Kerkorian.

So war es kein Wunder, daß nach unterschiedlichen Berichten der Aufsichtsratsvorsitzende von Daimler und Vertreter der Deutschen Bank, Hilmar Kopper, »von vornherein« in die Pläne eingeweiht war. Es war auch mehr als ein Zufall, wenn es laut einem Bericht der »Financial Times« am Tag vor der Verkündung des Daimler-Chrysler-Deals in den Räumen der Deutschen Bank in Frankfurt am Main ein »Arbeitsfrühstück« mit dem Daimler-Chef Schrempp, dem Chrysler-Boss Eaton und dem Deutsche Bank-Vorstandssprecher Hilmar Kopper gab. Nach diesem Müsli-Treff machte sich die Truppe gemeinsam nach London auf, wo dann der Coup bekannt gemacht wurde.

Wobei anzumerken ist: In London residiert die Deutsche Bank-Tochter »Deutsche Morgan Grenfell«, der Investment-Arm des führenden deutschen Kreditinstituts. Diese Investmentbank war schließlich auch maßgeblich bei der Vorbereitung, Umsetzung und Finanzierung des Projektes »gamma« beteiligt.[31]

Schließlich und endlich darf beim Daimler-Chrysler-Deal nicht der Aspekt der privaten Bereicherung vergessen werden. Das »Handelsblatt« nannte hierzu die folgenden Zahlen: »Auch der Vorstand und die zweite Führungsebene profitieren von der Fusion... Die leitenden Mitarbeiter haben Wandelschuldverschreibungen ... erworben... Die können in 7,5 Millionen Aktien... getauscht werden... Da der Daimler-Kurs nun über 200 Mark liegt, ergäbe sich daraus ein aktueller Buchgewinn für die (leitenden) Mitarbeiter von rund 375 Millionen Mark.«[32]

Die strategischen Ziele beim Daimler-Chrysler-Deal sind somit erkennbar. Nicht feststellbar sind jedoch wirtschaftliche Verbesserungen, die für den Daimler-Konzern mit der Chrysler-Übernahme verbunden wären. Ganz im Gegenteil. Zwei Jahre nach der ersten Bekanntgabe des Deals und ein Jahr nach der ersten Börsennotierung des zusammengeschlossenen Unternehmens, bis Sommer des Jahres 2000, ist der Börsenwert der fusionierten Unternehmen von 95 Milliarden US-Dollar (Mai 1999) auf 55 Milliarden US-Dollar gesunken. Auch kamen Synergieeffekte im verbunenen Konzern kaum zustande. Eher gefrustet heißt es dazu in einer Analyse: »Die Grand Cherokee-Jeeps von Chrysler und die M-Klasse-Geländewagen von Mercedes, die im östereichischen Graz vom selben Band laufen, haben nur die Flüssigkeit für die Klimaanlage gemeinsam.«[33] Was jedoch nur ein weiteres Beispiel dafür ist, daß die Übernahme Chryslers durch Daimler-Benz eine strategische Entscheidung war und daß diese nicht aus rein wirtschaftlichen Aspekten und aus kurzer Sicht gefällt wurde.

Kapitel 8
Die neue Konzentrationswelle in der Autoindustrie seit 1998 und das »spezifische Gewicht« der Öl- und Autoindustrie in der Weltwirtschaft

Der Rottweiler der Autoindustrie.

Financial Times über VW-Chef Piëch

Ich kann mir vorstellen, daß ich mir ein richtiges, skandalöses, wahnsinnig schnelles, unheimlich aggressives Auto kaufe, eines ohne Rücksitze.

Salman Rushdie auf die Frage, was er tun werde, fall der Iran das gegen ihn verhängte Todesurteil aufheben würde[34]

Die Übernahme von Chrysler durch Daimler hat die Kapitalkonzentration im strategischen Sektor Fahrzeugbau erheblich beschleunigt. Seither kam es zu einer Reihe weiterer Zusammenschlüsse, Übernahmen und »strategischer Allianzen«. Damit hält der internationale Fahrzeugbau zusammen mit der ölverarbeitenden Industrie und dem Flugzeugbau die Spitzenposition: Es handelt sich um diejenigen Branchen, die weltweit den höchsten Konzentrationsgrad aufweisen. Zugleich ist es, wie am Ende dieses Kapitels belegt wird, diejenige Branche, die stofflich für das internationale Kapital bestimmend ist.

Die USA nehmen hinsichtlich der Kapitalkonzentration im Fahrzeugbau zweifellos eine Führungsrolle ein. Das deckt sich damit, daß sie die Wiege der Massenfertigung von Autos sind und daß es in diesem Markt mehrmals – besonders massiv mit der Weltwirtschaftskrise 1929-33 – zu Schüben der Kapitalkonzentration kam. Nach der Übernahme Chryslers durch Daimler gibt es in Nordamerika nur noch zwei »nationale« große Pkw-Hersteller; beide, GM und Ford, sind US-amerikanisch. Diese US-Konzerne kontrollieren zusammen mit DaimlerChrysler und Mitsubishi Motors auch den größten Teil des Kfz-Marktes im südlichsten Teil der Nafta, in Mexiko.

Im Juli 2000 baute DaimlerChrysler seine strategische Position auf dem *nordamerikanischen Lkw-Markt* weiter aus. Seine Lkw-Tochter Freightliner kaufte die kanadische Nutzfahrzeug-Marke Western Star. Gleichzeitig übernahm DaimlerChrysler das Unternehmen Detroit Diesel (DDC), den zweitgrößten Hersteller großer Dieselmotoren. Das Stuttgarter Unternehmen rückte damit auch zum weltweit größten Hersteller schwerer Dieselaggregate auf. Aufgrund der in Nordamerika traditionellen Trennung zwischen der Dieselmotorenherstellung und der Lkw-Fertigung stellt die DDC-Übernahme für DaimlerChrysler einen entscheidenden Fortschritt auf dem Weg zum unangefochtenen Weltmarktführer im Lkw-Sektor dar.[35]

In der *Europäischen Union* sind zwar im Jahr 2000 die Automärkte in einigen Ländern noch erheblich von den »nationalen Marken« bestimmt. Allerdings hat der Konzentrationsprozeß der Jahre 1998-2000 bereits das Aus für ein halbes Dutzend bis dahin unabhängiger Hersteller gebracht.

In Schweden erwies sich Ende des 20. Jahrhunderts die komplette Aufgabe der eigenständigen Pkw-Fertigung mit fast hundertjähriger Tradition und die Konzentration auf den Erhalt eines großen Lkw-Herstellers als ausgemachte Sache. Das erfolgte in den folgenden Schritten: Zunächst kam die Pkw-Sparte von Saab zu General Motors. Sodann übernahm Ford die Pkw-Sparte von Volvo. Dann stieg der schwedische Nutzfahrzeughersteller Volvo mit 31 Prozent der Stimmrechte beim Lkw-Hersteller Scania ein. Dieses wiederum veranlasste VW, sich ebenfalls an Scania zu beteiligen – zufällig mit einem etwas stärkeren Aktienpaket als Volvo (von 34 Prozent). Zwischenzeitlich war ein Zusammengehen der Nutzfahrzeughersteller Volvo und Scania von der EU-Kommission untersagt worden (das Drehbuch hierfür dürfte von der deutschen Autoindustrie geschrieben worden sein).[36] Schließlich gab Renault im Juli 2000 seine Nutzfahrzeugsparte RVI an Volvo ab.

Die neue Hackordnung im Lkw-Geschäft lautet wie folgt: Weltweit liegt DaimlerChrysler beim Geschäft mit schweren Lkw (über 16 Tonnen Gesamtgewicht) auf Platz eins – gefolgt von Renault-Volvo. In

Westeuropa führt hier Volvo-RVI mit einem Marktanteil von 28 Prozent vor DaimlerChrysler mit 21 Prozent Marktanteil. Auf diesem Teilmarkt folgen auf Platz drei und vier MAN und Scania (VW) – mit jeweils dem gleichen Marktanteil von 15 Prozent. Iveco (Fiat) nimmt mit 11 Prozent Marktanteil in Westeuropa Platz 5 ein. DAF als Teil von Mitsubishi folgt auf dem sechsten Platz mit 10 Prozent Marktanteil.[37]

Obgleich damit auf dem Welt-Lkw-Markt bereits eine Kapitalkonzentration auf ein halbes Dutzend Großkonzerne stattfand, zeichnet sich eine weitere Konzentration auf insgesamt vier oder gar nur drei Hersteller ab. Als nächstes dürften MAN und Iveco als unabhängige Hersteller zur Debatte stehen.

Die *britischen* Kfz-Hersteller waren bereits bis 1998 komplett Opfer der internationalen Kapitalkonzentration geworden, bei welcher kein einziger »nationaler« Autoproduzent überlebte. Mitte des Jahres 2000 sieht es nochmals bedrohlicher aus: Die verbliebene Pkw-Massenfertigung in Werken unter ausländischer Kontrolle droht von der Insel zu verschwinden. Ford kündigte die Schließung seines traditionellen Autowerks in Dagenham an. Die japanischen Hersteller Toyota, Nissan und Honda drosseln die Produktion wegen Exportschwierigkeiten, die dem hohen Pfundkurs zugeschrieben werden. (Vgl. Kapitel 13)

Zunächst war jedoch im Jahr 1994 die Rover-Gruppe (Austin, Rover und Land Rover) von BMW übernommen worden. Damit stoppte BMW gewissermaßen »im Auftrag« der deutschen Autoindustrie den Vormarsch der japanischen Pkw-Hersteller auf der britischen Insel: Ultimativ nannte das BMW-Management als Vorbedingung für einen Einstieg bei Rover, in diesem Unternehmen müßte die seit längerer Zeit währende Kooperation mit Honda aufgegeben und die Honda-Kapitalanteile von 20 Prozent an BMW abgegeben werden. Die britische Seite stimmte in der Hoffnung zu, ein deutsches Engagement sei sicherer als ein japanisches; Honda wurde ausgezahlt. Seit dem BMW-Einstieg bei Rover ging es jedoch mit Rover bergab.

In der Zwischenzeit kamen die britischen Luxuswagenhersteller Jaguar und Aston Martin zu Ford. Der Sportwagenhersteller Lotus landete bei Mitsubishi. Sodann wollte sich VW-Chef Piech zur Bestätigung seiner Prestigesucht Rolls Royce in den VW-Konzern einverleiben, was gründlich mißglückte – Rolls Royce ging am Ende einer ebenso teuren wie trickreichen Übernahmeschlacht an BMW.[38]

Im Frühjahr 2000 entschied dann das BMW-Management, bei Rover wieder komplett auszusteigen. Als eigenständiger Pkw-Hersteller, der Rover nun wieder ist, hat das Unternehmen jedoch keine Überlebenschance.

Auch wenn zweifellos die großen Rover-Verluste zur BMW-Entscheidung, Rover aufzugeben, mit beigetragen haben, so gibt doch der gesamte Vorgang und die Art des Ausstiegs der Vermutung Nahrung, es habe sich um eine gezielte Politik zur Ausschaltung von Konkurrenz gehandelt. Parallelen zum Aufkauf des niederländischen Flugzeugherstellers Fokkers durch Daimler-Benz und des bald darauf folgenden Ausstiegs, der im Verschwinden dieses Herstellers mündete, drängen sich auf.[39]

Der italienische Automarkt galt bisher als ein weitgehend abgeschotteter und monopolisierter. Alfa, Lancia, Autobianchi, Masserati und Ferrari waren oder wurden Teil des Fiat-Konzerns, so daß Fiat alleiniger großer Autohersteller in Italien ist. In Italien ist der Markt noch auf wenige Jahre durch Sonderabkommen »geschützt«, d.h. Fiat hat noch eine Schonfrist. Ohne strategische Verbindung dürfte Fiat jedoch mit seiner relativ schwachen Marktpositionierung in Europa und angesichts des Fehlens einer größeren internationalen Präsenz kaum überlebensfähig bleiben. Offensichtlich vor diesem Hintergrund kündigten General Motors und Fiat im Sommer 2000 an, eine strategische Allianz eingehen zu wollen. Als erstes soll es im Motorenbau gemeinsame Fertigungen geben.[40]

Auch der französische Markt ist noch weitgehend abgeschottet. Er wird zu einem erheblichen Teil von den zwei französischen »nationalen« Herstellern Peugeot-Citroen (PSA) und der Renault S.A., einem teilprivatisierten, aber noch weitgehend unter staatlicher Einfluß stehenden Unternehmen kontrolliert. Ein erster Versuch, aus dieser nationalen Enge auszubrechen, indem Renault Volvo übernehmen wollte, scheiterte Anfang der neunziger Jahre. Seit 1999 befindet sich jedoch dieser zweitgrößte französische Autokonzern in einer Art Kaufrausch: Renault übernahm im »Nachgang« zur Südostasien-Krise in

Südkorea Samsung Motors. Sodann verleibte sich der Staatskonzern den rumänischen Hersteller Dacia ein. Vor allem aber wurde Renault Großaktionär bei dem japanischen Pkw-Hersteller Nissan. Samsung und Dacia können als Erwerbungen gelten, die Renault eine erste, bescheidene, aber ausbaubare Präsenz im Ausland geben. Nissan jedoch ist eine völlig andere Größenordnung. Hier handelt es sich um den zweitgrößten Kfz-Produzenten in Japan und zugleich um denjenigen unter Nippons Fahrzeugbauern, der bis vor kurzem noch über die größte internationale Produktionspräsenz von allen japanischen Fahrzeugbauern verfügte. Der Umsatz von Nissan lag 1999 mit umgerechnet 53 Milliarden US-Dollar deutlich über demjenigen von Renault (mit umgerechnet 40 Milliarden US-Dollar). Vor allem aber ist Nissan enorm verschuldet – Ende 1999 lasteten umgerechnet 50 Milliarden Mark Verbindlichkeiten auf dem Unternehmen. Hinzu kommen riesige Überkapazitäten, die abgebaut werden müssen – und laufende neue Verluste, die zu verkraften sind. Allein im Geschäftsjahr, das im März 1999 auslief, wies Nissan einen Verlust von umgerechnet rund 1 Milliarde Mark aus.

Beim Deal Renault-Nissan werden wir mit dem Bild einer Kopf stehenden Industrie-Welt konfrontiert: Das Management eines eher mittelgroßen und zudem noch staatlichen europäischen Pkw-Herstellers, der so gut wie ausschließlich auf dem eigenen nationalen Markt stark vertreten ist, erklärt in Tokio, wie der zweitgrößte japanische Pkw-Hersteller, der in einem Dutzend Nationalstaaten mit eigenen Pkw-Fertigungsanlagen Präsenz zeigt, zu sanieren sei. Die Renault-Leute fliegen eigene Top-Manager nach Tokio ein; der Franzose Carlos Ghosn wird als »Chef-Sanierer« eingesetzt. Die neuen Top-Manager aus Europa preisen auf einer Pressekonferenz in Tokio den europäischen Fahrzeugbau als vorbildlich und als Modell für die Nissan-Sanierung.

Bis zu diesem Zeitpunkt galt mehr als 20 Jahre lang im internationalen Fahrzeugbau exakt das Gegenteil: Die »japanischen Produktionsmethoden« wurden – mit guten Gründen – als die profitabelsten gepriesen, weil mit ihnen die Ausbeutung menschlicher Arbeitskraft am besten zu organisieren war. Aus diesem Grund wurden diese Methoden des Produktions- und Arbeitsprozesses allerorten – weltweit – übernommen. Nach japanischem Vorbild wurden neue Fabriken in

Asien, in Nordamerika und auch in Europa hochgezogen. Das Nissan-Werk im britischen Sunderland ist hierfür ein treffliches Beispiel. Es wurde in den achtziger Jahren errichtet und wird fast ausschließlich nach japanischen Produktionsmethoden betrieben; bis vor kurzem galt es als das produktivste Pkw-Werk in ganz Europa.

Vor diesem Hintergrund wird plötzlich der Renault-Chef Louis Schweitzer im »Wall Street Journal« mit der Erkenntnis zitiert, nunmehr müßten »die Plattformen bei Nissan von 42 auf 10 reduziert« werden. Bei Nissan in Europa müßten »europäische Produktionsmethoden eingeführt« werden. Es gelte, umgehend »bei Samsung Renault-Modelle zu fertigen«. Im übrigen stellten die Fahrzeughersteller Samsung, Dacia und Nissan »großartige Gelegenheiten« dar; die Unternehmen seien »fundamental gesund« und bedürften lediglich »einer gewissen Überholung.«[41]

Damit präsentiert sich Renault, scheinbar eine »Société Anonyme« (S.A.), am Anfang des 21. Jahrhunderts mit einem weltumspannenden Plan und wie in einer Großoffensive befindlich. Es entspringt jedoch nicht erkennbarer betriebswirtschaftlicher Vernunft, wenn ein Unternehmen mit umgerechnet 40 Milliarden Dollar Umsatz drei andere in schwerer Krise befindliche Autohersteller mit zusammen umgerechnet 60 Milliarden Dollar Schulden übernimmt – 50 Prozent mehr Schulden als der weltweite Jahresumsatz von Renault. Entweder es erweist sich, daß das Ganze einem Größenwahn in der Defensive entsprang. Oder aber der *Staats*konzern Renault übernimmt mit diesen Deals die Drecksarbeit, die Überkapazitäten auf dem japanischen, osteuropäischen und koreanischen Automarkt zu bereinigen und den Druck auf die britische Regierung zu erhöhen, den Euro einzuführen (vgl. Kapitel 13).

Damit ergaben sich ausgerechnet in der japanischen Autoindustrie, die bis weit in die neunziger Jahre hinein als die modernste galt, die tiefgreifendsten Veränderungen, die es in einer Triaden-Region in diesem strategisch entscheidenden Industriezweig gab. Während es in Nippon in den siebziger Jahren ein Dutzend, in den achtziger Jahren noch ein halbes Dutzend unabhängiger Fahrzeughersteller gab, existieren Mitte 2000 »nur« noch zwei große, rein nationale Autokonzerne: Toyota und Honda. Toyota kontrolliert, zusammen mit dem verbundenen Unternehmen Daihatsu, knapp 40 Prozent des Marktes. Honda kommt auf weitere rund 15 Prozent.

Die von Kapital aus den zwei anderen Triaden-Mächten beherrschten Unternehmen kommen damit auf rund 40 Prozent addierte Marktanteile. Bereits seit 1995 übt Ford die unternehmerische Kontrolle bei Mazda aus (und hält bei diesem Autohersteller einen Kapitalanteil von 33 Prozent); Mazda hat einen Marktanteil von 6 Prozent. Isuzu wird seit geraumer Zeit von General Motors kontrolliert. Auch an dem Autohersteller Suzuki, der knapp 10 Prozent der japanischen Pkw-Produkton fertigt, und an Fuji (Automarke: Subaru) hält GM Minderheitsbeteiligungen. General Motors hat damit maßgeblichen Einfluß bei Automarken, die in Japan gut 15 Prozent des Marktes kontrollieren. Der Anteil des von Renault kontrollierten Unternehmens Nissan lag 1999 bei 14 Prozent.

Im März 2000 erklärte DaimlerChrysler, einen 34-Prozent-Anteil an Mitsubishi Motors übernehmen zu wollen. Mitsubishi hielt 1999 in Japan einen Marktanteil von rund 8 Prozent. Die Verbindung von DaimlerChrysler mit Mitsubishi ist zwar ebenfalls mit erheblichen Problemen verbunden – u.a. aufgrund der hohen Schulden, die Mitsubishi Motors hat, und einer riesigen Rückrufaktion, die dieser japanische Autohersteller im Jahr 2000 durchführen muß. Andererseits gibt es zwischen Daimler-Benz und Mitsubishi seit vielen Jahren Kooperationen in Teilbereichen. Darüber hinaus existiert auch eine enge Zusammenarbeit zwischen Mitsubishi und Chrysler (die wiederum auf die frühere Kapitalverbindung zwischen Chrysler und Mitsubishi aus den siebziger Jahren zurückgeht). Vorstellbar ist, daß DaimlerChrysler mit dem Einstieg bei Mitsubishi Motors dem alten Ziel einer strategischen Zusammenarbeit mit der Mitsubishi-Gruppe näher rückte.[42]

Im Grunde lief in Japan in den Jahren 1998 bis 2000 ein Prozeß von nationaler Konkurrenz und Kapitalkonzentration ab, wie er in einem Lehrbuch der Nationalökonomie des 19. Jahrhunderts oder beispielsweise von Joseph Schumpeter hätte beschrieben worden sein können: Ein aggressiver, aufsteigender Nationalstaat erlebt seine erste Krise. Gerade weil es sich um junges Kapital handelt, das schnell expandierte, ist es in einer Krise besonders verwundbar. Sofort stürzten sich in dieser Situation die wichtigsten zwei Konkurrenten auf dieses nationale Kapital und wählten für den Angriff den strategisch entscheidenden Sektor: Ford übernahm die Kontrolle bei Mazda; Renault die bei Nissan; DaimlerChrysler bindet Mitsubishi an sich. Damit wurde in die Festung Japan, die noch bis 1995 als uneinnehmbar galt, eine breite Bresche geschlagen. Japan Incorporated existiert nicht mehr.

Wenn bei der japanischen Autoindustrie ein Teil-Ausverkauf zu konstatieren ist, dann gab es in *Südkorea* eine fast komplette Kapitulation der »nationalen« Autoindustrie vor der »ausländischen« Konkurrenz. Dies muß vor dem Hintergrund gesehen werden, daß, wie bereits dargestellt, bis Sommer 1997 viele Beobachter nicht nur in Südkorea eine neue kapitalistische Industriemacht aufsteigen sahen, sondern auch insbesondere die Autoindustrie als das Herzstück eines neuen »südkoreanischen Imperialismus« analysierten.

Tatsächlich gingen seit der »Asienkrise« 1997/98 die zwei koreanischen Hersteller Kia und Ssang Yong Pleite. Ssang Yong wurde von Daewoo übernommen. Hyundai verleibte sich Kia ein. Der Autohersteller Samsung wird, wie berichtet, von Renault kontrolliert.

Seit Anfang des Jahres 2000 befindet sich auch Daewoo in einer schweren Krise. Der US-Autobauer Ford soll Hauptaktionär dieses verbliebenen zweitgrößten südkoreanischen Autobauers werden.

Schließlich ging Mitte 2000 der inzwischen allein verbliebene »reinnationale« südkoreanische Autobauer Hyundai eine Kooperation mit DaimlerChrysler zum Bau eines Kleinwagens ein. Darüber hinaus beteiligte sich DaimlerChrysler an Hyundai mit 10 Prozent und verfügt zusätzlich über eine Option auf weitere 5 Prozent Hyundai-Anteile. Der inzwischen mit DaimlerChrysler verbundene Konzern Mitsubishi Motors hält schließlich an Hyundai einen weiteren Kapitalanteil von 5 Prozent. Damit zeichnet sich eine Entscheidungsschlacht um das größte südkoreanische Konglomerat, um das chaebol Hyundai, ab. Die (südkoreanischen und internationalen) Kreditgeber und die Regierung in Seoul üben seit Sommer 2000 massiven Druck auf den Firmengründer und Hauptaktionär Chung aus, damit dieser den wichtigsten Sektor, die Fahrzeugsparte (Hyundai Motor) aus dem Großkonzern ausgliedert und diesen der internationalen Konkurrenz überläßt. Dieser Druck erfolgt, obgleich Hyundai in den Jahren 1998 bis 2000 die Schuldenlast erheblich reduzieren konnte. Daß die südkoreanische

Regierung unter Kim Dae-jung diesen Druck der internationalen Konkurrenz auf Hyundai kaum gemindert weitergibt, wirft ein bezeichnendes Licht auf den »Demokratisierungsprozeß« der Jahre 1997/98 bzw. auf die massiven Interessen, die die »Schutzmacht USA« in diesem Rahmen auch verfolgte.[43]

Damit kann eine Zwischenbilanz der massiven Veränderungen, die es in der Weltbranche Fahrzeugbau gab, vorgenommen werden. Im Zeitraum 1970 und bis 1998 hat sich die Zahl der unabhängigen Autohersteller weltweit halbiert. Es verblieben 18. Allein in den darauffolgenden zwei Jahren und bis Mitte 2000 wurden mit Chrysler, Volvo, Saab, Nissan, Kia, Daewoo und – voraussichtlich – Mitsubishi weitere sieben bis dahin unabhängige Autohersteller Opfer des gewaltigen Konzentrationsprozesses. Derzeit verbleiben mit GM, Ford, Toyota, Honda, DaimlerChrysler, Volkswagen, BMW, Renault, Peugeot, Fiat und Hyundai noch elf große internationale Pkw-Hersteller.

Doch der Konzentrationsprozeß wird sich fortsetzen. Fiat und Peugeot beispielsweise können in ihrer derzeitigen Isoliertheit nicht überleben. In Japan dürfte nur ein Unternehmen übrig bleiben. BMW wird heute bereits als Übernahmekandidat gehandelt.

Wir werden also bald mit einer »Autowelt« konfrontiert sein, in der rund ein halbes Dutzend Konzerne, die in fünf Ländern ihren Firmensitz haben, mehr als 80 Prozent des weltweiten Kfz-Marktes unter sich aufteilen.

Diese Konzentration reicht im strategisch wichtigen Bereich der Reifenherstellung nochmals weiter. Hier konzentrieren seit dem Jahr 1999 drei Konzerne – der US-Hersteller Goodyear/Sumitomo, der französische Konzern Michelin und der japanische Multi Bridgestone (mit Firestone) rund 80 Prozent des Reifenmarktes auf sich. Auch hier ist von Interesse, daß jede Triadenmacht über einen großen Hersteller verfügt.[44]

Entscheidend ist allerdings für die gesamte »Autogesellschaft«, wer den »Stoff«, aus dem die automobilen Träume und die rüstungsbezogenen Alpträume sind, kontrolliert. Auch hier gab es in den Jahren 1997 bis 2000 massive Konzentrationsprozesse. Der führende US-Ölmulti Exxon übernahm im Dezember 1998 Mobil. Das britisch-niederländische Unternehmen BP schluckte im selben Jahr Amoco. Sodann übernahm der US-Ölkonzern Atlantic Richfield (Arco) ebenfalls 1998 Union Texas, um kurz darauf, 1999, von BP integriert zu werden.

Damit hat sich die Situation auf dem Gebiet der ölverarbeitenden Industrie schlagartig verändert. Bis dahin hatten zwei Konzerne – Exxon und Shell – rund 25 Prozent des Weltmarkts kontrolliert und ein weiteres Dutzend große Bewerber den überwiegenden Teil des übrigen Marktes unter sich aufgeteilt. Im Jahr 2000 haben wir hingegen drei Ölgiganten – Exxon/Mobil, Shell und BP (mit Amoco und Arco) – vor uns, die über 50 Prozent des Weltmarkts kontrollieren. Weitere 40 Prozent werden von sechs anderen großen ölverarbeitenden Konzernen beherrscht. Bei den letzteren handelt es sich um die Unternehmen Total Fina Elf (Frankreich), Texaco (USA), ENI (Italien), Chevron (USA), PDVSA (Venezuela) und SK (Südkorea). Damit weist dieser Sektor einen ähnlich hohen Konzentrationsgrad auf wie derjenige des Fahrzeugbaus.

Heute wird beim Thema Ölindustrie oftmals die Erinnerung an 1911 beschworen – und dann wieder strikt verworfen. Damals kontrollierte das Rockefeller-Unternehmen Standord Oil rund 95 Prozent des US-Markts und damit rund 80 Prozent des Weltölmarkts. Aufgrund dieser marktbeherrschenden Situation wurde Standard Oil unter der Regierung des US-Präsidenten Theodore Roosevelt in einem Anti-Trust-Verfahren zerschlagen. Es bildeten sich eine Reihe von Nachfolgegesellschaften, die teilweise weiter in einem lockeren Verbund operierten. Viele Namen der neuen Gesellschaften tauchen für denjenigen, der die Rockefeller-Geschichte kennt und die Verfremdung der Namen entschlüsseln kann, im aktuellen Prozeß der Kapitalkonzentration wieder auf. Standard Oil wurde mit »S.O.« abgekürzt – was wie »ESSO« oder »EXXON« gelesen werden kann. Der Konzern »Mobil« entstand kurz nach dem erwähnten Anti-Trust-Verfahren aus den Rockefeller-Firmen Standard Oil of New York und Vacuum Oil. Damit werden mit der Verbindung Exxon-Mobil bereits drei Unternehmen aus dem alten Rockefeller-Imperium wieder zusammengefügt. BP hatte im Jahr 1987 das US-Unternehmen Sohio aufgekauft – Sohio war die Abkürzung für »Standard Oil of Ohio«, ebenfalls eine Nachfolge-Organisation des Rockefeller-Monopols. Die nun neu von BP integrierten Konzerne Amoco (früher: Standard Oil of Kansas) und

Arco (Atlantic Richfield) gehörten früher ebenfalls zum Rockefeller-Imperium. Damit blieben von ehemals acht Nachfolgeunternehmen des Stanard-Oil-Monopols lediglich noch zwei übrig: Standard Oil of California und Standard Oil of Kentucky, die sich bereits 1961 zum Multi Chevron zuammengeschlossen hatten. Einiges spricht dafür, daß Chevron demnächst Teil des fortgesetzten Prozesses der Kapitalkonzentration sein wird.

Zweifellos war Standard Oil 1911 marktmächtiger, als dies z.B. heute Exxon ist. Und vielfach wird heute beschwichtigend hierauf verwiesen und damit jede Parallele mit 1911 abgelehnt, weil dies doch heißen würde, daß »eigentlich« erneut eine Zerschlagung des Ölmonopols auf der Tagesordnung stünde – nota bene: im wohlverstandenen Interesse der kapitalistischen Ökonomie. Doch genau diese Parallele drängt sich durchaus auf. 1911 spielte Öl längst nicht die zentrale Rolle, die ihm heute zukommt. Das Auto und die mit Kraftstoff betriebenen Motoren standen damals gerade am Beginn der Massenfertigung. 1911 waren es immer noch Kohle, Stahl und die Eisenbahnen, die entscheidend für die Beherrschung der Ökonomie waren. Heute ist das Öl das entscheidende Schmiermittel, das die Weltökonomie in Gang hält.[45]

Damit kann der aktuelle Prozeß der Kapitalkonzentration im Sektor der ölverarbeitenden Industrie als ähnlich bedeutend und die Machtzusammenballung als vergleichbar bedrohlich angesehen werden wie 1911. Oder wie dies zum selben Zeitpunkt für die Eisenbahnen in einer klassischen Schrift beschrieben wurde: »Rund 80 Prozent der gesamten Eisenbahnen sind... in den Händen der fünf Großmächte konzentriert.« So bilanzierte W.I. Lenin im Buch »Der Imperialismus als höchstes Stadium des Kapitalismus«. [46]

Das spezifische Gewicht der »Konzerne der Autogesellschaft«

In den vergangenen drei Kapiteln wurde immer wieder gewissermaßen unterstellt, daß bei der stofflichen Zusammensetzung der sogenannten »transnationalen Konzerne« die um das Rohöl, die Ölverarbeitung und das Auto gruppierten Konzerne dominant seien. Dies soll an dieser Stelle der Untersuchung genauer belegt werden. Dabei werden die folgenden drei Voraussetzungen vorgenommen:

Erstens ist es im Fall einer Analyse der stofflichen Zusammensetzung des Weltkapitals sinnvoll, die Untersuchung auf die materielle Produktion zu konzentrieren. Diese findet – von der Landwirtschaft abgesehen – in der Industrie statt. Die Unternehmen im Handelsbereich sind überwiegend im Bereich des Verkaufs oder der Verteilung der industriell gefertigten Produkte engagiert. Ihnen kommt in der Weltökonomie ein wesentlich geringeres spezifisches Gewicht zu als den Industriekonzernen. Deshalb ist eine gleichberechtigte Behandlung etwa der Edeka-Zentrale und von BASF wenig sinnvoll – trotz eines vergleichbaren Umsatzes.

Die Finanzinstitute wiederum haben ihre wesentlichen Betätigungsfelder in der Finanzierung der industriellen Produktion. Sie haben teilweise ein größeres spezifisches Gewicht als die Industriekonzerne, weil sie diese beherrschen. Es ist jedoch aus Gründen der statistischen Vergleichbarkeit und wegen dieses unterschiedlichen Charakters nicht sinnvoll, sie auf der gleichen Ebene wie die Industriekonzerne zu analysieren. Daher wird auf den Finanzsektor in einem gesonderten Kapitel 12 eingegangen. Es macht also Sinn, eine entsprechende Untersuchung auf die Industriekonzerne zu beschränken und die Unternehmen im Finanzgewerbe (Banken, Versicherungen, Investmentbanken), im Dienstleistungssektor und die Versorgungsunternehmen (Strom, Gas usw.) nicht zu berücksichtigen.

Zweitens macht es Sinn, vier verschiedene Arten von Industriekonzernen, die eng zusammenhängen, als »Konzerne der Autogesellschaft« zu definieren. Da sind zunächst die ölverarbeitenden Konzerne zu nennen. Sie liefern den Stoff, aus dem alle automobilen Träume sind. Sodann sind die Autokonzerne selbst aufzuführen. Eng mit ihnen verbunden sind des weiteren die Reifenkonzerne. Und schließlich gibt es die Luftfahrt-, Raumfahrt- und Rüstungsindustrie, die ebenfalls ausschließlich mit einem spezifischen Kraftstoff der Ölkonzerne, Kerosin und Flugbenzin, abheben bzw. ihre Produkte – z.B. Waffen – »betreiben« kann.

Unsere Analyse ergibt: Auf die so definierten »Unternehmen der

Tabelle 7: Die 20 größten Industriekonzerne in den drei Triaden-Zentren und die Macht der »Autogesellschaft«

Nr.	USA Name	Umsatz Mrd $	Japan Name	Umsatz Mrd $	Westeuropa Name	Umsatz Mrd $
1	GM	177*	Toyota	116*	Daiml.Chrysl.	160*
2	Exxon	164+	Hitachi	72#	R.Dutch Shell	105+
3	Ford	163*	Matsushita	66#	BP/Amoco	84+
4	GE	112#	Sony	60#	VW	80*
5	IBM	88#	Honda	55*	Siemens	75#
6	Philip M.	62	Nissan	53*	Fiat	51*
7	Boeing	58*	Toshiba	52#	Nestlé	50
8	Hewlett P.	48#	Fujitsu	47#	Total Fina Elf	45+
9	Compaq	39#	NEC	45#	Unilever	44
10	Texaco	36+	Mitsub.El.	34#	Peugeot	40*
11	Chevron	33+	Mitsub.Mot.	30*	Renault	40*
12	Merck	33**	Mitsub.Heavy	26*	BMW	37*
13	Motorola	31#	N. Mits. Oil	24+	Elf Aquit.	38+
14	Intel	29#	Nip. Steel	24	ENI	34+
15	Du Pont	28**	Canon	23#	Philips	34#
16	Johnson	27**	Japan Tob.	20	Thyssen-Kr.	33
17	USX	26+	Mazda	19*	BASF	31**
18	Lockheed	26*	Bridgestone	18*	Olivetti	28#
19	Dell Comp.	25#	Sanyo El.	18#	Bosch	30*
20	United T.	25*	Denso	17*	Bayer	29**
Umsatzsummen		1230		819		1068
davon:						
Öl & Ölverarbeitung (= +)						
- in Mrd $		259		-		306
- in vH		21,1		-		28,7
Auto/Reifen/Luftfahrt & Rüstung (= *)						
- in Mrd. $		449		358		438
- in vH		36,5%		43,7%		41,0%
Chemie/Pharma (= **)						
- in Mrd $		88		--	-	60
- in vH		7,2%		--	-	5,6%
Elektro/Elektronik (= #)						
- in Mrd. $		372		417		137
- in vH		30,2%		50,9%		12,8%
Andere						
- in Mrd. $		62		44		127
- in vH		5,0%		5,4%		11,9%

+ = ölverarbeitende Konzerne * = Auto- und Flugzeugkonzerne
** = Chemiekonzerne # = Elektro, Elektronik u. Software

Tabelle 8: Stoffliche Zusammensetzung im Umsatz der 100 größten Industriekonzerne

Umsatzanteile Stofflichin	Mrd US-$	in vH
- Öl/Ölverarbeitung	784 Mrd. $	19,5 %
- Auto/Reifen/Luftfahrt & Rüstung	1396 Mrd. $	34,7 %
Zwischensumme „Autogesellschaft“	2099 Mrd. $	54,2 %
- Chemie & Pharma	246 Mrd. $	6,1 %
- Elektro, Elektronik & Computer	1081 Mrd. $	26,9 %
- Andere	514 Mrd. $	12,8 %
Weltumsatz „100 Größte“ 1999:	4021 Mrd. $	100 %

Öl- und Autogesellschaft« entfallen zur Zeit gut 54 Prozent des Umsatzes der 100 größten Industriekonzerne der Welt. Eine nochmals höhere stoffliche Konzentration ist im Fall der jeweils 20 größten Industriekonzerne in den USA und in Westeuropa festzustellen. Lediglich in Japan vereinen die so definierten Konzerne »nur« 43 Prozent des Umsatzes der 20 größten Industriekonzerne auf sich. Hier bildet die Elektro- und Elektronikindustrie die größte Gruppe. Die Tabellen 7 und 8 dokumentieren diese Struktur.[47]

Die hier wiedergegebene Zusammensetzung der Weltwirtschaft und der in dieser führenden Industriekonzerne steht in klarem Widerspruch zur allgemein vertretenen Behauptung, wir erlebten eine »Mediengesellschaft«; es dominierten in derselben Internet und Elektronik. Dabei wurden in den Tabellen die elektronische Industrie und die Computer-Branche in ihrem weitesten Sinne berücksichtigt – also einschließlich der Computer-Software herstellenden Branche, einschließlich z.B. von Microsoft, was in anderen Statistiken nicht zur Industrie, sondern zu Dienstleistungen gezählt wird. Dennoch konzentriert diese gesamte, weit gefaßte »Elektronik-Branche« bei den untersuchten 100 größten Konzernen der Welt »nur« einen Umsatz von 1010 Milliarden US-Dollar auf sich, was einem guten Viertel des gesamten Umsatzes der 100 größten Industriekonzerne entspricht. Die »Konzerne der Autogesellschaft« erreichen hier einen doppelt so hohen Anteil – auf sie entfallen knapp 54 Prozent des Umsatzes der 100 größten Industriekonzerne. Dem entspricht eine ganze Reihe von Tatbeständen – z.B. daß die sieben größten Konzerne der Welt allesamt Öl- und Autokonzerne sind, und erst auf Platz 8 mit IBM ein erster Elektronik-Riese folgt; daß im Jahr 1999 auf alle in der Liste der 500 größten Unternehmen aufgeführten Auto-, Öl-, Luftfahrt- und Reifenkonzerne mit 85 Milliarden US-Dollar eine fast doppelt so hohe Profitsumme entfiel wie auf alle Unternehmen der gleichen Gruppe, die zur Elektronik- und Computerbranche, einschließlich der Computer-Software zählen (45 Milliarden US-Dollar); und daß schließlich der »Riese« Microsoft mit 20 Milliarden Dollar Umsatz eben nur ein Achtel des Umsatzes von General Motors auf sich vereint und in der Liste der 500 größten Unternehmen erst auf Rang 210 zu finden ist.

Im übrigen ist in den obigen Tabellen das größte deutsche ölverarbeitende Unternehmen, die Veba AG – mit den Töchtern Veba Oel AG und Aral AG – nicht enthalten, weil die Statistiker des US-Blattes »Fortune« aus formalen und nicht überzeugenden Gründen dieses Unternehmen nicht aufführen und in ihm eine reine Finanz-Holding sehen. Würde dieses Unternehmen korrekterweise mit einbezogen, dann erhöhte sich ein weiteres Mal das Gewicht der Konzerne der Öl- und Autoghesellschaft um gut 0,5 Prozentpunkte. Weltweit würden die Unternehmen der Autogesellschaft auf rund 55 Prozent Anteil am gesamten Umsatz der 100 größten Industriekonzerne der Welt kommen.[48]

Dem scheint die etwas andere Konzernstruktur Japans zu widersprechen, wo unter den 20 größten Industriekonzernen die Elektronikbranche mit gut 50 Prozent vor den »Konzernen der Autogesellschaft« liegt. Berücksichtigt man hier allerdings einige Sonderfaktoren wie die lange Krise der japanischen Ökonomie in den neunziger Jahren (in der gerade die Autokonzerne zurückfielen), das Fehlen eines japanischen ölverarbeitenden Konzerns, der auf einem Niveau mit der US- und der britisch-niederländischen Konkurrenz stünde, und das Fehlen einer mächtigen Rüstungsindustrie, dann wird doch im großen und ganzen das Bild bestätigt.[49]

Schließlich muß berücksichtigt werden, daß die so beschriebenen »Konzerne der Autogesellschaft« stofflich eng mit der Chemieindustrie (Petrochemie) verbunden sind, was ihr spezifisches Gewicht in der Weltökonomie erhöht. Hinzu kommen vielfach enge Verbindungen gerade dieses strategisch entscheidenden Sektors der Öl-, Auto- Luftfahrt- und Rüstungskonzerne mit dem Finanzsektor, was diesem Bereich zusätzliches Gewicht verleiht.

Damit kann der Satz »Geld regiert die Welt« stofflich konkretisiert werden: Es ist das im Öl-, Auto- Luftfahrt- und Rüstungsgeschäft angelegte Geld, das diese Welt regiert, welches das weltweit agierende Kapital bewegt, das Völker in Kriege und den Planeten Erde in umweltpolitische Desaster treibt.

Oder – in den Worten von Bertolt Brecht:[50]

Hier ist Öl! Öl ist hier! Das liegt hier
Was die Motoren laufen macht, was die Schiffe bewegt!
Das kolbenschmierende Öl liegt hier im Boden!
Das die Städte hell macht! Schnell!
Verwandelt euch in Ölsucher, ihr Ziegenhirten! Schnell!
Schafft das Öl an die Oberfläche, tragt den Felsen ab, bohrt
Den Boden an, Bauern!

Aber da sind Ziegenherden, die auf dem Feld grasen!
Aber da stehen Wohnhäuser, die 100 Jahre alt sind!
Aber da sind Grundbücher und Besitztitel!
Schnell! Schafft alles weg, was zwischen uns und dem Öl steht!
Weg mit den Ziegenherden! Weg mit den Wohnhäusern!
Und weg mit den Grundbüchern und Besitztiteln!
Hier ist Öl! Öl ist hier! Das kolbenschmierende Öl ist hier
Und das die Städte hell macht!

Teil IV
Nationalstaaten und Blöcke – Oder: Mythos transnationales Kapital

> Dadurch, daß die Welt durch Fortschritte in der Telekommunikation ständig schrumpft, wird es möglich, daß Gruppen eines Landes ihre Talente mit denen von Gruppen eines anderen Landes zusammentun, um Kunden weltweit den größten Wert zu vermitteln.
>
> *Robert B. Reich, maßgeblicher Volkswirtschaftler in den USA, kurzzeitig Arbeitsminister im ersten Kabinett von Bill Clinton*

> Es sind die nationalen Regierungen und Parlamente, die entscheiden, ob sie Währungskontrollen aufheben, die Biotechnologie erlauben oder Fabrikemissionen herabsetzen.
>
> *Paul Kennedy, Wirtschaftshistoriker*[1]

Im Verlauf dieser Veröffentlichung wurde die Macht der einzelnen, international agierenden Konzerne dargestellt. Festgestellt wurde die Existenz eines fortgesetzten und nur gelegentlich – durch Kriege und Krisen – unterbrochenen Prozesses der Kapitalkonzentration, der seit mehr als 100 Jahren zu beobachten ist. Die wichtigsten Triebkräfte, die diesem Prozeß und insbesondere seiner Beschleunigung seit den siebziger Jahren zugrunde liegen, wurden beschrieben. Schließlich wurde die stoffliche Zusammensetzung der derart geballt auftretenden Kapitalmacht untersucht.

Die große Zahl praktischer Beispiele im Konzentrationsprozeß machte bereits deutlich, daß nicht primär anonyme Kräfte wirken, daß die Konzerne nicht allein Objekt der Entwicklung sind, daß trotz – und auch wegen – des hohen Konzentrationsgrads des Kapitals die Konkurrenz zwischen den Konzernen nicht ausgeschaltet ist, sondern vielfach tobt.

Wenn es sich gewissermaßen nicht vermeiden ließ, dann kamen bereits im bisherigen Verlauf der Untersuchung durchaus die Staaten und Regierungen »ins Spiel«: Diese tauchten etwa bei der Darlegung der Gründe für den »Ausverkauf« von Mannesmann (an das britische), Chrysler (an das deutsche) oder Nissan (an das französische Kapital) auf. Auf der analytischen Ebene wurde das Thema »Macht oder Ohnmacht des Nationalstaats« bzw. die Rolle des sogenannten transnationalen Kapitals im Rahmen der Globalisierung bzw. im Rahmen der bestehenden staatlichen und suprastaatlichen Strukturen bewußt ausgespart, um zunächst die Tatsachen für sich sprechen zu lassen.

An dieser Stelle der Argumentation spielt die widersprüchliche Einheit zwischen Konzernen und Kapitalkonzentration einerseits und Nationalstaaten bzw. Wirtschaftsblöcken andererseits allerdings die entscheidende Rolle. Zur Debatte steht, inwieweit die vielfältigen Aussagen über eine *Ohnmacht der Staaten und eine Allmacht der Konzerne* zutreffen. Und, sollten solche Feststellungen nicht zutreffen, was sich hinter solchen Thesen verbirgt, wie sie beispielsweise James Carville, der Organisator von Bill Clintons Wahlkampagne des Jahres 1992, äußerte: »Für gewöhnlich wünschte ich mir für den Fall, daß es eine Reinkarnation geben würde, dann als US-Präsident oder als Papst wiederzukehren. Doch inzwischen wünsche ich mir, dies als Aktienmarkt tun zu können: Damit kannst du wirklich jeden das Fürchten lehren.«[2]

Interessanterweise hat die Diskussion über die Allmacht des Marktes und des »transnationalen Kapitals« in massivem Umfang im Jahr 1990 eingesetzt. Francis Fukuyamas Buch »The End of History and the Last Man«, das zu diesem Zeitpunkt erschien, war ein Ausdruck dieser Debatte. Fukuyama äußerte zutreffend, daß das Ende des Kalten Kriegs eine entscheidende Wende in der Weltgeschichte darstelle. Und er folgerte dann – meines Erachtens nicht mehr zutreffend –, daß nunmehr »alle entscheidenden Fragen beantwortet« seien und die Menschheit gewissermaßen in einen unendlichen See immerwährender Marktwirtschaft gespült worden sei.[3]

Die in dieser Schrift vertretene These lautet: Die entscheidende Frage, die sich heute stellt, gab es auch vor hundert und vor fünfzig Jahren.

Und sie blieb bis heute unbeantwortet. Sie heißt: Wie kann die Menschheit ein gesellschaftliches Leben organisieren, bei dem die Befriedigung der menschlichen Bedürfnisse – Wohnen, Essen, Kultur, Ausbildung, Frieden – und der Erhalt der Natur bzw. der Schutz der Umwelt im Mittelpunkt stehen? Offensichtlich ist, daß diese Frage weder von den untergegangenen staatssozialistischen Systemen positiv beantwortet wurde, noch von der kapitalistischen Gesellschaft oder gar einem »Markt« zufriedenstellend beantwortet wird. Im Gegenteil: Der gegenwärtig zu beobachtende Prozeß der Kapitalkonzentration hat einen zutiefst zerstörerischen Charakter – gegenüber Arbeitsplätzen, gegenüber dem geschaffenen gesellschaftlichen Reichtum, hinsichtlich demokratischen und sozialen Rechten und Errungenschaften. Mehr noch: Dieser Prozeß mündete seit eben dieser tiefen Zäsur 1989/90 bereits in zwei größeren Kriegen. Und vieles spricht dafür, daß er auf weitere und größere Kriege zusteuert.

Die Frage muß erweitert werden: Was sind die Ursachen für dieses Versagen der »Systeme«? Ist die gegenwärtige Entwicklung des Fusionsfiebers, der Zusammenballung von immer mehr Macht bei wenigen Großkonzernen tatsächlich das Resultat einer »Globalisierung« und der Wirkungsweise eines anonymen transnationalen Kapitals? Sind die Regierungen und Nationalstaaten tatsächlich so hilflos, wie sie sich geben? Sind die Gesellschaften, die offensichtlich zunehmend wirtschaftlichen Zwängen unterworfen werden, objektiv und unwiderruflich hilflos – oder werden sie hilflos gemacht und wird uns eingeredet, Gegenwehr und Widerstand seien aussichtslos?

Kapitel 9
Transnationales Kapital und Nationalstaat

> Die großen Unternehmen werden ihre neuen öffentlichen Aufgaben nur erfüllen können, wenn die Öffentlichkeit ein neues Verhältnis zu ihren großen Unternehmen gewinnt. Es ist an der Zeit, von der Vorstellung Abschied zu nehmen, ein großes Unternehmen sei einfach das Ergebnis übertriebener Profitgier. Die neue Wirklichkeit erfordert..., daß den großen Unternehmen endlich der Rang zuerkannt wird, der ihnen in der modernen Industriegesellschaft zukommt: Sie sind Schrittmacher des Fortschritts, des Lebensstandards und der nationalen Wohlfahrt... Konzentration ist ein Preis des Überlebens und der Mut zur Größe sichert unseren Wohlstand.
>
> G. Bödekker, Mut zur Größe, 1966

Die großen Konzerne, deren Macht auf dem Weltmarkt beschrieben wurde, werden als »transnationale« Gesellschaften, als »multinationale« Unternehmen oder auch schlicht als »Multis« bezeichnet. Die Entwicklungsphase, die der gegenwärtige Kapitalismus durchläuft, wird »Globalisierung« genannt. Als Teil derselben laufe der beschriebene Prozeß der Kapitalkonzentration ohne Rücksicht auf nationale Grenzen ab; er sei weltumspannend, international, eben global.

Wenn das so ist, wäre zu fragen: Warum dann die vielfältige Bezugnahme der großen Konzerne auf den jeweiligen Staat? Warum die Hunderte Millionen Mark Schmiergeld, die zur Pflege der »Bonner Landschaft« ausgegeben wurden und weiterhin zum Schmieren von Parteien und der Regierung in Berlin eingesetzt werden? Warum waren es insbesondere die großen Konzerne – Thyssen, Siemens, Kirch –, die nachweislich bis Ende 1998 die führende Regierungspartei schmierten und in derselben mindestens zwei Staatssekretäre und eine Schatzmeisterin als hauptamtliche Türöffner finanzierten? Warum wurde sogar das Steuerrecht dahingehend geändert, daß Schmiergelder für Regierungen bei Exportgeschäften steuerlich absetzbar sind? Warum immer wieder die dringende Anforderung, hier den Bau eines Großflughafen, dort die Exportförderung einer Magnetbahn und allüberall den Bau und Ausbau von Autobahnen zu finanzieren? Warum wollte Piech mit dem späteren Bundeskanzler Schröder zum Wiener Opernball jetten? Weswegen reißen sich jährlich Hundertschaften führender Bosse darum, im Troß von Regierungs- und Parlamentsvertretern in alle Herren Länder zu reisen, um als Abfall- oder Hauptprodukt solcher Regierungstreffen Aufträge in Milliardenhöhe in die Bücher zu nehmen? Warum mußte im Juli 2000 Chatamei in die Bundesrepublik kommen, warum kamen an seiner Stelle nicht Vertreter des Teheraner Bazars? Warum waren viele deutsche Großunternehmer daran interessiert, bei Putins erstem Besuch in der Bundesrepublik zugegen zu sein, und warum war statt dessen nicht einer der neuen russischen Großfinanziers zu Gast beispielsweise bei Schrempp? Wie kommt der »schwache« Putin dazu, sich Ende Juli 2000 die 18 führenden russischen Unternehmer und Bankiers vorzuladen, um mit ihnen über »das Verhältnis zwischen Politik und Regierung« zu debattieren. Und vor allem: Warum sagen diese ihr Kommen zu bzw. weswegen sind einige beleidigt, nicht eingeladen worden zu sein? Was veranlaßte einen führenden Vertreter der Deutschen Bank, Cartellieri, der CDU inmitten ihrer tiefsten Krise flugs beizutreten, um sich am Tag nach dem Parteieintritt auf dem CDU-Parteitag zum neuen Schatzmeister wählen zu lassen? Und weshalb laden sich die Vertreter und Eigentümer der größten Konzerne der Welt auf ihren jährlichen Treffen in Davos oder Aspen immer wieder prominente Regierungschefs wie Tony Blair oder einflußreiche Hintermänner wie Henry Kissinger ein? All dies sind Vorgänge, die die These vom machtlosen Staat und den für die Wirtschaft irrelevanten führenden Parteien in Frage stellen.

Nehmen wir das Beispiel »Multilateral Agreement on Investment«, MAI. Dieses Projekt eines internationalen Investitionsschutzabkommens, das zunächst wie eine geheime Kommandosache innerhalb der Gruppe der hochindustrialisierten Staaten (OECD) ausgearbeitet und beschlossen werden sollte, war als eine Art Verfassung für die Weltherrschaft der großen Konzerne und Banken gedacht. Doch es hat sich *nicht* durchsetzen lassen. Der Widerstand von »Internet-Guerillas« und Aufklärungskampagnen linker und demokratischer Kräfte hat dabei eine – bescheidene – Rolle gespielt. Insbesondere aber wurde beim

MAI der Widerspruch zwischen den Interessen nationalstaatlich basierter Kapitale einerseits und abstrakten Interessen eines ebenso abstrakten »transnationalen Kapitals« andererseits deutlich. Es waren nicht ein abgehobener französischer, kanadischer und US-Staat, die dieser Weltverfassung des Kapitals Einhalt geboten haben. Hinter den jeweils regierungsamtlich artikulierten Einwänden gegen Teile dieses Abkommens standen vor allem die großen Unternehmen mit Sitz in diesen Nationalstaaten, die einerseits »ihre« Regierung nutzten, um die eigenen Unternehmensinteressen zu verteidigen und sich dabei gegen einen »Ausverkauf« – z.B. der »nationalen Kultur« in Frankreich, d.h. der kommerziellen Interessen des hier angelegten französischen Kapitals – zu verwahren. Dieselben Unternehmen geben sich jedoch immer dann »international« und rücksichtslos gegenüber »nationalen Interessen« oder aber ablehnend gegenüber »fremden« Belangen, wenn es dem eigenen Vorteil dient, ganz nach jeweiliger Situation. Das MAI kam in erster Linie zu Fall, weil u.a. die französische Regierung unter Lionel Jospin und die österreichische Regierung unter Kanzler Victor Klima im wohlverstandenen Interesse ihrer »nationalen« Großunternehmen Einspruch eingelegt hatten. Zuvor hatten bereits Staaten wie die USA sehr weitreichende Sondervoten, die ebenfalls eigene »nationale« Interessen wahren sollten, in Aussicht gestellt.[4]

Eine Reihe ernst zu nehmender Autoren meint, daß die »Globalisierung« und das Agieren eines transnationalen Kapitals ohne größere Berücksichtigung der nationalen Grenzen bereits deshalb einen fait accompli, eine vollendete Tatsache, darstelle, weil dies aus der stofflichen Struktur der internationalen Produktion folge, weil, so Robert Reich, »es die modernen Technologien den Staaten immer schwieriger machen, diese Kapitalströme zu kontrollieren«. Dieser Autor führt eine ganze Reihe von konkreten Produktionsbeispielen auf, die tatsächlich den Anschein einer globalen Produktion ohne Rücksicht auf staatliche Grenzen erwecken. Reich nennt als Beispiele: »Eine Werbekampagne wird in Großbritannien erdacht, Filmaufnahmen dazu werden in Kanada gedreht, in Großbritannien synchronisiert und in New York geschnitten... Ein Sportwagen wird von Japan finanziert, in Italien entworfen, im US-Staat Indiana, in Mexiko und in Frankreich montiert, wobei moderne elektronische Komponenten Verwendung finden, die im US-Staat New Jersey erfunden und in Japan hergestellt wurden.« Reich fragt sich und seine Leserinnen und Leser nach einer Reihe weiterer solcher Beispiele: »Was ist hier ein amerikanisches Produkt? Was ein ausländisches? Nach welchen Kriterien soll man das entscheiden? Spielt es überhaupt eine Rolle?«[5]

Ja, das spielt eine erhebliche Rolle. Und die Staaten und Unternehmen geben sich erstaunliche Mühe, diese Eigentumsnachweise und Nationalitätszugehörigkeiten detailliert aufzuführen, zu registrieren, in Statistiken zu erfassen, auf Motorenblöcke einzustanzen, in Festplatten zu gravieren oder Produkte mit »falsch« ausgewiesener »Identität« gar zu zerstören und auf internationalen Konferenzen zu fordern, daß diese vertraglich zu denunzieren seien.

Doch gehen wir zunächst einen Schritt zurück. Bereits Reichs stoffliche Beschreibungen der Dienstleistungs- und Fertigungsprozesse geben Anlaß zu Nachfragen. Warum hat Reich beispielsweise nicht erwähnt, daß es sich bei seinen Beispielen aller Voraussicht nach jeweils um ein einzelnes Unternehmen handelt, das die Werbekampagne betreibt oder den Sportwagen herstellt, und daß dieses Unternehmen seinen Firmensitz sehr wohl in einem Nationalstaat hat und in aller Regel von Menschen mit einem Paß eines G-7-Staats aktienrechtlich oder anderweitig eigentumsmäßig kontrolliert wird? Warum wird nicht erwähnt, daß gerade die Montage von Sportwagen fast immer nur dann auf dezentraler Ebene stattfindet, wenn es im betreffenden Land hohe Schutzzölle gibt, daß also gerade mit dieser scheinbar »globalen« Arbeitsweise der Existenz von Nationalstaaten ein erheblicher Tribut gezollt wird.[6]

Tatsächlich suggerieren die Begriffe »Globalisierung«, »transnationale Konzerne« und »internationale Arbeitsteilung«, die großen Konzerne wären gewissermaßen »staatenlos« und es gäbe einen ungebrochenen Prozeß einer weltweiten Vereinheitlichung der Produktions- und Distributionssphäre. Doch dies stimmt nicht mit der politökonomischen Realität überein. Richtig an dem Begriff Globalisierung ist lediglich, daß derzeit so gut wie jeder Winkel des Planeten Erde den Kapitalverwertungsbedürfnissen unterworfen wird. »Transnational« sind die großen, die Welt beherrschenden Konzerne tatsächlich insofern, als sie in aller Herren Länder produzieren lassen, als sich ihre

Bosse grenzüberschreitend und oft mit mehreren Pässen »bewaffnet« bewegen und als »vaterlandslose Gesellen« ihre Geschäfte der Belegschaftsreduzierung, der Arbeitsintensivierung, des »Outsourcings«, der Privatisierung, sprich: der Profitmaximierung weitgehend staatenübergreifend und Sprachbarrieren bzw. nationale Differenzen ignorierend betreiben. Das allerdings ist *keine neue* Erscheinung. Die Eigentümer des führenden deutschen Rüstungsunternehmens Krupp fanden es selbst während des Ersten Weltkriegs durchaus normal, daß beim britischen Rüstungsunternehmen Vickers Granaten mit Krupp-Zündern gefertigt wurden, für die an Krupp nach dem Krieg Gebühren zu zahlen waren und mit denen zwischenzeitlich deutsche Soldaten getötet wurden. Ja, gerade *die Zahl* der getöteten deutschen Landser diente diesen transnationalen Bussinesmen des globalisierten Kapitalismus von Anfang des 20. Jahrhunderts noch als Maßstab, *nach dem Krieg* die Krupp-Profite zu berechnen.[7]

Wenn diese Art weltweiter Fertigung und Profitmaximierung mit den Begriffen »transnationales Kapital« und »Globalisierung« gemeint ist, dann kann daran nichts Neues erkannt werden. Aber natürlich meinen die Apologeten der Globalisierung einen weitergehenden Prozeß, das *Ende* jeden nationalen Kapitals und eine weitgehend einheitlich funktionierende und weltweit gleichmäßig agierende, sich immer mehr durchsetzende und sich wechselseitig immer stärker verflechtende »Marktwirtschaft«. Gäbe es dies, existierten harte Fakten, die eine gleichmäßige Verteilung von Waren- und Kapitalströmen auf der Welt und eine transnationale Streuung des Eigentums an den großen Konzernen und Finanzinstituten belegten, dann allerdings wären die Begriffe Globalisierung und transnationales Kapital zutreffend. Doch genau solche Prozesse gibt es nicht. Und das ist mit harten Fakten belegbar. Als solche seien hier zunächst drei genannt:

Erstens wohnt den internationalen Handelsströmen gerade auch im 20. und 21. Jahrhundert ein enormer »Zentralismus« inne; sie finden vor allem *innerhalb* der Zitadellen des Kapitalismus, zwischen den OECD-Staaten, statt.

Zweitens besteht ein großer Teil dieses internationalen Handels aus Handel innerhalb der sogenannten »transnationalen Konzerne«.

Drittens ist der Anteil, mit dem »Multis« außerhalb ihrer Heimatmärkte produzieren, gemessen an ihren gesamten Umsätzen, weiterhin bescheiden. Vor allem aber konzentrieren die Weltkonzerne ihre Investitionen und den Technologiehandel auf das eigene Unternehmen oder die OECD-Staaten

Diese drei Feststellungen müssen vor dem Hintergrund der Globalisierungsdebatte wie blasphemische Behauptungen erscheinen. Setzen wir daher unsere Ketzer-Thesen dem einzig relevanten Test aus und konfrontieren wir sie mit den harten Fakten der »globalisierten Ökonomie« an der Wende zwischen 20. und 21. Jahrhundert.

Zentralismus der Handelsströme

Die Handelsströme waren schon immer auf die industriell hoch entwickelten Länder konzentriert. Die Kolonialmächte und die Vereinigten Staaten von Amerika vereinten vor hundert Jahren 80 Prozent des Welthandels auf sich. Die in der OECD zusammengefassten Länder konzentrierten vor dreißig oder vierzig Jahren drei Viertel der transnationalen Warenströme auf sich. Und daran hat sich auch in den letzten 15 Jahren nichts geändert. Im Gegenteil: Es läßt sich sogar eine *fortgesetzte Konzentration* auf ein Dutzend der führenden kapitalistischen Länder belegen. Tabelle 9 dokumentiert diese Entwicklung im Zeitraum 1983 bis 1996.[8]

Tabelle 9: Weltexporte – Anteil der zwölf führenden Exportnationen am Welthandel 1983 bis 1996

Jahr	Anteile der Länder u. Ländergruppen										Summe
	US/K*	Jap.	BRD	GB	FR	I	BNL#	Sp	S	CH	
1983	15,1	8,1	9,4	5,0	5,0	4,0	6,4	1,1	1,5	1,4	57,0
1996	15,6	7,7	9,6	4,9	5,4	4,7	6,8	1,9	1,6	1,4	59,6

* Addierte Exporte USA und Kanada # Belgien u. Niederlande

Danach vereinten 1996 bereits ein Dutzend starke Exportländer – im einzelnen die G-7-Staaten und Spanien, Schweden, Niederlande, Belgien und die Schweiz – knapp 60 Prozent der weltweiten Exporte auf sich. Dieser Anteil stieg im Vergleich zu 1983 nochmals an – obgleich sich gerade in diesem Zeitraum die weltweiten Ausfuhren erheblich ausweiteten und obwohl genau zur gleichen Zeit das Wachstum z.B. der asiatischen Tigerstaaten überdurchschnittlich war. Da den Exporten im großen und ganzen Importe entsprechen, ist festzustellen: Der größte Teil des Welthandels (das ist die Summe von Exporten und Importen) findet weiterhin und in wachsendem Maß zwischen den hochindustrialisierten kapitalistischen Ländern statt.

Dabei ist die Wirklichkeit des Jahres 2000 nochmals deutlicher, als dies in der Tabelle mit ihren bis 1996 reichenden Zahlen zum Ausdruck kommt. Mit der »asiatischen Krise« des Jahres 1997/98, die von der Tabelle nicht mehr erfaßt wird, sanken die Anteile von Südkorea, Taiwan, Hongkong, Singapur, Thailand und Malaysia am Weltexport – auch aufgrund der Abwertung der Währungen dieser Region – erstmals seit zwei Jahrzehnten massiv. Umgekehrt stieg bis 1999 der Anteil der oben aufgeführten Gruppe von 12 Staaten erneut auf rund zwei Drittel aller Exporte. Auch wenn sich die »Tigerstaaten« bis zum Jahr 2000 von dieser Krise wieder erholten, wird es geraume Zeit dauern, bis sie wieder die Weltmarktanteile des Jahres 1996 zurückerobern.[9] Überhaupt: Klammerte man einige dieser zeitweilig auf dem Weltmarkt erfolgreichen Länder der »Dritten Welt« aus, dann ist die Bilanz für den »Rest der Welt« nochmals ernüchternder. So war beispielsweise der Anteil der Subsahara-Zone am Welthandel mit Industriegütern bereits bis zum Jahr 1965 auf 0,4 Prozent gesunken. Bis 1986 wurde er nochmals – auf dann 0,2 Prozent – halbiert. Tendenz: weiter sinkend.[10]

Was aber noch wichtiger ist: Mitte der achtziger Jahre lebten in den aufgeführten zwölf führenden Export-Ländern 690 Millionen Menschen. Sie stellten damit einen Anteil von 14,4 Prozent an der Weltbevölkerung von 4,8 Milliarden Menschen. 1996 dagegen leben in der gleichen 12er-Staatengruppe mit 762 Millionen zwar etwas mehr Menschen. Ihr Anteil an der Weltbevölkerung von nunmehr 5,8 Milliarden Menschen ist allerdings deutlich zurückgegangen – auf 13,1 Prozent.

Was folgt aus einer Welthandelsstruktur, in der eine Ländergruppe mit einem kleiner werdenden Anteil an der Weltbevölkerung einen enorm hohen und teilweise noch wachsenden Anteil an den Weltexporten auf sich vereint? Wenn sich auf 13 Prozent Weltbevölkerung bis zu 66 Prozent der Weltexporte konzentrieren? Dies heißt nichts anderes, als daß wir mit dem Gegenteil von Globalisierung, daß wir mit einem *Desintegrationsprozeß* konfrontiert sind, dessen Gesamtstruktur extrem undemokratisch ist und der immer undemokratischer wird.

Welthandel als Handel innerhalb der Multis

Der Begriff »demokratisch« hinsichtlich einer »Teilhabe« am Welthandel kann selbstverständlich hinterfragt werden. Er wurde bei einem Stand der Untersuchung gewählt, auf welchem »Welthandel« zunächst als eine neutrale Größe behandelt wird. Tatsächlich läßt sich zumindest für ökonomisch schwache Länder die Frage stellen, inwieweit es für sie vorteilhaft ist, Handel mit einem wirtschaftlich starken Land zu treiben, soweit dieses mit dem schwachen Land nicht freundschaftlich verbunden ist. Wird dadurch nicht eine eigene Entwicklung behindert? Heißt hier Handel nicht immer, daß es zu einem *ungleichen Tausch* kommt – daß Rohstoffe, die einen niedrigen Weltmarktpreis erzielen, mit industriellen Gütern mit relativ hohem Preis getauscht werden?[11] Noch konkreter: Ist es im Interesse der nigerianischen Bevölkerung, wenn der Handel zwischen dem Staat Nigeria und den Niederlanden bzw. Großbritannien – genauer: der mit dem britisch-niederländischen Ölmulti Royal Dutch Shell – wächst? Wie lautet hier die Bilanz nach all den Zerstörungen, die Shell im Ogoniland anrichtete, nach den brutalen politischen und faktisch militärischen Eingriffen des Konzerns in die Geschicke des Landes? Darüber hinaus ist zu fragen: Was wäre, wenn sich herausstellte, daß der größte Teil des nigerianisch- britisch/niederländischen Handels aus einem Handel *innerhalb* des »transnationalen Konzerns« Royal Dutch Shell bestünde? Export von Rohöl nach den Niederlanden, dort Verarbeitung von Rohöl zu Benzin, Diesel, Kerosin, sodann aus den Niederlanden oder Großbritannien Import von Kraftstoffen und Schmieröl oder von Ausrüstungsgütern zur weiteren Exploration von Öl im Ogoniland?

Wer profitierte von einem solchen »Intrafirm Trade«, wie es im Wirtschaftsenglisch heißt, von einem Intra-Konzern-Handel?

Tatsächlich ergeben Statistiken über den Welthandel hinsichtlich der Handelsströme Verblüffendes. 50 bis 70 Prozent des Handels zwischen Handelspartnern konzentriert sich heutzutage auf den Waren- und Dienstleistungsaustausch *innerhalb* der einzelnen Großkonzerne, die die Welt beherrschen – also z.B. auf »Handel« zwischen General Motors in Detroit und der Tochter Adam Opel AG in Rüsselsheim oder dem zum GM-Imperium gehören Unternehmen Isuzu in Japan. Oder auf den Warenaustausch zwischen Nissan in Tokio, Nissan in Sunderland, Great Britain, der Nissan-Eigentümerin Renault in Frankreich bzw. den anderen Renault-Töchtern Dacia in Bukarest oder Samsung in Seoul.

Dieses Wachstum des Intrafirm-Trade hielt auch über einen langen Zeitraum Schritt mit dem allgemeinen Wachstum des Handels zwischen zwei ausgewählten Staaten. Beispielsweise lag das Handelsvolumen zwischen den USA und der BRD 1983 bei rund 23 Milliarden US-Dollar. Zum gleichen Zeitpunkt erreichte der Handel zwischen Mutter- und Tochtergesellschaften auf beiden Seiten des Atlantiks 12 Milliarden US-Dollar; er machte damit mehr als 50 Prozent des gesamten deutsch-US-amerikanischen Handels aus. Ein gutes Jahrzehnt später, 1994, erreichte das Handelsvolumen USA-BRD bereits 50 Milliarden US-Dollar. Eine solche Verdopplung des Handels wird in der neoliberalen Sprache als fortschreitende Globalisierung bezeichnet. Allerdings belegen die Statistiken, daß inzwischen ein Warenaustausch in Höhe von 30,5 Milliarden US-Dollar Teil dieses USA-BRD-Handels ist, der zwischen deutschen Konzernen hüben und drüben bzw. zwischen US-Gesellschaften drüben und hüben realisiert wurde. Nunmehr liegt der Anteil des Handels innerhalb jeweils ein- und desselben Konzerns bei 61 Prozent. Dabei drücken die deutsch-US-amerikanischen Zahlen diese Tendenz noch eher zurückhaltend aus, wofür die relative Ausgewogenheit, mit der deutsche Konzerne in den USA und US-Konzerne in Deutschland präsent sind, die entscheidende Rolle spielt. Beim japanisch-US-amerikanischen Handel entfallen nach derselben seriösen Studie bereits 75 Prozent des zwischenstaatlichen Handelsvolumens auf den Intra-Multi-Handel. Dabei ergibt sich die groteske Situation, daß derjenige Handel, der nicht auf den Intrafirm Trade entfällt, im Zeitraum 1987 bis 1994 überhaupt nicht gewachsen ist, sondern bei rund 40 Milliarden US-Dollar stagnierte, wohingegen der in der offiziellen Statistik ausgewiesene bilaterale Handel zwischen Japan und den USA stetig wuchs und allein zwischen 1986 mit rund 120 Milliarden Dollar auf 177 Milliarden US-Dollar im Jahr 1994 anstieg (siehe Grafik 1).[12]

Grafik 1: Handel zwischen Japan und den USA und Intrafirm Trade (ITF) 1983 bis 1994

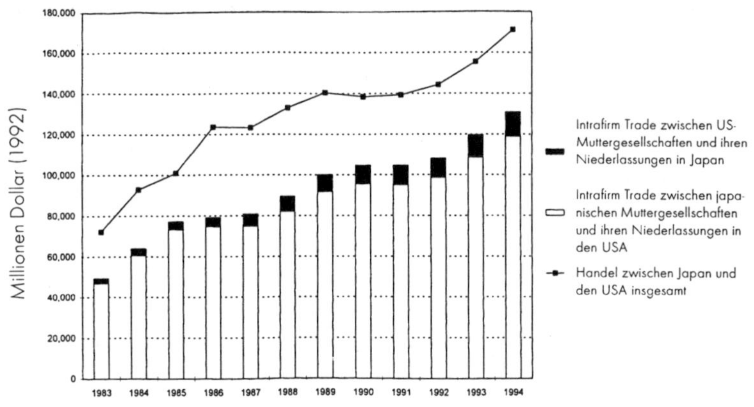

Dieser hohe Anteil von Intrafirm-Trade am Welthandel überrascht zweifellos auch Kenner der Materie. Hält man sich jedoch einige Beispiele vor Augen, wie heute die internationale Arbeitsteilung organisiert wird, dann verwundert dies bereits weniger. Bekannt ist die Analyse eines herkömmlichen Joghurt-Bechers, in dem mehr als 7000 km Lkw-Transporte »steckten« und der in einer europaweiten Arbeitsteilung, vielfach innerhalb ein- und desselben Unternehmens, hergestellt wurde. Bekannt sind auch die großangelegten Transporte von Schweinefleisch von den Niederlanden nach Norditalien, vorzugsweise Südtirol, wodurch das Produkt »veredelt« (geräuchert) wird, weil es – z.B. erneut in den Niederlanden – als »Südtiroler Schinken« auf den Markt kommt. General Motors hat bereits in den achtziger Jahren bei Wien ein großes Motorenwerk errichtet. Nun ist bekannt, daß die Österreicher einigermaßen beleidigt sind, über keine größere eigene Autoindustrie zu verfügen, die *fertige* Pkw herstellt. Tatsache ist, daß in dem GM-Motorenwerk ein großer Teil der Opel-Corsa-Motoren gefertigt wird, daß diese Motoren dann quer durch Europa nach Zaragoza, Spanien, gefahren werden (bevorzugt auf Eisenbahnen, womit die Steuerzahlenden und Fahrgäste obendrein das dabei entstehende Defizit der Noch-Staatsbahnen tragen dürfen). In Spanien werden dann die Motoren auf die dort hergestellten Fahrgestelle montiert. Mit etwas Glück entsteht hier das fertige Fahrzeug (aber eine weitere Verarbeitungsstufe anderen Orts kann nie ausgeschlossen werden). In jedem Fall werden diese Opel-Modelle, soweit sie nicht in Spanien abgesetzt werden, erneut »exportiert«, z.B. zur GM-Tochter in Rüsselsheim. Und um den globalisierten Irrsinn auf die Spitze zu treiben, werden von dort wieder Corsa-Modelle nach Österreich exportiert. All dies sind gewaltige »Handelsvorgänge«, die oftmals noch mit staatlichen Subventionen gefördert werden und die alle in den Statistiken als »Exporte« und »Importe« erscheinen.

Multis produzieren und investieren vor allem im »Mutterland«

In den Kapiteln 3, 4 und 8 sahen wir bereits, daß sich der Welthandel und das weltweite Bruttoinlandsprodukt zu einem erheblichen und wachsenden Teil auf die großen international agierenden Unternehmen konzentriert. So verwundert es wenig, wenn die Struktur von Produktion und Investition der Weltkonzerne diesen »Zentralismus« nochmals bestätigt und verstärkt. So konzentrieren sich rund 80 Prozent der weltweiten Exporte der 200 größten Konzerne der Welt auf die OECD-Staaten. Wie einzelne Beispiele belegen, entfallen 50 und mehr Prozent auf den Austausch zwischen den Konzernen.

Ähnlich sieht es bei den Investitionen aus. Zunächst einmal konzentrieren die großen Unternehmen auch heute noch den größten Teil der Investitionen auf das Land, in dem die Muttergesellschaft ihren

Sitz hat. Sodann verbleiben die Investitionen, die tatsächlich im Ausland getätigt werden, weitgehend innerhalb der Triaden-Länder. Der Anteil der Auslandsinvestitionen der großen Konzerne, der innerhalb der OECD-Staaten angelegt ist, liegt bei gut 75 Prozent. Auch hier gibt es keinen Trend, der in Richtung einer Reduktion dieser Konzentration auf wenige reiche Länder weist, also der These von einer Globalisierung Nahrung geben würde. Tabelle 10 belegt diese Struktur für die insgesamt weltweit registrierten Auslandsdirektinvestitionen. Dabei bringen auch hier diese Zahlen die Realität einer »zentralistischen« Struktur eher moderat zum Ausdruck, da die Auslandsanlagen der großen Konzerne sich noch stärker auf spezifische, hochindustrialisierte Regionen konzentrieren.[13]

Tabelle 10: Ausländische Direktinvestitionen 1996 nach Regionen

Art	Eur (1)	Nafta (2)	Jap	Austr./ Neu-S.	Zw.- Summe	Tiger (3)	Asien Rest	LA Rest	Afrika (4)	Summe (5)
Mrd $	1332	873	18	156	2379	11	350	200	75	3115
in vH	42,7	28,0	0,6	5,0	76,3	3,7	11,2	6,4	2,4	100

(1) = West u. Mittel- u. Osteuropa (o.Russl.) (2) incl. Bermudas
(3) = HK, Taiwan, Sing., S.Korea, Malaysia, Singapur
(4) = z.Tl. geschätzt (5) ohne Russland

Von den offiziell ausgewiesenen und addierten Direktinvestitionen in einer Gesamtsumme von 3115 Milliarden US-Dollar konzentrieren allein West- und Mitteleuropa, die Nafta, Japan, Australien und Neuseeland 2379 Mrd. US-Dollar oder einen Anteil von 76,3 Prozent auf sich. Werden relativ hoch industrialisierte Regionen wie die »Tigerstaaten« und einzelne Länder Lateinamerikas noch gesondert berücksichtigt, dann wird deutlich, wie wenig für den »Rest der Welt« übrig bleibt.

Schließlich verhalten sich Multis selbst im eigenen »Firmenverbund« enorm zentralistisch. Auch die reine Produktion ist noch relativ stark auf das »Mutterland« konzentriert: Rund 70 Prozent des Umsatzes der Multis wird im »eigenen Nationalstaat« realisiert. Nimmt man als Bezugsgröße die »Blöcke«, dann konzentrierten sich z.B. bei den US-

Konzernen mehr als 80 Prozent des Weltumsatzes der US-Großkonzerne auf die Nafta. Für die EU-Konzerne dürften sich ähnliche Konzentrationen ergeben, wenn wir einmal von Sonderfällen wie DaimlerChrysler und Renault-Nissan mit ihren enormen transatlantischen Engagements absehen.[14]

Insbesondere die strategisch wichtigen Anlagen und Ausgaben werden auf die Muttergesellschaft konzentriert. So ergab eine Untersuchung, daß bei den Investitionen der US-amerikanischen Weltkonzerne Mitte der neunziger Jahre der Anteil, der auf die Auslandsgesellschaften entfiel, bereits auf 24 Prozent abgesunken war (gegenüber den erwähnten 30 Prozent beim Umsatz). Mehr als drei Viertel der Investitionen wurden für die Muttergesellschaft getätigt. Doch bei den strategisch entscheidenden Forschungsausgaben (»Research & Development«/»R&D«) entfielen nur noch 12 Prozent auf die im Ausland befindlichen Tochtergesellschaften. Über 90 Prozent verblieben hier bei der Stammgesellschaft. Ähnliches trifft auf den Technologie-Handel (Lizenzen und Patente) und auf die Bildung von technologischen Allianzen zu: Die Mehrheit dieser Geschäfte erfolgt bereits innerhalb der Konzerne selbst, meist von Mutter zu Tochter. Ein weiterer erheblicher Teil wechselt nicht die »nationale Farbe«: Eine US-Gesellschaft schließt mit einer anderen US-Gesellschaft – im Inland oder Ausland – eine entsprechende Allianz. Die nächste Anteilsart bei solchen Geschäften ist diejenige, die innerhalb der OECD-Staaten verbleibt. In der Summe können nur weniger als 10 Prozent des strategisch wichtigen Technologie-Handels in dem Sinn als »transnational« bezeichnet werden, daß er zwischen einem Weltkonzern und einem anderen Unternehmen stattfindet, das nicht zum selben Konzern zählt und das außerhalb der OECD-Staaten liegt.[15]

All diese harten Fakten zur Struktur der Weltkonzerne und ihrer strategischen Ausrichtung münden bei den Autoren der mehrfach zitierten Studie in den Feststellungen:

»Bringt man es auf den Punkt, so orientieren sich diejenigen Operationen der multinationalen Gesellschaften, die von höchster strategischer Bedeutung sind, systematisch an nationalen Identitäten. Das globale Unternehmen, losgelöst von den Verankerungen in der nationalen Politik und herumvagabundierend in einem fortschreitend grenzenlosen Markt, ist ein Mythos. Es sind die Nationalstaaten, die den Konzernen faktisch die Firmenzulassungen erteilen und das Umfeld stellen, in welchem sie gedeihen. Und Staaten bleiben die politischen Autoritäten, die ihre Aktivitäten steuern... Wir glauben, daß der Begriff 'Globalisierung' hier mehr verdunkelt als erhellt... Die Führer der größten internationalen Unternehmen mögen, wenn sie sich in Davos oder Aspen treffen, durchaus lustvoll und im Chor aus dem gleichen Gesangbuch des Liberalismus singen. Doch sie sind weiterhin sehr unterschiedlich hinsichtlich ihrer fundamentalen Grundeinstellung und in ihrer strategischen Zielsetzung. Und mehr noch: Sie unterscheiden sich auf eine nachweisbar systematische Art und Weise« – entlang der nationalen Zugehörigkeit. »Unsere Arbeit unterstreicht beispielsweise die fortwährende Gültigkeit von solchen Faktoren wie dem deutschen System der Unternehmensorganisation oder der historischen Ausrichtung und Verankerung, die hinter den japanischen technologischen und Investitions-Strategien erkennbar sind.«[16]

Die Autoren, die sich selbst eher einer liberalen und zweifellos keiner marxistischen Tradition verpflichtet sehen, bemühen sich im übrigen redlich, Gründe für dieses Verharren im Nationalen zu finden. Sie kommen dabei immer wieder auf die nationale Geschichte und ihre Besonderheiten zu sprechen und untersuchen z.B. das deutsche Modell der Mitbestimmung, das sie in einer gewissen Kontinuität zum korporationistischen System unter der NS-Herrschaft sehen, und das bereits skizzierte Modell der japanischen keiratsu, das sie ebenfalls in eine lange Tradition mit der zuvor autoritär-kaiserlichen Struktur der japanischen Gesellschaft stellen. Dieser geschichtliche Bezug erklärt sicherlich viel von der beschriebenen nationalen Bindung der Weltkonzerne. Doch es ist mehr als das. Das transnationale Kapital ist deshalb ein Mythos, weil Kapital so sehr wie der Fisch das Wasser einen Staat braucht – und sei es ein Weltstaat oder ein einheitlicher EU-Staat. Da es jedoch weder den einen noch den anderen, sondern bisher nur Nationalstaaten gibt, sind die Weltkonzerne schlicht nationale Konzerne. Dies wird noch auszuführen sein. An dieser Stelle geht es vor allem darum, aufzuzeigen, wie gerade das Fusionsfieber ein trefflicher Lehrmeister ist, der die Begriffe »Globalisierung« und »transnationales Kapital« zu Unwörtern des Weltmarkts erklärt.

Fusionsfieber – auf nationaler Basis

Zu fragen ist: Wo sind überhaupt die »transnationalen Fusionen«? Wo agiert oder vagabundiert tatsächlich ein »transnationales Kapital«, Kapital also, das kein an einen Nationalstaat gebundenes Eigentum kennt, deren Vertreter Clinton, Blair oder Schröder schlicht gute Männer sein lassen?

Das Eigentum an den größten Konzernen der Welt ist zu mehr als 90 Prozent insofern »national«, als es an einen der neun wirtschaftlich mächtigsten Staaten dieser Welt gebunden und in einen der drei großen kapitalistischen Wirtschaftsblöcke Nordamerika (Nafta), Japan und Westeuropa (EU) eingebettet ist. In einem gewissen Sinn erleben wir mit dem Fusionsfieber sogar eine Verstärkung der nationalstaatlichen Tendenzen gerade auch in den Sektoren und Bereichen, die vom großen Kapital geprägt sind.[17]

Weltweit gibt es so gut wie keine Unternehmenstransaktion, Kapitalkonzentration oder Fusion, bei welcher das Kapitaleigentum gleichberechtigt in zwei großen OECD-Staaten beheimatet ist, wobei auf tatsächliche und vermeintliche Ausnahmen noch einzugehen ist. Erst recht gibt es nirgendwo eine Fusion, bei welcher das Kapitaleigentum gleichberechtigt in unterschiedlichen Triaden-Zentren – Nafta, EU und Japan – gehalten wird. Der gnadenlose Konkurrenzkampf, der weiterhin zwischen den großen Nationalstaaten und erst recht und verstärkt zwischen den drei großen imperialistischen Blöcken stattfindet, steht solchen Fusionen offensichtlich entgegen. Es handelt sich bei den »100« oder »200« oder »500 Größten« so gut wie immer um Konzerne, die in einem starken Nationalstaat verankert sind. Sie nutzen diesen Nationalstaat oder gegebenenfalls nationalstaatsähnliche Institutionen der Nafta oder der EU für ihre weltweiten Aktivitäten und zur Verbesserung ihrer Position im internationalen Konkurrenzkampf. Die Nationalität dieser Großkonzerte wird in allen Statistiken der Welt – und auch in den in dieser Arbeit verwandten Aufstellungen – wie selbstverständlich als Teil der Unternehmensidentität notiert. Nirgendwo steht »General Motors, Seychellen« oder »Thyssen-Krupp, Liechtenstein« bzw. »Toyota, Panama« oder »Bosch, Nowhereland«.

Der ausführlich beschriebene Deal DaimlerChrysler ist hier exemplarisch – einerseits für die Art und Weise, wie er der Öffentlichkeit als Teil der Globalisierung und der Schaffung eines neuen transnationalen Kapitals verkauft wurde; andererseits die harten Fakten: Daimler übernahm Chrysler und wurde damit der in der Triadenmacht EU führende deutsche Konzern mit weltweiten Aktivitäten und weltweiter Produktions-Präsenz. In der Top-Etage des Konzerns wird überwiegend badisch (Schrempp), schwäbisch oder ein mehr oder weniger passables Wirtschaftsenglisch mit zumeist süddeutschem Akzent gesprochen. Und dieser nationale und auch provinzielle Anstrich verstärkt sich noch, nachdem bei Chrysler immer mehr Top-Leute ausscheiden – eben weil es ihnen widerstrebt, in einem deutschen Konzern zu arbeiten, in welchem die Hierarchie eindeutig auf das »Bullshit Castle« (Schrempp-Speech), auf die Konzernzentrale bei Stuttgart, ausgerichtet ist.

Gescheiterte supranationale Fusionsvorhaben

Ein Blick in die jüngere Geschichte der Kapitalkonzentration bestätigt diese Aussage. So scheiterten bisher fast alle Verbindungen, die auf *gleichberechtigte* Zusammenschlüsse mit supranationalem Charakter hinausliefen. Das trifft zu auf Estel, den in den siebziger Jahren kurzzeitig realisierten Zusammenschluß des deutschen Stahlherstellers Hoesch mit dem niederländischen Stahlunternehmen Hoogovens. Dieses binationale Unternehmen wurde wieder aufgelöst, worauf Hoesch mit Krupp und darauf Krupp/Hoesch mit Thyssen fusionierten – erneut ein »rein nationales« Zusammengehen. Hoogovens wurde schließlich 1999 von British Steel übernommen – erneut auf Basis einer Fahne, der des »Union Jack«.

Ebenso erging es Agfa-Gevaert, einer 1967 vollzogenen, gleichberechtigt deutsch-niederländischen Fusion. Längst ist Agfa wieder purdeutsch und Tochter des Bayer-Konzerns.

In den siebziger Jahren erklärte der deutsche Autobauer NSU, eng mit Citroen zusammengehen zu wollen. Daraus wurde nichts bzw. das Gegenteil: NSU verwandelte sich in Audi und wurde von VW übernommen. Die abgewiesene Braut Citroen ihrerseits wurde Peugeot angetraut. Erneut gab es damit auf beiden Seiten des Rheins und in der strategisch wichtigen Autobranche die rein »nationale Lösung«.

In einer anderen Branche war eine Süd-Nord-Achse geplant. AEG wollte in den siebziger Jahren mit dem italienischen Unternehmen Zanussi zusammengehen und als erstes gemeinsam Kühlschränke herstellen. Tatsächlich wurde AEG von Daimler übernommen und 1998 liquidiert. Statt dessen kam es auf diesem Sektor der Elektroküchengeräte zum Zusammenschluß zur »Siemens-Bosch Hausgeräte GmbH«; hier war es dann auch bezeichnenderweise möglich, beiden Partnern, da deutsch, exakt 50 Prozent der Anteile zu geben.

Osram plante in den siebziger Jahren, gemeinsam mit der niederländischen Gesellschaft Philips und zwei französischen Firmen eine Glühlampenproduktion aufzunehmen. Doch Osram »wanderte« bald darauf zu Siemens und ist heute Bestandteil dieses führenden nationalen Elektrokonzerns.

Interessant ist in diesem Zusammenhang noch ein Vorgang aus dem strategisch entscheidenden Sektor der ölverarbeitenden Industrie: Die Deutsche Erdöl AG (DEA) wurde 1966 von der US-amerikanischen Gesellschaft Texaco erworben. Doch Anfang der neunziger Jahre wanderte die Deutsche Texaco zurück in die BRD und wurde vom Unternehmen RWE übernommen, erneut in DEA »getauft« – verbunden mit einem Firmen-Logo der zwanziger Jahre, das erheblich an »heim ins Reich« erinnert.[18]

1999 sollte der deutsche Stahlkonzern und Maschinenbauer Salzgitter mit der luxemburgischen Gesellschaft Arbed zusammengehen. Das Projekt scheiterte, weil – so die offizielle Stellungnahme – »die Luxemburger im geplanten Bund das Sagen haben wollten«.[19]

Im selben Jahr gab es eine wahre Schlacht zwischen den drei Telekommunikations-Riesen Telekom (BRD), France Telecom und der Telecom Italia. Ursprünglich war ein Zusammenschluß der französischen und deutschen Telefongesellschaft geplant, wofür es bereits eine Reihe Kooperationen und eine gemeinsame Tochter gab. Doch plötzlich radelte Telekom-Chef Ron Sommer statt der Tour de France den Giro d'Italia und warb bei der italienischen Telefongesellschaft für einen Zusammenschluß. Immerhin hatte diese auf ihre Art den Kosovo-Krieg gewonnen und zuvor die serbische Telefongesellschaft übernommen. Kurz vor der offiziellen Pressekonferenz zur Verkündung der deutsch-italienischen Verbindung platzte der Deal. Obgleich die italienische Gesellschaft anders als die deutsche fast komplett privatisiert war, folgte nun in den italienischen Medien eine nationalistisch gefärbte Kampagne. Nach wochenlangem Tauziehen ging Telecom Italia an das italienische Kapital – das wesentlich kleinere Unternehmen Olivetti übernahm den Telefonriesen – mit massiver Hilfe des »nationalen« italienischen Finanzkapitals. Resultat am Rande: France Telecom kappte die Leitungen zur deutschen Telekom; auch in Frankreich herrschte nunmehr eine deutlich national gefärbte Verbitterung. Weswegen Sommer im Juli 2000 in den USA auf Einkaufstour ging, nun jedoch auf jegliches Geschwafel von wegen »Gleichberechtigung« verzichtend, Voicestream übernahm.[20]

Im europäischen Ausland kam es zu vergleichbaren Vorgängen. So scheiterte der in den achtziger Jahren geplanten Zusammenschluß der Reifenhersteller Pirelli und Michelin, weil beide für das jeweilige nationale Kapital lyrisch ausgedrückt als »Perle« oder wirtschaftspolitisch gesprochen als »strategisch wichtig« galten.

Anfang der neunziger Jahre sollte der gleichberechtigte Zusammenschluß Volvo-Renault realisiert werden. Das Projekt wurde 1993 bereits als vollendet und mit der Bezeichnung »ReVolvo« vorgestellt. Es scheiterte – erklärtermaßen daran, daß Renault am Ende eine 51-Prozent-Mehrheit zugesichert haben wollte, was von der schwedischen Seite – in erheblichem Maß auch vom schwedischen Staat – abgelehnt wurde. Die transnationalen Wadenbeißer-Aktionen Daimler-Fokker und BMW-Rover wurden bereits erwähnt: Beide Male war es Aufgabe der deutschen Seite, einen Konkurrenten auszuschalten bzw. japanische Konkurrenz, die bei Rover bereits mit am Steuer saß und bei Fokker auf der Matte stand, herauszubeißen. Der Erfolg wurde nach dem hier nicht widersinnigen Motto »Operation gelungen, Patient tot« bilanziert.[21]

Ende 1999 scheiterte der Zusammenschluß der schwedischen Telekommunikationsgesellschaft Telia mit dem norwegischen Unternehmen Telenor wegen, wie die »Süddeutsche Zeitung schrieb, »nationalistisch gefärbten Streitigkeiten«. Das Unternehmen hatte gerade zwei Monate bestanden und bereits mehr als 100 Millionen Mark in ein neues gemeinsames Firmengebäude und in eine Beratergruppe zur Findung eines neuen Namens investiert.[22]

Noch im Jahr 1998 hätte als mögliche Ausnahme von der Regel das schweizerisch-schwedische Unternehmen ABB (Zusammenschluß aus der schwedischen Gruppe Asea und der Schweizer Gesellschaft BBC) genannt werden können. Doch auch hier hat sich inzwischen weitgehend das nationale Element durchgesetzt: 1999 erfolgte der Einstieg des französischen Unternehmens Alstom bei der deutschen ABB. Die Tinte, mit der der neue Name ABB Alstom Power – ein formal französisch-schwedisch-schweizerisches Unternehmen – geschrieben wurde, war noch nicht trocken, da wurde im März 2000 hier nochmals Fraktur gesprochen: Alstom übernahm alle ABB-Anteile und transformierte die »transnationale« Gesellschaft in ein »nationales« Unternehmen – von französischem Kapital beherrscht, wenn auch mit Sitz der Muttergesellschaft in Brüssel. Der Name lautet nunmehr »Alstom Power«. Die »Financial Times« schlagzeilte beziehungsreich »Not every marriage is made in heaven – Nicht jede Ehe wird im Himmel geschlossen« und berichtete, daß ob der Zerschlagung des trinationalen flotten Dreiers »die Märkte applaudierten«. Der Kurs der Alstom-Aktie machte nach der »Nationalisierung« von ABB Alstom Power einen 20-Prozent-Sprung nach oben. Und dies, obgleich die deutschen Alstom Power-Anlagen mit erheblichen Risiken belastet sind und obwohl es heißt, die Märkte seien gewiß nicht national.[23]

Eine weitere Ausnahme hätte das Unternehmen Adtranz sein können. In dieses Unternehmen hatten ABB und Daimler (dort: AEG) ihre Bahntechnik-Sparten eingebracht. Auch hier waren zunächst beide Konzerne zu je 50 Prozent beteiligt. Bereits in der ersten Phase Mitte der neunziger Jahre stellte sich heraus, daß im Unternehmen das Daimler-Management das Sagen hatte. Doch 1999 platzte auch hier die formal gleichberechtigte Ehe – ABB löste sich bei Adtranz heraus und der Auto- und Rüstungskonzern DaimlerChrysler wurde 100prozentiger Eigentümer. Im Sommer 2000 wurde der Verkauf von Adtranz an das Unternehmen Bombardier vollzogen. Auch hier übrigens ein M&A-Prozeß auf nationaler Ebene: Der ehemals deutsche Bahntechnik-Hersteller Adtranz wird kanadisch: Bombardier ist kanadischer Flugzeughersteller.[24]

Schließlich gibt es noch die – mögliche – Ausnahme Aventis: den 1999 vollzogenen Zusammenschluß des deutschen Chemie- und Pharmaherstellers Hoechst mit dem französischen Chemiekonzern Rhone-Poulenc zu einem Pharma-Multi. Offiziell wird auch diese Verbindung als eine dargestellt, die auf binational-gleichberechtigter Basis gegründet sei. Demonstrativ wurde der Firmensitz in das französisch-elsässische und zweisprachige Strasbourg (Straßburg) gelegt. Aufgrund des Sitzes der Zentrale in Frankreich wird Aventis inzwischen als französisches Unternehmen gelistet (woran wir uns in dieser Veröffentlichung in den meisten Tabellen der größten Konzerne auch brav – aber nicht überzeugt – hielten). Doch auch hier trügt voraussichtlich der Schein. Bereits die Tatsache, daß der Vorstandsvorsitzende, Dormann, von der deutschen Seite gestellt wird und aus dem inneren Kern des alten Hoechst-Topmanagements stammt, läßt aufhorchen. Die »Wirtschaftswoche« wußte dann das bereits Gewohnte zu berichten: »Mit 53 Prozent der Anteile hält Hoechst nun ein Übergewicht an Aventis – ursprünglich war ein Verhältnis 50 zu 50 geplant.«[25]

»Richtige« Ausnahmen von der Regel, wonach auch »Mergers and Acquisitions« in den Zeiten der Globalisierung nationale seien, sind demnach wirklich wie Nadeln im Heuhaufen zu suchen. Zwei klassische gibt es offensichtlich: Royal Dutch Shell und Unilever. Beide gelten als niederländisch-britisch, mit mehr oder weniger paritätisch binational verteilten Eigentümer-Titeln. Dafür bieten sich zwei Erklärungen an: Zum einen handelt es sich um Unternehmen, die bereits eine lange Tradition hinter sich haben und in einer spezifischen historischen Situation entstanden. Zum anderen ist der Nationalstaat eines der Beteiligten, die Niederlande, ein relativ schwaches OECD-Land, jedenfalls im Vergleich zu den G-7-Staaten, die in der Regel die Muttergesellschaft der großen Konzerne beheimaten. In diesen Fällen stellt möglicherweise die Verfaßtheit des allzu kleinen Nationalstaats Niederlande eine objektive Schranke für die »vom Markt« geforderte Kapitalkonzentration und für das Agieren als weltweit tätiger Lebensmittelkonzern bzw. als Ölriese dar. Gleichzeitig könnte mit dieser Struktur der zusätzliche Schutz bei dem größeren Nationalstaat Großbritannien gesucht werden. In jedem Fall handelt es sich um Ausnahmen, die nicht nur im Sprichwort die Regel bestätigen: *Das Fusions-*

fieber – vulgo: febris consociationis – ist eine jeweils national gefärbte Seuche.[26]

Die Zwischenbilanz lautet: Trotz erheblicher Bemühungen und obgleich dies für die Europäische Union geradezu selbstverständlich wäre, gibt es keine größere Zahl solcher gleichberechtigter, transnationaler Zusammenschlüsse. Statt solcher Verbindungen gibt es im real existierenden Spätkapitalismus fast immer »nur« das folgende Modell der internationalen Kapitalkonzentration: Ein Konzern, der in einem starken OECD-Staat beheimatet ist, übernimmt ein anderes Unternehmen. Also: VW übernahm Audi-NSU, dann Seat (Spanien) und Skoda (Tschechische Republik); BMW übernahm den Autohersteller Glas und, wie erwähnt, den britischen Pkw-Bauer Rover. Daimler verleibte sich den französischen Software-Konzern Sogeti ein. Die Deutsche Bank schluckte zunächst das britische Investment-Haus Morgan Grenfell und später das US-amerikanische Bankhaus Bankers Trust. Das niederländische Elektrounternehmen Philipps integrierte Grundig, der französische Konzern Thomson-Brandt übernahm Saba, Nordmende und Dual, das französische Unternehmen Althom schluckte SEL und ABB-Alstom Power. Krupp übernahm Hoesch, um dann geschlossen von Thyssen einvernommen zu werden. Renault übernimmt Dacia, Samsung und Nissan. Hyundai schluckt Kia. Daewoo integriert Ssang Yong – worauf es am Ende komplett von Ford übernommen werden soll.

Bleibt die Frage: Warum gibt es diese nationale Komponente in der Ökonomie im allgemeinen und beim Fusionsfieber im besonderen? Ist es wirklich primär die Geschichte, die die Eigentümer der Konzerne derart national und damit – von außen betrachtet – auch borniert handeln und fusionieren läßt? Oder gibt es auch objektive Gründe für dieses wiederkehrende Schema? Wenn ja, können diese Gründe mit dem verbunden sein, was in der Welt des Kapitals allein zählt: mit materiellen »Argumenten«, mit Geld und Profit?

Einzelkapital und Nationalstaat

Die Geschichte des Nationalstaats kann hier nur skizziert werden. Zwar ist dieser heute überall präsent und Teil von Politik und Kultur. Gleichzeitig handelt es sich um eine relativ junge Entwicklung, die auf die »neuen Monarchien« der Frühmoderne in Europa zurückgeht. Die Nationalstaaten Spanien, England, Frankreich und die Niederlande standen am Beginn dieser Entwicklung; der Nationalstaat »Vereinigte Staaten von Amerika« mit der Lostrennung von England und der neuen Einheit nach dem Bürgerkrieg stand in der Mitte dieser Entwicklung; der italienische und der deutsche Nationalstaat waren bisher ihre Schlußlichter, in etlichen Fällen (Irland; Kurdistan; Puerto Rico) wird die Bildung eines solchen Nationalstaats bisher mit Gewalt verhindert. Auch der Konflikt zwischen nationalen Institutionen und supranationalen Einrichtungen oder internationalen Unternehmen hat eine lange Tradition. Paul Kennedy schrieb hierzu: »Sobald sie die Macht nach innen konsolidiert hatten, behaupteten sich die Nationalstaaten gegen transnationale Institutionen wie das Papsttum, die Mönchs- oder Ritterorden oder die wirtschaftliche Macht der Hanse, welche in vieler Hinsicht eine Frühform des multinationalen Konzerns war.«[27]

Mit der industriellen Revolution und der Entwicklung des Kapitalismus vor allem im 19. Jahrhundert trat der Nationalstaat immer mehr ins Zentrum der weltpolitischen Bühne. Es entwickelten sich Finanzkörperschaften wie Nationalbank, Schatzamt und Finanzministerium. Im staatlich umgrenzten Raum wurde eine Wirtschaftspolitik betrieben, die dem in diesem Territorium angesiedelten Kapital Schutz und günstige Entwicklungsmöglichkeiten bot. Je heftiger sich die Konkurrenz zwischen den Staaten und nationalen Kapitalen entwickelte, desto mehr wurde die Nationalität herausgestrichen. Nicht zufällig brachte der Erste Weltkrieg den Paß als Beweis für die Nationalität eines jeden Individuums, und es ist wieder bezeichnend, daß in demselben Dokument vermerkt ist, es sei Eigentum des Nationalstaates – womit es einkassiert und damit die Zugehörigkeit zur Nation entzogen werden kann. Eine Statistik des Bruttosozialprodukts gibt es erst ab dem Zweiten Weltkrieg; erstmals wurde es möglich, die produktive Tätigkeit der gesamten Bevölkerung zu erfassen und ihre Wirtschaftskraft gegebenenfalls in einem Krieg zu bündeln.

Die wesentlichen *zwei Gründe* für die Instrumentalisierung oder gar Schaffung eines Staates im Interesse des Kapitals sind:

1. die Möglichkeit zur optimalen Kapitalentwicklung in einem mög-

lichst großen Wirtschaftsraum, geschützt vor dem konkurrierenden Kapital anderer Nationalstaaten

2. die ständige Reproduktion der elementaren Voraussetzungen zur Kapitalakkumulation und Profitaneignung.

Der *erste* Grund hat viel mit der Wirtschaftsgeschichte zu tun. Einen deutschen oder einen US-amerikanischen Kapitalismus hätte es ohne eine jeweils mehr als 100 Jahre währende Politik des Protektionismus nie gegeben. Schutzzölle um das nationale Terrain herum wehrten die billigen Waren der führenden imperialistischen Industrie, der britischen, ab und machten den Zugang von »fremdem«, vor allem englischem Kapital zur Investition im »gegnerischen« Markt so gut wie unmöglich. Zwar spielt dieser Aspekt des Nationalstaats für die hochindustrialisierten Länder heute eine geringere Rolle, weil sie selbst zu den führenden Handelsnationen und Kapitalexporteuren aufgestiegen sind. Doch er ist weiter existent. Allein die Tatsache, daß jahrzehntelang zunächst im Rahmen des GATT, dann im Rahmen der WTO über einen Abbau der Schutzzölle und anderer nicht tarifärer Handelshemmnisse verhandelt wurde und teilweise noch gefeilscht wird, belegt dies. Es wurde auch überwiegend *zwischen* den hochindustrialisierten Ländern verhandelt und keineswegs in erster Linie zwischen OECD-Staaten und den Ländern der sogenannten Dritten Welt. Auch heute noch sind große und vor allem wichtige Sektoren in den OECD-Staaten durch die spezifische Wirtschafts- und Finanzpolitik formell oder auf informelle Art und Weise vor Konkurrenz aus dem Ausland staatlich geschützt. Das gilt für die gesamte Landwirtschaft in der EU, für den größten Teil des Finanzssektors und für die Rüstungsindustrie. Das gilt, wie in dieser Arbeit für Frankreich, Italien oder Südkorea bereits belegt wurde, für einen großen Teil des Pkw- und Lkw-Marktes. Und es kam zum Ausdruck bei den vielen gescheiterten supranationalen Unternehmenstransaktionen, von denen in diesem Kapitel eine Reihe aufgelistet wurden.

Erst recht gilt dies natürlich für Länder, die von den hochindustrialisierten Staaten mit ihrer Marktdominanz unterentwickelt gehalten werden. Es war ausgerechnet die Weltbank, die in ihrem 1997er Bericht auf diesen Umstand hinwies. Dort heißt es: »Entwicklung ohne einen effizienten Staat ist unmöglich.« Dabei verweist diese Einrichtung, die gewöhnlich als eine Institution der Globalisierung ausgegeben wird, ausdrücklich auf den Zusammenhang zwischen Liberalismus und Unterentwicklung, wenn es im gleichen Bericht heißt: »Trotz der Ausdehnung des Handelsliberalismus sank das Bruttoinlandsprodukt in 44 von 93 Entwicklungsländern im Zeitraum Mitte der achtziger bis Mitte der neunziger Jahre.«[28]

Aus dem Weltbank-Bericht spricht weniger Menschenfreundlichkeit, denn Geschäftsinteresse – und dabei durchaus dasjenige der großen Konzerne. Brutal gesagt lautet die Botschaft: Ein in Elend und Chaos versinkendes Afrika nutzt auch den Multis nichts, weil damit der Zugang zu ausbeutbaren Menschenmassen und zu den Absatzmärkten des afrikanischen Kontinents fehlt. Wenn es ganz Afrika – das entwickelte Südafrika eingeschlossen – auf weniger Pkw als das Bundesland Nordrhein-Westfalen bringt, dann wird das zumindest in den Konzernzentralen von VW, DaimlerChrysler und Toyota nicht als umweltpolitisch begrüßenswerten Beitrag, sondern als entgangene Profitmöglichkeit betrachtet.

Womit wir beim *zweiten* entscheidenden Bereich wären, der den Nationalstaat aus Sicht des Kapitals legitimiert: Er ist mit dem ersten verbunden, meint jedoch weniger eine wirtschaftsgeschichtliche, als eine *ständige* Aufgabe: die Schaffung elementarer *Voraussetzungen* für die Kapitalakkumulation.

Das einzelne Kapital, eine Firma, ein Unternehmen, ein Konzern oder eine Bank, kennt aufgrund der einzelunternehmerischen Struktur nur ein Prinzip: größtmöglicher Profit in kürzest möglicher Zeit. Dieses Prinzip wird in der Regel bei Strafe des eigenen Untergangs durchgesetzt. Nun gibt es jedoch eine Reihe von Aufgaben, die im Interesse des Kapitals und als Voraussetzungen für die Profitmaximierung gegeben sein müssen, die jedoch bei einer umfassenden Durchsetzung und allgegenwärtigen Wirkungsweise dieses Prinzips nicht realisierbar sind. Der kapitalistische Verwertungsprozeß benötigt beispielsweise die Existenz einer guten Infrastruktur (Straßen, Schienen- und Wasserwege; Seehäfen und Flugplätze) und gut ausgebaute Kommunikationswege. Dabei handelt es sich meist um Investitionen, die sich, wenn überhaupt, nur langfristig rechnen. Ein funktionierender Kapitalismus benötigt ein für seine Interessen »gutes« System von Bildung, Ausbildung und Fortbildung. Dies gilt insbesondere für einen »modernen« Kapitalismus, der für seinen hochtechnisierten Maschinen- und Computerpark ausreichend geschultes Personal braucht. Auch diese Voraussetzung für eine optimale Kapitalverwertung kann dann nur unzureichend »bereitgestellt« werden, wenn allein die kurzfristige Profitmaximierung zählt. Der Ausweg, kurzfristig über eine »Green Card« qualifiziertes ausländisches Personal anzuheuern, steht nicht immer offen und stößt oft auf politische Widerstände.

Weiter verlangt das Kapital für seine Verwertung nach der »inneren Sicherheit«. Erforderlich sind Polizei, Militär, Justiz, Gefängnisse und gegebenenfalls Konzentrationslager, damit in »Ruhe und Ordnung« Profit akkumuliert werden kann. Aber auch hier gilt: Polizei, Militär, ein Gerichtswesen und Gefängnisse »rechnen« sich nicht – jedenfalls nicht unmittelbar und kurzfristig.[29]

Schließlich und endlich gibt es das Bedürfnis des Kapitals nach einer »äußeren Sicherheit« und nach der Möglichkeit, das nationale Gebiet und damit die Zahl ausbeutbarer Lohnabhängiger, die Größe des »inneren Marktes« und den Zugang zu Rohstoffen auszuweiten. Die eigenen Kapitalanlagen im Ausland sollen gegenüber den Angriffen der dort arbeitenden Belegschaften, der Konkurrenz und anderer Staaten geschützt werden. Gegebenenfalls soll es auch möglich sein, dann, wenn die Mittel der Konkurrenz versagen, mit Gewalt nachzuhelfen, Märkte militärisch zu »öffnen« oder die Zufuhr billiger Rohstoffe zu »sichern« und zu »verteidigen«. Das heißt: Kriege zu führen. Dafür benötigt das Kapital Militär und die ständig glaubhaft vertretbare Drohung mit einem militärischen Eingreifen. Es liegt daher in der Natur von Kapital und Nationalstaat, daß erst mit ihnen stehende Heere und die Wehrpflicht aufkamen. Die Abschaffung der Wehrpflicht, zu der es heute oftmals kommt, ist hier kein Zeichen für die Rückführung dieser Form von »Staatlichkeit«. Sie hat vielmehr mit Veränderungen in der »Kriegstechnik«, mit der Einführung modernster Technologie in die militärischen Auseinandersetzungen zu tun, was vielfach eine höhere Professionalität und eine umfassendere Ausbildung der Krieg führenden Personen erfordert. Wie noch zu belegen sein wird, sinken die Rüstungsausgaben nicht; sie haben vielmehr erneut die Tendenz zu steigen. Was heißt: Auch dieser Bereich des Nationalstaats gewinnt im Zeichen der Globalisierung, also der wachsenden Kriegsgefahr, an Gewicht.

Doch erneut gilt: Rüstungsausgaben und Kriege »rechnen« sich als ganze »Unternehmung« betrachtet nicht. Nicht jeder große Konzern verfügt über einen Zugriff auf billiges ausländisches Militär oder über eine eigene paramilitärische Truppe, wie dies bei Shell in Nigeria der Fall ist. Für diese und auch für andere Zwecke bedient sich das Kapital der Regierungen bzw. der Nationalstaaten. Während das einzelne Kapital niemals eine Art »Gesamtinteresse« wahrt, sondern rücksichtslos gegen die Konkurrenz und gegen die »eigene« Belegschaft vorgeht, ist nach Friedrich Engels »der moderne Staat... die Organisation, welche sich die bürgerliche Gesellschaft gibt, um die allgemeinen äußern Bedingungen der kapitalistischen Produktionsweise aufrechtzuerhalten gegen Übergriffe sowohl der Arbeiter wie der einzelnen Kapitalisten. Der moderne Staat... ist wesentlich kapitalistische Maschine..., (ist) der ideelle Gesamtkapitalist.«[30]

Zur aktuellen Debatte um den »machtlosen Staat«

Dieser Prozeß vollzieht sich durchaus widersprüchlich. So gibt es keine »verbindlich planende« Instanz des Kapitals oder der bürgerlichen Klasse, die eisern dafür sorgen würde, daß die genannten Voraussetzungen der Kapitalreproduktion, -akkumulation und -konzentration immer erfüllt würden. Vielmehr spiegelt sich im Kapitalverhältnis und im bürgerlichen Staat selbst der innere Widerspruch zwischen dem Prinzip der Profitmaximierung und der Notwendigkeit längerfristiger Investitionen zur Aufrechterhaltung der Voraussetzungen der Kapitalherrschaft wider. Unter diesen Bedingungen waren es oft gesellschaftliche Kämpfe im Rahmen des Nationalstaats, die objektiv dazu beitrugen, diese Voraussetzungen der Kapitalakkumulation zu schaffen oder zu erhalten. Marx argumentierte, ginge es nach den einzelnen Unternehmen, dann läge die Länge des Arbeitstages bei 24 Stunden. Seine Verkürzung auf 10 Stunden im 19. Jahrhundert und auf überwiegend acht Stunden im ersten Drittel des 20. Jahrhunderts diente objektiv auch dem Erhalt einer lohnabhängigen Klasse, ohne die wiederum Kapital nicht vorstellbar ist. Diese gesellschaftlichen Kämpfe wiederum hingen eng mit der Herausbildung der Gewerkschaften zusammen, die von den Unternehmern dennoch bekämpft wurden und werden. Diese Hinweise sollen in keiner Weise die Notwendigkeit und Berechtigung eines solchen Widerstands in Frage stellen oder die hier erzielten Erfolge relativieren. Erst recht wäre es falsch, diese Gegenwehr ausschließlich als »objektive Funktion zur Herstellung der Reproduktionsbedingungen des Kapitals« zu begreifen. An dieser Stelle soll lediglich auf den dialektischen Zusammenhang zwischen den Interessen des »ideellen Gesamtkapitalisten« und der gesellschaftlichen Gegenwehr hingewiesen werden.

Ähnlich widersprüchlich ist die aktuelle Debatte um einen »lean state«, um den schlanken Staat. So fordern einzelne Kapital-Vertreter oder Unternehmerverbände, daß *insgesamt* die staatlichen Ausgaben zu reduzieren wären. Doch dies findet nicht statt. Reduziert werden stattdessen *einzelne Bereiche* der staatlichen Ausgaben, wie im sozialen Sektor. Insgesamt kommt es nicht zu einer relevanten Rückführung der über den Staat vermittelten Summen. Im Gegenteil: Diese haben ein historisches Rekordniveau erreicht und das auch in Staaten, die sich seit langem der neoliberalen Wirtschaftspolitik verschrieben haben. Auf diesen Zusammenhang verwies ausgerechnet das nicht des Marxismus oder eines übertriebenen Sozialdemokratismus verdächtige britische Kapitalblatt »The Economist«. Dort war ein programmatischer Artikel überschrieben mit »The Myth of Powerless State – Der Mythos vom machtlosen Staat«. In diesem hieß es u.a.: »Natürlich hat sich die Welt verändert. Tatsächlich gibt es eine weltweite Ökonomie. Nichtsdestotrotz: Die These vom entmannten Staat ist ein Mythos. Beginnen wir mit der einfachsten Marge, die für den Zusammenhang Staat und Wirtschaft von Bedeutung ist – der Anteil am Volkseinkommen, der vermittelt über die Regierung ausgegeben wird. Zunächst einmal, was sehr wichtig ist: Diese Staatsquoten variieren erheblich. In Amerika machen die öffentlichen Ausgaben rund 33 Prozent des Bruttoinlandprodukts aus, in Deutschland liegen sie bei 49 Prozent. Berücksichtigt man auch kleinere Länder, dann wird die Spannweite noch größer, von Staaten wie Singapur (20%) bis zu Schweden (68%).« Der Artikel führt im weiteren aus, daß diese Unterschiede sich in den letzten Jahren eher vergrößert hätten und stellt dann die Frage, »ob der Druck zur Integration in den Weltmarkt« nicht dazu geführt habe, daß sich wenigstens in der *Entwicklungsrichtung* ein Rückgang der öffentlichen Ausgaben abzeichne. Der »Economist« antwortet auf diese rhetorische Frage mit: »Nochmals nein! Seit 1980 hat sich der Anteil der öffentlichen Ausgaben am BIP international vergrößert. Im Durchschnitt der OECD-Staaten stieg diese Staatsquote von 36 Prozent auf 40 Prozent. Nationale Regierungen halten sich nicht nur hinsichtlich der Frage diskret zurück, in welchem Umfang sie die Ressourcen eines Nationalstaats kontrollieren. Tatsache ist auch, daß sie nach 15 Jahren Integration in den Weltmarkt heute mehr, nicht weniger Ressourcen kontrollieren.«[31]

Im übrigen kommen eine Rückführung der Neuverschuldung – wie sie in der BRD in den Jahren 1999 und 2000 erfolgt – und sogar der absolute Abbau der (allerdings geschichtlich gesehen extrem hohen) Staatsschulden, wie sie die Regierung der Vereinten Staaten inzwischen angehen konnte, keiner Rückführung der Staatsquote gleich. In einem gewissen Sinn findet damit sogar das Gegenteil statt: Staatliche Ressourcen, die bisher über den Schuldendienst einem sehr spezifischen Sektor, dem der Banken, zugeleitet wurden, werden teilweise »frei« – beispielsweise für eine erneute Erhöhung der Rüstungsausgaben, für neue Infrastrukturprojekte oder für staatlich finanzierte Forschungsausgaben, etwa im Bereich der Gentechnik.

Die Fragen, die sich heute stellen, lauten nach all dem nicht: Sind die Staaten machtlos? Sind Nationalstaaten sinnlos? Gehört die Zukunft internationalen Institutionen wie Weltbank, IWF, WTO? In Wirklichkeit sind die Nationalstaaten existent. Sie sind lebendig wie selten zuvor. Und sie bündeln auch weiterhin einen großen Teil des gesellschaftlichen Reichtums und der volkswirtschaftlichen Ausgaben. Die erwähnten internationalen Institutionen sind nicht die neuen Schöpfer der Globalisierung. Sie sind Geschöpfe der Nationalstaaten und als solche werden sie eingesetzt, um eine sehr spezifische Form der Globalisierung zu propagieren und teilweise zu organisieren: eine, die sich auf weltweit agierende, aber national verankerte Großkonzerne *und* Nationalstaaten stützt.

Grundsätzlich läßt sich sogar feststellen: Privates Kapital ohne Staat ist undenkbar. Es wäre viel zu verwundbar gegenüber den »eigenen« Belegschaften, müßte sich verzetteln in all den Aufgaben, die es dem Staat zuteilte und könnte sich damit nicht auf das eigentliche Ziel, die Profitakkumulation, konzentrieren. Der *Staat* ist die dialektische Ergänzung zum *Privat*eigentum an den großen Produktionsmitteln. Was im übrigen darauf hindeutet, daß »Nationalstaat« nicht heißen muß – und noch nie ausschließlich geheißen hat – »bürgerlich demokratische Verfaßtheit« desselben. Insofern muß es kein Widerspruch sein, einerseits festzustellen, daß die Möglichkeiten der parlamentarischen Institutionen und teilweise auch der Regierung, Einfluß zu nehmen, reduziert wurden, und andererseits zu erklären, daß der Nationalstaat als Ganzes seine Bedeutung behielt und beispielsweise Kompetenzen von Parlament und Regierung an die Zentralbank oder an neue Formen der Nationalstaatlichkeit abgab, etwa an den Ministerrat in Brüssel, den Europäischen Gerichtshof, die Europäische Zentralbank und – als quantité négligable – an das Europäische Parlament.

Damit wurde eine andere Ebene der Debatte über den Nationalstaat angeschnitten, nämlich die Frage, inwieweit die *Größe* der jeweiligen Nationalstaaten ausreichend für die Bedürfnisse der großen Konzerne ist. Auf diese Problematik wurde bereits im Rahmen der Überlegungen zu den britisch-niederländischen Konzernen Unilever und Shell verwiesen und darauf wird erneut im folgenden Kapitel 10 einzugehen sein.

An dieser Stelle erheben sich noch einige andere Fragen: Worin besteht konkret die Rolle des Nationalstaats bzw. der nationalen Regierungen angesichts des weltweiten Wirkens und Wütens der den Weltmarkt beherrschenden 200 Konzerne? Welche Aufgabe kommt den Nationalstaaten gerade heute aus Sicht des großen Kapitals zu? Welche Parteien und Regierungsformen eignen sich am besten, um diesen Zielsetzungen zu entsprechen?

Eine Reihe von Autoren der US-amerikanischen, marxistischen Linken, die explizit wider den »Mythos der Globalisierung« und das »transnationale Kapital« argumentieren, trugen in dieser Hinsicht eine Reihe von Präzisierungen zur »neuen Rolle des Nationalstaats« vor. Konstantin Tsoukalas beispielsweise argumentierte zum grundsätzlichen Verhältnis Staat und »Globalisierung«: »Die Internationalisierung des

Kapitals unterdrückt weder den Nationalstaat noch umgeht es denselben, weder hinsichtlich einer friedlichen Integration des Kapitals 'oberhalb' der Stufe des Nationalstaats noch hinsichtlich ihrer Vernichtung durch einen amerikanischen Super-Staat. Im Gegenteil, die Nationalstaaten stellen die erforderlichen Mechanismen zur Verfügung und stellen die Interessen des dominierenden imperialistischen Kapitals bei der Entwicklung innerhalb der eigenen nationalen und sozialen Formation in Rechnung.« Der Autor äußerte dies im Rahmen einer Globalisierungs-Debatte in der US-amerikanischen Linken und bezog sich dabei positiv auf den marxistischen Ökonomen Nicos Poulantzas, der diese Festellungen »als erster getroffen habe«.[32]

Ellen Meiksen Wood, Mitherausgeberin der Publikation »Monthly Review«, schlug in dieser Debatte vor, den Begriff »Globalisierung« nicht zu benutzen und statt dessen von einer »Internationalisierung des Staates« zu sprechen. Für sie sind die Nationalstaaten »der natürliche Kanal, durch den das nationale Kapital in den Weltmarkt eingebettet wird.« Leo Panitch sieht die Staaten sogar als »die *Autoren* der Globalisierung«. Gefragt sei nicht ein schwacher Staat, sondern ein im Sinne der Konzerne »effizienter Staat«. Und diese »Effizienz« werde daran gemessen, inwieweit es dem Staat gelinge, neue Märkte »aufblühen zu lassen«. Die Nationalstaaten seien beispielsweise weiter für die Bereitstellung der Infrastruktur zuständig.[33]

An dieser Stelle sei der »Round Table of European Industrialists« erwähnt, ein lockerer Zusammenschluß der führenden EU-Konzerne, dessen erste Memoranden in den neunziger Jahren überwiegend darin gipfelten, die Europäische Union müsse eine umfassende Infrastruktur für die EU-weite Arbeitsteilung bereitstellen – gefordert wurden insbesondere Hochgeschwindigkeitsstrecken, Autobahnen, Tunnelbauten (Ärmelkanal), Brücken (Scanlink Dänemark-Schweden). Die Europäische Union formte daraus ein gigantisches Infrastrukturprogramm mit dem Titel »TEN – Transeuropean Networks« – was seither mit einem Gesamtaufwand von rund 100 Milliarden Mark umgesetzt wird.[34]

In der erwähnten US-amerikanischen Diskussion formulierte Leo Panitch fünf Ebenen, auf denen der aktuelle Staat aus seiner Sicht versucht, den Herausforderungen des Weltmarkts gerecht zu werden: »Zunächst einmal gilt: Staaten sind Felder der Klassenbeziehungen.

Die Internationalisierung des Kapitals bedeutet, daß ausländisches Kapital nicht nur innerhalb eines gegebenen Gebiets integriert wird, sondern daß dieses auch ein Faktor auf Ebene des Nationalstaats wird. Zweitens fahren Staaten fort, die elementaren juristischen und Infrastruktur-Bedingungen für die Märkte und das Privateigentum bereit zu stellen und dafür innerhalb ihres Territoriums die vertraglichen und verfassungsrechtlichen Grundlagen zu schaffen. Drittens sind Staaten insofern Autoren der Globalisierung, als sie für die Veränderungen der Regeln verantwortlich bleiben, nach denen Kapitalbewegungen erfolgen, Investitionen vorgenommen, Währungsrelationen festgesetzt oder beeinflußt werden. Damit zeichnen sie auf diesen Gebieten verantwortlich für eine weltweite Kapitalakkumulation auf einer höheren Stufenleiter. Viertens: Indem die Staaten so agieren, ziehen sie sich keineswegs aus der Ökonomie zurück. Vielmehr erfolgt eine Neubestimmung ihres Verhältnisses zur Ökonomie. Neuausgerichtet werden die ökonomischen und staatlichen Strukturen und die Rolle, die jeder einzelne bei der Regulierung der sozialen Akteure und der Märkte spielt. Fünftens schließlich ist der Staat verantwortlich für die juristischen und Infrastrukturbedingungen auf internationaler und zwischenstaatlicher Ebene, wie sie in internationalen Vereinbarungen, Verträgen und den Regularien, die für die internationalen Agenturen gelten, festgehalten werden.«[35]

Als Untermauerung einer solchen Sicht kann der bereits angeführte Weltbank-Report des Jahres 1997 herangezogen werden; Leo Panitch bezieht sich ausdrücklich auf diesen. Die zentrale Botschaft dieses Berichts lautet: »Globalisierung beginnt zu Hause«. In ihm wird der Staat als »Partner, Katalysator und Erleichterer« der Globalisierung gesehen. Märkte, so die Weltbank, »können sich nicht ohne effiziente Eigentumsrechte entwickeln.« Der Report anerkennt ausdrücklich die Rolle des Staates, »in Partnerschaft mit den Märkten zu agieren, um deren Fehler zu korrigieren.« Es gelte wegzukommen von einer »sterilen Debatte über Markt und Staat« und sich mehr auf »die grundlegende Krise der staatlichen Ineffizienz zu konzentrieren.« Im Grunde lautet die Message nicht mehr, möglichst wenig Staat würde automatisch zu idealen Kapitalbedingungen und florierenden Märkten führen. Sie lautet: Wir brauchen mehr Staat im Sinne einer höheren Effizienz beim Einsatz des Staates, um auf diesem Weg die bestmöglichen Bedingungen zur Kapitalakkumulatuion zu erreichen.[36]

Die Sozialdemokratie als Exekutorin einer »Staatsphilosophie« im Interesse der Multis

Offensichtlich eignen sich ehemals linke und sozialdemokratische Parteien ausgesprochen gut, um diese neue Rolle des Nationalstaats zu propagieren und in die Praxis umzusetzen. Grundsätzlich ist dies in Westdeutschland seit langer Zeit der Fall. Man lese die folgenden Sätze und prüfe sich, von wem sie stammen könnten:

»Größere Märkte erfordern vielfach größere, leistungsfähigere Unternehmenseinheiten... Heute wird der Wettbewerb vielfach als ein Marktprozeß angesehen, der sich in Vorstoß und Verfolgung äußert. Seine dynamische Funktion aber kann der Wettbewerb nur erfüllen, wenn auf den einzelnen Märkten aktive, leistungsfähige und durchaus große Unternehmen vorstoßen und dadurch die Intensität des Wettbewerbs steigern.«[37]

Das war Originalton Karl Schiller im Jahr 1967, damals SPD-Wirtschaftsminister in der Großen Koalition. Dieser Zeitpunkt markierte eine »Wende« anderer Art. Es galt, nach der ersten Nachkriegsrezession »*West*deutschland fit für den Weltmarkt« zu machen, den etwas verschnarchten Kapitalismus des Adenauer-Deutschlands zu »modernisieren«. Die SPD verstand sich auf diese Aufgabe blendend, durchaus auch mit der beliebten Politikform »links blinken und rechts abbiegen«. Es war der SPD-Verkehrsminister Georg Leber, der damals zunächst ein Programm »Güter gehören auf die Schiene« entwickelte und danach das größte Autobahnbauprogramm in der deutschen Geschichte seit Hitler/Speer verwirklichte. Und es war Kanzler Helmut Schmidt, der seinen 1976er Wahlkampf unter der Losung »Modell Deutschland« führte und damit unzweideutig das Ziel verband, ein kapitalistisches Westdeutschland den Anfordungen des Weltmarkts anzupassen.

In diesem Sinn verstand sich die SPD also seit einigen Jahrzehnten als eine Partei, die die »Modernisierung« Deutschlands besser als die

Konservativen bewerkstelligen könnte. Aus geschichtlichen Gründen, die beiderseits des Kanals begründet sind, bestanden diesbezüglich in den sechziger, siebziger und achtziger Jahren erhebliche Unterschiede zwischen der britischen Labour Party und der SPD. Allerdings hat New Labour unter Tony Blair diesbezüglich inzwischen die SPD eingeholt und überholt. Blair zählt heute zu den profiliertesten Vertretern dieser »Modernisierungs-Politik« unter sozialdemokratischem Fähnchen. Wobei nicht vergessen werden sollte, welche Voraussetzungen für diese Transformation von Labour zu New Labour nötig waren (siehe dazu Kapitel 14).

Als 1998 die SPD nach einer 17jährigen Auszeit erneut Regierungspartei wurde, gab es eine weit schwächere Parteilinke als 1967 oder in den siebziger Jahren. Vor allem aber gab es keine größere außerparlamentarische Bewegung, die eine linke, zumindest keynesianische Wirtschaftspolitik gestützt hätte. Und so bedurfte es nur einiger macchiavellistischer Winkelzüge, um Oskar Lafontaine zurück an die Saar und Rudolf Dreßler auf den Botschaftersitz nach Tel Aviv zu expeditieren. Das Programm zur Modernisierung von Staat und Kapitalismus just in dem von der Weltbank formulierten Sinn war jedoch von vornherein das Programm Schröders bzw. dasjenige von Männern wie Bodo Hombach, die hinter ihm standen und ihm die entscheidenden Sätze in die programmatischen Reden schrieben. Nunmehr ging es darum, (ganz) »Deutschland fit zu machen für den Weltmarkt«. Ausdrücklich nicht in der Weise, indem der Staat verschlankt, sondern indem er sich noch stärker den aktuellen Bedürfnissen des Kapitals verschreibt und dabei die Zielsetzung immer größerer Kapitaleinheiten unterstützt. Es war Bundeskanzler Gerhard Schröder – und nicht der Präsident der Weltbank –, der am 24. Januar 2000 in einer programmatischen Rede zur Jahreseröfnung der Deutschen Börse AG ausführte:

»Manche kritischen Beobachter sehen die Entwicklungen auf den Finanzmärkten mit wachsender Sorge. Sie befürchten einen zunehmenden Gestaltungsverlust nationaler Politik unter dem Diktat von Globalisierung und unbeherrschbaren Kapitalbewegungen, die ganze Volkswirtschaften in Krisen oder gar in den Abgrund stürzen könnten. Diese Sorgen nehme nicht nur ich ernst... Ich teile jedoch nicht den häufig dabei mitschwingenden Pessimismus. Politik muß nicht Erfüllungsgehilfe anonymer Globalisierungskräfte sein... Politik, *auch nationale Politik*, behält in Zukunft ihre Gestaltungsaufgabe, allerdings unter völlig veränderten Bedingungen.«[38] Wobei der Kanzler im folgenden auf die »Europäische Währungsunion«, also die Einführung des Euro, einging – ein Projekt, das eine Zusammenballung nationalstaatlicher Macht gegen viele Markt- und Globalisierungstendenzen zum Ausdruck bringt und auf das noch einzugehen sein wird.

In derselben Rede kündigte Schröder dann Vergleichbares zu dem an, was mehr als drei Jahrzehnte zuvor bereits der SPD-Wirtschaftsminister Karl Schiller ausführte. Der Kanzler aller Autos und der Bosse begrüßte ausdrücklich die sich steigernde Kapitalkonzentration und erklärte, seine Regierung werde diese gezielt fördern. Bei dem erwähnten Auftritt fanden die folgenden Sätze Schröders den ungeteilten Beifall der versammelten Börsianer:

»Die Bundesregierung wird noch in diesem Jahr das geplante Übernahmegesetz vorlegen. Damit ich richtig verstanden werde: Mit diesem Gesetz wollen wir Übernahmen nicht behindern, sondern wir wollen... für eine höhere Transparenz sorgen. Die gegenwärtige Fusionswelle, mit der die deutsche und europäische Unternehmenslandschaft verändert wird, betrachte ich nicht von vornherein als... 'Globalisierungsübel'. Das Ziel von Fusionen darf nicht in erster Linie darin bestehen, kurzfristig die Aktienkurse der fusionierenden Unternehmen in die Höhe zu treiben.« Was, so ist einzufügen, ja bei den großen Deals gar nicht der Fall war – siehe DaimlerChrysler. Doch weiter der Kanzler: »Nach meiner Auffassung müssen im Vordergrund die dauerhaften Wachstumsperspektiven der beteiligten Unternehmen stehen... Die vorgesehene *Steuerfreiheit von Gewinnen aus dem Verkauf von Beteiligungen* ist ein wichtiger Impuls für die notwendige Modernisierung der Wirtschaft. Der Verkauf von Unternehmensbeteiligungen soll und wird erheblich erleichtert werden.«

Das ist staatliche Politik pur. Dies kommt der Renaissance des Nationalstaats im Interesse der großen Konzerne gleich: Ab 1. Januar 2001 werden auf Beschluß dieser Bundesregierung Gewinne aus dem Verkauf solcher »Unternehmensbeteiligungen« und damit auch Gewinne, die im Rahmen des Fusionsfiebers erzielt werden, steuerfrei gestellt. Dies wird, so die einhellige Auffassung der Fachwelt, den Prozeß der Kapitalkonzentration enorm beschleunigen. Teilweise gab es im Jahr 2000 bereits den Beschluß zu Unternehmenstransaktionen, die erst ab 1.1. 2001 formell exekutiert werden, um diese Steuervorteile »mitzunehmen«. Einige Blätter, so die »Süddeutsche Zeitung«, sprechen von einer »schöpferischen Zerstörung«, die damit beschleunigt werde.[39] Andere, so die »Frankfurter Rundschau«, erkennen, daß damit die Bundesregierung »den Turbokapitalismus mit weiterem Treibstoff versorgt.«[40]

Das trifft völlig zu. Doch keine und keiner sage, das erfolge, weil sich »der Markt« durchsetze, weil die Politik »ohnmächtig den Gesetzen der Globalisierung« folge, weil es sich um einen »entmannten Staat« handle. Solche Erklärungen sind, wie es der »Economist« formulierte, »politisch bequeme, aber unwahre Phrasen«.[41] Es handelt sich vielmehr um eine Partei ergreifende, um eine die großen Konzerne unterstützende und zugleich um eine auf die Ökonomie erheblich Einfluß nehmende Politik. Oder, wie es in der »Frankfurter Rundschau« hieß: »Kanzler Schröder erklärt Steuerbefreiung von Veräußerungsgewinnen gegen Kritik der Gewerkschaften und SPD-Linken zur *Chefsache*.«[42]

Kapitel 10
Blockbildung, Nationalstaaten in den Blöcken und die Fortdauer der deutsch-französischen Konkurrenz

> Bismarck (im Gespräch mit Favre): Na, ihr seid mir komische Käuze. Waffenhilfe schlagt ihr schamhaft ab, aber eure Gefangenen sollen wir freigeben, hintenherum. Weiß ja, weiß ja, es soll nicht mit Hilfe einer fremden Regierung geschehen. Nach der Melodei: »Ach Theodor, du alter Bock, greif mir nicht vor den Leuten unter'n Rock, wie?... Krieg hin, Krieg her. Ordnung muß sein. Da greif ich auch dem Erbfeind unter'n, schön, unter'n Arm, Favre.«
>
> Bertolt Brecht, Tage der Commune

Als am 25. Juli im Jahr 2000 die Concorde-Maschine in der Nähe von Paris am Boden zerschellte, war damit eine menschliche und eine wirtschaftspolitische Tragödie verbunden. Die menschliche Tragödie besteht zweifellos im Tod der 113 Menschen an Bord und Boden.[43] Die wirtschaftspolitische Tragödie ist aus der Sicht großbürgerlicher Kreise Europas darin zu sehen, daß damit offensichtlich eines der wenigen Beispiele großangelegter europäischer und bis dahin scheinbar erfolgreicher Industriekooperation scheiterte. Daß es sich darüber hinaus um eines der wenigen Projekte handelte, bei dem die beiden Siegermächte Großbritannien und Frankreich und die führenden Rüstungs- und Luftfahrtunternehmen dieser Länder – Aéropatiale und British Aerospace – zusammengearbeitet hatten, mußte in Paris und London besonders schmerzen. Damit wurde ein weiteres Mal der kometenhaften Aufstieg desjenigen europäischen Landes ins Bewußtsein gerufen, das im 20. Jahrhundert zwei Mal ganz Europa mit Krieg überzogen hatte und u.a. von den Westalliierten Frankreich und Großbritannien besiegt worden war.[44]

Der Concorde-Absturz kann auch für das Projekt Europäische Union als Menetekel gesehen werden. Gerade weil der privatwirtschaftliche Kapitalismus den Nationalstaat braucht und gerade weil es den Prozeß der Kapitalkonzentration gibt, war den aufgeklärten bürgerlichen Kreisen in Westeuropa seit den fünfziger Jahren klar: Die einzelnen westeuropäischen Nationalstaaten würden nur dann gegenüber der US-amerikanischen (und später auch gegenüber der japanischen) Konkurrenz bestehen können, wenn ein größerer wirtschaftlicher Raum als faktisch neuer Nationalstaat geschaffen werden würde und gleichzeitig die bisherigen Nationalstaaten zunehmend zu Bundesstaaten abgestuft würden. Dabei wurde und wird in diesen Kreisen ein solches Projekt sehr materiell und wenig idealistisch gesehen – das Wissen um den Unterschied zwischen Basis und Überbau ist hier verbreiteter als unter manchen Linken, die vom »Haus Europa« und dem »europäischen Gedanken« schwadronieren. In diesen Kapitalkreisen ist bekannt, daß ein solcher neuer Wirtschafts- und politischer Block nur entstehen kann, wenn es an der ökonomischen Basis entweder zur Herausbildung eines »europäischen Kapitals« oder zur Durchsetzung einer hegemonialen Macht kommt.

Offensichtlich wurde zumindest bis in die siebziger Jahre hinein vor allem der erste Weg verfolgt. Ziel war die Herausbildung großer europäischer Banken und Konzerne. So hieß es denn 1967, als Agfa-Gevaert gebildet wurde, im führenden westdeutschen Kapitalblatt, dem »Handelsblatt«: Dieser »Zusammenschluß wird zu einer neuen Weltfirma« führen. Er habe das Ziel, die »übernationale Rationalisierung Europas« zu betreiben.[45] Kurz zuvor, im April 1965, hatte der Dachverband industrieller Unternehmer der Europäischen Wirtschaftsgemeinschaft, UNICE, ein Memorandum vorgelegt, in dem von der EWG-Kommission gesetzliche Erleichterungen für die internationale Verschmelzung von Unternehmen im EWG-Raum gefordert wurden. Ausdrücklich hieß es in der Denkschrift, daß die »Erweiterung des Umfangs der Industriebetriebe Hauptziel der EWG-Kommission« sein sollte. Ende 1967 sprachen sich der Vorsitzende des Bundesverbandes der deutschen Arbeitgeberverbände, Siegfried Blanke, und der stellvertretende Vorsitzende des französischen Arbeitgeberverbandes C.N.P.F., Ambroise Roux, gemeinsam für die »Bildung europäischer Gesellschaften« aus und forderten die EWG auf, sie in dieser Zielsetzung zu unterstützen.[46]

In dieser Periode gab es für diese Kapitalkreise Anlaß für den Optimismus, diese Ziele verwirklichen zu können. Die EWG entwickelte sich zu einer Zollunion; die Zölle wurden Schritt für Schritt abgebaut. Die zunächst als Gegenpol geschaffene Europäische Freihandelszone (EFTA), zu der u.a. Großbritannien, Österreich, die Schweiz und die skandinavischen Länder zählten, konnte dagegen keine größere Dynamik entwickeln. Diese Länder näherten sich – bis auf die Schweiz und Norwegen – nach und nach der EWG bzw. der EU an. All dies erfolgte unter freundlicher Hilfestellung durch den großen Konkurrenten, die USA. Die US-Regierung hatte zwei Gründe, die EWG zu fördern: Der erste war der bereits beschriebene politische: Die strategische Orientierung der USA galt der Stärkung und Stabilisierung Westeuropas als »Bollwerk« gegen die Sowjetunion, den Warschauer Pakt und den Wirtschaftsraum RGW (Rat für Gegenseitige Wirtschaftshilfe). Ökonomisch ging die US-Regierung davon aus, daß ihre Unternehmen von einem freien Wirtschaftsraum Westeuropa mehr Vor- als Nachteile beziehen würden. Am 6. Dezember 1961 – die Herrschaft der USA befand sich auf dem Höhepunkt; der Kalte Krieg war vier Monate zuvor mit dem Bau der Berliner Mauer eskaliert – hielt US-Präsident John F. Kennedy eine Rede vor dem US-amerikanischen Industriellenverband. In dieser unterstrich er die US-Unterstützung für die EWG mit den folgenden Sätzen: »Der Gemeinsame Markt in Europa... sollte unser größter und... einträglichster Kunde sein. Seine Verbrauchernachfrage wächst ständig, vor allem die Nachfrage nach den Gütern, die wir am besten produzieren... Es ist ein geschichtliches Zusammentreffen von Notwendigkeit und großer Möglichkeit. In demselben Augenblick, in dem wir dringend eine Steigerung unserer Exporte brauchen, um unsere Zahlungsbilanz zu schützen und unsere Truppen im Ausland zu bezahlen, entsteht jenseits des Atlantiks ein gewaltiger Markt.«[47]

Das waren ausgesprochen gute Startbedingungen zur Sprengung der alten nationalstaatlichen Grenzen und zur Herausbildung einer neuen Staatsform auf größerer geographischer Fläche und möglicherweise auch auf höherer Entwicklungsstufe. Diese hätte damit auch einen weit größeren inneren Markt und einen weit größeren »Nähr- und Resonanzboden« zur Bildung gewaltiger Konzerne aufgewiesen. Das schien derart überzeugend zu sein, daß damals auch auf der »Gegenseite«, unter marxistischen Wissenschaftlern, die These vom kommenden – kapitalistischen – Staat Europa vertreten wurde. Der belgische Ökonom Ernest Mandel hatte sich in der hier öfter zitierten Schrift ausgesprochen differenziert mit der Konkurrenz Europa – Amerika und den Möglichkeiten eines späteren westeuropäischen Staats oder Staatenbundes auseinandergesetzt und überwiegend die Gegentendenz, die der Beharrung in den alten Nationalstaaten, hervorgehoben. Dennoch schrieb er in einigen Passagen dieses Buchs, daß sich ein solcher europäischer Staat herausbilden könnte. So glaubte er, daß »die aggressiveren, reicheren, dynamischeren europäischen Konzerne in wachsender Zahl und immer häufiger den Weg der europäischen Kooperation und der europäischen Kapitalverflechtung beschreiten« würden. Das ist spätestens seit den siebziger Jahren nicht (mehr) der Fall. Die Autoren des Buchs »Spätkapitalismus ohne Perspektive«, die dem SED-Spektrum nahestanden, waren sich zum selben Zeitpunkt unter Bezugnahme auf die neu gebildete »europäische Weltfirma« Agfa Gevaert noch sicherer: »Solche Zusammenschlüsse werden sich mit der fortschreitenden EG-Integration in den nächsten Jahren verstärkt durchsetzen und die neue Phase der Monopolisierung der Wirtschaft charakterisieren.«[48]

Drei Jahrzehnte später ist festzustellen: Es gibt keine europäischen Konzerne. Die Nationalstaaten bestehen weiter, teilweise verstärken sich die Spannungen zwischen ihnen. Was es gibt, sind – angesichts des Fehlens einer materiellen Basis – einige künstliche Tendenzen, mit denen eine »Union« politisch – über Euro, europäische Zentralbank und einen militärisch-industriellen Komplex – erzwungen werden soll. Darauf wird in den zwei folgenden Kapiteln noch eingegangen. Was es gibt, ist die Umfirmierung der »Europäischen Wirtschaftsgemeinschaft« in »Europäische Gemeinschaft« und schließlich in »Europäische Union«, was unter den gegebenen Bedingungen einem Etikettenschwindel gleichkommt.

Derzeit ist es die US-Konkurrenz, die auf diese Schwachstelle im EU-Konzept verweist – und argumentiert, daß heute die EU bzw. die nationalen Regierungen und die nationalen Konzerne in derselben zu schwach seien, um das zu tun, was nötig wäre. Als Anfang der neunziger Jahre der geplante Zusammenschluß der europäischen Fluggesellschaften KLM, SAS, Swissair und Austrian Airlines scheiterte, formulierte die führende US-amerikanische Wochenzeitung »Business Week« die bemerkenswerten Sätze: »Solche gemeinsamen Zusammenschlüsse sind exakt das, was Westeuropa heute benötigt. Auf der rein nationalstaatlichen Ebene stößt die Rationalisierung der Industrie an ihre Grenzen... Eine Restrukturierung der europäischen Industrie, die ohne Rücksicht auf nationalstaatliche europäische Grenzen erfolgte und transnationale Zusammenschlüsse einschließt, wäre exakt der letzte, entscheidende Schritt hin zu den Produktionseinheiten auf höherer Stufe, insbesondere im Fall von Industrien mit Überkapazitäten wie bei der Auto- und Luftfahrtindustrie. Es handelt sich jedoch um einen Schritt, den Europa offensichtlich nicht machen kann.«[49]

Diese Beobachtung trifft zu. Offensichtlich gibt es in Europa keinen Prozeß der Herausbildung eines »transnationalen, europäischen Kapitals«. Was es jedoch gibt, ist ein gewaltiger Wirtschaftsblock, der zumindest *die Potenzen* eines solchen einheitlichen europäischen Nationalstaats zum Ausdruck bringt. Auch diesbezüglich hatte Fukuyama mit der These von dem »Ende der Geschichte« nicht recht. Gerade *nach* 1990 hat sich – wegen des Wegfalls des »Kalten Krieges« und weil damit der »ordinäre Kapitalismus« seinen neuen Durchbruch feiern konnte – die internationale Konkurrenz enorm verschärft. Sie mündete u.a. darin, daß sich drei wirtschaftliche »Blöcke« vergleichbarer Größe, aber mit sehr unterschiedlicher Struktur herausbildeten. Da ist zum ersten die Nafta, die 1993 als Freihandelszone zwischen USA und Kanada gebildet und 1994 um Mexiko erweitert wurde. Da sind zweitens Japan und der um dieses Zentrum herum locker gruppierte südostasiatische Wirtschaftsraum, u.a. mit den »Tigerstaaten«. Schließlich gibt es die Europäische Union, die ziemlich exakt zu der Zeit, als die Nafta-Gründungsdokumente in Kraft traten, mit dem »Maastrichter« und »Amsterdamer Vertrag« und der Entscheidung zur Einführung des Euro die eigenen Reihen zu schließen versuchte. Schaut man auf die Statistik, dann erscheinen alle drei Blöcke im wesentlichen ähnlich stark – am deutlichsten gilt dies für einen Vergleich Nafta-EU. (siehe Tabelle 11).[50]

Tabelle 11: Nafta, EU und Japan/»Tiger« im Vergleich; Anteil an den »200 größten Konzernen« 1999; BIP und Exporte 1996; Mrd. $ u. vH

Gradmesser der Stärke	Nafta Mrd	vH	EU Mrd	vH	Jap. & Tig. Mrd	vH	Erfasste Summen Mrd	vH
Zahl der Konzerne aus d. »200 Gr.«	77	38,5	67	33,5	44	22	188	94
Add. Umsatz d. Konzerne	3213	40	2679	34	2134	27	8026	95,2
BIP	8544	37	8602	38	5700	25	22846	100
Exporte	985*	--	810*	--	(1038)**		---	---

* Extra-EU- bzw. Extra-Nafta-Exporte (= ohne »innere« Exporte)
** Addierte Exporte aller Staaten dieser Gruppe (= mit »inneren«)

Nach dieser Statistik liegen die in der Nafta zusammengeschlossenen drei Staaten bei allen drei angeführten »Gradmessern der Stärke« vorn. Der höhere Wert der Gruppe »Japan und Tiger« bei den Exporten ist hier nicht vergleichbar, weil in diesem die Exporte *innerhalb* dieses Block, die gut 40 Prozent aller Exporte ausmachen, eingeschlossen sind. Allerdings ist der Abstand insbesondere zur EU nicht allzu groß. Berücksichtigt man hier noch, daß die EU in den Jahren ab 2001 ein weiteres Mal erweitert wird und daß, rein ökonomisch gesehen, heute bereits die nicht in der EU befindlichen europäischen Länder als eine Art »Hinterland« der EU – und die osteuropäischen insbesondere als Hinterhof der BRD – begriffen werden müssen, dann dürfte dieser Abstand gegen Null tendieren.

Doch die Zahlen drücken nur einen Teil der Wahrheit aus. Entscheidend ist die unterschiedliche innere Struktur der Blöcke. Die Region »Japan & Tiger« existiert noch nicht einmal formal. Der japanische Imperialismus sah sich bisher nicht in der Lage, eine formalisierte und einheitliche Freihandelszone aufzubauen. Die Südostasien-Krise 1997/98 und die lang andauernde Stagnation der japanischen Ökonomie, die seit 1993 währt und die bis zum Jahr 2000 andauerte, dürfte Projekte zur Herausbildung einer mit der »Blockkonkurrenz«

vergleichbaren Freihandelszone weiter erschwert haben. Insofern kann diese Staatengruppe »nur« als eine Region betrachtet werden, die stark von den japanischen Konzernen beeinflußt und weitgehend von Japan hegemonisiert wird.

Die Europäische Union ist diesbezüglich wesentlich weiter. Sie stellt heute zweifellos eine Freihandelszone dar. Zwar gibt es keine europäischen Konzerne, doch stellen die Handelsströme in diesem geographischen Raum durchaus eine innereuropäische Klammer dar. 1996 übertrafen in der gesamten EU die Exporte im Inneren (zwischen den einzelnen EU-Ländern) die Extra-Exporte (Ausfuhren aus dem EU-Block heraus) um das 1,6fache. Allerdings gibt es dabei interessante Unterschiede zwischen einzelnen Ländern. Tabelle 12 gibt hierzu Auskunft.[51]

Tabelle 12: Extra- und Intra-EU-Handel (jeweils Exporte) 1996

Land	Ausfuhren der EU-Länder »Extra«	»Intra«	»Intra« in vH v. »Extra« v. »Extra«	Haupt-abnehmer
	—— in Mrd Ecu	———		
BRD	176	218	123	Nafta + MOE
Belgien u. Lux.	32	95	296	
Dänemark	13	25	192	
Finnland	14	16	14	»Andere«+Nafta
Frankreich	91	156	171	
Griechenland	4,2	13,3	314	
Großbritannien	86	124	144	»Andere«+Nafta
Irland	11	18	163	
Italien	89	99	111	»Andere«
Niederlande	31	92	296	
Österreich	16	40	250	
Portugal	4	21	525	
Schweden	29	36	124	»Andere« (60%)
Spanien	26	66	253	
EU-Gesamt	625	1021	163	

»Andere« = Hauptabnehmer sind Staaten, die nicht zu Nafta, MOE, GUS, AKP, Mercosur, oder ASEAN zählen

Danach weisen die Länder Portugal, Griechenland (obwohl nicht im Euro-Verbund), Spanien, Niederlande und Belgien die höchste Bindung an die EU vermittelt über Exporte auf – in Portugal, Griechenland und Spanien liegen beispielsweise die Ausfuhren nach den anderen EU-Ländern um das Fünf-, Drei- bzw. 2,5fache höher als die Exporte in den Raum außerhalb der EU. Am niedrigsten ist diese Bindung bei Finnland, einem jungen EU-Mitglied, das traditionell über enge Handelsbeziehungen z.B. zum Nicht-EU-Staat Norwegen und insbesondere zu Rußland und den GUS-Staaten verfügt (die finnischen Exporte in die GUS sind vergleichbar hoch wie die in die Nafta). Auch Großbritannien weist eine – wenn auch nicht derart ausgeprägte – geringere Handelsbindung an die EU auf als der Durchschnitt. Für das United Kingdom sind Handelsbeziehungen mit den Nafta-Ländern, aber auch mit ehemaligen Kolonien, heute im Commonwealth zusammengefaßt, weiterhin wichtig – etwa mit Australien, Neuseeland und Hongkong. Im übrigen spielen bei Großbritannien die Nicht-Teilnahme am Euro-Verbund und der hohe Pfundkurs eine erhebliche Rolle für die geringer entwickelten Exporte in den EU-Raum.

Erstaunlich ist auf den ersten Blick, daß die EU-Gründungsmitglieder Italien und die BRD die – nach Finnland – niedrigste Handelsbindung an die EU haben. In beiden Fällen liegen die Exporte, die innerhalb der EU bleiben, nur unwesentlich – im Fall Italiens um 11 Prozent, im Fall der BRD um 23 Prozent – über denen, die das EU-Gebiet verlassen. Im Fall Italien erklärt sich dies teilweise mit den engen Handelsbindungen, die Italien in den nordafrikanischen Raum unterhält. Im Fall der BRD gehen bereits 16 Prozent der Extra-EU-Exporte in die mittel- und osteuropäischen Länder (MOE-Staaten) – mit rasant steigender Tendenz. So exportierte die BRD 1994 nach Polen und Ungarn, in die Tschechische und die Slowakische Republik bereits Waren im Gesamtwert von knapp 30 Milliarden Mark; drei Jahre später, 1997, waren es in dieselbe Staatengruppe bereits fast doppelt so viel (Exporte in Höhe von 56,3 Milliarden Mark).[52] Dabei hatten sich die deutschen Exporte in dieselbe Staatengruppe bereits zwischen 1991 und 1994 verdoppelt. Damit erreichen die deutschen Ausfuhren in die mittel- und osteuropäischen Länder fast die Höhe derjenigen, die in die gesamte Nafta gehen. Mit diesen Zahlen wird die Expansionsrichtung des deutschen Kapitals nach den Jahren 1989/90 prägnant zum Ausdruck gebracht. Hier gibt es einen wichtigen Unterschied zu Italien: Dessen geringe Handelsbindung an die EU wird in Zukunft kaum »aufgefangen«, weil Italiens »andere Handelspartner« – z.B. nordafrikanische Staaten – nicht Teil der EU werden. Die mittel- und osteuropäischen Länder jedoch werden – nicht zuletzt auf Drängen der BRD – EU-Mitgliedsländer.

An dieser Stelle wäre es interessant, den Intrafirm Trade als Teil dieser Handelsbeziehungen zu untersuchen. Wie oben gezeigt wurde, macht dieser inzwischen bis zu 50 Prozent der bilateralen Handelsströme aus. Die im vorausgegangenen Kapitel referierte Untersuchung unterstrich, daß bei diesem Inner-Konzern-Handel aufgrund der »zentralistischen Struktur« der großen Konzerne die Handelsströme von den Muttergesellschaften zu den Töchtern immer diejenigen der Töchter zur Muttergesellschaft übertreffen. Das heißt, der Intrafirm-Handel produziert Handelsbilanzüberschüsse für den Nationalstaat, in dem die Muttergesellschaft beheimatet ist, und Defizite für das Gastland der Tochtergesellschaft. Schaut man sich den bilateralen Handel der BRD mit solchen Ländern an, in denen bekanntermaßen die führenden BRD-Konzerne ihre wichtigen Tochterunternehmen haben, dann spricht einiges für diese These. So gab es z.B. im bilateralen Handel BRD mit Südafrika 1996 BRD-Exporte in dieses Land (in dem viele Konzerne, darunter DaimlerChrysler, wichtige Tochter-Gesellschaften haben) in Höhe von 5,5 Milliarden Mark, aber nur Importe in Höhe von 3 Milliarden Mark – ein Handelsbilanzüberschuß von 2,5 Milliarden Mark (er entsprach 45 Prozent der Exporte). Im BRD-Brasilien-Handel gab es 1996 für 7,2 Milliarden DM BRD-Exporte, denen nur für 4,9 Milliarden DM Importe aus Brasilien gegenüberstanden. Brasilien ist der entscheidende Stützpunkt der BRD-Konzerne in Lateinamerika. Besonders kraß ist das Verhältnis im Fall von Mexiko (wo u.a. eine große VW-Tochter arbeitet): Den BRD-Exporten in Höhe von 3,8 Milliarden Mark stehen nur Importe aus Mexiko in Höhe von 1,0 Milliarden DM gegenüber – der Handelsbilanzüberschuß in Höhe von 2,8 Milliarden Mark entspricht 74 Prozent der Exporte.[53] Allerdings ist zuzugestehen, daß dies nur Indizien dafür sind, daß für diese Handelsbilanzüberschüsse der Inner-Konzern-Handel eine wichtige

Rolle spielt. Eine gesonderte Studie hierzu, die der zitierten US-Studie vergleichbar wäre, liegt nicht vor.

Insgesamt gesehen kann die innere Struktur der EU damit hinsichtlich der Handelsbeziehungen zwar als relativ stabil bezeichnet werden, sie weist jedoch auch erhebliche Probleme auf. Dennoch ist dieser Wirtschaftsblock wesentlich stabiler als der japanische. Zumal die EU außer der Kohärenz, die die Handelsbeziehungen verschaffen, über gemeinsame politische Strukturen, einschließlich Ansätze einer koordinierten Wirtschafts- und Finanzpolitik, verfügt. Die Europäische Union kann somit als eine lockere Föderation von Nationalstaaten bezeichnet werden, in welcher derzeit die zentripedalen Kräfte überwiegen, aber auch erhebliche zentrifugale Kräfte weiter bestehen.

Auf dieser *politischen* Ebene bleibt die Nafta hinter der EU zurück. Doch das könnte sich für die USA als Vorteil erweisen. Denn im Nafta-Block gibt es, anders als in der EU, eine die gesamte Region bestimmende und erdrückende Kapitalmacht – die der US-Konzerne. Dies wird bereits dadurch bestätigt, daß bis auf einen (mexikanischen) Konzern alle in der Tabelle aufgeführten »Nafta-Konzerne« aus der Gruppe der »200 größten Konzerne der Welt« US-Konzerne sind.[54] In der EU kann die führende Wirtschaftsmacht BRD gerade mal 22 der 67 EU-Konzerne, die zur Gruppe der »200 Größten« zählen, auf sich konzentrieren.

Damit relativiert sich auch die Tatsache, daß die EU-Konzerne in der »Gruppe der 200 Größten« immerhin 34 Prozent des gesamten Umsatzes dieser »200 Größten« auf sich vereinen und damit nicht allzu weit hinter den Nafta-Konzernen liegen, die 40 Prozent dieses Umsatzes auf sich vereinen. Denn es gibt schlicht keine einheitliche Gruppe von »EU-Konzernen«, wohingegen in der Nafta so gut wie alles von den US-Multis kontrolliert wird. Das soll nicht heißen, daß es in der Nafta keine Widersprüche geben würde. Auch hier haben Kanada und Mexiko ihre Nationalstaatlichkeit behalten. Die Tatsache, daß das US-Kapital in diesen beiden Nationalstaaten völlig dominiert, stärkt selbstverständlich diejenigen Kräfte, die der Nafta immer skeptisch gegenüber standen. In Kanada fühlen sich dabei diejenigen Gruppen bestärkt, die bereits die Konstruktion dieses zweisprachigen Staats für artifiziell halten und sich einen »eigenen«, frankophonen,

Staat mit engerer Bindung an die EU, wünschen. Doch selbst wenn es wieder zu einer Aufspaltung der Nafta käme – die Macht der US-Konzerne und die Macht des US-amerikanischen Nationalstaats würde dabei schlimmstenfalls angekratzt. Und das ist der entscheidende Unterschied zur Europäischen Union. Kommt es nicht zur Fortentwicklung des fragilen Gebildes EU, wird dieses gar durch die widerstrebenden Interessen der nationalen Kapitale und der nationalen Regierungen auseinandergesprengt, dann haben die in Westeuropa beheimateten Konzerne keinerlei Chance, gegenüber der nordamerikanischen Konkurrenz bestehen zu können. Auf den Punkt gebracht lautet dies: Die US-Konzerne engagieren sich für die Nafta, um ihre weltweit hegemoniale Position weiter auszubauen und abzusichern. Scheitern sie bei diesem Ziel, dann rücken sie im weltweiten Monopoly von der »Schloßstraße« auf die »Parkstraße«. Die in Westeuropa beheimateten Konzerne müssen das Projekt EU vorantreiben und Westeuropa auf die eine oder andere Art und Weise zu einem faktisch neuen Nationalstaat umgestalten. Scheitern sie bei diesem Unterfangen, dann haben die meisten von ihnen die Schlacht verloren. Statt »Parkstraße« heißt das hier »Badstraße«. Ohne einen ausreichend großen inneren Markt, ohne eine ausreichend starke Regional-National-Regierung, fehlt diesen Konzernen gewissermaßen die »Rüstung«, um der Weltmarktkonkurrenz begegnen zu können.

Es gibt, wie dargestellt, in Westeuropa keine »europäischen Konzerne«. Die hehren Zielsetzungen der sechziger und siebziger Jahre zerschellten an der Hartleibigkeit der de Gaulle und Adenauer bzw. an den harten Tatsachen, die die Nationalstaaten begründen. Was es seither gibt, ist ein knallharter Konkurrenzkampf der einzelnen nationalen Kapitale, ausgedrückt in den jeweiligen nationalen Konzernen. Spätestens seit den achtziger Jahren geht es in Westeuropa um Hegemonalisierung anstelle der Homogenisierung. Dabei zeichnen sich gerade seit dem geschichtlichen Einschnitt 1989/90 maßgebliche Veränderungen ab. Tabelle 13 dokumentiert diese.[55]

Zunächst läßt sich feststellen: Der addierte Umsatz der 100 größten Industrie- und Dienstleistungsunternehmen Westeuropas – außer EU-Konzernen sind das noch fünf Schweizer und zwei norwegische Unternehmen – stieg allein in den bilanzierten neun Jahren von umge-

Tabelle 13: »Nationale Zugehörigkeit« in der Gruppe der 100 größten Unternehmen in Westeuropa - 1990 und 1999

Land	1990 Zahl der Konz.	1990 Addierter Umsatz Mrd DM	1990 Addierter Umsatz vH	1999 Zahl der Konz.	1999 Addierter Umsatz Mrd DM	1999 Addierter Umsatz in vH
BRD	29	958	29,8	30	1870	35,2
Fr	23	655	20,3	26	1216	22,9
Zw. Summe	52	1613	50,1	56	3086	58,1
GB	21	643	20,0	20	880	16,6
Italien	8	353	11,0	7	372	7,0
NL	6	213	6,6	5	296	5,6
CH	5	157	4,9	5	314	5,9
Schweden	4	79	2,5	3	118	2,2
Spanien	2	51	1,6	3	120	2,3
Norwegen	2	35	1,1	2	58	1,1
Belgien	1	28	0,8	1	28	0,5
Finnland	1	20	0,6	1	40	0,7
Österreich	1	27	0,8	-	-	-
Summen	103*	3219	100	103*	5312	100

* jeweils drei binationale Konzerne, die doppelt gezählt wurden

rechnet 3219 Milliarden Mark im Jahr 1990 auf 5312 Milliarden Mark im Jahr 1999 – das entspricht einer Steigerung um 65 Prozent, rund doppelt so viel wie das westeuropäische Bruttoinlandsprodukt wuchs. Allein dies drückt bereits die schnell wachsende Macht der Großkonzerne aus. Sodann gab es eine weitere Konzentration auf die beiden führenden Nationalstaaten BRD und Frankreich: 1990 waren 52 dieser 100 größten Unternehmen in deutschem oder französischem Eigentum; auf sie entfiel damals bereits ein addierter Umsatz von 1613 Milliarden Mark, was bereits 50 Prozent des gesamten Umsatzes der »100 Größten« entsprach. Bis 1999 waren unter dieser Gruppe bereits 56 deutsche oder französische Unternehmen; ihr addierter Umsatz entsprach bereits 58 Prozent des gesamten addierten Umsatzes der 100 größten Firmen.

Weiter fällt auf, daß die weiteren zwei großen Nationalstaaten, Italien und Großbritannien, gegenüber den zwei führenden Ländern BRD und Frankreich, deutlich zurückfielen. Entsprach der addierte Umsatz der italienischen und britischen Konzerne in dieser Spitzengruppe 1990 noch 31 Prozent des gesamten Umsatzes der »100 Größten«, so lag er 1999 nur noch bei 23,6 Prozent. Auch der Umsatzanteil, den die niederländischen Unternehmen auf sich vereinen konnten, sank leicht, die Konzerne mit Sitz in der Schweiz konnten hingegen zulegen. Die übrigen Länder spielen im Konzert der Großen keine entscheidende Rolle und konnten ihre Positionen auch nicht ausbauen (die Zunahme der Zahl spanischer Unternehmen von zwei auf drei kann kaum als Aufstieg einer spanischen Wirtschaftsmacht gezählt werden; unter den drei spanischen Konzernen, die 1999 aufgelistet sind, befindet sich mit dem ölverarbeitenden Konzern Repsol nur ein Industriebetrieb, ein weiteres Unternehmen Endesa ist Stromversorger, das dritte, Telefonica, kam als Ergebnis der Privatisierungspolitik in die Liste). Finnland ist insofern interessant, als dieses Land 1990 mit dem Unternehmen Neste vertreten wurde. 1999 repräsentiert der heute internationale bekannte Elektronikkonzern Nokia dieses Land; Nokia erlebte einen kometenhaften Aufstieg und steht 1999 bereits auf Platz 56 der 100 Größten in Westeuropa – 1990 lag das Unternehmen noch auf Platz 202.

Die Anfang des 21. Jahrhunderts verfügbaren Zahlen zum »Europa der Konzerne« unterstreichen nach dem Dargelegten eine enorme Erhöhung der Macht des großen Kapitals. Vor allem dokumentieren sie die überragende Kapitalkonzentration derjenigen Konzerne, die ihren Sitz in Frankreich und in der Bundesrepublik Deutschland haben. An diesem Punkt der Analyse angelangt, muß nochmals ein Schritt zurückgegangen werden. Das gesamte Projekt Europäische Union ist in erheblichem Maß ein Projekt der großen deutschen Konzerne und insbesondere der in Deutschland maßgeblichen *politischen* Kreise.

Ernest Mandel bemerkte dazu bereits 1968 richtig: »Nach dem zweimaligen Scheitern einer gewaltsamen Expansion nach dem Osten versuchen heute die Produktivkräfte Westdeutschlands, sich durch friedlich-kommerzielle Expansion nach Westen einen Weg aus ihren engen Nationalgrenzen heraus zu bahnen.«[56] Daß sich die Expansion längst nach West- *und* Osteuropa orientiert, wurde bereits dokumentiert. Hier sollte jedoch festgehalten werden: Diese Zielsetzung ergab sich nicht naturwüchsig, nicht durch neutrale Marktkräfte und nicht allein als Folge des Zweiten Weltkriegs. Sie wurde explizit so formuliert – im deutschen Außenministerium während des Zweiten Weltkriegs in einer geheimen Denkschrift. In ihr finden sich die folgenden Sätze:

»Die Einigung Europas, die sich in der Geschichte seit langem abzeichnet, ist eine zwangsläufige Entwicklung. Die ungeahnten Fortschritte der Technik, die Schrumpfung der Entfernungen infolge der modernen Verkehrsmittel... und der Zug der Zeit, weite Zusammenhänge zu schaffen und große Räume gemeinsamer Erzeugung und Bewirtschaftung herzustellen, nötigen Europa zum engeren Zusammenschluß. Europa ist zu klein geworden für sich befehdende und gegenseitig absperrende Souveränitäten... Es besteht... das Ziel ... einer europäischen Zollunion und eines freien europäischen Marktes, fester innereuropäischer Währungsverhältnisse mit dem späteren Ziel einer europäischen Währungsunion.«[57]

Diese Zielsetzung der deutschen Diplomatie in der *Nazi-Zeit* wurde bestärkt, als die Niederlage 1945 und die Teilung Deutschlands 1949 verdeutlichten, daß der militärische Weg auf längere Zeit versperrt war. Und da das deutsche Bürgertum und die deutschen Konzerne und Banken nach dem Zweiten Weltkrieg international isoliert und diskreditiert waren, konnte auch der »friedliche« Weg der neuen Expansion nur behutsam, mit einem Höchstmaß an Diplomatie begangen werden. Vor allem benötigte die neue-alte Elite in Westdeutschland für dieses Ziel einen Bündnispartner, der erstens stark genug war, die deutschen Ziele durchzusetzen, der zweitens mit einem solchen Bündnis eigene Interessen verbinden konnte und der drittens unverdächtig war. Als der ideale Partner erwies sich hier Frankreich: eine Siegermacht, also unverdächtig. Das Land war in Kontinentaleuropa Anfang der fünfziger Jahre wirtschaftlich führend; darüber hinaus verfügte es über ausgedehnte internationale Einflüsse, vor allem in ehemaligen Kolonialgebieten. Und nicht zu vergessen: Frankreich war Atommacht.

Die französische Regierung ihrerseits war sich durchaus darüber im Klaren, was die Absichten der bundesdeutschen Regierung bei dem Angebot waren, die »Erbfeindschaft« zu beenden und eine bevorzugte Zusammenarbeit in Europa einzugehen. Doch so wie Frankreich 1871, nach der Niederlage gegen Preußen, bereit war, mit Bismarck einen *Teufelspakt* zum gemeinsamen Vorgehen gegen die Pariser Kommune einzugehen (siehe das Motto zu diesem Kapitel), so willigte mit dem bilateralen Vertragswerk des Jahres 1963 die französische Regierung unter de Gaulle in eben einen solchen Pakt mit der Regierung Adenauer ein. Die französischen Interessen, die mit der Achse Bonn-Paris durchgesetzt werden sollten, können in fünf Punkten skizziert werden: 1. Hilfe der deutschen Politik und Wirtschaft bei der Konsolidierung der französischen Wirtschaft nach langer Besatzung, langen Kolonialkriegen (Indochina bis 1954, Algerien bis 1962), nach dem Verlust fast aller Kolonien und belastet von erheblichen Auslandsschulden. Der französische Staat reagierte darauf insbesondere mit breit angelegten Verstaatlichungen (Renault, Ölbranche, Banken). Die deutsche Hilfe sollte in der Entwicklung des deutsch-französischen Handels und damit in der Hilfe zu einer Umorientiertung der französischen Handelsbeziehungen bestehen. 2. Ausbau der französischen Militärmacht (Atomprogramm Force de frappe) im Rahmen von Sonderstrukturen der EWG (Euratom, WEU, EWG-Weltraumprogramm; u.a. Entwicklung der Weltraumrakete »Ariane«). 3. Zurückdrängung der damals starken Linkskräfte (KP und SP), was vor allem Resultat eines wirtschaftlichen Aufschwungs sein sollte (daran waren auch die USA im Rahmen der Politik des Kalten Krieges interessiert). 4. Einbindung der bereits wieder überlegenen deutschen Wirtschaft in eine EWG, die *politisch, militärisch* und *kulturell* von Frankreich beherrscht sein würde. Und schließlich und vor allem: 5. Schaffung eines stark von Frankreich beherrschten westeuropäischen Wirtschaftsraums als *Antwort* auf die neue Hegemonialmacht USA und in Abwehr der britischen Konkurrenz. Letzteres erscheint heute als Nebenaspekt; es spielte jedoch bis Anfang der siebziger Jahre eine entscheidende Rolle in der Europa-Politik. Auch gegen die britische Industrie, die vor ähnlichen Problemen wie die französische stand (u.a. Verlust der Kolonien; hohe Auslandsschulden), hätte sich diese möglicherweise nicht halten können. Daher verfolgte Paris bis in die siebziger Jahre hinein die Politik des Veto gegen einen Beitritt Großbritanniens in die EWG. Auf diese Weise konnten sich die französischen Konzerne einen Großteil des westeuropäischen Marktes mit den deutschen »Partnern« teilen.

Das letztere war der entscheidende Nenner, auf den sich der »starke« und ausgesprochen national orientierte General de Gaulle, und der Rosenzüchter am Rhein, Konrad Adenauer, in ihren Europa-Konzeptionen geeinigt hatten. Und dies wurde in Westdeutschland besonders deutlich von Franz-Josef Strauß, dem aggressivsten Vertreter der deutschen Europa-Politik in den siebziger und achtziger Jahren, der zugleich eng mit der Rüstungsindustrie verbunden war, artikuliert: Ziel war es, in Europa die Konzerne gegen die US-Konkurrenz aufzubauen. »Warum die Amerikaner? Und warum nicht wir?«, fragte Strauß im Vorwort zur deutschen Ausgabe von Jean-Jacques Servan-Schreibers Buch »Die amerikanische Herausforderung«, eine französische Kampfschrift für ein westeuropäisches Bollwerk gegen die USA. Strauß sah klar, was einige Jahre zuvor John F. Kennedy bereits offen als Ziel der US-Politik erklärt hatte. Die EWG sei bereits »zur Frontlinie der amerikanischen Industrie, zum Schlachtfeld ihrer Macht geworden.« Die US-Konzerne seien in der Lage, »ihr Geschäft in Europa aufgrund ihres kolossalen Reichtums mit sehr viel mehr Gewandtheit und Schnelligkeit abzuwickeln als die europäische Konkurrenz.« In einer anderen programmatischen Schrift umriß Strauß dieses Programm noch präziser und machte klar, daß es um Expansion nach Westen *und* nach Osten ging: »Mit dem Entschluß Frankreichs und Deutschlands, ihre Eigenverantwortlichkleit zu mehren, ihre Abhängigkeit von den Vereinigten Staaten zu verringern, um so die Grundlage für eine dauerhafte atlantische Interdependenz und gleichzeitig für *die Öffnung nach Osten* zu schaffen, läßt sich die politische Einigung Westeuropas in Gang bringen... Unsere beiden Länder sollten ihre Mittel auf allen Gebieten der modernen Hochleistungstechnik für wirtschaftliche und militärische Zwecke zusammenlegen.«[58]

Doch es war und ist ein Teufelspakt. Von vornherein zeichnete sich ab, daß die Macht des westdeutschen Kapitals nicht zu bändigen war. Und bald war klar, daß es nicht zur Bildung europäischer Gesellschaften kam – was nicht primär am »bösen Willen« der einen oder anderen Seite, sondern daran lag, daß bei den entsprechenden Projekten der Wunsch der Vater des Gedankens war. Wie in der heutigen Debatte über die »Globalisierung«, so wurde in der Europa-Diskussion der sechziger und siebziger Jahre der Tatsache, daß die Nationalstaaten existieren, daß sie ein Produkt von hundert und mehr Jahren Geschichte sind und daß von ihnen objektive Tendenzen ausgehen, nicht Rechnung getragen. Bereits Ende der sechziger Jahre war klar, das Projekt Europa dient nicht der Schaffung europäischer Konzerne, sondern – so hieß es explizit in einer Stellungnahme des BRD-Industriellenverbands BDI – als »Resonanzboden... zur Verfolgung der spezifischen westdeutschen Anliegen«.[59] So schuf die EWG nur den vergrößerten Raum für ein Wettrennen der nationalen Konzerne in die Spitzenposition.

Auch hier wäre es falsch, der französischen Seite vorzuwerfen, sie habe das nicht erkannt. Am 23. September 1971 erklärte der Nachfolger von de Gaulle im Präsidentenamt, Georges Pompidou, unzweideutig: »Im Aufbau Europas verfügt Deutschland über eine überlegene Wirtschaftsmacht. Vor allem, weil seine Industrieproduktion um fast die Hälfte größer ist als unsere. Deshalb habe ich die Verdopplung unserer Industriekapazitäten in den nächsten zehn Jahren als vorrangiges Ziel gestellt.«[60]

Die französische Regierung verkündete dieses Ziel keineswegs nur vollmundig. Sie hat gewaltige Mittel darin investiert, den Rückstand gegenüber der westdeutschen Wirtschaft zu verkleinern. In großen Sektoren der französischen Ökonomie galt bis vor kurzem »planification« und nicht der Markt; der Staat investierte in großem Maß in Forschung und Entwicklung – und insbesondere in Rüstung. Frankreich wies regelmäßig einen doppelt so hohen Anteil der Rüstungsausgaben am Bruttoinlandprodukt wie die BRD auf. Bis vor wenigen Jahren war der größte Teil des französischen Finanzsektors in staatlicher Regie; er diente als Kommandozentrale, um die französische Wirtschaft entsprechend den vorgegebenen Zielen zu entwickeln. Der größte Konzern des Landes, Elf Aquitaine, war bis vor kurzem rein staatlich und darüber hinaus Domäne der Parteienwirtschaft und Drehscheibe großangelegter Korruption zur Verwirklichung strategischer Ziele (siehe Leuna). Dennoch mußte von Jahrzehnt zu Jahrzehnt festgestellt werden: Der Abstand zwischen beiden Ökonomien vergrößert sich; und ab einer bestimmten Kluft wirkte allein das Gesetz der Größe, das weitere Größe nach sich zieht. Mitte der achtziger Jahre lag der Umsatz des ersten Dutzends der führenden deutschen Konzerne um knapp 30 Prozent über dem der vergleichbaren französischen Spitzengruppe. Doch bereits 1990 übertraf der Umsatz der führenden zwölf deutschen Konzerne den Umsatz der französischen 12er Gruppe um 35 Prozent. Ende der neunziger Jahre ist die entsprechende Marge auf knapp 60 Prozent gestiegen. Bei einem – wesentlich aussagekräftigeren – Vergleich der zwölf Industriekonzerne der beiden Staaten liegt der deutsche Umsatz 1999 sogar erstmals auf der doppelten Höhe des entsprechenden Umsatzes in der französische Gruppe (exakt 199%). Tabelle 14 dokumentiert diese Entwicklung für den Zeitraum 1990 bis 1999. Dabei wurden beide Vergleichsgruppen – die 12 größten Industrie- und Dienstleistungsunternehmen *und* die zwölf größten Industriekonzerne – gewählt.[61]

Es wurde bereits in einem anderen Zusammenhang dargelegt, daß die Konzerne, die sich primär in der industriellen Produktion engagieren, ein weit größeres Gewicht in der kapitalistischen Struktur haben als Unternehmen beispielsweise des Dienstleistungssektors. Der gesellschaftliche Reichtum wird in der Industrie geschaffen. Und hier werden, mit der Rüstungsindustrie, auch die Kapazitäten zur Zerstörung dieses Reichtums hergestellt. Hier – und in den damit verbundenen Banken und Versicherungen (vgl. Kapitel 12) – konzentriert sich die Macht. Im Dienstleistungssektor werden diese Werte weitgehend verteilt. Dieser Unterschied wird aber auch deutlich, wenn wir einen Blick auf die Namen der Unternehmen werfen: Nehmen wir Rang 5 der BRD-Liste des Jahres 1999, wo erstmals in der Gruppe »B« ein Dienstleistungsunternehmen auftaucht: Der Handelsriese Metro weist einen höheren Umsatz als der Fahrzeugbauer BMW aus. Dennoch liegt auf der Hand, daß der politische Einfluß und die Macht auf dem Weltmarkt, die BMW (und die Eignerfamilie Quandt) ausüben, erheblich größer ist als diejenige der Metro-Gruppe. Ähnliches gilt für die französische Liste: Renault mit seinen internationalen Aktivitäten kommt ein größeres Gewicht zu als dem Mischkonzern Vivendi, obwohl dieser einige Milliarden mehr umsetzt.

Tabelle 14: Entwicklung der 12 größten Unternehmen der BRD und Frankreichs 1990/1999: A = nur Industrie; B = Industrie u. Dienstleistungen - Umsatz in Mrd DM (1990) bzw. Mrd. Euro (1999)

Rang	BRD				Frankreich			
1990	A		B		A		B	
1	Daimler-B.	86	Daimler	86	Elf Aquitaine	52	Elf Aquitaine	52
2	VW	68	VW	68	Renault	49	Renault	49
3	Siemens	63	Siemens	63	Peugeot	48	Peugeot	48
4	Veba	55	Veba	55	Alcatel	43	EdF	46
5	BASF	47	BASF	47	Total	38	Alcatel	43
6	Hoechst	45	RWE	45	Usinor Sacilor	28	Total	38
7	Bayer	42	Hoechst	45	Rhone Poulenc	23	Gen..d.Eaux	35
8	Thyssen	36	Tengelm.	42	Péchiney	23	Fr.Telecom	31
9	Bosch	32	Bayer	42	Thomson	22	Leclerc	30
10	BMW	27	Post/Tel.	41	Saint G.	21	Usinor Sacilor	28
11	Mannesmann	24	Thyssen	36	Michelin	19	Rhone Poulenc	23
12	Metallgesell.	20	RWE	32	Bouygues	17	Péchiney	23
Summen (Mrd. DM)		545		602		383		446
BRD in vH v. F		142%		135%		—		—

Rang	BRD				Frankreich			
1999	A		B		A		B	
1	Daimler	150	Daimler	150	Total/Elf	42	Total/Elf	42
2	VW	75	VW	75	Peugeot	38	Vivendi	42
3	Siemens	69	Siemens	69	Renault	38	Peugeot	38
4	Veba	53	Veba	53	Alcatel	23	Renault	38
5	BMW	34	Metro	44	Saint Gobain	23	Carrefour	37
6	Thyssen-Krupp	32	Telekom	35	Aventis	20	ITM Enterpr.	35
7	BASF	29	BMW	34	Bouygues	16	EdF	32
8	Bosch	28	Rewe	34	Alstom	14	Suez L.	32
9	Bayer	27	RWE	34	Michelin	14	F.Telecom	27
10	MAN	13	Thyssen-K.	32	Usinor	13	Auchun	24
11	Henkel	11	Edeka	30	Danone	13	Alcatel	23
12	Conti	9	BASF	29	A.-Matra#	13	Saint Gobain	23
Summen (Mrd. Euro)		530		619		267		393
BRD in vH v. F		199 %		158 %		—		—

Aerospatiale-Matra

Interessant an der Entwicklung, die sich in Tabelle 14 widerspiegelt, ist das folgende: Die französischen Konzerne wurden von den beiden deutschen 12er Gruppen ausgerechnet in der Zeit nach dem historischen Schnitt 1989/90 »abgehängt«. Dabei mußte die deutsche Ökonomie in den neunziger Jahren einen erheblichen Teil der Kräfte auf die Integration der Regionen der ehemaligen DDR konzentrieren. Gleichzeitig wurde, wie dargelegt, die Expansion nach Mittel- und Osteuropa betrieben, was ebenfalls Energien und Kräfte bündelte und Westeuropa von einem Druck der deutschen Konzerne eher entlastete. Bei den Jahren 1990 bis 1999 handelte es sich gewissermaßen um eine Phase der Konsolidierung der deutschen Ökonomie. Mit dem Jahrhundertwechsel – symbolisch unterstrichen durch den Umzug der Bundesregierung von Bonn nach Berlin – ist diese Periode beendet. Die Tatsache, daß eine erste deutsche Beteiligung an einem größeren Krieg ohne Eklat stattfinden konnte und damit in Europa auch deutscher Militarismus wieder salonfähig wurde, ist ein Indiz für diese Wende. In diesen zehn Jahren ist es der deutschen Diplomatie gelungen, die – auch aus rein bürgerlicher Sicht – berechtigten Sorgen in Paris zu begrenzen. Das hat im übrigen auch eine Stange Geld gekostet – so wurden an Elf Aquitaine rund 200 Millionen Mark Schmiergelder im Rahmen der Übergabe der Ölindustrie in Leuna und des ostdeutschen Tankstellennetzes gezahlt; zwei Milliarden Mark staatliche Hilfe für diese französische Neuerwerbung kamen hinzu. Doch diese »Investition« hat sich für die Bundesregierung und die BRD-Konzerne und Banken gelohnt. In dieser Situation ist es für die maßgeblichen Kreise der BRD ein zusätzlicher Glücksfall, daß seit Ende 1998 in der deutschen Europa-Politik ein sozialdemokratischer Kanzler und ein grüner Außenminister tonangebend sind. Das mag noch für einige Zeit dienlich sein, um eine noch größere Entfremdung oder gar einen Eklat zwischen Berlin und Paris zu vermeiden. Dennoch ist ein Bruch der Achse Berlin-Paris vorstellbar. Die objektiven Kräfte des Kapitals wirken in diese Richtung. Eine völlig übermächtige Bundesrepublik Deutschland sowie deutsche Konzerne und Banken, die in der EU absolut tonangebend sind, das können sich das französische und auch das britische Bürgertum nicht leisten. Das wird Gegenwehr hervorrufen. Doch wenn die Achse Berlin-Paris bricht, dann ist das gesamte

Gleichgewicht in Europa in Gefahr – eine Entwicklung, die im übrigen im Interesse der US-Regierung bzw. der US-Konzerne liegen dürfte.

Es war der kluge US-Historiker Paul Kennedy, der bereits 1993 eine Aussage wagte, die sich im Jahr 2000 als noch wahrscheinlicher erweist. In seinem Buch »In Vorbereitung auf das 21. Jahrhundert« heißt es: »Sehr viel plausibler ist es, daß die ökonomische Bedeutung Deutschlands dem Land ein zunehmendes Gewicht in der EG und im Umgang mit Mittel- und Osteuropa geben wird. Das französisch-deutsche 'Duopol', das die EG-Politik der letzten Jahrzehnte bestimmt hat, wird wahrscheinlich so nicht mehr funktionieren... Es ist auch möglich, sich eine deutsche Dominanz in der zukünftigen Verteidigungsorganisation Europas vorzustellen, insbesondere in der Anschaffung von Panzern, Kampfflugzeugen und ähnlichem. Unterdessen ist eine pénétration pacifique Deutschlands auf dem kommerziellen und finanziellen Sektors in Mittel- und Osteuropa wahrscheinlich unvermeidlich.«[62]

Tatsächlich gibt es seit Mitte der neunziger Jahre eine Reihe von Vorkommnissen, Mißtönen und Akzentverschiebungen im »deutsch-französischen Orchester«, die als Vorboten für eine Klimaverschlechterung zwischen Paris und Bonn gewertet werden müssen. Als Mitte 1995 in Frankreich Massenstreiks – u.a. im öffentlichen Dienst – stattfanden, stichelte das US-Blatt »International Herald Tribune«, es sei die »devotion to the Deutsche Mark« gewesen, die zum Maastrichter Vertrag, zu den Stabilitätskriterien, zu einem rigiden Sparkurs auch der damaligen konservativen französischen Regierung... und damit zu den Streiks geführt hätten. Diesen Artikel nahm »Spiegel«-Herausgeber Rudolf Augstein zum Anlaß, um in einem ausgesprochen deutschnationalen Ton zum Thema deutsch-französische Beziehungen zu schreiben: »Frankreich hat sich in dem Bestreben, Deutschland nicht zu groß werden zu lassen, ein Zwangskorsett verpaßt, in das die Franzosen... sich nicht einschnüren lassen wollen... Der deutsche Riese ist nicht so groß, wie man uns immer einredet. Man muß ihn nicht einbinden, nicht fesseln... Die Bundesrepublik hat besser gewirtschaftet als Frankreich. Das ist alles... Frankreich hat einen hausgemachten Nachholbedarf, zu dessen Bewältigung man ihm nur Glück wünschen kann.«[63] Es ist davon auszugehen, daß Augsteins Haltung repräsentativ für einen großen Teil der bürgerlichen Klasse in der BRD ist; in jedem Fall ist »Der Spiegel« spätestens seit der »deutschen Einheit« ein entscheidendes Sprachrohr für die »nationalen Stimmungen« im deutschen Bürgertum geworden.

Nach dem Regierungswechsel 1998 vertieften sich die Mißstimmigkeiten zwischen Paris und Bonn/Berlin. Die Veröffentlichung des »Schröder-Blair-Papiers« – einer neoliberalen Plattform mit modernistischem Sozial-Touch – wurde von der inzwischen in Paris etablierten sozialistischen Regierung unter Lionel Jospin als Affront verstanden. Nicht wegen dessen Inhalt, sondern weil sich damit ein »Sonderverhältnis Berlin-London« und ein Ende des besonderen deutsch-französischen Bündnisses artikulieren würde. Die »Wirtschaftswoche« wußte damals zu berichten: »Das Schröder-Blair-Papier schlug in Frankreich wie eine Bombe ein... Noch nie seit den Anfängen der deutsch-französischen Verständigung in den späten Adenauer-Jahren waren sich die Partner so fremd wie heute bei einer rot-grünen Regierung.... Das französische Nachrichtenmagazin 'Le Point' prophezeit schon das 'deutsch-französische Requiem'... So weit wie der französische Airbus-Manager Philippe Delmas in seinem Buch 'Vom nächsten Krieg mit Deutschland' ist es zwar noch nicht...«.

Sicher ist es nicht so weit. Doch allein, daß es einen solchen Buchtitel aus der Feder eines französischen Top-Managers in einem Staatskonzern gibt, deutet auf die Tiefe der Differenzen zwischen Paris und Berlin hin. Im übrigen wies dasselbe Blatt auf eine der Ursachen der wachsenden Spannungen hin: »Daß die Freunde fremdeln, hat einen tieferen Grund: Die deutsche Wiedervereinigung hat die europäische Machtsymmetrie entscheidend verändert.«[64]

Wobei diese Veränderungen – aufgrund der skizzierten deutschen Konsolidierungsphase – noch längst nicht voll zum Ausdruck kamen. Doch Indizien dafür gibt es genug – auch im direkt wirtschaftlichen Bereich: Warum brach Ron Sommer, Chef der Deutschen Telekom, die privilegierten Beziehungen mit France Telecom ab? Was reitet die maßgeblichen Finanzkreise in Deutschland, die Frankfurter Börse mit derjenigen in London zu fusionieren – ein Projekt, das als offener Affront gegen Paris verstanden werden muß?

Im Frühjahr und Sommer 2000 versuchte die SPD-Grünen-Regierung eine Reparatur der Achse Berlin-Paris. Außenminister Fischer unternahm dabei in einer mit viel Wirbel angekündigten Rede einen diplomatischen Spagat. Einerseits bot er Frankreich eine Intensivierung der deutsch-französischen Zusammenarbeit an; »integrationswillige EU-Staaten« sollten ein »Gravitationszentrum« schaffen. Andererseits solle das Ziel eines solchen Kerneuropas eine Europäische Föderation sein. Erstes dürfte im Interesse französischer bürgerlicher Politik sein. Eine solche privilegierte Kooperation wird als Codewort für weitere wirtschaftliche Unterstützung verstanden. Das Zweite jedoch steht in diametralem Widerspruch zur Politik in Paris. In einer »Föderation«, so die Befürchtung, würde Frankreich überstimmt, würde Deutschland dominieren – und der Niedergang französischer Macht beschleunigt.

Als im Juni 2000 Frankreichs Präsident Jacques Chirac im Bundestag – im Berliner Reichstagsgebäude – sprach, da wurde genau dieser Differenzpunkt deutlich. Chirac ging zwar auf Fischers Rede mit keinem Wort ein. Er betonte jedoch mehrmals die »Bedeutung der Nationalstaaten in Europa«. Chirac wörtlich: »In Zukunft bleiben die Nationen erster Bezugspunkt der Völker.« Das meint Chirac natürlich nicht in jeder Beziehung und das würde er nicht an jedem Ort so sagen – beispielsweise nicht in Korsika oder nicht im französischen Baskenland. Es geht weniger um Ideologie – es geht um harte Ökonomie, um den Unterbau.[65]

Wie stark der nationale Gleichklang in der offiziellen Politik der Nationalstaaten ist, zeigt nicht nur der nahtlose Übergang von Kinkel zu Fischer und von Kohl zu Schröder, soweit dies die Außen-, die Europa- und die Balkan-Politik betraf und betrifft. Dies wird auch in Paris durch den Gleichklang zwischen dem konservativen Präsidenten Chirac und der sozialistisch geführten Regierung unter Lionel Jospin demonstriert. Im Mai 2000 gab Jospin vor der Nationalversammlung eine Regierungserklärung ab, die sich vor allem mit der Vorbereitung der französischen EU-Präsidentschaft beschäftigte, die im 2. Halbjahr 2000 stattfindet. Ein Schwerpunkt seiner Rede war die EU-Osterweiterung, die Jospin ausgesprochen skeptisch sah. Vor diesem Hintergrund favorisieren inzwischen in Paris Regierung und Opposition das Modell eines »Kerneuropas im Sinne der Gründerväter der

Europäischen Union«. Das heißt: Paris prüft den Griff zur Notbremse, damit nicht in einem nach Osten erweiterten Europa die deutschen Konzerne, die in Mittel- und Osteuropa seit zehn Jahren den Boden vorbereiten, noch mächtiger werden. Die »Financial Times« notierte zu dieser programmatischen Jospin-Rede: »Die deutsch-französische Freundschaft erwähnte Jospin mit keinem Wort.«[66]

Kapitel 11
Der militärisch-industrielle Komplex in Westeuropa – Oder: »Einheit« mit Militarisierung, Rüstung und Krieg?

> Die neuen Programme, für die jetzt zusätzliche Subventionen fließen sollen, sind Programme für neue militärische Beschaffungen. Es sind Programme für.... Bundeswehreinsätze out of area. Da ist der Jäger, der ständig umgetauft werden muß, um zu verschleiern, daß bereits 5 oder 7 Milliarden Mark Steuergelder in ihn gepumpt wurden.... Da ist das Future Large Aircraft, ein riesiges Militärflugzeug, das u.a. Raum für den Transport von Panzern bietet. Das heißt so, weil die »future«, weil die Zukunft im Führen von Kriegen gesehen wird... Ja, Herr Rühe – es geht um die Zukunft – nicht in Kriegen, nicht für eine Raumfahrt im Himmel, nicht für Konzerninteressen. Es geht um Zukunft und Frieden auf Erden, um Arbeitsplätze für sinnvolle, dringend erforderliche Produktionen und Dienstleistungen. Dafür muß das Dasa-Rationalisierungsprogramm »Dolores« weg. Dafür brauchen wir ein Programm »DZZ« – »Daimlers Zivile Zukunft«.
>
> *Winfried Wolf in der Plenardebatte des Bundestags zur Luft- und Raumfahrtindustrie am 28. September 1995.*

Es war Rosa Luxemburg, die am Anfang des 20. Jahrhunderts, also *vor* dem Ersten Weltkrieg, in ihren theoretisch-ökonomischen Schriften einen Zusammenhang herstellte zwischen kapitalistischer Konkurrenz, Kapitalkonzentration, Nationalstaat, Rüstung und Kriegsgefahr. Luxemburg argumentierte, daß eine wachsende Kapitalkonzentration und die Konkurrenz in Verbindung mit den Nationalstaaten und den Rüstungsausgaben zur Herausbildung eines speziellen Rüstungssektors führen würden. Dieser Sektor wäre zunehmend auch mit dem Finanzsektor verknüpft. Für diesen speziellen Rüstungssektor wurde nach dem Zweiten Weltkrieg der Begriff »militärisch-industrieller Komplex« gewählt. Luxemburg schrieb weiter, die Konkurrenz zwischen den Konzernen würde über den Nationalstaat zur Konkurrenz der »nationalen Kapitale« transformiert. Damit komme es zu einem Rüstungswettlauf, der – wenn er nicht durch Massenbewegungen gestoppt würde – unweigerlich in einen großen Krieg münden würde. Ab einem bestimmten Grad der Herausbildung eines solchen Rüstungssektors, wenn dieser ein hohes spezifisches Gewicht in der Ökonomie, aber insbesondere auch über ein dichtes Geflecht von Beziehungen, Abhängigkeiten und Korruption in der *Politik* und mit den Militärs haben würde, sei dieser Sektor die entscheidende Kraft in dieser destruktiven Dynamik von Rüstung und wachsender Kriegsgefahr. Die polnisch-jüdische Revolutionärin Luxemburg warnte, daß es vor diesem Hintergrund nur die Alternative »Sozialismus oder Barbarei« geben würde.[67]

Wenn heute erklärt wird, der Wegfall der Blockkonfrontation, die Wiederkehr des ordinären Kapitalismus, das Fusionsfieber, der Kampf um den Weltmarkt – all dies führe erneut in Hochrüstung, es vergrößere die Kriegsgefahr, es biete Nationalismus, Militarismus und Rassismus neuen Nährboden, dann wird dem gemeinhin entgegengehalten: Dies sei barer Unsinn. Wir lebten im Zeitalter der Globalisierung. Nationalismus werde von den »global players« auf dem Weltmarkt beiseite geschoben; der Internationalismus (des Kapitals) hingegen sei hip – und sogar börsengängig. Es gebe supranationale Zusammenschlüsse wie die EU, es existierten weltweite Formen der Regelung von Konflikten – etwa in Form der UNO. Die internationale Konkurrenz sei eingebunden in internationale Institutionen wie die Welthandelsorganisation (WTO), der wiederum weltweit agierende Finanzinstitutionen zur Seite stünden – wie Weltbank, Internationaler Währungsfonds (IWF) und Bank für Internationale Zusammenarbeit (BIZ). Und schließlich verbiete der Welthandel mit seinen engen Banden ein Wiederaufleben von Nationalismus und Krieg.

Interessanterweise ist jedoch die »Globalisierungs-Replik« auf den Verweis von erneut wachsender Rüstung und drohenden Kriegen ein Ladenhüter. Mit vergleichbaren Worten wurde vor 100 Jahren Rosa Luxemburg vom sozialdemokratischen Parteiestablishment abgebürstet. Auch damals hieß es, die Nationalstaaten seien überholt; Konkurrenz zwischen denselben wäre anachronistisch. Es gebe den Trend zu einem »Ultraimperialismus«, in dem all diese Widersprüche aufgehen würden und dessen Durchsetzung im übrigen ein mehr oder weniger objektiver, kaum beeinflußbarer Vorgang sei. Damals war es der Marxist Karl Kautsky, der bald darauf Reformist werden sollte, der gegen Rosa Luxemburgs Analyse die Argumentation vom absterbenden Nationalstaat vortrug. An die Stelle des »Kampfes der nationalen Finanzkapitale untereinander sei die gemeinsame Ausbeutung der Welt durch das verbündete Finanzkapital getreten«.[68]

In ähnliche Richtung wie Luxemburg argumentierte damals ein eher unbekannter Marxist mit Namen Wladimir Iljitsch Lenin. Er antwortete Kautsky in dem Buch »Der Imperialismus als höchstes Stadium des Kapitalismus« mit den Sätzen: »Innerimperialistische oder ›ultraimperialistische‹ Bündnisse sind... in der kapitalistischen Gesellschaft notwendigerweise nur Atempausen zwischen Kriegen. (...) (Solche) friedlichen Bündnisse bereiten Kriege vor und wachsen ihrerseits aus Kriegen hervor, bedingen sich gegenseitig, erzeugen einen Wechsel der Formen friedlichen und nichtfriedlichen Kampfes auf ein und demselben Boden imperialistischer Zusammenhänge und Wechselbeziehungen der Weltwirtschaft und der Weltpolitik.«[69]

Nun haben wir im bisherigen Verlauf der Arbeit bereits dargestellt, wie »zentralistisch« der Welthandel ist, daß das Fusionsfieber keineswegs supranationale Kapitale schuf und daß es selbst innerhalb der Europäischen Union nicht gelang, europäische Konzerne zu gründen, weswegen es in der EU weiterhin ein äußerst fragiles Kräftegleichgewicht gibt. Nach dem Einschnitt der Jahre 1989/90 kam es zwar zunächst zu einem Rückgang der internationalen Rüstungsausgaben – die allerdings zuvor historische Rekordhöhen erreicht hatten. Gleichzeitig gab es jedoch fast unmittelbar nach diesem Wendepunkt den Golfkrieg 1990/91, einen demonstrativen Waffengang unter Führung der stärksten Militärmacht der Welt und mit der militärischen bzw. finanziellen Beteiligung aller G-7-Staaten. Mitte der neunziger Jahre kam es zu der internationalen Militäraktion in Somalia – jetzt zum ersten Mal unter Beteiligung eines deutschen Kontingents. Und 1999 gab es den Nato-Krieg gegen die Bundesrepublik Jugoslawien, nun erstmals seit Ende des Zweiten Weltkriegs mit einem aktiven Waffeneinsatz des deutschen Militärs. Während der Krieg gegen den Irak und die Militäraktion in Somalia noch vom UN-Sicherheitsrat sanktioniert worden waren – was gegen diesen Sicherheitsrat spricht und diese Kriege in keiner Weise rechtfertigt – handelte es sich beim Balkan-Krieg des Jahres 1999 um einen Krieg, bei dem erst gar nicht versucht wurde, sich an das Völkerrecht zu halten und der offen mit einem »außergesetzlichen Notstand« gerechtfertigt wurde. Seither argumentieren auch SPD und Bündnisgrüne, das Völkerrecht müsse »weiterentwickelt« werden. Bereits hier drängt sich die Feststellung auf: Offensichtlich nehmen sich diejenigen Nationalstaaten, die in der Welt die wirtschaftlich und militärisch mächtigsten sind, das Recht heraus, die »Verletzung von Menschenrechten« zum Vorwand für einen Krieg zu nehmen.

Damit wurde bereits ein Teil der Argumentation von Luxemburg und Lenin bestätigt: Je mächtiger das Kapital wird, desto mehr wächst die Kriegsgefahr – die Basis schafft sich den entsprechenden Überbau und sei es in Form eines auf den Kopf gestellten Völkerrechts: Eine kleine Minderheit schwingt sich zum Militär-Richter über den Rest der Welt auf. Es fehlen noch die Bindeglieder zum Fusionsfieber, zur Kapitalkonzentration und zum militärisch-industriellen Komplex.

Balkan-Krieg 1999 und Rüstungskonzerne seit Ende der 90er Jahre

Der Balkan-Krieg hat die Karten in der internationalen Rüstungsbranche neu gemischt. Exakt zum Ende dieses Kriegs enthielt die führende britische Wirtschaftszeitung »Financial Times« eine 12seitige Sonderbeilage – »Financial Times Survey« – mit der Bezeichnung »Aerospace«, also: Luftfahrt. Doch der Inhalt der ersten drei Seiten ist rein militärischer Natur; die Beiträge beziehen sich jeweils direkt auf den Kosovo-Krieg. Auf der ersten Seite wurden unter der Überschrift: »Time is right to reflect on Kosovo lessons – Die Zeit ist gekommen, Lehren aus dem Kosovo zu ziehen«, die gewaltigen Konzentrationsprozesse, die es in den letzten Jahren im US-amerikanischen militärisch-industriellen Komplex gab, kritisch bilanziert. Dort vereinen inzwischen vier US-Rüstungskonzerne – Boeing (vereint mit McDonald-Douglas), Lockheed-Martin, Raytheon und Northrop Grumman – rund 80 Prozent des US-Rüstungsgeschäftes auf sich. Da diese Konzerne zusätzlich noch ausgesprochen spezialisiert produzieren, existieren faktisch Monopole für die entscheidenden Bereiche militärischer Beschaffungen. Die Angst in den USA gilt nicht der schieren Größe. Sie gilt der Gefahr, daß ohne Wettbewerb die Effizienz der Tötungsindustrie leide. Das liest sich im »Financial Times«-Artikel wie folgt: »In den USA fiel die Konsolidierung der Rüstungsindustrie mit Befürchtungen in Washington zusammen, wonach allzu wenige Verteidigungsunternehmen auch zu wenig Wettbewerb und allzu wenig Effektivität der Produkte bedeuten könnten.«[70]

Solche Feststellungen sind allerdings das Papier nicht wert, auf dem sie gedruckt sind. Gerade die Rüstungsbranche ist von dem Fusionsfieber und der Zusammenballung der Kapitalmacht geprägt. Das gilt insbesondere auch für Westeuropa. Seit Mitte der neunziger Jahre besteht das entscheidende strategische Ziel für eine staatenübergreifende industrielle EU-Zusammenarbeit in der Herausbildung eines einheitlichen europäischen Rüstungskonzerns. Dabei ist dieses Projekt eng mit der weitgehend bereits vollzogenen Kapitalkonzentration in der zivilen Luftfahrt Europas verbunden.

Im Herbst 1998 schien die Realisierung eines solchen Projekts in greifbare Nähe gerückt. Der Name des gemeinsamen Unternehmens war bereits festgelegt: EADC – European Aerospace and Defence Company. Bereits im Dezember 1997 hatten sich die Regierungen Großbritanniens, Frankreichs und der BRD auf dieses Projekt geeinigt; später schlossen sich Italien, Spanien und Schweden dem Plan an. Bis Herbst 1998 stand auch der Auftakt zur Operation EADC fest: Die deutsche DaimlerChrysler-Tochter Dasa sollte mit British Aerospace einen Flottenverband bilden und bald darauf die französische Aérospatiale mit ins Kanonenboot nehmen. Parallel sollten die Aktivitäten im zivilen europäischen Flugzeugbau zusammengelegt und aus dem Airbus-Konsortium ein einheitliches, privates Unternehmen geschmiedet werden.

Zum gleichen Zeitpunkt fiel die Entscheidung zur Bildung einer einheitlichen europäischen Beschaffungsagentur für Rüstungsgüter (Occar). Der Beschluß wurde im Sommer 1998 auf der Luftschau im britischen Farnborough bekanntgegeben; als Sitz der Behörde, die für den militärisch-industriellen Komplex in Westeuropa in der Zukunft entscheidend sein sollte, wurde Bonn festgelegt; der Vorsitz rotiert zwischen Vertretern der Gründer-Nationen Großbritannien, Deutschland, Frankreich und Italien. Über diese Behörde sollten alle Beschaffungsprogramme für neue Rüstungsprojekte der EU-Regierungen abgewickelt werden.[71]

Mit EADC und Occar wäre ein militärisch-industrieller Komplex der EU entstanden, der in erheblichem Maß von deutscher Seite bestimmt worden wäre: von der Dasa bzw. von Daimler-Chrysler bzw. letzten Endes von der Deutschen Bank. Doch zunächst kam es anders: Aus Angst vor dieser deutschen Vorherrschaft fanden im Verlauf des ersten Halbjahres 1999 mehrere *nationale* Rüstungsfusionen statt. Als erstes übernahm British Aerospace (BAe) die Rüstungssparte von General Electric, Marconi, und rückte damit weit an die Spitze der EU-Rüstungskonzerne. Der neue britische Rüstungsgigant weist noch eine Besonderheit auf: Er beschäftigt in seinen US-Zweigwerken 18.500 Menschen und verkauft mehr Rüstungsgüter in den USA als in Westeuropa. Das Sein bestimmt natürlich auch im militärisch-industriellen Komplex das Bewußtsein. Die »neue BAe« streicht ihre Profite vor allem im mit der EU konkurrierenden Wirtschaftsgebiet der Nafta ein.[72]

Die nächste nationale Fusion erfolgte in Frankreich. Die französische Aérospatiale übernahm die Rüstungsabteilung von Lagardère/Matra, und schob sich damit ihrerseits nach vorn, auf Platz zwei, ebenfalls weit vor Dasa. Aérospatiale-Matra ist zusätzlich mit 46 Prozent an Daussalt Aviation, dem Hersteller von Kampfjets und von Geschäftsflugzeugen, beteiligt. Die »Wirtschaftswoche« bilanzierte: »Isoliert dazwischen (zwischen den nun neu formierten, »konsolidierten« Unternehmen BAe und Aérospatiale; W.W.) steht die Dasa, die mit den – geplatzten – Fusionsverhandlungen mit British Aerospace die Franzosen vergrätzt hat und in der europäischen Rangfolge auf einen der hinteren Plätze gerutscht ist.«[73] Wir haben dasselbe Bild von extrem national unterlegten Prozessen der Kapitalkonzentration vor uns; in Großbritannien den erheblichen Einfluß der USA, womit versucht wird, eine europäische Einigung in der Zusammenführung der Tötungsindustrie zu verhindern. Im »Rest-Europa« jedoch auch erhebliches Mißtrauen und Kabinettspolitik – wobei zunächst die deutsche Seite, wie im Fall des zur selben Zeit geplatzen Deals im Telekommunikations-Bereich, als die düpierte dastand.

Unter den neuen Bedingungen konnte die deutsche Seite kein Interesse mehr an einem von allen EU-Ländern gemeinsam gebildeten Rüstungskonzern haben. Denn an einer britisch-französisch-deutschen Rüstungsvereinigung wäre Dasa mit weniger als einem Drittel am gesamten Unternehmen beteiligt gewesen. Briten und Franzosen – immerhin die einzigen zwei europäischen Nato-Atommächte – hätten über eine Zweidrittel-Mehrheit verfügt.

Logischerweise ging nunmehr Dasa auf Einkaufstour und verband sich nach Ende des Balkan-Kriegs mit der spanischen Casa und schickte sich an, auch in die italienische Finnmeccanica mit dem Rüstungs- und Luftfahrtunternehmen Alenia einzusteigen. Doch auch ein solch konsolidiertes Unternehmen Dasa hätte erst die Größe der neuen britischen Aerospace/Marconi erreicht, die im übrigen auch noch 35 Prozent Anteile am schwedischen Flugzeughersteller Saab übernahm.[74]

In der Periode vor und in den Monaten nach dem Nato-Krieg gegen Jugoslawien kam es so zu einem umfassenden Umbau der europäischen Rüstungsindustrie und – zunächst – zur Herausbildung von nationalen Superrüstungskonzernen. Das US-amerikanische »Wall Street Journal« hat das in die Schlagzeile gegossen: »War Shakes Europe's Defence Industry« – »Der Krieg wirbelt europäische Rüstungsindustrie durcheinander«.[75]

Doch insbesondere für DaimlerChrysler mit Dasa-Casa gab es weiter das Ziel, sich zumindest mit der französischen Rüstungsindustrie zu verbinden. Dem versuchte die US-Rüstungsindustrie zuvorzukommen, indem sie für transatlantische Rüstungsprojekte warb und sogar kurzzeitig die weitere Konzentration in der US-Rüstungsbranche ausbremste. So legten das Pentagon und die US-Regierung ihr Veto gegen einen geplanten Zusammenschluß von Lockheed Martin und Northrop Grumman ein. Die Absicht der US-Regierung war durchsichtig: Anstelle eines großen, EU-übergreifenden Zusammenschlusses zur EADC sollte es transatlantische Bündnisse geben.

Diese Zielsetzungen hatten kurzzeitig einen gewissen Erfolg. So war der Dasa-Chef Bischoff im Mai 1999 im Pentagon zu Besuch, wobei die deutsche Seite hervorhob, er sei dort »erstmals mit allen protokollarischen Ehren empfangen« worden – was immer darunter zu verstehen ist. Ein Jahr darauf verkündete die Dasa auch eine transatlantische Kooperation mit Northrop.[76]

Am Ende des Kosovo-Kriegs und im Rahmen der Luftfahrt- und Militär-Show in Le Bourget – offiziell als »43. Salon International d‹ Aéronautique et de l'Espace« bezeichnet – kam es zu ersten transatlantischen Kontakten. Ein großer Auftrag für einen US-Rüstungskonzern in Westeuropa konnte unmittelbar nach dem Balkan-Krieg realisiert werden – nicht zufällig zwischen dem britischen Verteidigungsministerium und einem US-Konzern. Der US-Konzern Raytheon gewann den britischen Auftrag zur Entwicklung und Installation eines neuen Radar-Systems im Wert von umgerechnet zwei Milliarden Mark. Dieses Radar soll in wenige spezielle Flugzeuge eingebaut werden. Der damalige britische Verteidigungsminister George Robertson stellte dabei den direkten Bezug zum soeben beendeten Krieg her. »Jedermann, der die täglichen Operationen im Kosovo miterlebt hat, wird die Bedeutung dieses Projekts verstehen«. Das schlechte Wetter habe so manche Angriffe erschwert; das neue Radarsystem ermögliche gezielte Angriffe bei *jedem* Wetter.[77]

Doch DaimlerChrysler plante weiter den großen Deal.[78] Tatsächlich wurde im Herbst 1999 ein neuer Rüstungs-Riese aus der Taufe gehoben: Aérospatiale-Matra und Dasa fusionierten. Daß es sich um einen politischen Akt und nicht nur um eine Kapitalkonzentration handelte, wurde durch die Präsenz zweier Taufpaten unterstrichen: Bundeskanzler Schröder und Staatspräsident Chirac. Der Name des neuen Konzerns unterscheidet sich von demjenigen, der 1998 für den EU-Rüstungskonzern vorgesehen wurde, nur durch einen ausgetauschten Buchstaben: »S« statt »C« steht am Ende der neuen Abkürzung EADS für »European Aeronautic Defense and Space Company«. Ein dreiviertel Jahr später legte die Deutsche Bank ein 148-Seiten starkes Buch mit dem Titel »A European Leader is born« vor, in dem sie den Rüstungskonzern EADS und seine »Marktchancen« in den Himmel hob – und für »den Börsengang« der EADS warb. Tatsächlich wurden etwas weniger als ein Viertel der Aktien an die Börse gebracht. Einer der beiden EADS-Chefs, der Deutsche Rainer Hertrich, erklärte: »Durch EADS sind die Europäer endlich auf Augenhöhe mit den Amerikanern.«[79] Das stimmt, wie wir sehen werden, zwar nicht, ist aber dennoch ein ehrliches Wort: Nicht Kultur und nicht einmal wirtschaftliche Macht sind der entscheidende Maßstab im real existierenden Kapitalismus. Es sind Rüstungsindustrie und Militärmacht.

Das neue Unternehmen EADS rückt tatsächlich in eine Größenordnung vor, die zehn oder mehr Jahre zuvor unvorstellbar gewesen und Anlaß für massive internationale Proteste gewesen wäre. Vor dem Hintergrund des Fusionsfiebers und der vorausgegangenen Kapitalkonzentration in der US-Rüstungsindustrie gab es bei der Ankündigung dieser Fusion im Herbst 1999 und beim Börsengang im Juli 2000 jedoch kaum kritische Reaktionen. Tabelle 15 gibt die aktuellen Kräfteverhältnisse in der weltweiten Rüstungsbranche nach den Konzentrationsprozessen 1998 bis 2000 wieder.[80]

Tabelle 15: Internationale Rüstungsindustrie 1999 – Umsatz in Mrd. Dollar – Konzernumsätze, gegliedert nach Rüstungsanteilen

Rang	Unternehmen	Umsatz in Mrd. US-Dollar Gesamt	Rüstung
1	Boeing (USA)	58	17
2	Lockheed Martin (USA)	26	17
3	British Aerospace/Marconi (GB)	20	16
4	Raytheon ((USA)	20	15
5	Northrop Grumman (USA)	10	8
6	EADS (Dasa/Aerosp-Matra/Casa)	23	7
7	Thomson CFS (Frankreich)	7	5
8	Finmeccanica/Alenia (Italien)	4	3,5
9	United Technologies (USA)	25	3
10	Mitsubishi Heavy Ind. (Japan)	26	2
Summen		216	93,5
davon: auf die 5 US-Konzerne entfallend		139 = 64%	60 = 64%

Die Liste in Tabelle 15 ist ebenso beeindruckend wie furchterregend. Läßt man einmal Sonderfälle wie Microsoft und die internationale Reifenbranche außen vor, so existiert in der ganzen Welt kein Industriezweig, der einen derart hohen Konzentrationsgrad aufweist wie die Industrie zur Herstellung von Tötungsgerät aller – und vor allem: modernster – Art. Es handelt sich wohl auch wirtschaftsgeschichtlich um die größte Zusammenballung von Kapital in einer strategischen Weltbranche. Die zehn größten Rüstungskonzerne der Welt weisen die folgenden Superlative auf:

- Weltweit liegen am Beginn des 21. Jahrhunderts in den OECD-Staaten die Rüstungsausgaben jährlich bei rund 400 Milliarden US-Dollar. Rund die Hälfte davon wird für Streitkräfte und Infrastruktur (Kasernen usw.) verwandt. Von den verbleibenden 200 Milliarden US-Dollar konzentriert sich wiederum rund die Hälfte auf die zehn in der Tabelle angeführte Konzerne. Nimmt man die strategisch wichtigen Aufträge – neue Kampfflugzeuge, Hightech-Waffen, Satellitensysteme –, dann dürfte der Anteil, den diese zehn Konzerne auf sich vereinen, bei gut zwei Drittel liegen.
- In den USA konzentrieren sich mehr als 95 Prozent der gesamten Rüstungsaufträge auf die vier großen Konzerne Boeing, Lockheed Martin, Raytheon und Northrop Grumman.
- Die fünf in der Tabelle aufgeführten Rüstungsunternehmen der USA vereinen fast zwei Drittel des gesamten Rüstungsvolumenens der zehn größten Konzerne auf sich. Das wiederum entspricht der Tatsache, daß rund die Hälfte der OECD-Rüstungsausgaben und fast zwei Drittel der Nato-Rüstungsausgaben auf die USA entfallen.
- In Westeuropa gibt es mit BAe und der EADS zwei absolut dominierende Rüstungsunternehmen. Diese werden auf die übrigen, noch formal »unabhängigen«, aber längst in Rüstungs-Kooperationen eingebundenen Unternehmen einen erheblichen Druck ausüben, sich entweder der faktisch deutsch-französischen EADS oder der britischen BAe (mit starken Bindungen an den US-Markt) anzuschließen.
- Auf beiden Seiten des Atlantiks sind die größten Rüstungskonzerne weitgehend identisch mit den größten Herstellern von zivilen Luftfahrzeugen. Boeing, der Rüstungskonzern Nr. 1, kontrolliert rund 50 Prozent des Weltmarktes zur Herstellung ziviler Flugzeuge. Die EADS (zu zwei Dritteln) und die BAe (zu rund einem Drittel) kontrollieren das Unternehmen Airbus, auf das die zweiten 50 Prozent des Weltmarktes entfallen.

Damit ist jedoch eine Unterscheidung zwischen zivilen Geschäften und militärischen Aufträgen so gut wie unmöglich. Sogenannte »Quersubventionierungen«, die anderenorts – z.B. in der EU im Fall von Stadtwerken – scharf kritisiert und diskriminiert werden, sind in den Luft-, Raumfahrt- und Rüstungskonzernen gang und gäbe. Rüstungsaufträge finanzieren die sogenannten zivilen Bereiche – und manchmal auch umgekehrt.[81]

Konzentriertes Rüstungskapital und konzentrierter Machteinfluß

Der Einfluß, der sich aus dem derart gestalteten militärisch-industriellen Komplex auf die Regierungen, die Militärs und andere staatliche Institutionen ergibt, ist nochmals größer. Denn der entscheidende Unterschied zwischen den klassischen privaten Konzernen – so hoch hier der Konzentrationsgrad sein mag – und der Rüstungsindustrie besteht darin, daß die letzteren so gut wie keinem Markt »ausgesetzt« sind. Ihre Auftraggeber sind zu 90 und mehr Prozent die Nationalstaaten bzw. deren Regierungen. Das aber heißt: Angebot *und* Nachfrage sind extrem konzentriert und fast monopolisiert.

Rosa Luxemburg stützte ihre Analyse von der besonderen Rolle der Rüstungsindustrie in den Nationalstaaten gerade auf die spezifische Struktur dieser Branche: auf deren hohen Konzentrationsgrad und auf die Besonderheit der staatlichen Nachfrage. Luxemburg meinte, mit der Rüstungsindustrie trete »an Stelle einer großen Anzahl kleiner zersplitterter und zeitlich auseinanderfallender Warennachfragen ... eine zur großen, einheitlichen, kompakten Potenz zusammengefaßte Nachfrage des Staates. Diese setzt aber zu ihrer Befriedigung von vornherein die Großindustrie auf höchster Stufenleiter, also für die Mehrwertproduktion und Akkumulation günstige Bedingungen voraus. In Gestalt der militaristischen Aufträge des Staates wird die zu einer gewaltigen Größe konzentrierte Kaufkraft der Konsumentenmasse außerdem der Willkür, den subjektiven Schwankungen der persönlichen Konsumtion entrückt und mit einer fast automatischen Regelmäßigkeit, mit einem rhythmischen Wachstum begabt. Endlich befindet sich der Hebel dieser automatischen und rhythmischen Bewegung der militaristischen Kapitalakkumulation in der Hand des Kapitals selbst – durch den Apparat der parlamentarischen Gesetzgebung und des zur Herstellung der sogenannten öffentlichen Meinung bestimmten Zeitungswesens.«[82]

Wählen wir einen fast beliebigen Beleg für Rosa Luxemburgs Feststellung, die Rüstungsindustrie verfüge über einen direkten Zugriff auf den Staat als alleinigen Auftraggeber. Nehmen wir das Projekt Militärtransporter A400M. Mit ihm sollen die europäischen Armeen, gestützt auf eigenes Equipment, »verlegefähig« gemacht werden; mit diesem Großraumjet können alle bekannten Waffensysteme (Panzer, Bergefahrzeuge, Pontonbrücken-Elemente, Hubschrauber) transportiert werden. Allein für die Entwicklungskosten des A400M werden 10 Milliarden Mark veranschlagt; insgesamt sollen für dieses Militärprogramm von den sieben beteiligten westeuropäischen Ländern 40 Milliarden Mark aufgebracht werden. Nun gibt es ein mit dem A400M konkurrierendes Projekt – das russisch-ukrainische Transportflugzeug Antonow 70 (AN-70). Dieses weist gegenüber dem A400M fast nur Vorteile auf: Es ist wesentlich preiswerter, es erfordert keine Entwicklungskosten, es verbraucht 25 Prozent weniger Treibstoff, es ist in Reichweite (8000 km) und Ladefähigkeit (47 Tonnen) dem A400M zumindest ebenbürtig. Schließlich hätte es bei Hamburg montiert werden können. Vor allem aber: Den Antonow-Transporter gibt es längst; der A400M jedoch ist ein Papiertiger; er muß noch entwickelt werden und stünde frühestens in vier oder fünf Jahren zur Verfügung. Dennoch entschieden sich die EU-Verteidigungsminister im Juni 2000 – rechtzeitig zum Börsengang von EADS – für den A400M.

Dafür gibt es nur *einen* Grund: Der Militärtransporter A400M soll von Airbus gebaut werden – womit dort die Quersubventionierung zum Bau des Super-Airbus A3XX garantiert ist. Denn Airbus hat bei all der guten Positionierung auf dem Weltmarkt der zivilen Jets einen entscheidenden Nachteil: Das Konsortium verfügt über keine Maschine, die mit der größten Boeing-Maschine, dem Jumbo-Jet B747, konkurrieren könnte. Die Airbus-Bosse wollen diesem mit einem Super-Airbus etwas Ebenbürtiges entgegenstellen. Die Dimensionen, um die es hier geht, und die Worte, die die Airbus-Bosse dafür finden, erinnern deutlich an Kaiser Wilhelms Wahn von den größten stählernen Kolossen zur See, die die Deutschen bauen müßten.

Vor allem spricht viel dafür, daß solch ein Projekt mit extrem hohen Risiken belastet ist: Airbus müßte 665 dieser Kolosse bis zum Jahr 2020 verkaufen und die Hälfte des Markts aller Großraum-Jets auf sich vereinen. Zum Vergleich: Boeing verkaufte in den drei Jahrzehnten 1970 bis 2000 »nur« 1200 Jumbo-Jets – damals als Monopolist und in einem enorm expansiven Luftverkehr. Jetzt soll Airbus in den 15 Jahren 2005 bis 2020 mindestens ebenso viele Großraumjets absetzen – gegen die fortbestehende Boeing-Konkurrenz, die eine verbesserte Variante ihres Jumbo Jets auf den Markt bringen wird und bei keineswegs sicheren Perspektiven hinsichtlich der Entwicklung des Luftverkehrs. Doch die Airbus-Manager schreiben die Expansion in alle Zukunft fest. Für den A3XX wird unterstellt, daß der Flugverkehr bis 2020 jährlich um 5 Prozent wächst – und sich damit bis 2020 fast verdreifachen werde. Das ist bereits hinsichtlich der Schadstoffbelastungen und des Beitrags zum Treibhauseffekt eine völlig unverantwortliche Annahme, die auch gegen vorliegende vertragliche Verpflichtungen – Abbau der Kohlendioxid-Emissionen – verstößt. Doch auch rein betriebswirtschaftlich gesehen sind dies unhaltbare Annahmen. Sie laufen darauf hinaus, alles auf eine Karte zu setzen und gegebenenfalls den Konkurs des Unternehmens Airbus einzukalkulieren. Zumindest wäre dies so, wenn wir es mit normalen Bedingungen zu tun hätten.

Genau hier kommt der Militärtransporter ins Spiel. Wird er bei Airbus gebaut, dann fließen zur selben Zeit, in welcher der Airbus-Jumbo gebaut und verkauft – oder nicht verkauft – wird, die erwähnten Milliarden-Summen aus Staatskassen ins Unternehmen. Damit ist die Quersubventionierung für den A3XX gewährleistet. Unter diesen Bedingungen kann der Airbus-Jumbo auch gegen den Markt und gegen die Räson gebaut werden – notfalls als teure Luftnummer, zum Plaisir und für das Prestige der Airbus-Bosse.[83]

Der Dasa-Chef Bischoff ging im März 2000 auf der Bilanzpressekonferenz von Dasa auf beide Projekte ein. Zum A3XX sagte er: »Die Entwicklungskosten haben wir mit zehn bis maximal 12 Milliarden Euro und keinen Cent mehr ermittelt.« Zum Militärtransporter sagte der Rüstungs-Manager wenige Sätze später: »Ein weiteres wichtiges Großprojekt ist der Militärtransporter A400M... Die Regierungen Deutschlands, Frankreichs und Großbritanniens haben sich bislang noch... nicht einigen können. Meine Damen und Herren, der Kunde ist König. Gerade bei Airbus.«[84]

Beides sind verräterische Passagen: Wenige Wochen danach zeigte sich, daß der »Kunde Staat« in Wirklichkeit Untertan von Airbus‹ Gnaden ist. Die EU-Verteidigungsminister entschieden sich für die Anschaffung eines Militärtransporters und dann noch für dessen teuerste Version, den A400M.

In der ersten zitierten Passage erklärte Bischoff offen, daß Betriebswirtschaft beim A3XX keine Rolle spielt. Denn eine Spanne von 2 Milliarden Euro – 4 Milliarden Mark – bei den Entwicklungskosten (»..und keinen Cent mehr«) im Voraus einzugestehen – und dies, nachdem die Entscheidung für den Jumbo bereits fiel –, ist schlicht unseriös bzw. zeugt von jener augenzwinkernden Chuzpe, mit der Rosa Luxemburgs Analyse bestätigt wird: Hier handelt es sich um Großaufträge, die »den subjektiven Schwankungen der persönlichen Konsumtion entrückt und mit einer fast automatischen Regelmäßigkeit, mit einem rhythmischen Wachstum begabt« sind.

DaimlerChrysler ist »am Ziel« – Wiederkehr der Geschichte?

Manfred Bischoff stellte auf der erwähnten Bilanzpressekonferenz der Dasa im März 2000 klar, daß diese Kapitalkonzentration im Rüstungssektor einer strategischen Zielsetzung entspricht. O-Ton Bischoff: »Es war die wirtschaftliche Stärke der Dasa und die strategische Weitsicht von DaimlerChrysler, die es uns ermöglicht haben, eine entscheidende Rolle bei der Restrukturierung unserer Industrie zu übernehmen und damit unser langjähriges strategisches Ziel konsequent umzusetzen. 1999 markiert für die Dasa den Aufbruch in das Zeitalter europäischer Industriestrukturen. Mit unseren langjährigen Partnern, der französischen Aérospatiale-Matra und der spanischen Casa haben wir die Gründung der .... EADS vereinbart. Wir schaffen damit das erste grenzüberschreitende und führende Luft- und Raumfahrtunternehmen in Europa und das weltweit drittgrößte Unternehmen unserer Branche... Wir haben unsere Ziele erreicht. Und das primär aus eigener Kraft – unserer Ingenieure, Techniker und Werker mit ihrem... einzigartigen Einsatz sowie unserer Muttergesellschaft DaimlerChrysler, die uns auch in wirtschaftlich extrem schwierigen Zeiten absolute Unterstützung gegeben hat.«[85]

Treten wir an dieser Stelle zwei Schritte zurück – in Daimlers große Zeit während der beiden Weltkriege. Die Anfang des 20. Jahrhunderts noch getrennten Unternehmen Daimler und Benz erlebten ihren entscheidenden Durchbruch im Ersten Weltkrieg und mit dem Bau von Flugzeugmotoren und Lkw; Daimler wurde auch der führende Hersteller von Tanks, Panzerwagen und U-Boot-Motoren. Bis Kriegsbeginn wurden nur 218 Militärflugzeuge gebaut; während des Krieges 48.000. Der Krieg war auch entscheidend für die Herausbildung eines deutschen Flugzugbaus, den es zuvor nur in handwerkmäßigen Ansätzen gab. Daimler und Benz sahen sich damals »am Ziel«.

Im Zweiten Weltkrieg erreichten die aufrüstungs- und kriegsbedingten Steigerungen der Produktion neue Rekorde. Die – nunmehr vereinte – Daimler-Benz AG steigerte den Jahresumsatz von 100 Millionen RM im Jahr 1933 auf knapp 1 Milliarde Reichsmark im Jahr 1944, wobei am Ende der Rüstungsanteil am gesamten Umsatz bei 93 Prozent lag. Den Kern der deutschen Flugzeugindustrie bildeten die Flugzeugmotorenhersteller Daimler-Benz und BMW. Während die deutsche Luftwaffe bei Kriegsbeginn über rund 3300 Flugzeuge und damit über die größte Luftmacht der Welt gebot, wurden während des Krieges 115.000 Kriegsflugzeuge gebaut. Die Beschäftigtenzahl der Branche lag Ende 1933 bei 20.000 und erreichte 1939 bereits 325.000.[86]

Erneut entwickelte sich auch der Fahrzeugbau in diesem Krieg binnen kürzester Frist zu einer fast ausschließlich für die Rüstung und den Krieg arbeitenden Produktionsabteilung – mit hunderttausenden Militär-Lkw, zehntausenden Kübelwagen und zehntausenden Panzern.

Neben Volkswagen mit einem neuen Werk waren es vor allem Daimler-Benz und BMW, die von diesem Boom profitierten. Daimler-Benz firmierte stolz als »nationalsozialistischer Musterbetrieb«, die Geschäftspost wurde mit »Heil Hitler« unterzeichnet. Begierig griffen die Daimler-Benz-Vorstände zu, als die SS billige Zwangsarbeiter anbot; das Unternehmen richtete sogar ein firmeneigenes KZ ein. Die Profite explodierten – bis in das Jahr 1944. Das Unternehmen befand sich auf dem Gipfel der Macht und – »am Ziel«.

Das ist nicht polemisch, das ist wissenschaftlich abgesichert. Die Forschung kann heute belegen, daß die führenden deutschen Industrieunternehmen und die sie beherrschenden Finanzinstitute beim Kurs auf den Zweiten Weltkrieg nicht Getriebene waren, sondern als Treibende agierten. Und daß dies insbesondere für das Unternehmen Daimler-Benz und für die Deutsche Bank zutraf. In dem Bericht der US-Militärregierung in Deutschland O.M.G.U.S. wurde die Aufrüstungspolitik, wie sie die Deutsche Bank, Daimler-Benz und BMW betrieben hatten, wie folgt bilanziert: »Es war Emil Georg von Stauss von der Deutschen Bank, der die Reorganisationen durchführte und danach die Unternehmen (Daimler Benz und BMW; W.W.) viele Jahre leitete. Mit bemerkenswerter ›Weitsicht‹, eine frühzeitige Wiederaufrüstung und den Krieg stets vor Augen, erkannte von Stauss... welche Macht Deutschland in der Luft zu entfalten imstande sein würde. Er war weitgehend dafür verantwortlich, daß die Produktionsvorhaben sowohl von BMW als auch von Daimler lange vor Ausbruch des Krieges von der zivilen Autoproduktion auf die Herstellung von Flugzeugmotoren umgestellt wurden.«

Im selben US-Bericht wird eine historische Begebenheit festgehalten, die für die Entwicklung von Daimler und Benz jeweils zwischen Kriegen lehrreich ist. Es war interessanterweise der NS-Rüstungsminister Göring, der auf die *Austauschbarkeit* von ziviler Fertigung mit militärischer – und umgekehrt – hingewiesen hatte. Am 8. Juli 1938 sprach Göring auf einer Geheimkonferenz vor einer Reihe von Industriebossen, darunter führenden Leuten des Unternehmens Daimler-Benz. Göring teilte mit, daß der Krieg unmittelbar bevorstehe, womit die Umstellung der zivilen Fertigung auf Rüstungsproduktion entscheidend war. In dieser Rede brachte Göring auf seine Weise die marxistische Erkenntnis zum Ausdruck, daß der Gebrauchswert in der kapitalistischen Produktion wenig, der Profit jedoch alles ist: »Was bedeutet das alles, meine Herren, wenn Sie eines Tages statt Flugzeugen Nachttöpfe machen. Das ist doch einerlei.«[87]

Nach dem Zweiten Weltkrieg stellte Daimler-Benz – wie nach dem Ersten Weltkrieg – erneut die Fertigung um. Zwar produzierte das Unternehmen keine Nachttöpfe, aber doch zivile Pkw und Lkw (insoweit Fahrzeuge dieser Art »zivil« sind; genauer wäre: »nicht-militärische Produkte«). Und obgleich das Unternehmen dabei aufblühte, zu einem der profitabelsten deutschen Konzerne wurde und bald wieder Teil der Führungsgruppe der deutschen Industrie war, gab es Anfang der achtziger Jahre erneut eine entscheidende Wende. Daimler-Benz stieg wieder im großen Maßstab in die Rüstungs- und Luftfahrt ein. Und erneut war es die – sieben Jahre zuvor als Großaktionärin bei Daimler eingestiegene – Deutsche Bank, die diese Wende steuerte.

Binnen weniger Jahre kaufte Daimler-Benz die Rüstungsunternehmen MTU, Dornier und MBB auf und faßte diese bald darauf in dem neuen Rüstungs- und Luftfahrtkonzern Dasa zusammen. Für diese Orientierung wurde von dem damaligen Daimler Benz-Vorstandsvorsitzenden Edzard Reuter – sinnvollerweise hatte dieser ein SPD-Parteibuch in der Tasche; diese Art »Wende« kommt immer durch die Hintertür – der Begriff vom »integrierten Technologie-Konzern« verwandt. Schrempp war in dieser Zeit Dasa-Chef und hatte diese Orientierung mitbetrieben und den Begriff vom »integrierten Technologie-Konzern« immer selbst im Mund geführt. Wenn Schrempp, nachdem er Reuter im Spitzenjob abgelöst hatte, diesen Begriff verwarf, so war dies lediglich Ausdruck seines Machtinstinkts. Oder genauer: Dies entsprach der neuen Generallinie derer, die den Konzern lenken. Auf diese Weise konnten die gewaltigen Kosten, die mit der neuen Orientierung auf Rüstung, Luft- und Raumfahrt verbunden waren – bei AEG, mit Fokker und Dasa –, leicht Edzard Reuter zugeschoben und ein gigantischer Verlustvortrag in die Bilanz eingestellt werden. Ein lukrativer Nebeneffekt bestand darin, daß Daimler-Benz nun viele Jahre lang überhaupt keine Gewinnsteuern mehr abführte.

Bischoff hatte mit seiner Rede auf der Dasa-Bilanzpressekonferenz 2000 recht: Die Muttergesellschaft gab der Dasa »auch in wirtschaftlich extrem schwierigen Zeiten *absolute* Unterstützung.« Jahrelang trug die Luftfahrt- und Rüstungssparte von Daimler-Benz zu erheblichen Verlusten bei; 1995 machte Daimler insbesondere wegen Dasa einen Verlust von 4,3 Milliarden Mark. Doch die Tochter wurde nicht – wie etwa Fokker – abgestoßen. Sie wurde auch nicht – wie etwa AEG – liquidiert. Sie hatte die »absolute Unterstützung«, wurde protegiert, gefördert und finanziell gepäppelt. Und die Gründe hierfür können nichts mit Markt und schon gar nichts mit Gobalisierung zu tun haben. Es handelt sich um handfeste industriepolitische, um militärpolitische und vor allem um nationale Entscheidungen. Es ging um ein Ziel – über Daimler wieder zu einem führenden Rüstungskonzern mit Weltbedeutung zu werden. Das Unternehmen mit dem Dreizack-Stern, der immer bedeutet hatte »zu Lande, zu Wasser und in der Luft... militärisch aktiv« zu sein, sollte erneut als Rüstungs-Riese in Stellung gebracht werden.

Die Sätze in der Bischoff-Rede »Wir haben unsere Ziele erreicht. Und das primär aus eigener Kraft« sind im Grunde Originalton Deutsche Bank. Ein weiteres Mal wurde *das Ziel* erreicht, nicht aus eigener Kraft, sondern mit den geballten Kräften der Muttergesellschaft und des Großaktionärs Deutsche Bank.

Womit wir erneut bei der internationalen Rüstungsindustrie und der Hackordnung, die dort seit dem Jahr 2000 herrscht, sind. Im Grunde hinkt der Vergleich, der in Tabelle 15 gezogen wird. In der neuen Gesellschaft EADS ist DaimlerChrysler der größte Einzelaktionär. Und DaimlerChrysler ist nicht nur der größte Konzern Europas und der drittgrößte Industriekonzern der Welt. Hinter DaimlerChrysler steht auch die größte Bank der Welt. Dies muß bei den Vergleichen mit den anderen Rüstungsunternehmen, die in der Regel nicht so mächtige Hintermänner haben, mitbedacht werden.

Dem neuen Sprung in der Konzentration des internationalen Rüstungskapitals entspricht ein Sprung bei den Rüstungsaufträgen. Vieles spricht dafür, daß die »Zeit der Scham« – mit einem Rückgang der weltweiten Rüstungsausgaben 1990 bis 1998 – vorbei ist. Die EADS jubelte bei Börseneinführung, daß sie »Aufträge im Wert von 100 Milliarden Euro« in den Büchern habe – was fünf kompletten Jahresproduktionen entspricht. So gut wie alle Wunschprojekte der Militärs wurden beschlossen – neben dem Militärtransporter neue Kampfhubschrauber vom Typ NH 90 (Auftragsvolumen 9 Mrd. Euro), 300 Transporthubschrauber (Auftragsvolumen von 20 Mrd. Euro) und ein Satelliten-System. Der personelle Rückbau der Armeen in Europa wird allerorten von der Rüstungsbranche begrüßt – weil damit mehr Mittel für Rüstungsaufträge frei werden. Die Grundsatzentscheidung zur Aufstellung einer von der Nato unabhängigen Einsatztruppe der Europäischen Union im Rahmen der Westeuropäischen Union (WEU) fiel Anfang des Jahres

2000 (was bei den USA heftige Gegenreaktionen auslöste). Der neue Nato-Generalsekretär George Robertson machte deutlich, daß diese Truppe auch in »geeigneten Fällen«, und zwar solchen unterhalb der Schwelle eines »Dritten Weltkriegs«, zum Einsatz kommen wird.[88]

Währenddessen wächst der Rüstungsexport. 1999 wurde mit 30,3 Milliarden US-Dollar das höchste Niveau seit 1996, dem Tiefpunkt nach der »Wende« 1989/90, erreicht. Die USA liegen mit weitem Abstand an der Spitze der Waffenexporteure – gefolgt von Rußland, Frankreich, Großbritannien und der BRD.[89]

Die militärische Kluft USA- EU

Diese Entwicklung ist nicht widerspruchsfrei. Zumindest drei Tendenzen wirken innerhalb der Europäischen Union einer schnellen militärischen Zuspitzung entgegen:

Zum *ersten* ist der neue EU-Rüstungskonzern EADS trotz der geballten Kapitalmacht ein fragiles Gebilde. Seine Struktur ist bereits ein Spiegelbild der inneren Widersprüchlichkeit der EU. Grafik 3 skizziert die unterschiedlichen Einflüsse.[90]

Grafik 2: Eigentumsverhältnisse und Einfluß-Strukturen beim Rüstungskonzern EADS

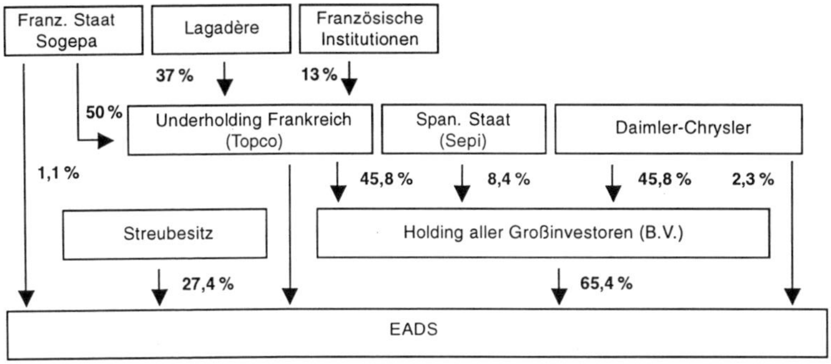

Verkürzt gibt es drei unterschiedliche Einflußgrößen. Da ist zum einen der »Streubesitz« von 27,4 Prozent. Das sind diejenigen Aktienanteile, die beim Börsengang im Juli 2000 an »die Öffentlichkeit« gebracht wurden. Faktisch werden diesen Teil des EADS-Eigentums die Großbanken in der EU kontrollieren.

Sodann gibt es die staatlichen Einflußnahmen. Diese erfolgen nur zu einem kleinen Teil in direkter Form (1,1-Prozent-Anteil des französischen Staats an der EADS). Überwiegend werden diese über Holdings gesteuert, so der französische Einfluß über die »Unterholding Topco« und der – bescheidene – spanische Einfluß über die »Holding aller Großinvestoren BV«.

Und schließlich gibt es reichlich Einfluß der privaten Industrie. Im Fall Frankreich ist dieser gegenüber dem Staatseinfluß minoritär: Der private Rüstungskonzern Lagardère ist an der Unterholding Topco mit einer Minderheit beteiligt. Im Fall BRD gibt es nur einen solchen »privaten« Einfluß. DaimlerChrysler kontrolliert fast die Hälfte der Stimmanteile an der Großholding aller Großinvestoren. Zusammen mit einem direkten DaimlerChrysler-Anteil von 2,3 Prozent an der EADS und mit der Unterstellung, daß DaimlerChrysler aufgrund des erheblichen deutschen Einflusses in der spanischen Ökonomie (siehe SEAT/VW) die spanischen Stimmanteile zum Teil für die eigenen Zielsetzungen wird einsetzen können, läßt sich absehen: Die EADS wird in erheblichem Umfang von der deutschen Seite bestimmt. Wobei der Begriff »privater Einfluß« im Grunde heißt, daß es in einem erheblichen Umfang die Deutsche Bank ist, die als Großaktionärin von DaimlerChrysler Einfluß auf den Rüstungs-Riesen EADS nimmt.

Doch diese Einflußnahme wird nur solange erfolgreich sein können, wie die EU nicht in Nationalismen zerfällt und die Achse Berlin-Paris stabil bleibt. Denn der EADS-Konzern ist rein stofflich in Form Dutzender Rüstungsanlagen auf die verschiedenen Nationalstaaten verteilt. Und diese werden weiterhin mit Argusaugen darüber wachen, daß es bei dieser Verteilung bleibt und daß sie damit immer ein Faustpfand haben, um – beispielsweise gerade auch bei einem Bruch in den deutsch-französischen Beziehungen – zu nationalen Rüstungsindustrien zurückkehren zu können.

Im übrigen – und dies ist die *zweite* Tendenz, die einer EU-Rüstungsmacht entgegenwirkt – bestehen auch außerhalb der EADS die rüstungspolitischen Nationalismen weiter. Italien ist bisher nicht Teil der EADS. In welcher Form der in diesem Land vorherrschende Rüstungskonzern Finnmecanica mit der Luftfahrttochter Alenia eingebracht werden könnte, war im Sommer 2000 noch Gegenstand von Verhandlungen. Werden Finnmeccanica/Alenia Teil der EADS, dann werden deren Eigentums- und Einflußstrukturen, vorsichtig gesagt, nicht transparenter und nicht widerspruchsfreier.

DaimlerChrysler hat vor dem Aufgehen der Dasa in der EADS überraschenderweise den Triebwerkhersteller MTU aus der Dasa herausgelöst. MTU soll weiter als DaimlerChrysler-Tochter fungieren und gleichzeitig eigene Wege für »europäische Lösungen« gehen. Dafür gibt es offensichtlich erneut einen nationalen Hintergrund: Die Herstellung von Triebwerken ist eine strategische Position, von der Daimler und Benz bereits in beiden Weltkriegen profitierten. Diese wird selbst dann – noch? – nicht in einen EU-Rüstungskonzern eingebracht, wenn in demselben DaimlerChrysler und die Deutsche Bank den stärksten Einfluß unter allen nationalen Einflußnehmern haben.

Im Bereich der maritimen Rüstung verfolgen die meisten EU-Staaten weiter eigene, nationale Wege. Das britisch-französisch-italienische Projekt »Horizon« zum Bau gemeinsamer Kriegssschiffe (mit einem Volumen von 20 Milliarden Mark) scheiterte 1999. Auch die deutsche Seite setzt in diesem Sektor auf den nationalen Alleingang. Die Kieler Howaldtswerke Deutsche Werft (HDW), seit 1999 eine Tochter von Babcock, steht im Mittelpunkt einer maritimen Hochrüstung Deutschlands. HDW hat Mitte 2000 Aufträge in den Büchern, die dem Zweifachen des Jahresumsatzes entsprechen. Angestrebt wird ein Zusammengehen mit den Werften des Thyssen-Krupp-Verbundes, Blohm+Voss und Thyssen Nordseewerke. HDW konnte im September 1999 bereits den schwedischen Kriegsschiff-Hersteller Kockums von Bofors übernehmen. Interessanterweise schottete sich die BRD im Sektor maritime Rüstung von dem französischen Kriegsschiffbau ab und führte offizielle Gespräche mit dem britischen Rüstungskonzern BAe Systems. Hier könnte der starke britische Einfluß bei Babcock als Kommunikationskanal dienen. Die Tatsache, daß es auch im deutschen maritimen Rüstungssektor einen qualitativen Sprung zur Aufrüstung gab, wurde bisher öffentlich kaum wahrgenommen.[91]

Eine *dritte* Tendenz, die einem allzu schnellen Wachstum der EU-Rüstungsindustrie im Wege steht, ist das Andauern der US-Störmanöver und der »transatlantische Balanceakt«, in dem sich der britische Rüstungsgigant BAe Systems befindet. So galt Mitte 2000 das US-Rüstungsunternehmen General Dynamics als aussichtsreichster Kandidat, um den spanischen Panzerbauer Santa Barbara zu sanieren und zu übernehmen. Das wiederum rief den deutschen Panzerhersteller Krauss Maffei – soeben bei Mannesmann ausgegliedert – auf den Plan: Santa Barbara sollte in Lizenz den Panzer Leo 2 fertigen, die US-Konkurrenz wollte man nicht unter der Luke des deutschen Rüstungsexport-Schlagers wissen. Kurz darauf übernahm das US-amerikanische Rüstungsunternehmen United Defense das strategisch bedeutsame schwedische Rüstungsunternehmen Bofors Weapon Systems (BWS), bis dahin eine Saab-Tochter. BWS stellt so genannte »intelligente« Waffensysteme für Panzer, Kriegsschiffe und für die Luftabwehr her.

New British Aerospace Systems wiederum hat im Jahr 2000 seine rüstungspolitische Gewichtung ein weiteres Mal Richtung USA verschoben. BAe Systems übernahm im April 2000 vom US-Rüstungskonzern Lockheed die Sparte elektronische Steuerung, was nur mit Genehmigung des Pentagons vorstellbar ist. Damit erhält BAe bereits mehr Rüstungsaufträge vom US-Verteidigungsministerium als von der britischen Regierung.[92]

Doch selbst wenn es zur Bildung eines einheitlichen europäischen Rüstungskonzerns kommen würde, so bliebe doch die gewaltige Kluft, die zwischen dem militärisch-industriellen Komplex der USA und dem Westeuropas herrscht. Gerade mit dem Balkan-Krieg und nach ihm wurde klar, daß diese Kluft einen quantitativen und einen qualitativen Aspekt hat.

Rein quantitativ liegt die Differenz darin, daß alle Rüstungsetats der europäischen Nato-Staaten gerade mal zwei Drittel des Rüstungsetats der USA ausmachen – bei annähernd gleicher Zahl der jeweiligen Bevölkerung und einem größeren europäischen akkumulierten Bruttoinlandsprodukt. Berücksichtigt man, daß in Westeuropa viele Parallelentwicklungen stattfinden – aufgrund der Addition einzelner nationaler Etats und der Existenz konkurrierender nationaler militärisch-industrieller Komplexe – und viel Geld ausgegeben wird, um die unterschiedlichen Tötungsindustrien und ihre Organisationsform in einzelnen nationalen Streitkräften aufeinander abzustimmen, dann, so konstatierte das »Wall Street Journal« mit einer gewissen, interessenbedingten Übertreibung, dürfte das europäische Rüstungsbudget »nur einem Zehntel desjenigen Amerikas entsprechen.«[93] Besieht man sich diese Welten, die rein numerisch die Militärmacht Nr. 1 von der Konkurrenz in Westeuropa trennen, dann mutet jedes Ziel, hier aufzuholen, irrwitzig an. Tabelle 16 bringt die wesentlichen Daten zu den aktuellen Rüstungshaushalten.[94]

Tabelle 16: Truppenstärken und Rüstungsausgaben in den USA und in den drei größten westeuropäischen Ländern

Land	Truppenstärke in Tsd. 1999	Rüstungsausgaben 1999 insges. Mio $	pro Kopf in $	in vH des BIP
USA	1.371	252.379	996	3,1
Frankreich	317	28.353	615	2,7
Großbrit.	212	33.254	603	2,6
BRD	333	23.790	364	1,4

Die Differenz zeigt auch, wie groß der Druck insbesondere in Deutschland werden kann, »jetzt endlich« auch bei den Rüstungsausgaben »aufzuschließen«. Allein das Ziel, beim Anteil der Rüstungsausgaben am Bruttoinlandsprodukt an Frankreich heranzukommen, hieße für die BRD, ihre die Rüstungsausgaben zu verdoppeln.

Der qualitative Unterschied besteht in den unterschiedlichen Geschwindigkeiten der Aufrüstung. Die Aufrüstungstendenzen in den USA sind bereits unübersehbar und für die kommenden Etats fest eingeplant. So wurde in die Entwicklung eines neues Kampfflugzeugs (Typ F-22) die Rekordsumme von 25 Milliarden US-Dollar investiert – soviel wie ein Jahresetat des Bundesverteidigungsministeriums. Der Beschluß für eine gigantische Raketenabwehr, National Missiles Defence genannt, scheint gefallen. Dieses System würde in der Endphase umgerechnet zwischen 120 und 150 Milliarden Mark kosten. Seine Installation droht ein neues Wettrüsten, vor allem mit den Atommächten Rußland und China, auszulösen. Die Folgen dieser drohenden neuen US-Hochrüstung sind noch nicht absehbar.

Das »Wall Street Journal« sprach in einem Artikel, der die Bilanz aus dem Kosovo-Krieg zog, von einer »Allianz mit zwei Geschwindigkeiten« und zitierte dazu zustimmend einen Vertreter des US-amerikanischen militärisch-industriellen Komplexes mit den Worten: »Mit den neuen Zwei-Geschwindigkeiten ... verhält es sich wie beim Rugby: Wenn du allzu weit dem Team vorausläufst, dann kollabiert das ganze Team... Heute laufen die USA weit voraus. Wenn sich die Lücke noch weiter öffnet, dann wird es das große Problem Europas sein, den Anschluß zu halten.«[95]

Dabei sind diese zwei Geschwindigkeiten nicht allein auf die Politik zurückzuführen. Sie haben wesentlich zu tun mit dem Kapitalverhältnis, mit der unterschiedlich hohen Kapitalkonzentration im Rüstungssektor und mit den nationalstaatlichen Widersprüchen in Europa. Wenn von DaimlerChrysler und dem militärisch-industriellen Komplex in Europa und insbesondere in der BRD trotz dieser gewaltigen Differenz auf die militärische Karte gesetzt und wenn dennoch die Kapitalkonzentration im Rüstungssektor derart vorangetrieben wird, dann zeigt dies dreierlei: Erstens daß Politik pur im Spiel ist. Zweitens, daß das in dieser Branche angelegte Kapital bereits ein solches Gewicht hat, das eine Eigendynamik begünstigt. Drittens, daß die Kreise, die diese Militarisierung in Deutschland betreiben, nichts aus den zwei verlorenen Weltkriegen gelernt haben. Und vor diesem Hintergrund gewinnen Skandale mit NS-Hintergrund, in die gerade auch prominente Vertreter der BRD-Rüstungindustrie immer wieder verwickelt waren, ihr Gewicht.

Das beginnt bei der Nachkriegsgeschichte von Daimler-Benz. Einer der maßgeblichen Finanziers Adolf Hitlers war Friedrich Flick. Flick gehörte dem »Freundeskreis des Reichsführers SS Heinrich Himmler« an und spendete an die obersten Nazis rund 7,5 Millionen Reichsmark; Göring bezeichnete ihn im Nürnberger Kriegsverbrecherprozeß noch als »absolut persona grata«. Er wurde mit dem Krieg und durch Beteiligung an den »Arisierungsraubzügen« der Nazis zum reichsten Deutschen. Nach 1945 wurde Flick auf doppelt wundersame Weise zum »Gegner des NS-Regimes« (Adenauer) geadelt und Hauptaktionär bei Daimler-Benz. Er steuerte maßgeblich dieses Unternehmen in den ersten drei Jahrzehnten nach dem Zweiten Weltkrieg. Nach Flicks Tod 1972, übernahm die Deutsche Bank den größten Teil des Aktienpakets seiner Familie. Die sozial-liberale Koalition sah in dem Verkauf eine nationale Großtat und befreite die Flick-Erben von der Versteuerung des Milliarden-Gewinns – was im übrigen die Grundlage für den damaligen Bimbes-Flick-Skandal abgab.

Friedrich Flick wurde nach dem Krieg auch schnell Mehrheitsaktionär des wichtigsten westdeutschen Panzerbauers. Der Mann, in dessen Werken während des NS-Regimes die Panzer »Tiger« und »Panther« gefertigt wurden, begann in seiner Neuerwerbung Krauss-Maffei 1963 mit der Produktion des Kampfpanzers »Leopard«. 1976 folgte der »Gepard« und 1979 der »Leopard II« – bis auch dieses Unternehmen mit Milliarden-Gewinn an den Mannesmann-Konzern abgegeben wurde.

Das setzte sich fort mit dem Fall Dersch: Karl Dersch war enger Freund von Franz Josef Strauß und Mercedes-Benz-Vertreter in München. Bis Ende der achtziger Jahre war er zum Vorstandsmitglied der Daimler-Rüstungs-Tochter Dasa aufgestiegen, zuständig für den Bereich Marketing bei Dasa. Durch einen Zufall wurde bekannt, daß Dersch seit Jahren im Garten seines Münchner Privathauses die Reichskriegsflagge mit Eisernem Kreuz und Reichsadler hißte. Dersch mußte seinen Hut nehmen.

Und das endet noch lange nicht mit dem Fall Riedl: Erich Riedl war fast ein Jahrzehnt Staatssekretär im Wirtschaftsministerium. Anfang der neunziger Jahre wollte er trotz heftiger öffentlicher Proteste in Peenemünde eine Gedenkfeier anläßlich des ersten Starts einer V-2-Rakete veranstalten. Sein Partner bei Dasa war damals Dersch. Von Erich Riedl wurde im Rahmen des Bimbes-Skandals im Jahr 2000 bekannt, daß er in seiner Amtszeit Staatssekretär eher im Nebenberuf war. Er erhielt während seiner Amtszeit Millionen-Summen vom Thyssen-Konzern und fädelte viele große Rüstungs-Deals mit dem Ausland ein. So war es auch Riedl, der 1990/91 die Freigabe des Exports von 32 Fuchs-Panzlern nach Saudi-Arabien erwirkt hatte – ein Deal, aus dem mehr als 200 Millionen Mark Schmiergelder zur »Pflege der Bonner Landschaft« erwuchsen. Das wurde dann 1999/2000 zum Ausgangspunkt der neuen Bimbes-Affäre.

***

Der Absturz der Concorde im Juli 2000 weist noch auf andere Zusammenhänge hin, als am Beginn von Kapitel 10 angesprochen. Das französisch-britische Concorde-Projekt war in den sechziger Jahren ein Mittel der Briten, das Tor zur damaligen EWG aufzustoßen. Immer wenn de Gaulle sein Veto gegen einen britischen Beitritt zur EWG einlegte, antworteten die Briten »mit der Drohung, das teuerste der gemeinsamen britisch-französischen Projekte, die Concorde, fallen zu lassen« – so Ernest Mandel 1968. Drei Jahrzehnte später ist Großbritannien EU-Mitglied, bleibt jedoch nicht nur außerhalb der Euro-Zone, sondern auch außerhalb des EU-weiten militärisch-industriellen Komplexes. Während Frankreich vor drei Jahrzehnten zumindest theoretisch noch zwei Optionen, nämlich die einer französisch-britischen und die einer deutsch-französischen Zusammenarbeit, hatte, ist heute der erste Weg rein wirtschaftlich kaum mehr begehbar: zu stark ist die Einbindung Frankreichs in die Europäische Union. Rein militärisch allerdings haben die britische und die französische Regierung eine Rückversicherung vorgenommen. Seit 1997 existiert ein gemeinsames britisch-französisches Kommando über die beiderseitigen nuklearen Luftstreitkräfte.

London hat eine »atlantische Option« immer offen gehalten. Die beschriebene starke Präsenz von British Aerospace Systems in den USA verstärkt diese Option.

Zum Zeitpunkt des Absturzes der Concorde gab es nur noch einen der ursprünglich zwei Hersteller: British Aerospace Systems. Die andere Herstellerfirma, die französische Aérospatiale, ging kurz zuvor in Aérospatiale-Matra/Lagardère und sodann in der EADS auf. Damit treffen der Absturz einer Concorde und die Einstellung aller Flüge des Überschallflugzeugs die britische Seite weit mehr als die französische. Die Tatsache, daß es die französische Seite und eine sozialistische Regierung waren, welche die Briten dazu zwangen, ihrerseits die Concorde-Jets im Rahmen von British Airways stillzulegen, ist bezeichnend für die Widersprüche in der EU und die Rolle, die dabei Nationalstaatlichkeit und Sozialdemokratie spielen.[96]

PapyRossa Verlag
Luxemburger Str. 202, D-50937 Köln
Tel.: 0221/44 85 45, Fax: 44 43 05
E-Mail: papyrossa@koeln-online.de
Internet: www.papyrossa.de

Foto: Beate Knappe

Meine Anschrift (bitte gut leserlich):

____

____

____

____

Bitte senden Sie mir – kostenlos und unverbindlich – regelmäßig Ihr Gesamtverzeichnis zu. Ich interessiere mich vor allem für

☐ Politik/Geschichte/Gesellschaft/Ökonomie

☐ Frauenthemen/Geschlechterverhältnisse

☐ Erziehung/Schule/Familie

Sonstige Anmerkungen:

Bitte
ausreichend
frankieren

Antwortkarte

PapyRossa Verlag
Luxemburger Str. 202

D - 50937 Köln

Kapitel 12
Die wachsende Konzentration von Kapital und Macht bei den Banken – Teil der nationalen Kontrolle

Mac: Sie sehen den untergehenden Vertreter eines untergehenden Standes. Wir kleinen bürgerlichen Handwerker, die wir mit dem biederen Brecheisen an den Nickelkassen der kleinen Ladenbesitzer arbeiten, werden von den Großunternehmen verschlungen, hinter denen die Banken stehen. Was ist ein Dietrich gegen eine Aktie? Was ist ein Einbruch in eine Bank gegen die Gründung einer Bank? Was ist die Ermordung eines Mannes gegen die Anstellung eines Mannes?

Mackie Messer in: Bertolt Brecht, Die Dreigroschenoper

Je größer die Unternehmen, desto wichtiger die Rolle der Banken. Je heftiger das Fusionsfieber desto bedeutender die Funktion des Finanzsektors. Alle großen Unternehmenstransaktionen werden heute von Banken »eingefädelt« oder zumindest »betreut«. Wie in Kapitel 3 dargestellt wurde, ist bereits das »M&A«-Geschäft ein enorm einträgliches und boomendes, das insbesondere von dem spezifischen Bankenzweig der Investmentbanken betrieben wird. Bereits aus diesem Faktor des spezifischen und wachsenden Gewichts der Investmentbanken entwickelte sich eine Eigendynamik.

Doch den entscheidenden Einfluß auf die Ökonomie üben die klassischen Banken – oft im Verbund mit Versicherungen – aus. Sie sind wesentlich größer und mächtiger als die klassischen Investmentbanken, deren zwei größte, Morgan Stanley Dean Witter und Merril Lynch, Aktiva von 367 bzw. 328 Milliarden Dollar aufweisen – gegenüber 841 Milliarden US-Dollar Aktiva der Deutschen Bank bzw. 700 Milliarden US-Dollar der französischen BNP Paribas Bank (jeweils für 1999).

Der Einfluß der »klassischen« Banken auf die Wirtschaft wird auf unterschiedliche Art und Weise ausgeübt.

Als *erstes* sind Banken oft in erheblichem Umfang *direkt* an den großen Unternehmen beteiligt. Nach einer jüngeren Untersuchung befanden sich Mitte der neunziger Jahre in der BRD zehn Prozent des Kapitals der öffentlich notierten großen Unternehmen im Besitz von Banken desselben Landes. Weitere 11 Prozent wurden von Versicherungen – erneut: desselben Staats – kontrolliert. In Japan kontrollierten zum selben Zeitpunkt die Banken 25 Prozent und die Versicherungen weitere 17 Prozent der börsennotierten Unternehmen. In den USA wiederum waren nach Angaben derselben Studie die Banken nur mit 0,3 Prozent und die Versicherungen mit weiteren 5,2 Prozent direkte Eigentümer des Kapitals der öffentlich notierten Gesellschaften. Doch in diesem Land kontrollierten – aufgrund der anderen Organisation der Altersvorsorge – die Pensionsfonds 25 Prozent des Kapitals dieser Konzerne. Tabelle 17 gibt einen Überblick über die Eigentümergruppen bei den großen Unternehmen.[97]

Tabelle 17: Struktur des Eigentums an den öffentlich notierten Unternehmen in den USA, Japan und der BRD

Eigentümergruppen	USA	Japan	BRD	
			A	B
Banken	0,3	25,2	8,9	10,3
Versicherungen	5,2	17,3	10,6	12,4*
Pensionsfonds	24,8	3,6	-	-
Staat	(?)	0,6	6,8	4,3
Zwischensumme	30,3	47,3	26,3	27,0
Investment Gesellschaften	9,5	3,6	-	7,6
Andere Unternehmen	-	25,1	39,2	42,1
Private Haushalte	53,5#	23,1	16,8	14,6
Ausländisches Eigentum	6,7	4,2	17,7	8,7

* mit Pensionsfonds # = »direct or through mutual fonds«

Bereits hier ergibt sich für alle drei auf dem Weltmarkt führenden Staaten: Zwischen 30 und 40 Prozent des Kapitals der großen Konzerne sind in der Hand der Banken, Pensionsfonds und Versicherungen. Bezieht man noch die Investmentgesellschaften und Bausparkassen als Teil des Finanzsektors mit ein, dann liegt dieser Anteil nochmals höher.

In den USA und in der BRD liegen die Eigentumsrechte des Finanzsektors an den großen Konzernen bei einer ähnlichen Marge. In Japan erreichen diese Anteile ein nochmals deutlich höheres Niveau. Dabei ist zumindest für die BRD belegbar, daß diese Kontrollanteile des Finanzsektors massiv zunahmen; sie haben sich seit 1960 rund verdreifacht. Die große Gruppe der »anderen Unternehmen«, die als Eigentümer der großen Konzerne auftreten, bedarf einer Erläuterung. Oft handelt es sich hier um Aktienpakete, die die Banken bei befreundeten Unternehmen parken und auf diese Weise indirekten Einfluß ausüben. Der Grund für diese Praxis liegt in der BRD in den Bilanzierungsregeln für Banken. Nach dem Kreditwesengesetz darf der Eigenbesitz der Großbanken an Unternehmen nicht als Eigenkapital angerechnet werden. Die Eigenkapitalhöhe wiederum begrenzt im übrigen den Spielraum für die Kreditvergabe. In der Konsequenz verkaufen große Banken Aktienanteile an Unternehmen, die sie kontrollieren, an befreundete Unternehmen, die dann die Stimmrechte im Sinne der Banken wahrnehmen. Dies spielt bei der Deutschen Bank aus geschichtlichen Gründen eine besondere Rolle, wie Hermannus Pfeiffer feststellte: »In der Folge der Bankenkrise der dreißiger Jahre mußte die Deutsche Bank sich äußerer Einflüsse erwehren, d.h. staatlicher. So streute die Bank Anfang der dreißiger Jahre beträchtliche Aktienpakete... unter befreundeten Unternehmen aus ihrer Finanzgruppe, wie Mannesmann, Rheinische Braunkohle und Reemtsma. Dadurch bewahrte die Bank ihre Selbstkontrolle, während Commerzbank und die Dresdner Bank faktisch verstaatlicht und erst gegen Ende der dreißiger Jahre wieder reprivatisiert wurden.«[98]

Rechnet man realistischerweise also einen Teil des hohen Anteils, den die Eigentümergruppe »Andere Unternehmen« hat, zum Anteil der Banken hinzu, dann erreichen wir zumindest in der BRD und in Japan Eigentumsanteile von 40 bzw. 50 Prozent, die bei der Finanzwirtschaft des jeweiligen Landes liegen.

Damit ist bereits klar: Die These von einer zunehmend breiten Streuung von Aktienbesitz oder gar der Bildung von »Volkseigentum« usw. ist nicht belegbar. Da es sich dabei um Kapitalanteile des jeweiligen nationalen Finanzsektors handelt, wird auf diese Weise erneut der starke inländische Faktor unterstrichen.

Doch das direkte und indirekte Bankeneigentum an den großen Konzernen ist nur eine Form der Kontrolle. Darüber hinaus – und *zweitens* – kontrollieren die Banken in der BRD die großen Unternehmen über das Depotstimmrecht. Die Kleinaktionäre übertragen in der Regel ihr Stimmrecht – die Möglichkeit zur Ausübung ihrer Eigentümerrechte auf der Hauptversammlung – auf die Bank, die ihre Aktien »im Depot« verwaltet. Groteskerweise führt damit gerade ein breit gestreutes Aktienkapital dazu, daß die Macht der Banken über die großen Konzerne wächst. Mitte der neunziger Jahre kontrollierten die Banken in der BRD auf den Hauptversammlungen jeweils im Durchschnitt zwei Drittel des gesamten Aktienkapitals – durch direktes Eigentum oder über das Depotstimmrecht.

Drittens plazieren die Banken aufgrund ihres enormen Gewichts auf den Hauptversammlungen Personen ihres Vertrauens in den Führungsorganen (Vorstand, Aufsichtsrat) oder in speziell geschaffenen anderen Einflußorganen (»Beiräte«) der großen Konzerne. Die Entscheidungs- und Beratungsorgane der großen Konzerne sind durchzogen von einem engen Geflecht mit Leuten aus den Chefetagen der Großbanken oder – sehr beliebt bei der Deutschen Bank – mit ehemaligen Top-Managern desselben Finanzinstituts. Damit kann ein Großkonzern bereits aufgrund der personellen Zusammensetzung seiner Führungsorgane dem Einflußbereich der einen oder anderen Großbank – in der Regel der Deutschen Bank oder der Dresdner Bank – zugerechnet werden. Hermannus Pfeiffer hat dies in einer Studie über die Deutsche Bank detailliert dargelegt.[99] Eine Reihe dieser »Einflußagenten« sind Multi-Aufsichtsräte oder »Berufs-Beiräte«.

»Der Spiegel« bezeichnete in diesem Zusammenhang bereits 1965 Hermann Josef Abs, den damaligen Aufsichtsratsvorsitzenden der Deutschen Bank, als »Aufsichts-Auge«, das auf 1,2 Millionen Arbeitnehmern ruhen würde.[100]

Viertens üben die Banken durch die Kreditvergabe einen erheblichen Einfluß auf die großen Unternehmen aus. So stieg in Gesamtdeutschland die an Unternehmen ausgeliehene Kreditsumme zwischen 1990 und 1995 von 3000 Milliarden Mark auf 5200 Milliarden Mark. Gleichzeitig erhöhte sich bei den Banken der Anteil der Unternehmenskredite an der gesamten Kreditvergabe. Vergleichbare Vorgänge fanden in diesem Zeitraum in den meisten Ländern Westeuropas und in Japan statt.[101]

Da nach unserer Analyse den Banken eine zentrale Rolle bei der Beherrschung der größten Konzerne zukommt, sind Unternehmenstransaktionen im Bankensektor von besonderer Bedeutung. Insbesondere kann am – nationalen, binationalen oder multinationalen – Charakter der Banken und der Kapitalkonzentration im Bankensektor ersehen werden, inwieweit eine Globalisierung oder zumindest eine Zurückdrängung des »nationalen Momentes« in der Weltökonomie stattfindet. Umgekehrt gilt auch: Eine Internationalisierung und »Entnationalisierung« der Weltökonomie könnte nur stattfinden, wenn die Banken dabei eine Vorreiterrolle inne hätten.

Tatsächlich scheint es eine Zeit gegeben zu haben, wo zumindest auf europäischer Ebene die Banken in dieser Richtung initiativ waren – was allerdings nur bedeutet hätte, daß sie einen Staat mit erweitertem geographischem Gebiet, dem der damaligen EWG, schaffen wollten. So wurde im Jahr 1958 von drei europäischen Großbanken die Gesellschaft Eurosyndicat geschaffen, die eine Europäisierung der EWG-Ökonomie vorantreiben wollte. 1967 wurde – erneut von sechs großen Banken mit Sitz in Westdeutschland (Dresdner Bank), Italien (Banca Nazionale de Lavore), Niederlande (Algemene Nederlandse Bank), Frankreich (Banque Nationale de Paris), Großbritannien (Barclays Bank) und den USA (Bank of America) – das Institut Societé Financière Européenne (SFE) gegründet. Erklärtes Ziel dieses supranationalen Unternehmens war die Bildung »europäischer Gesellschaften«. Es folgte bald ein drittes Institut, die Banque Européenne de Crédit à Moyen Terme, an der auf deutscher Seite die Deutsche Bank und seitens Frankreichs der Crédit Lyonnais beteiligt waren.[102]

Doch all diese Versuche blieben offensichtlich erfolglos; möglicherweise wurden sie auch nicht mit großer Energie betrieben. Die »Landschaft« der großen Konzerne in Westeuropa ist im Jahr 2000 ebenso national gefärbt wie 1956, als die Europäische Wirtschaftsgemeinschaft

(EWG) gegründet wurde. Dies gilt ebenso für die Banken in den USA und in Japan.

Dabei hat das aktuelle Fusionsfieber längst auch den Finanzsektor erfaßt. Es kam zu einer Entwicklung wie bei den Konzernen: Mitte der neunziger Jahre explodierten die Finanz-M&A-Geschäfte in den USA. 1999 lagen sie erstmals in Westeuropa über denen in den USA (allerdings auch, weil in den USA offensichtlich ein – kurzfristiger – Sättigungsgrad erreicht wurde und die M&A-Geschäfte in diesem Sektor stark rückläufig waren). Tabelle 18 gibt einen Überblick.[103]

Tabelle 18: Bankenzusammenschlüsse 1993 bis 1999 in den USA und in Westeuropa – Anzahl der Zusammenschlüsse über 500 Mio US-Dollar

Region	Zahl der Bankenzusammenschlüsse in den Jahren						
	1993	94	95	96	97	98	1999
W.Europa	3	7	26	14	76	73	155
USA	12	9	55	35	120	284	79

Doch auch hier gab und gibt es fast ausschließlich Unternehmenstransaktionen in den gleichen nationalen Farben oder solche, bei denen ein stärkeres Finanzinstitut des Landes X ein schwächeres des Landes Y übernimmt – und somit die eigene nationale Basis ausbaut. Beispielsweise kam es zunächst zur Fusion der beiden französischen Großbanken BNP und Paribas, worauf die französische Société Generale die nun fetter gewordene Paribas schluckte. In Italien schlossen sich die Finanzinstitute Unicredito und Comit und die Unternehmen San Paolo-IMI und die Banca Di Roma zusammen. In Spanien übernahm die Banco de Santander die Banco Central. In Japan wollten sich ab Herbst 2000 drei Großbanken zusammenschließen. In der BRD gab es die Versuche, Deutsche Bank und Dresdner Bank zusammenzuschließen; als dies scheiterte, wurde an einer Verbindung Commerzbank und Dresdner Bank gestrickt. Der Haftpflichtverband der Deutschen Industrie (HDI) und die HUK Coburg fusionierten zum drittgrößten deutschen Versicherer.

Völlig typisch ist der Konzentrationsprozeß in dem Land, das bis vor kurzem die internationale Bankenwelt weitgehend beherrschte, in den USA. Dort verschmolz 1996 die Chase Manhattan mit der Chemical Banking. Im Jahr 1998 übernahm die Citicorp die Travellers Bank. Sodann fusionierten die Institute Fleet Financial und BankBoston.

Beispiele für grenzübergreifende Operationen des beschriebenen Typs – Übernahme und Eingliederung eines »ausländisches« Instituts in dasjenige eines anderen Nationalstaats – waren die folgenden: Das niederländische Institut ING übernahm die deutsche BHF-Bank. Die Deutsche Bank übernahm 1999 Bankers Trust (USA). Die Allianz übernahm Pimco Adviser (USA).[104]

Das mündete in eine internationale Bankenlandschaft, bei der sich fast alles veränderte – Reihenfolgen, Größenordnungen, Länderdominanz – nur nicht diese Tatsache: Bankkapital ist national. Tabelle 19 liefert die Liste der im Jahr 1999 größten Banken der Welt. Die Hackordnung orientiert sich dabei an der Bilanzsumme.[105]

Die in der Liste aufgeführten Banken weisen teilweise gewaltige Gewinne und noch größere Gewinnsprünge aus. Bei den japanischen Banken signalisieren die mageren Gewinne die tiefe Krise, in der der Bankensektor dieses Landes seit mehr als sieben Jahren steckt. Im übrigen haben alle in der Tabelle aufgeführten Finanzinstitute einen »rein nationalen Charakter«. Während es, wie aufgezeigt, bei den größten Industriekonzernen doch einige wenige gibt, die wenigstens binational sind, befindet sich unter den 20 größten Banken der Welt keine einzige, die einen solchen – oder gar einen multinationalen – Charakter aufweisen würde. In einem Interview mit dem Vorstandsvorsitzenden des deutschen Versicherungsgiganten Allianz, Henning Schule-Noelle, äußerte dieser: »Grundsätzlich bin ich immer für den europäischen Ansatz. Ich war in der Vergangenheit schon ziemlich überrascht, daß keine der deutschen Banken eine Initiative für einen Merger auf europäischer Ebene gestartet hat. Es liegt wohl daran, daß der Bankensektor stark national organisiert ist. Auch Politiker halten dies für einen so zentralen Bereich der Volkswirtschaft, daß sie grenzüberschreitenden Fusionsbewegungen gegenüber zurückhaltend sind... Ich bin mir sicher, die nächste Fusionsphase wird sich auf europäischer Ebene abspielen.«[106]

Tabelle 19: Die 20 größten Banken der Welt - Angaben für 1999

Rang Bank	Land	Bilanz summe	Umsatz/ Einnahmen	Gewinn	Gewinn zuwachs geg.98
		- - - - - - - in Mrd. $	- - - - - - - - -		in vH
1 Deutsche Bank	D	842	59	2,7	+ 43
2 Bank of Tokyo-Mits.	J	730	33	1,2	—
3 BNP Paribas	F	700	40	1,6	+ 28
4 Bank of America	USA	633	51	7,9	+ 52,6
5 UBS	CH	613	28	4,2	+ 101
6 HSBC*	GB	568	39	5,4	+ 25
7 Fuji Bank	J	568	28	0,5	—
8 Sumitomo Bank#	J	525	27	0,5	—
9 Hypo Vereinsbank+	D	504	32	0,4	(82)
10 Sakura#	J	473	19	0,5	—
11 ABN AMRO	NL	459	39	2,7	+ 38
12 Crédit Suisse	CH	452	49	3,5	+ 64,2
13 Crédit Agricole	F	441	33	2,5	+ 21
14 Industrial B.o.J.	J	414	27	0,6	—
15 Fortis	B	407	44	2,4	+ 18
16 Societé Générale**	F	407	24	2,5	+ 230
17 Chase Manhattan	USA	406	34	5,4	+ 44
18 Dresdner Bank	D	397	23	1,1	+ 8,7
19 WestLB	D	395	24	0,4	+ 18
20 Commerzbank	D	372	26	0,9	(2,0)
Nachrichtlich:					
21 Bank One Corp	USA	269	26	3,5	+ 11,9
22 Santander Central	Sp	257	26	1,7	+ 76,3

* Hongkong-Shanghai Bank Corp. # ab 1.4.2001 vereint
+ Im Sommer 2000 Übernahme von BankAustria (plus 120 Mrd $ Aktiva)
** Seit März 1999 Teil von BNP Paribas (Rang 3)

Solche Beteuerungen einer Internationalisierung oder wenigstens einer Europäisierung des Finanzkapitals gab es, wie wir sahen, seit vier Jahrzehnten – ohne irgendein erkennbares Resultat. Und gerade die Allianz war in den Jahren 1997 an mindestens vier gewaltigen Unternehmenstransaktionen beteiligt, die exakt in die entgegengesetzte

– die rein nationale – Richtung weisen: 1997 übernahm der Versicherungsriese die französische Versicherungsgruppe Assurances Générales de France (AGF); 1999 wurde das US-Institut Pimco Advisers geschluckt. Im Jahr 2000 war die Allianz als Großaktionärin der Dresdner Bank an dem Versuch beteiligt, diese mit der Deutschen Bank zu verschmelzen. Und kurz darauf übernahm die HypoVereinsbank, an der die Allianz ebenfalls mit einem maßgeblichen Aktienpaket beteiligt ist, die BankAustria. All das, wie gesagt, widerspricht dieser selbstgewählten »Europäisierungs-Ideologie«. Im übrigen muß die zitierte Formulierung, wonach die »nächste Fusionswelle« sich »auf europäischer Ebene abspielen« würde, kein europäisches Kapital hervorbringen – wenn es sich erneut um Übernahmen handeln sollte und nicht um die Schaffung von Instituten mit gleichberechtigt verteiltem Eigentum auf mindestens zwei Nationalstaaten.

Doch genau darauf liefen die Unternehmenstransaktionen im Finanzsektor auch des Jahres 2000 hinaus. In Japan wurden 1999 und 2000 gleich drei gewaltige neue Bankfusionen – alle auf rein nationaler Ebene – angekündigt. Zunächst erklärten im August 1999 die Fuji Bank, die Industrial Bank of Japan und die Dai Ichi Kangyo Bank, ab dem Jahr 2000 als ein Institut auftreten zu wollen. Das neue Institut würde damit auf Platz 1 der Weltrang-Liste liegen. Sodann erklärten im April 2000 die drei Institute Sanwa Bank, Tokai Bank und Asahi Bank, ab 2001 als einheitliches Institut zu fungieren. Daraus wäre die drittgrößte Bank der Welt geworden. Im Juli 2000 stieg jedoch die Asahi Bank aus; es dürfte nun zu einer Zweier-Verbindung kommen. Als nächstes erklärten die Sumitomo und die Sakura Bank die Fusion – diese dürfte ab 2001 wirksam werden, womit das neue Institut ebenfalls auf einen der ersten drei Plätze der Weltrangliste aufsteigen dürfte. Schließlich beschlossen die Bosse der Bank of Tokyo-Mitsubishi und der Mitsubishi Trust & Banking Corp., ab 2001 vereint aufzutreten, was auch dieses Institut in die Welt-Spitzengruppe bringen muß. Interessanterweise wird sich damit ab 2001/2002 voraussichtlich ein Bild ergeben, bei dem unter den sechs größten Banken der Welt mindestens drei japanische zu finden sind. Eine solche Konstellation gab es bereits einmal Anfang der neunziger Jahre. Damals war dies Ausdruck der gewaltigen Dynamik des japanischen Kapitals und der Finanzstärke der japanischen Banken – gestützt auf enorm hohen Börsenkursen. Im Verlauf der neunziger Jahre wurden dann die japanischen Banken aus der Spitzengruppe Schritt für Schritt abgelöst.

Wenn sich nun Anfang des 21. Jahrhunderts erneut das Bild einer anscheinenden japanischen Dominanz im internationalen Finanzsektor abzeichnet, dann drückt sich darin allerdings zumindest *auch* die aktuelle Schwäche der japanischen Ökonomie im allgemeinen und des Finanzsektors im besonderen aus. Denn die aktuellen Bankenzusammenschlüsse in Japan sind aus der Not geboren. Die Börsenkurse liegen weiterhin bei 60 Prozent des Niveaus, das bereits einmal vor rund zehn Jahren erreicht worden war. Die japanische Ökonomie erlebt seit Anfang der neunziger Jahre eine Stagnationsperiode. Vor allem türmen sich über dieser Ökonomie weit über umgerechnet 1000 Milliarden Mark »faule Kredite« – und diese konzentrieren sich bei den großen Banken. Weswegen es zu immer neuen »bereinigenden« Zusammenschlüssen der beschriebenen Art kommt. Noch vor vier Jahren hatte es in Japan neun Großbanken gegeben. Im Jahr 2001 werden es nur noch vier oder gar drei sein.[107]

Der bereits oben skizzierte Fusionsprozeß in Frankreich in den Jahren 1999/2000 weist in dieselbe Richtung. Im Februar 1999 übernahm die Société Générale die Bank Paribas. Einen Monat später schluckte die Banque Nationale de Paris (BNP) das eben fusionierte neue Großinstitut. Dieser Prozeß wurde in erheblichenm Maß vom französischen Staat unterstützt und gesteuert, in den Medien mit einigem nationalen Pathos verbunden. Damit ist Frankreich erstmals seit geraumer Zeit wieder unter den drei größten Banken der Welt mit einem Institut vertreten. Voraussichtlich – siehe die japanischen Konzentrationsprozesse – wird das Gastspiel exakt ein Jahr dauern.[108]

Oder nehmen wir die Schweizer Banken, die eine – gemessen an der Bedeutung des Landes – deutlich überproportionale Rolle in diesem Sektor spielen. Zwei Schweizer Kreditinstitute – die UBS und die Crédit Suisse – tummeln sich unter den 20 größten Banken der Welt. Es gäbe durchaus einige Gründe dafür, bei einem derart schwachen Nationalstaat zu prüfen, inwieweit nicht der Umbau eines der Schweizer Bankinstitute in ein dezidiert binationales oder gar internationales Unternehmen Sinn machen würde. Doch eine solche Entwicklung zeichnet sich nicht ab. Im Gegenteil. Im Juli 2000 übernahm das Bankhaus UBS, das 1999 bereits Rang fünf der größten Banken der Welt eingenommen hatte, den viertgrößten US-Vermögensverwalter, die Bank PaineWebber. Damit dürfte UBS als »rein schweizerisches Unternehmen« im Jahr 2000 zumindest seinen Rang gehalten haben – was angesichts der berichteten gewaltigen neuen »nationalen Großfusionen« von Banken aus weit mächtigeren Nationalstaaten erstaunlich ist. Das Schweizer Beispiel unterstreicht erneut die Bedeutung des Nationalstaats auch für den Finanzsektor eines kleines Staates.[109]

In den USA, in Italien, in Großbritannien – überall waren die Banken-Unternehmenstransaktionen seit 1990 auf einer Linie erfolgt, die entweder rein national war oder in der Übernahme eines »ausländischen« Unternehmens durch ein »nationales« bestand. An keinen großen OECD-Staat gebundene »Exoten«, die es gelegentlich in dieser Banken-Landschaft gab, wurden bereits früh aus dem Kreis der Großen gedrängt oder eliminiert. Dies war der Fall bei der Bank BCCI, einer in London beheimateten Großbank, die pakistanische und arabische Eigentümer hatte und Anfang der neunziger Jahre vom Londoner Finanzplatz »weggebissen« wurde und Konkurs ging.[110]

In der Bundesrepublik Deutschland ergibt sich kein anderes Bild. Auf das Projekt Deutsche Bank/Dresdner Bank wird noch einzugehen sein. Widmen wir uns zuvor der Entwicklung der HypoVereinsbank und der ebenfalls im Jahr 2000 durchgezogenen Übernahme der Bank-Austria. Bei der HypoVereinsbank handelt es sich spätestens nach dieser letztgenannten Übernahme um eine neue deutsche Bank von Weltformat, die aus der »tiefen bayerischen Provinz« aufstieg. Ihr Werdegang ist erneut Ausdruck der staatlichen – hier teilweise der »freistaatlichen« – und der nationalen Lenkung des Konzentrationsprozesses gerade im Finanzssektor. Den Kern des Instituts HypoVereinsbank bildet die Bayerische Vereinsbank. In dieser hatte der Freistaat Bayern großen Einfluß. In den neunziger Jahren wurden eine Reihe von Instituten hinzugekauft, die es der Bayrischen Vereinbank ermöglichten, ihre bis dahin auf Süddeutschland beschränkte Präsenz auszuweiten. U.a. wurden die Vereins- und Westbank, die österreichische Schoeller Bank und die Noris Verbraucherbank übernommen. 1997 war die Vereinsbank bereits die viertgrößte deutsche Privatbank. Bis dahin schienen allerdings die drei ersten Plätze den drei »Großbanken« Deutsche Bank, Dresdner Bank und Commerzbank vorbehalten, die seit den dreißiger Jahren den deutschen Finanzsektor beherrschten. 1996 versuchte die Deutsche Bank, die Vereinsbank zu übernehmen. Diese wehrte sich – mit einer Fusion. 1998 gingen die Vereinsbank und die – etwas kleinere – Bayerische Hypothekenbank zusammen. Die Bayern-Hyp wurde stark von der Allianzgruppe beherrscht; die Allianz spielt auch heute eine entscheidende Rolle bei dem neu gegründeten Institut. Mit der 1999er Fusion war das nun als HypoVereinsbank bezeichnete Institut zur zweitgrößten deutschen Bank aufgestiegen und rangierte noch vor der Dresdner Bank. Im Unternehmen tobte zwei Jahre lang ein Machtkampf zwischen den Top-Managergruppen der beiden verschmolzenen Institute – es obsiegte die Truppe um den Vereinsbankchef Albrecht Schmidt, der auch im Jahr 2000 Vorstandssprecher war und im Blatt »Capital« als »Deutschlands aggressivster Banker« bezeichnet wurde.

Im Juli 2000 übernahm die HypoVereinsbank die größte Bank Österreichs, die BankAustria. Letztere war ursprünglich aus dem Zusammengehen der Wiener Zentralsparkasse mit der staatlichen Länderbank (1991) und der Übernahme der Creditanstalt (1997) hervorgegangen – also ebenfalls der typische Werdegang einer Entstaatlichung und nationalen Kapitalkonzentration. Wenn nun die zweitgrößte deutsche Bank die größte österreichische Bankgesellschaft übernimmt, dann drückt dies zum einen den bereits gewaltigen wirtschaftlichen Einfluß der deutschen Konzerne und Banken in Österreich aus. Zum anderen unterstreicht dies den in Kapitel 10 beschriebenen Drang der deutschen Wirtschaft nach Osten. Denn die bis dahin »neutrale« BankAustria hat in den neunziger Jahren dem deutschen Finanzkapital gewissermaßen den Weg geebnet und insbesondere in Polen (als Mehrheitseigentümerin der Powszechny Bank Kredytowy – PBK), der Tschechischen Republik und in Ungarn starke Positionen erobert. Nach der Integration der BankAustria in die HypoVereinsbank ist das erneut stark gewachsene deutsche Institut die drittgrößte Bank in Polen. In Tschechien stieg sie zur drittgrößten Auslandsbank auf. In Ungarn ist die HypoVereinsbank jetzt die zweitstärkste Auslandsbank. In der Weltrangliste rückte die HypoVereinsbank auf die Höhe der Schweizer

UBS – allerdings bei Nichtberücksichtigung der bereits beschriebenen neuen Finanzkapitalkonzentrationen.[111] Käme es zu einem Zusammengehen mit der Dresdner Bank, dann läge das neue Institut Dresdner-HypoVereinsbank noch vor der Deutschen Bank. Ein solcher Vorgang hieße zwar, daß binnen eines knappen Jahrzehnts die gesamte deutsche Finanzwelt auf den Kopf gestellt würde, ist jedoch nicht ganz auszuschließen. Immerhin hat die Allianz auf beide Institute einen großen Einfluß. Und schließlich scheiterten zuvor alle Versuche, innerhalb der früheren »drei Großbanken« Fusionen vorzunehmen: zunächst in Form eines Zusammengehens der Dresdner Bank mit der Deutschen Bank und sodann eine Fusion der »zwei Übriggebliebenen«, Commerzbank und Dresdner Bank.

Die gescheiterte Fusion der Deutschen Bank mit der Dresdner Bank ist eine nähere Betrachtung wert. Der Deal wurde Anfang März 2000 von den Chefs der beiden Banken, Rolf E. Breuer und Bernhardt Walter, mit großer Emphase verkündet. Geschichte schien sich zu wiederholen – bei Bankenfusionen nicht nur als Farce. Anknüpfend an den Wirtschaftshistoriker Eberhard Czichon, der eine ausgezeichnete Geschichte der Deutschen Bank verfaßte, läßt sich der Versuch der Deutschen Bank zur Übernahme der Dresdner Bank als deren fünfter Anlauf bezeichnen, zur weltweit führenden Finanzmacht aufzusteigen.[112]

Den ersten gab es Anfang 1914, als die Deutsche Bank die Bergisch-Märkische Bank übernahm und für ein gutes halbes Jahr zum weltweit größten Finanzinstitut aufstieg. Damals engagierte sich der neue »global player« als Finanzier für Kaiser Wilhelms »global war«, um mit der deutschen Niederlage im Krieg wieder zurechtgestutzt zu werden. Den zweiten Anlauf unternahm die Deutsche Bank 1929, als sie – und das ist eine Parallele zur Zielsetzung im März 2000 – ihren damals entscheidenden Konkurrenten, die Disconto-Gesellschaft, übernahm und als DeDi-Bank (Deutsche-Diskonto-Bank) erneut in den Kreis der zehn größten Banken der Welt aufstieg. Dieser Anlauf endete in der Weltwirtschaftskrise, die eine Fast-Pleite der DeDi-Bank und die Zahlungsunfähigkeit des inzwischen zweitgrößten deutschen Finanzinstituts, der Dresdner Bank, mit sich brachte.

Hier sollten wir kurz innehalten: Damals waren die beiden führenden deutschen Banken pleite. Nur durch die Hilfe des Staates – also durch die Steuerzahler, die Bevölkerung – überlebten sie. Zeitweilig hielt das Deutsche Reich 35 Prozent des Aktienkapitals der DeDi-Bank, 50 Prozent der Aktien der Commerz- und Privatbank und 91 Prozent des Aktienkapitals des Dresdner Bank-Kapitals. Die entscheidenden Banken waren damit faktisch verstaatlicht. Doch bald darauf verabschiedete sich der Staat wieder als treuhänderischer Großaktionär. Die Banken agierten wieder als rein private – u.a. indem sie den Aufstieg der Nazis finanzierten.

Der dritte Anlauf der Deutschen Bank zur Finanzweltherrschaft erfolgte mit dem NS-Regime: Das nun wieder als »Deutsche Bank« firmierende Institut war gleich zu Beginn von Hitlers Machtübernahme entscheidender Finanzier der Nazis und profitierte wie kein anderes Institut von Rüstung und Krieg. Unter Führung des bereits (im Zusammenhang mit der Daimler-Benz-Saga zitierten) Emil Georg von Stauss nahm die Deutsche Bank entscheidenden Einfluß auf Daimler-Benz, BMW, Mannesmann und viele andere Unternehmen, die sie frühzeitig auf die Rüstungsproduktion »umprogrammierte«. Die Dresdner Bank spielte unter den Nazis eine nicht weniger unrühmliche Rolle; sie galt allgemein als »SS-Bank«, auf die der Spruch zutraf: »Nach dem ersten deutschen Tank kam sofort die Dresdner Bank.«

Nach dem Krieg wurden die beiden Banken von den Besatzungsmächten der Beteiligung an Kriegsverbrechen beschuldigt und zeitweilig zerschlagen. Die Bilanz der Verflechtung der beiden Finanzinstitute mit dem NS-Regime blieb mit den beiden diesbezüglichen Berichten der US-Miliärregierung O.M.G.U.S. der Nachwelt erhalten.[113]

Der vierte Anlauf der Deutschen Bank beim Griff zur Finanzweltmacht fand im Zeitraum 1985 bis 1990 unter dem Deutschbanker und Vorstandssprecher Alfred Herrhausen statt. Während die Deutsche Bank in Westdeutschland in der Nachkriegszeit und unter Hermann Josef Abs als Aufsichtsratsvorsitzendem auf dem internationalen Parkett eine gewisse Zurückhaltung geübt hatte, plante das Institut seit Anfang der achtziger Jahre mit der Übernahme mehrerer europäischer Banken den erneuten Vorstoß in die Spitzengruppe der internationalen Finanzwelt. U.a. wurde das in London beheimatete Institut Morgan Grenfell aufgekauft. Damals trat die Deutsche Bank offensiv mit der Forderung nach einem teilweisen Schuldenerlaß für die Dritte Welt auf, was aus fortschrittlicher Sicht richtig, aber aus US-Sicht verwerflich erschien. Seinerzeit gab es u.a. eine tiefe Finanzkrise in Mexiko. Bei einem Großteil der faulen mexikanischen Auslandsschulden und der übrigen Auslandsschulden der lateinamerikanischen Länder waren US-Banken die Gläubigerinnen.

Diese Periode endete mit der Ermordung von Alfred Herrhausen 1989. Die Autoren Wisnewski, Landgraeber und Sieker haben damals die mit Indizien belegte These aufgestellt, wonach die Ermordung Herrhausens eine Antwort US-amerikanischer »Dienste« auf diesen neuerlichen Griff zur Finanz-Weltmacht war.[114] Eberhard Czichon hat diese These zumindest für bedenkenswert erklärt. Wie dem auch sei: In dem darauf folgenden Zeitabschnitt 1989 bis 1998 verfolgte die Deutsche Bank erneut einen international weniger aggressiven Kurs; unter ihrem Chef Kopper beschäftigte sie sich in erster Linie mit der Wiedereingliederung des Finanzsektors Ostdeutschlands in ihr Imperium.

Bis 1998 eine neuerliche Wende eingeleitet wurde: Die Daimler-Benz AG übernahm Chrysler, dabei aktiv von ihrem Großaktionär Deutsche Bank unterstützt. Damit wurde DaimlerChrysler zum weltweit größten Industriekonzern. Ein Jahr später übernahm die Deutsche Bank das US-Institut Bankers Trust und wurde damit nach der Bilanzsumme das weltweit größte Finanzinstitut. Ein Zusammengehen mit der Dresdner Bank im Jahr 2000 hätte endgültig die neue aggressive Phase charakterisiert. Als der Deutschbanker Breuer auf der Pressekonferenz zur Präsentation der Dresdner-Übernahme sagte: »Wir wollen Führer dieser Bewegung sein und nicht die Getriebenen werden!«, konnte man angesichts der Geschichte dieses Instituts kaum darüber hinwegsehen, daß das zumindest an eine deutsch-nationale Tonart erinnerte. Das Blatt »Financial Times« erinnerte nach dem Scheitern des Deals daran, daß sich das führende deutsche Institut offensichtlich im Ton und in der Zielsetzung vergriffen habe: »Deutschlands größte Bank hat nie einen Hehl aus ihrer Ambition gemacht, die Weltspitze im Geschäft des globalen Investment-Banking zu erobern. Aus eigener Kraft wird sie es nicht schaffen, die Branchenführer Goldman Sachs, Merill Lynch, Morgan Stanley und JP Morgan zu verdrängen. Eine fusionierte Deutsche/Dresdner Bank hätte zumindest theoretisch eine Aquisitionsstrategie fahren können – auch wenn dies unsinnig gewesen wäre. Jetzt ist diese Strategie unmöglich... Breuer sollte schnell zurücktreten und einem Nachfolger die Möglichkeit geben, mit einer plausiblen und weniger größenwahnsinnigen Strategie eine neue Richtung einzuschlagen.«[115]

Die offiziell für das Scheitern der Fusion angeführten Gründe waren sicherlich nicht die ausschlaggebenden. So hieß es in der »Financial Times«, es sei überlegt worden, »die Bereiche Global Markets (Kapitalmärkte) und Global Equities (Aktien) von Kleinwort Benson (dem Investmentbank-Arm der Dresdner) zu verkaufen.« Es habe sogar bereits konkrete Kaufinteressenten gegeben – »die Chase Manhattan und Lehman Brothers«, eine US-Bank und eine US-Investmentbank. Unter diesen Umständen sei der Chef der Dresdner Bank, Walter, »in den eigenen Reihen unter Beschuß geraten. Er, der immer als Mann der Mitarbeiter galt, wolle jetzt tausende Arbeitsplätze vernichten, so die Kritik«.[116] Letzten Endes hätten die Top-Manager in den Investmentbank-Abteilungen beider Großbanken in London, bei Morgan Grenfell der Deutschen Bank und bei Kleinwort Benson der Dresdner Bank, gegen die Fusion revoltiert. Die ersteren, weil sie mit den zweiteren – erfolgreicheren – nicht zusammengehen wollten. Die zweiteren, weil sie verkauft werden sollten.

Hier mischt sich offensichtlich Wahrheit und Legende. Unwahr ist, daß es Leute wie Walter – oder Breuer – juckt, wenn ihnen Arbeitsplatzvernichtung vorgeworfen wird. Im Gegenteil, dafür werden sie – normalerweise – an der Börse belohnt: durch ansteigende Kurse. Legende ist auch, daß Unternehmenszweige sich gegen die Zentrale erfolgreich auflehnen können. Schließlich ist zumindest unglaubwürdig, daß die beim Deal maßgebliche Deutsche Bank ausgerechnet den profitabelsten Teil der Dresdner verkaufen wollte. Vielmehr war bekannt, daß der Deal Deutsche-Dresdner dem neuen Institut die Kraft verleihen sollte, ins Allerheiligste des Finanzkapital, ins Investmentbanking in New York vorzustoßen, dorthin, wo – siehe Tabelle 3 – das ganz große Geld verdient wird. Deutschbanker Breuer wollte nicht allein global player sein – er wollte global control, unter anderem die

Kontrolle über das weltweite Fusionsfieber. Ein Verkauf großer Teile des bestehenden Investmentbankings hätte diesen Sprung nach ganz oben eher erschwert, zumal der Londoner Finanzplatz der zweitwichtigste der Welt ist.

Schon eher möglich ist die folgende Version: Gegen die Fusion wurde seitens maßgeblicher US-amerikanischer Kreise ein Veto eingelegt bzw. die Auflage gemacht, das Investmentbanking weitgehend zu zerschlagen. Berichtet wurde, daß gegen die Fusion in den USA jüdische Verbände Protest erhoben. Diese verwiesen unter anderem auf noch offene Entschädigungen, die insbesondere die am Deal beteiligte Allianz Versicherung betreffen. So seien bis heute an NS-Opfer bzw. deren Angehörige Policen nicht ausgezahlt worden. Der Fortgang der Entwicklung könnte gewesen sein: Teile der Top-Manager, insbesondere die Deutschbanker wollten auf die Forderung eingehen, andere, insbesondere die der Dresdner Bank, nicht. In dieser labilen Situation gewann dann ein Aufbegehren der Leute in London das anscheinend große Gewicht bzw. diente als Vorwand, die Fusion platzen zu lassen, weil sie sich nicht mehr lohnte.

Wer solche Bedenken gegen Großfusionen vorträgt, muß, wenn er glaubwürdig sein will, die Macht haben, entsprechenden Druck aufzubauen. Das muß kein Attentat sein. Das kann auch ein Einbruch an der Börse sein. Immerhin sank der Kurs der Aktien der Deutschen Bank vom Zeitpunkt der Ankündigung des Deals bis zur Bekanntgabe des Scheiterns vier Wochen später um satte 30 Prozent. Dabei wies die Deutsche Bank schon vor dem Deal eine schlechte Börsenkapitalisierung auf. Mit dem Absacken des Kurses wurde diese fast katastrophal – die Deutsche Bank wurde verwundbar. Einige Blätter schrieben nach dem Scheitern des Projekts sogar, die Deutsche Bank könne nun vor einer feindlichen Übernahme nicht mehr sicher sein. Das ist wenig wahrscheinlich, weil hier sofort die Politik ins Spiel käme. Aber weh tut ein derart niedriger und sinkender Aktienkurs der Unternehmensspitze schon – zumal die Ankündigung, weit in die Weltspitze vorzurücken, und die Ankündigung von Massenentlassungen ja das Gegenteil bewirken sollten.

Teil V
Fusionsfieber – objektiver und neutraler Prozeß? – Oder: Anlaß zu Gegenwehr?

Greenspan hat den wirksamsten Griff in dieser Stadt Washington – seine Hand um Bills Eier.

Robert Reich, ehemaliger US-Arbeitsminister im ersten Kabinett von US-Präsident Bill Clinton, in seinem Buch »Lokked in the Cabinet«

Die Gewerkschaften müssen sich von einem betriebsbornierten Denken verabschieden und selbst zu einer sozialen Bewegung werden. Sie müssen sich dabei bereits existierenden Bewegungen anschließen und beispielsweise Proteste wie die gegen die Welthandelsorganisation (WTO) in Seatle aufgreifen.

Mag Wompel, Industriesoziologin und Redakteurin des LabourNet Germany

1996 erschien in den USA eine Veröffentlichung zum Thema »Global Economic Leadership and the Group of Seven«. Der harmlose Titel suggeriert eher Naivität – eine »weltweite ökonomische Führung«, offensichtlich angeleitet von der »Gruppe der G-7-Staaten«?[1] In Wirklichkeit hoffen die Autoren nur – und in dieser Hinsicht tatsächlich naiverweise – auf das Zustandekommen einer solchen globalen ökonomischen Führung. Ansonsten berichten sie ernüchtert über die Entwicklung der G-7-Treffen, die inzwischen zur Staffage für Photo-Termine verkommen seien und so gut wie keinerlei Koordination und Absprachen beinhalteten, ganz zu schweigen von einer – von den Autoren gewünschten – »weltweiten wirtschaftlichen Führung«. Die Verfasser, C. Fred Bergsten und C. Randall Henning sind nicht irgendwer; bereits die Widmung des Buchs gerichtet an den ehemaligen

US-Notenbankchef Paul Volcker, der am Buch auch beratend beteiligt war, deutet auf einen Sonderstatus hin. Es handelt sich bei dem ersteren der Autoren um den Direktor des Institute for International Economics, dem prestigeträchtigsten US-amerikanischen »think tank« im Bereich der Weltwirtschaftspolitik; der zweitgenannte ist Gastdozent an eben dieser Einrichtung. Das Institute for International Economics ist eng involviert in die US-amerikanische Vorbereitung und Nachbereitung der Treffen der sieben mächtigsten kapitalistischen Nationalstaaten (»G 7«)

Die wesentlichen Aussagen des Buchs lauten: Seit rund 15 Jahren wächst die Rivalität zwischen den drei mächtigen Wirtschaftsblöcken Westeuropa unter einer deutschen Hegemonie, Japan und den Vereinigten Staaten von Amerika. Diese Spannungen hätten seit Anfang der neunziger Jahre derart zugenommen, daß auf den G-7-Treffen inzwischen darauf verzichtet würde, ernsthaft Einfluß auf die Politik des jeweils anderen zu nehmen. Statt dessen habe sich eine Art »live and let live«-Philosophie herausgebildet; es gebe bestenfalls einen »Nicht-Aggressions-Pakt« zwischen den Blöcken und ihren Vertretern. Insbesondere hätten die Spannungen zwischen den USA und Deutschland enorm zugenommen. Aufgrund der oftmals arroganten deutschen Position bei den G-7-Treffen (das betraf noch die Zeiten der Kohl-Genscher bzw. Kohl-Kinkel-Regierungen) hätte es die US-Regierung inzwischen meist aufgegeben, bei der deutschen Seite um Unterstützung für Aktionen zu werben, die tatsächlich ohne deutsche Unterstützung scheitern mußten – etwa bei Maßnahmen auf dem Gebiet der Währungsrelationen.

Die beiden Autoren verdeutlichen an vielen Punkten, daß diese G-7-Treffen vor allem wegen dieser Konkurrenz – und nicht wegen einer vermeintlichen »Globalisierung« – machtlos seien oder ineffizient geworden seien. Weiterhin würden für die Weltwirtschaft maßgebliche Entscheidungen außerhalb der direkten Sphäre der Ökonomie getroffen – doch nun nicht von international koordinierenden Gremien, sondern primär von nationalen Regierungen.

Die Bedeutung dieser verschlechterten Beziehungen zwischen den mächtigsten kapitalistischen Staaten sehen C. Fred Bergsten und C. Randall Henning vor allem vor dem Hintergrund *kommender* ökonomischer Krisen und Erschütterungen. Solche Krisen werden als wahrscheinlich dargestellt. Solchen Krisen könnte nur dann angemessen begegnet werden, wenn es eine »internationale Kooperation« geben würde. Doch genau diese gebe es nicht mehr.

Anzumerken ist: Ein Jahr nach Veröffentlichung des Buchs kam es zur Südostasien-Krise, die einer schweren Erschütterung der Weltwirtschaft gleichkam – eine koordinierte Antwort der G-7-Staaten fand nur bedingt – über neue Großkredite des IWF – statt. Ein weiteres Jahr später kam es zu einer neuen Lateinamerika-Krise, die die Gefahrenmomente der Asien-Krise zu potenzieren drohte. Erneut gab es keine Antwort der G-7-Staaten; die Situation konnte nur bedingt durch einen neuen IWF-Großkredit an Brasilien unter Kontrolle gehalten werden.[2]

Die Analyse zur Situation von Weltwirtschaft und Weltpolitik, welche die beiden US-Autoren vorlegten, deckt sich mit derjenigen, die in dieser Schrift entwickelt wird, auch wenn die Ausgangspunkte völlig verschieden sind. Festgestellt wurde im bisherigen Verlauf der Untersuchung: Wir erleben in den letzten 15 Jahren einen Prozeß tiefgreifender Veränderungen in der Weltökonomie, in deren Zentrum das Fusionsfieber steht. Diese sind zwar einerseits Resultat objektiver Entwicklungstendenzen, die dem Kapital innewohnen. Gleichzeitig handelt es sich jedoch um nationalstaatlich bestimmte Prozesse. Die Macht der 200 größten Konzerne, der zwölf größten Öl- und Autokonzerne, der zehn größten Rüstungskonzerne und der zwanzig größten Banken der Welt ist jeweils nationalstaatlich bestimmt. Die meisten der großen Merger-and-Acquisition-Vorgänge wurden offensichtlich auf nationalstaatlich-politischer Ebene entschieden bzw. zu Fall gebracht. Hinter diesen Prozessen verbirgt sich die Bildung von drei zentralen wirtschaftlichen Blöcken und die seit 1990 enorm verschärfte Konkurrenz zwischen diesen Blöcken. Die militärisch-industriellen Komplexe in den drei Blöcken und die Banken derselben wirtschaftlichen »Festungen« spielen eine dominierende Rolle bei der Forcierung dieser Konzentration von wirtschaftlicher und politischer Macht.

In diesem letzten Teil des Buchs sollen – in Kapitel 13 – der grundlegende Charakter des Fusionsfiebers und dessen gesellschaftspolitische Folgen dargestellt werden. Schließlich geht es in Kapitel 14 um die gesellschaftliche Debatte über die Kapital- und Machtkonzentration und um das Thema der Gegenwehr.

Kapitel 13
Der Charakter der Fusionitis

> Einer riesigen Mehrheit aller Deutschen muß die deutsche Politik verheimlicht werden. Sie wären aus Überzeugung und nacktem Interesse Verräter.
>
> *Bertolt Brecht*

Sieht man von den wenigen Menschen ab, die direkt am Fusionsfieber verdienen, so können diesem aus Sicht der durchschnittlichen Bevölkerung in den hochentwickelten kapitalistischen Ländern und erst Recht aus Sicht der Menschen in der sogenannten Dritten Welt nur negative Auswirkungen attestiert werden. Ein halbes Dutzend solcher negativen Aspekte seien im folgenden aufgelistet.

1 Zunächst gilt: Die M&A-Prozesse sind mit immensen volkswirtschaftlichen Kosten verbunden.

2 Sodann fördert das Fusionsfieber Größenordnngen der Produktion und der Transporte, die ineffizient sind und die Herausbildung bzw. Weiterentwicklung sinnvoller neuer Technologien behindern. Damit werden erneut die Kosten der gesellschaftlichen Produktion unnötig gesteigert.

3 Diese Vorgänge wirken desintegrativ auf die Weltwirtschaft. Im besonderen bewirken sie eine Rekolonialisierung von großen Teilen der Welt und eine neue Abhängigkeit von Milliarden Menschen von wenigen großen Konzernzentralen mit Sitz in Ländern, die sich für sie in unerreichbarer Ferne befinden.

4 Die rein ökonomischen Folgen des Fusionsfiebers verstärken Krisentendenzen und Crashgefahren.

5 Das Fusionsfieber wirkt in Richtung eines Abbaus demokratischer und sozialer Rechte und der Durchsetzung einer kaum mehr abgeschwächten Herrschaft einer kleinen Gruppe von Menschen, die als Eigentümer oder als Top-Manager die Verfügungsgewalt über die großen Konzerne und Banken haben.

6 Schließlich hat diese Machtzusammenballung massive Auswirkun-

gen auf das Leben von hunderten von Millionen Menschen. So werden maßgebliche gesellschaftspolitische Entscheidungen fast ausschließlich aus Sicht dieser großen Konzerne, das heißt orientiert an deren Interessen, gefällt.

Diese sechs negativen Auswirkungen der Fusionitis sollen im folgenden belegt werden. Auf das Thema Arbeitsplätze und Rationalisierungen wird im Rahmen der ersten negativen Auswirkungen eher kursorisch eingegangen; dieser Aspekt soll jedoch im folgenden und letzten Buchkapitel noch näher beleuchtet werden.

(1) Volkswirtschaftliche Kosten des Fusionsfiebers

Die Unternehmenstransaktionen schaffen, wie in dieser Arbeit dutzendfach belegt wurde, keine neuen Werte. Sie bringen auch, wie im nächsten Punkt ein weiteres Mal dokumentiert wird, keine Vorteile hinsichtlich größerer Produktivität – oft ist das Gegenteil der Fall. Sie sind allerdings mit enormen Kosten verbunden. Das beginnt mit den zerstörten Arbeitsplätzen, die in jedem Fall einen M&A-Prozeß begleiten. Die Kosten für die erhöhte Arbeitslosigkeit werden der Gesellschaft bzw. den betroffenen Individuen aufgebürdet. Das setzt sich fort mit den gewaltigen Gebühren, die bei jeder Übernahme oder Fusion anfallen. Im Fall der Übernahmeschlacht Mannesmann-Vodafone wurde allein an Honoraren die Summe von 1 Milliarde Mark bezahlt. Im Fall der Übernahme von Atlantic Richfield durch BP Amoco entstanden 600 Millionen US-Dollar an »Transaktionskosten« – und hier handelte es sich um eine »friedliche Übernahme«.[3] Diese Summen müssen wieder »hereingearbeitet« werden bzw. sie werden aus der verbliebenen Belegschaft herausgepreßt.

Gewaltige Kosten entstehen, wenn aufgekauft wird, um kaputtzumachen, oder wenn Unternehmenstransaktionen wieder rückgängig gemacht werden müssen. Die Übernahme von Fokker durch Daimler-Benz endete in einer Totalpleite von Fokker und zuvor, laut Daimler-Benz, in Milliarden Verlusten bei der Muttergesellschaft. Der Einstieg und Wiederausstieg von BMW bei Rover kostete bisher – laut BMW-Vorstand – Milliarden-Summen und dürfte im Aus für die Autoproduktion bei Rover enden.

Das Fusionsfieber fördert des weiteren in erheblichem Maß die Korruption: Politische Gunst und Zustimmungen werden erkauft – heute wissen wir einigermaßen genau, was in den siebziger Jahren die Transaktion Flick-Daimler-Deutsche Bank oder was in den neunziger Jahren das Geschäft Elf-Leuna an Schmiergeldern kostete. Die bereits angeführten gigantischen Abfindungen, die den aus den übernommenen Konzernen herauskomplimentierten Ex-Bossen bezahlt werden, sind ebenfalls dokumentiert; auch wenn es sich dabei offiziell nicht um Korruption handelt, so ist die Abgrenzung zu derselben doch äußerst schwierig. In der deutschen Steuergesetzgebung wurde, wie erwähnt, bereits berücksichtigt, daß Schmiergelder zumindest im Ausland normal sind, weswegen sie steuerlich abgesetzt werden können.

Die gewaltigen Summen, die mit dem Fusionsfieber und mit dem damit verbundenen »shareholder value« verbunden sind, fördern die Bereitschaft des Top-Managements, unwägbare Risiken einzugehen. Das wird noch dadurch begünstigt, daß diese »Risiken« so gut wie nie von denen zu tragen sind, die darüber direkt entscheiden, sondern erneut auf die Belegschaften oder die Gesellschaft abgewälzt werden. Dieser Umstand, der jedem »unternehmerischen Risiko« Hohn spricht, wird sogar versicherungsrechtlich gewährleistet. Im Rahmen der Beinah-Pleite des Baukonzerns Holzmann Ende 1999 wurde bekannt, daß 80 Prozent der deutschen Aktiengesellschaften ihren Top-Managern eine individuelle Versicherung bezahlen, die sie gegen die finanziellen Folgen eigener Fehlentwicklungen versichert. Auf derlei Dinge hat sich in der Branche ein eigener Zweig spezialisiert; genannt werden die US-Finanzdienstleister Chubb und American International Group (AIG). Klaus Nieding, von der Deutschen Schutzvereinigung für Wertpapierbesitz äußerte dazu trocken: »Mit einer solchen Versicherung geht man womöglich etwas lockerer an die Dinge heran.«[4]

Was für gewaltige Fehlleistungen dies sein können, wurde Mitte der neunziger Jahre im Fall des Baulöwen Schneider und der geschädigten Deutschen Bank deutlich. Im Jahr 1999 zeigte dies der Fall Holzmann, wo inzwischen die Belegschaft für ein Hunderte Millionen Mark teures Mißmanagement Mehrarbeit zu gleichem Lohn zu erbringen hat.

Kraß ist diesbezüglich auch der Fall des Mobilfunkunternehmens Iridium LLC. Dieses Unternehmen war Ende der neunziger Jahre von dem US-Elektronik-Riesen Motorola als Hauptaktionär, von anderen Großaktionären wie Veba und RWE (die letzteren beiden hielten zusammen 8,8 Prozent Anteile) und privaten Anlegern aufgebaut worden. Das ausschließliche Unternehmensziel dieser Firma bestand darin, ein Mobilfunknetz aufzubauen, bei dem die Iridium-Handy-Besitzer an allen Punkten der Erde ereichbar sein würden. Dazu wurden 66 Satelliten im Weltraum plaziert. Bereits nach kurzer Zeit erwies sich, daß zu wenig Kunden gewonnen werden konnten und daß die eingesetzte Technik hoffnungslos veraltet ist. Iridium LLC mußte im März 2000 Konkurs anmelden – mit Verlusten von umgerechnet 10 Milliarden Mark. Alle 66 Satelliten müssen in den nächsten zwei Jahren aus dem All »heruntergeholt« und zum Verglühen in der Erdatmosphäre gebracht werden. Der Iridium-Boss Randy Brouckmaan äußerte sich zwar »tief bedrückt über den Ausgang... vor allem hinsichtlich unserer Kunden.« Doch das Risiko dieser unternehmerischen Fehlentscheidung trägt keiner aus dem LLC- oder Motorola-Management.[5]

Die damit entstehenden Kosten müssen von den Belegschaften und der Kundschaft von Motorola, Veba, RWE, von den Käufern der jetzt nutzlosen und extrem teuren LLC-Handys usw. getragen werden. Wäre eine solche Fehlentscheidung von einem der früheren Politbüros im Warschauer Pakt-Bereich getroffen worden, so wäre dies – zu Recht – als Ausdruck strukturellen Mißmanagement hingestellt worden. Da die Entscheidung jedoch bei Motorola, Veba und RWE fiel und da diese Unternehmen alle zu der Gruppe der 200 größten Konzerne der Welt zählen, gilt der Iridium-Crash als normaler Bestandteil der Marktwirtschaft. Tatsächlich kommt darin eine zunehmend irrationaler werdende und mit unverantwortlichen Risiken hantierende Unternehmenskultur des Big Bussiness zum Ausdruck.

(2) Förderung stofflich unnötiger und unkontrollierbarer Größenordnungen in Produktion und Distribution

Vor 150, vor 100 oder möglicherweise auch noch vor 50 Jahren konnte gesagt werden: Die damals zu beobachtende Kapitalkonzentration folge einer objektiven Notwendigkeit. Für die jeweils neuen Größenordnungen in der Produktion, die zur Steigerung der Produktivkraft erforderlich waren, mußte eine entsprechend neue stoffliche Basis geschaffen werden. Diese bestand in der Bildung neuer, größerer Kapitaleinheiten. Das traf vor 150 Jahren auf die Eisenbahnen zu. Das war vor 100 Jahren der Fall bei der Durchsetzung der industriellen Massenproduktion und des »Fordismus«. Und das könnte Mitte des 20. Jahrhunderts eine Notwendigkeit gewesen sein, um die strategisch entscheidenden elektronischen Bauteile massenhaft fertigen und damit eine neue industrielle Revolution, basierend auf Halbleiter, PC und neuen Telekommunikationssystemen, einleiten zu können.

Solche objektiven Notwendigkeiten sind bei den aktuellen Prozessen der Kapitalkonzentration nicht erkennbar. Daimler-Benz produziert im Verbund mit Chrysler nicht effizienter – wohl aber hat der Konzern seine Marktmacht enorm ausgeweitet. Das Software-Unternehmen Microsoft ist bereits als solches ein Moloch und Dinosaurier und behindert allein aufgrund seiner Größe und Marktbeherrschung die weitere technologische Entwicklung eher, als daß es sie fördert. Der Einstieg von Bill Gates‹ Unternehmen beim »kreativen« kleineren Konkurrenten Apple wurde erst recht als technologisch kontraproduktiv angesehen.

Die Deutsche Bank erzielte mit der Übernahme von Bankers Trust keine größere Rentabilität (teilweise ist das Gegenteil der Fall). Schon gar nicht war dies mit Vorteilen verbunden, die sie an die Kundinnen und Kunden weitergeben könnte – es sei denn solche, die nicht Resultat der Ökonomie, sondern der Marktmacht sind.

Exxon wird durch die Übernahme von Mobil seine entscheidende »Handelsware« Rohöl nicht preiswerter fördern oder verarbeiten können. Schon gar nicht wird der neue Riese Exxon-Mobil mit diesem Merger angeregt, die Monokultur Öl aufzubrechen und in alternative Energien zu investieren. Ganz im Gegenteil: Exxon-Boss Lee Raymond äußerte im August 2000 gegenüber dem britischen Blatt »Financial Times«, Investitionen in Alternativen zu Öl und Gas seien schlicht unrentabel. Der vereinte Konzern zieht auch eine entsprechend negative Bilanz hinsichtlich der vorausgegangenen Investitionen in dieser Richtung; so die Bilanz der »Financial Times«: »Exxon und Mobil, die in den siebziger und achtziger Jahren Milliarden von Dollars in die Entwicklung alternativer Energien investiert hatten, sagen heute, daß diese Investitionen es nicht wert waren.«[6]

Big ist beautiful? Das ist nur noch in der Denke des M&A-Business, nur noch in der Logik des Fusionsfiebers der Fall. Auf der *stofflichen* Ebene sind die neuen Größenordnungen nicht nur meist nicht erforderlich. Es gibt sogar vielfach den Trend in die entgegengesetzte Richtung.

Als handelte es sich um eine Antwort auf einen früheren Artikel in der »Financial Times«, der in diesem Buch zum Ausgangspunkt von Kapitel 1 wurde und wonach »small not beautiful« sei, war im selben Blatt im August 2000 ein Artikel überschrieben mit: »Small-scale is beautiful«. In ihm wird zum Thema Energie der Top-Manager des norwegischen Konzerns Kvaerner, Stephen Rodgers, wie folgt zitiert: »Nur ein paar Jahre zuvor da waren Sie kein wirklicher Energie-Mann, wenn Sie nicht 1000-Megawatt Atomkraftwerke oder 2000 Megawatt-Kohlekraft-Werke gebaut haben. Heute sind wir bei einem Punkt angelangt, wo 100 Megawatt als groß gelten und wo kleinere Anlagen mit niedrigeren Kosten, geringerem Risiko und sehr schnellen Installationszeiten assoziiert werden.« Der in einem anderen Zusammenhang mehrfach angeführte schweizerisch-schwedische Kraftwerkbauer ABB hat seinen Großanlagenbau an den französischen Konzern Alstom verkauft und will sich in Zukunft auf Energiesysteme konzentrieren, die kleiner als 10 Megawatt sind, was dem Verbrauch einer großen Fabrik entspricht. Andere in diesem Sektor engagierte Unternehmen wie Vaillant und British Gas Technology orientieren sich in dieselbe Richtung.[7] Dieser Trend ist in vielen Bereichen zu beobachten. Der Bau immer größerer Staudämme zur Energiegewinnung auf Basis von Wasserkraftwerken – etwa des Drei-Schluchten-Stausees in China oder des Ilusi-Staudamms in der Türkei – wird in der Fachwelt inzwischen grundsätzlich in Frage gestellt.[8] Der größte Hersteller von Memory-Chips, Hyundai Electronics, machte 1999 und im ersten Halbjahr 2000 massive Verluste und will dem durch »Downsizing« entgegenwirken. Der US-amerikanische Ökonom Michael Porter bezweifelt ganz allgemein die Notwendigkeit der Bildung von Global playern und propagiert stattdessen das Konzept des »strategic fit«, was ein mittelgroßes Unternehmen sein soll, das sich zielorientiert führen läßt.[9]

Dabei kommt es heute zu dieser faktischen Kritik an der Größe und zu jener Wiederentdeckung angepaßter Technologie, obgleich wir weiter unter Bedingungen leben, die eher den Größenwahn, denn die kreative Kleinheit fördern. Weiterhin werden beispielsweise die Transportkosten, wie bereits dargestellt, weltweit massiv subventioniert, weswegen es zu den beschriebenen absurden internationalen Arbeitsteilungen kommt. Mit ihnen suggeriert der »Markt«, der die volkswirtschaftlichen Kosten nur zu einem Teil weitergibt, es sei beispielsweise sinnvoll, für einen bestimmten Pkw-Typ weltweit alle Motorenblöcke in ein- und demselben Motorenwerk, z.B. in der VR China, herzustellen und diese von dort jeweils nach VW in Puebla/Mexiko, zu VW in Sao Paolo/Brasilien, nach VW/SEAT in Spanien usw. zu verschiffen. Möglich daß sich diese »economy of scale« für VW rechnet. Sie rechnet sich nie und nimmer volkswirtschaftlich. Und wenn die kleinere, oft kreativere Konkurrenz ausgeschaltet wurde, dann können die verbliebenen großen Hersteller allein aufgrund ihrer Marktmacht erklären, nur so seien heutzutage Autos herstellbar – und gegebenenfalls Druck auf Regierungen ausüben, um einen neuen Hochseehafen oder eine neue Eisenbahnstrecke zu bauen oder um Sondertarife im Transport zu ermöglichen, um damit die Transportkosten nochmals zu senken, was zu noch größeren »vergesellschafteten« Kosten führt.

(3) Förderung der Desintegration der Weltwirtschaft
Insgesamt, so wurde in Kapitel 9 dargestellt, gibt es keine Beweise für eine »Globalisierung« im Sinne einer Verallgemeinerung des kapitalistischen Reichtums. Vielmehr wurden viele harte Fakten für das Gegenteil angeführt: Die Weltwirtschaft wird zunehmend zentralistischer. Der Prozeß der Kapitalkonzentration bewirkt eine *Desintegration* der Weltwirtschaft. Hier eine weitere Tatsache, die dies unterstreicht: Der Umsatz, den US-Unternehmen mit ihren Töchtern im Ausland erzielen, hat im Jahr 1977 seinen Höhepunkt erreicht. Damals erreichte dieser einen Wert, der 8 Prozent des Bruttoinlandproduktes der USA entsprach. Seither, so das US-Blatt »Fortune« im Jahr 2000, »sinkt dieser Anteil von Jahr zu Jahr.«[10]

An dieser Stelle ist es sinnvoll, nochmals auf den in Kapitel 9 beschriebenen, erstaunlich großen Intra-Firm-Trade zurückzukommen. Der wachsende Welthandel innerhalb der großen Konzerne selbst dokumentiert in besonderer Weise die desintegrierende Wirkung dieser Großunternehmen auf die Weltökonomie. Zunächst wird damit die

Argumentation, wenn der Welthandel schon nicht die ganze Welt gleichmäßig erfasse, daß er dann »wenigstens« die Triaden-Blöcke miteinander verbinde, weitgehend konterkariert. Der Handel innerhalb eines Konzerns selbst ist diesbezüglich eine relativ schwache Klammer. Da der Anteil dieses innerbetrieblichen Handels am bilateralen Handel vieler Staaten – vor allem solcher, in denen auf beiden Seiten große Konzerne mit Mutter- und Tochtergesellschaften vertreten sind – zuzunehmen scheint, wird damit die Bindung über denjenigen Teil des zwischenstaatlichen Handels, der zwischen unterschiedlichen Wirtschaftssubjekten abläuft, eher brüchiger.

Ein weiterer negativer Faktor kommt hinzu: Die Handelsbilanzüberschüsse, welche zum Beispiel Japan im bilateralen Handel mit den USA und welche die BRD im bilateralen Handel mit demselben Land erzielten, entstanden in erster Linie, weil dieser »Inner-Firmen-Handel« und in diesem die entsprechenden Überschüsse zunehmen. Also: Die japanischen Muttergesellschaften exportieren mehr an ihre Töchter in den USA als diese umgekehrt an ihre Zentralen transferieren. Da die US-Konzerne über weit weniger Filialen in Nippon verfügen als umgekehrt, entsteht dieser Handelsbilanzüberschuß. Ähnlich im Fall Westeuropas und im Fall der Bundesrepublik: Die deutschen Konzerne exportieren mehr an ihre Töchter, als von diesen umgekehrt zurückfließt. Zwar gibt es den entgegengesetzten Prozeß auch bei US-Gesellschaften. Doch die stärkere deutsche Präsenz auf dem US-Markt führt zu einem entsprechenden – allerdings im Vergleich zum japanischen nicht so großen – deutschen Handelsbilanzüberschuß. Damit allerdings wird das klassische Argument, die Exportüberschüsse seien Ausdruck einer größeren Wettbewerbsfähigkeit derjenigen Seite, die Überschüsse erzielt, zumindest mit einem großen Fragezeichen versehen. Im übrigen stellt der hohe und wachsende Anteil des Intra-Firm-Trades am zwischenstaatlichen Handel eine enorme Quelle für das Umgehen von Steuerzahlungen dar. Denn bei dieser Art des bilateralen Handels obliegt es nicht einem Markt, den Wert der – gegebenenfalls zu besteuernden – Exporte und Importe zu ermitteln. Die Wertfestsetzung erfolgt weitgehend nach dem Gusto ein- und desselben Konzernmanagements. Das heißt, es wird für denjenigen Intra-Firm-Trade wenig Wert angegeben, wo eine höhere Besteuerung zu erwarten ist, und gegebenenfalls dort mehr, wo weitgehend steuerfrei importiert werden kann.

Alles zusammengenommen erwächst aus dem Intra-Firm-Trade das Gegenteil dessen, was mit einem wachsenden Welthandel verbunden wird – nämlich ein Zusammenwachsen von Staaten, Blöcken, Völkern usw. Der Intra-Firm-Trade ist darüberhinaus mit einer Verletzbarkeit der Weltkonzerne verbunden. Wenn beispielsweise die USA aufgrund der hohen und teilweise wachsenden Handelsbilanzüberschüsse Westeuropas oder Japans »protektionistisch« mit Handelshemmnissen usw. reagieren, dann trifft dies überwiegend die japanischen und westeuropäischen Konzerne und weniger die US-amerikanische Seite. Darauf wird noch weiter unten in diesem Kapitel einzugehen sein.

Dabei ist der Intra-Firm-Trade nur *ein* Aspekt, der den Behauptungen einer Verallgemeinerung der kapitalistischen Produktion und einer Verbreitung des relativen Reichtums, der mit dieser in den Zitadellen des Kapials verbunden ist, widerspricht. Wir haben im selben Kapitel 9 eine Reihe weiterer Strukturelemente der gegenwärtigen kapitalistischen Produktion ausgebreitet, die allesamt auf eine Zentralisation von Handel und Investition auf die hochentwickelten kapitalistischen Länder und auf ein relatives Abhängen und Zurückfallen großer Teile des »Rests der Welt« hindeuten.

Insgesamt ergibt sich damit, daß die aktuelle Weltökonomie gerade wegen ihrer wachsenden Kapitalkonzentration von *desintegrierenden* Wirkungen geprägt oder zumindest von solchen Gefahren bedroht ist. Diese Schlußfolgerungen ziehen sowohl die in Kapitel 9 mehrfach zitierten bürgerlichen Autoren des Buchs »The Myth of the Global Corporation« als auch die Mitherausgeberin der marxistischen Zeitschrift »Monthly Review«, Ellen Meiksin Wood.[11]

• Neuer Prozeß der Rekolonialisierung und der Schaffung neuer Abhängigkeiten

Ein weiterer negativer Effekt der aktuellen Kapitalkonzentration, der im übrigen eng mit dem Thema »Desintegration der Weltökonomie« zusammenhängt, ist in der aktuellen Tendenz *einer heimlichen Rekolonialisierung* zu sehen.

Auf das Beispiel Südkorea wurde bereits ausführlich eingegangen. Tatsächlich hat das Fusionsfieber – nach tatkräftiger Hilfe durch die Südostasien-Krise – dazu beigetragen, daß ein großer Teil der führenden Unternehmen Südkoreas in die Hände oder in die Abhängigkeit von Konzernen aus G-7-Staaten geriet. Daß die Ölmultis der G-7-Staaten erhebliches Interesse zeigen, daß der südkoreanische Ölverarbeitungskonzern SK – einer der 200 größten Konzerne der Welt – »privatisiert« wird, unterstreicht zentrale Aussagen dieser Arbeit.[12]

In eine ähnliche Richtung wirken die hohen Verschuldungsgrade einiger lateinamerikanischer Länder und die Krisentendenzen in dieser Region – und es ist kein Zufall, daß die G-7-Staaten dabei ein besonderes Auge auf die dort noch weitgehend in Staatseigentum befindlichen Ölkonzerne Pemex (Mexico), Petrobas (Basilien), PDVSA (Venezuela) warfen.

Das Fusionsfieber wird oft durch Krisen gefördert. Für die G-7-Staaten wird das unten am Beispiel Japans verdeutlicht. In der sogenannten Dritten Welt tritt diese Verbindung regelmäßig auf – und dann immer als heimliche Rekolonialisierungs-Tendenz. Beispiel Thailand: In diesem Land brach mit der Südostasien-Krise der gesamte Finanzsektor zusammen. Die thailändische Regierung verstaatlichte zunächst den größten Teil der privaten Banken. Sodann setzte sie große Teile der neuen IWF-Kredite zur Sanierung dieser Banken ein. Dann erfolgte die Reprivatisiertung – wobei sich die Käufer oft meist als Großbanken aus den G-7-Staaten erwiesen. So wurde im Frühjahr 2000 eine der größten thailändischen Banken, die Bangkok Metropolitan Bank privatisiert und von der (britischen) Hongkong Shanghai Banking Corporation (HSBC), dem nach dem Börsenwert größten europäischen Finanzinstitut, übernommen. Eine wohl informierte Berichterstatterin notierte penibel den historischen Bezug: Die »HSBC ist bereits seit 1888 in Bangkok präsent. Sie versuchte seit geraumer Zeit in Thailand stärker Fuß zu fassen. Doch die bestehenden Beschränkungeen für ausländische Banken hatten bislang eine Expansion verhindert.«[13]

Der beschriebene Zug der deutschen Großkonzerne nach Mittel- und Osteuropa im allgemeinen und die dargestellte Bankenexpansion in dieselbe Richtung, hat ebenfalls eine Funktion, die als heimliche Rekolonialisierung bezeichnet werden darf. Es war im übrigen die Financial Times – und hier die britische Ausgabe; die deutsche ist diesbezüglich oft bereits germanophil –, die anläßlich der Übernahme der BankAustria durch die HypoVereinsbank auf die Wirtschaftsgeschichte einer früheren Kolonialiserung hinwies. Danach sei die BankAustria für die HypoVereinsbank nur wegen der zuvor von der BankAustria übernommenen Creditanstalt von Interesse. Weiter: »Die Creditanstalt wurde vor mehr als einem Jahrhundert von den Rothschilds gegründet und verfügte auf ihrem Höhepunkt in Mittel- und Osteuropa über das dichteste Banken-Netz. Aber der Zusammenbruch von Österreich-Ungarn, zwei Weltkriege und die Verstaatlichung der Creditanstalt selbst ließen diese imperialen Banken-Ambitionen zusammenschnurren. Nichtsdestoweniger hielt Wien auch nach dem Zweiten Weltkrieg weit engere Bindungen zu Städten wie Prag, Budapest und Warschau aufrecht als nach Westeuropa. So war es dann nicht allzu überraschend, als nach dem Fall des Eisernen Vorhangs die österreichischen Banken unter Führung der Creditanstalt wieder die ersten waren, die in diese Region zurückkehrten.« Wobei es nun anstelle der einigermaßen kosmopolitischen Rothschilds die deutsch-bayerische HypoVereinsbank ist, die in die kolonialen Fußstapfen tritt und – so die »Financial Times« – die BankAustria mit der dort integrierten Creditanstalt »als großes Tor auf dem Weg nach Osten« nutzt.[14]

Sicherlich werden sensible Gemüter Wert darauf legen, all dies – und insbesondere die Ausdehnung der deutschen Banken und Konzerne nach Osten – habe mit einer Rekolonialisierungstendenz nichts zu tun. Hier seien schlicht Marktgesetze am Werk. Dem stehen die Feststellungen entgegen: Mit diesen Expansionen rücken *konkrete* Großkonzerne aus *spezifischen* Nationalstaaten in Regionen und andere Länder vor, in denen sie vergleichbare Positionen in vorangegangenen, kolonialistisch geprägten Zeiten inne hatten. Diese Länder und Regionen werden damit zumindest wirtschaftlich abhängig von den entsprechenden Konzernen in den mächtigeren Nationalstaaten. Ein großer Teil dieses Expansionsprozesses verläuft exakt auf den alten Trampelpfaden, auf denen der Kolonialismus und Neokolonialismus im 19. und 20. Jahrhundert – bis zum Zweiten Weltkrieg – vorranrückte. Und ein großer Teil dieser Expansion erfolgt auf eine Art und Weise, die nichts mit Marktwirtschaft, aber viel mit Politik und generalstabsmäßiger Präzision zu tun hat. Die Zeitungen in dem Gebiet der tschechischen Republik, das früher das »Sudetenland« war und 1938 von der NS-Wehrmacht besetzt wurde, sind, wie die meisten Zeitungen im aktuellen Kapitalismus, keine Gewinnmaschinen, aber ein wichtiger meinungsbildender Machtfaktor. Welche Erklärung mag es wohl dafür geben, daß die (CSU-nahe) »Passauer Neue Presse« nach 1990 und bis 1993 über die speziell gegründeten tschechischen Tochtergesellschaften Vlatva (Moldau) und Labe (Elbe) rund 30 Zeitungen in der böhmischen Provinz aufkaufte und ihnen einen einheitlichen außen- und innenpolitischen »Mantel« verpaßte? Wie erklärt sich, daß der Verlag Passauer Neue Presse nach eigenem Bekunden zumindest den ersten Wahlkampf der Partei »Bürgerforum« finanziell massiv unterstützte, worauf offensichtlich im Gegenzug die Prager Regierung unter Premier Klaus auf Klagen über die deutsch bestimmte Monopolisierung dieser Regionalpresse nicht nachhaltig reagierte? Hat sich die CSU, der die Passauer Neue Presse nahesteht, nicht seit Jahrzehnten das Ziel gesetzt, das Sudetenland für eine Neubesiedlung mit Deutschen zu öffnen? Trommelte sie nicht jährlich an Pfingsten – so auch im Jahr 2000 – für dieses Ziel gemeinsam mit sudetendeutschen Vertriebenenverbänden? Das ist Fusionsfieber mit eindeutig politischem Auftrag und Ziel.[15]

(4) Krisentendenzen werden gefördert – die Crash-Gefahr wird erhöht
Das aktuelle Fusionsfieber findet in einer äußerst labilen Situation der Weltwirtschaft statt. Das wird in Westeuropa und in den USA leicht übersehen werden, da sich diese Regionen in einer der längsten Perioden wirtschaftlichen Wachstums, die es nach dem Zweiten Weltkrieg gab, befinden. Die schwere Erschütterung der Weltökonomie, die es 1997/98 mit der Asien-Krise gab, und die schweren Regionalkrisen, die es danach in Lateinamerika und in Rußland gab, sind inzwischen ebenfalls weitgehend verdrängt. Spätestens jedoch die langanhaltende Krise der japanischen Ökonomie müßte jedoch zu denken geben. Denn was sich in dieser zweitgrößten Ökonomie der Welt seit 1992 abspielt, kann sich als ein Menetekel für den Rest der hochindustrialisierten kapitalistischen Staaten erweisen. Wobei all dies auch viel mit der Gier nach Größe und dem Fusionsfieber zu tun hat.

• Japanische Misere und japanisches Fusionsfieber

Die japanische Wirtschaft hatte ihren Börsenboom Ende der achtziger Jahre und bis Anfang der neunziger Jahre erlebt. Damals gab es auch ein spezifisch japanisches Fusionsfieber, das viele Ähnlichkeiten mit den aktuellen M&A-Boom in Nordamerika und Westeuropa aufwies. In den Jahren 1986 bis 1989 vervierfachten sich die Übernahmen und Aufkäufe in Japan; der Prozeß der Kapitalkonzentration beschleunigte sich enorm und trieb die Börsenkurse immer weiter nach oben. Niemand schien Nippon aufhalten zu können; zeitweilig waren die führenden sechs Banken der Welt japanische.

Dann, Anfang der neunziger Jahre, wurden die Börsenkurse halbiert. Sie haben auch Mitte des Jahres 2000 erst wieder knapp 45 Prozent des vorausgegangenen Höchstniveaus erreicht. Damit wurden auch die Börsenwerte der Unternehmen, die u.a. als Basis zur Kredit-Finanzierung der M&A-Geschäfte gedient hatten, halbiert. Gleichzeitig gab es einen damit zusammenhängenden Verfall der Immobilienpreise und eine Krise im Grundstücks-, Bau- und Wohnungssektor, die ebenfalls bis heute nicht behoben ist. Die Bilanz lautet: Seit dem Jahr 1992 befindet sich die japanische Ökonomie fast durchgehend in einer Stagnationsphase – ein kurzer Aufschwung 1996 wurde bereits 1997 wieder abgewürgt. Der japanische Finanzsektor ist, wie bereits im Kapitel 12 zu den Banken kurz skizziert wurde, weiterhin enorm labil; faule Kredite in Höhe von umgerechnet mehr als 1000 Milliarden Mark haben sich aufgetürmt, wurden bereits mehrfach »umgeschichtet«, können jedoch wegen des Ausbleibens eines Aufschwungs nur in bescheidenem Maß abgetragen oder abgeschrieben werden. Die Bankrotte unter den großen japanischen Unternehmen haben 1999 und 2000 immer neue Rekorde eingestellt.[16]

In dieser Situation sind es drei außerordentlich künstliche Maßnahmen, die bisher einen Zusammenbruch der japanischen Ökonomie verhinderten:

Erstens wird der japanischen Ökonomie ein gewaltiges Handelsbilanzplus gestattet. Allein im bilateralen Handel Japan-USA erzielte Japan 1999 ein Plus von knapp 80 Milliarden US-Dollar; im Jahr 2000 könnten 100 Milliarden US-Dollar erreicht werden.

Zweitens hat die japanische Nationalbank den Diskontsatz Ende 1995 auf ein Rekordtief von 0,5 Prozent gesenkt und dieses Niveau bis Mitte 2000 beibehalten. Die Zinsrate für kurzfristig ausgeliehenes Geld wurde Anfang 1999 sogar für 19 Monate auf 0 Prozent gesenkt. Im August 2000 wurde dieser Satz auf 0,25 Prozent angehoben, was immer noch faktisch einer Nullverzinsung entspricht. Damit wird die japanische Ökonomie mit Billigkrediten förmlich geflutet. Auf diese Weise sollen weitere Zusammenbrüche verhindert werden. Doch viele Großanleger borgen sich unter diesen Bedingungen Gelder in großem Umfang zu einer Verzinsung, die beinahe bei Null Prozent liegt, um sie im Ausland, z.B. in US-Staatsanleihen, anzulegen und in diesem Fall risikolos 6,5 und mehr Prozent Gewinne einzufahren. Oder die Gelder werden eingesetzt, um das Fusionsfieber in Japan selbst noch weiter voranzutreiben und nunmehr enorm billig gewordene Unternehmen »aufzulesen«, das heißt mit Null-Prozent-Krediten aufzukaufen. 1999 erreichte der Wert der Fusionen von Unternehmen in Japan ein Volumen, das sieben Prozent der gesamten Börsenkapitalisierung japanischer Aktiengesellschaften entspricht – das Fusionsfieber wütet weit mehr als jemals zuvor. Doch während die M&A-Geschäfte Ende der achtziger Jahre auch durch die hohen Börsenkurse gespeist werden, werden sie nun durch die niedrigen Börsenkurse und die Null-Zins-Politik gefördert. Ein wesentlicher Faktor, der die Fusionitis forciert, blieb allerdings der gleiche: der niedrige und rückläufige Massenkonsum.

Drittens pumpt die Regierung Jahr für Jahr umgerechnet hunderte Milliarden Mark in die Ökonomie; im Zeitraum 1995 bis 2000 war dies die unvorstellbare Summe von umgerechnet 2150 Milliarden Mark; im Zeitraum 1990 bis 2000 2750 Milliarden Mark. Die Höhe dieser Konjunkturprogamme zur Bewältigung der Krise der neunziger Jahre entspricht damit der gesamten öffentlichen Verschuldung, die in der BRD im Zeitraum 1949 bis 1999 angehäuft wurde. Diese Staatsgelder kommen überwiegend einer Neuverschuldung der japanischen öffentlichen Hand gleich. Die öffentlichen Schulden Japans übersteigen im Jahr 2000 das Bruttoinlandsprodukt um rund 30 Prozent, das heißt sie machen 130 Prozent des BIP aus. Japan würde glatt die Kriterien für eine Aufnahme in die Euro-Zone verfehlen. Und das soll so weiter gehen: Nach der minimalen Anhebung des Tageszinssatzes durch die Bank of Japan vom August 2000 kündigte die japanische Regierung an, sie werde ein neues Konjunktur-Stützungsprogramm vorlegen – aus Furcht vor einem neuerlichen wirtschaftlichen Einbruch.

Japan ist damit das typische Beispiel für die Beliebigkeit und Verlogenheit der Globalisierungs-Ideologie. Während es in dieser heißt, der Staat solle sich aus der Politik heraushalten, begrüßt man in Washington, Paris, London und Berlin, daß sich der japanische Staat massiv ökonomisch engagiert. Während die Globalisierungs-Apostel fordern, die Staatsschuld müsse reduziert werden, bejubeln sie die Politik der japanischen Regierung, mit immer neuen Staatsschulden den Zusammenbruch der Nachfrage zu verhindern. Während weltweit das Globalisierungs-Credo gilt, die Zentralbanken müßten unabhängig von den Regierungen agieren und dürften die »Umstrukturierung« der Wirtschaft und des Finanzsektors nicht – zum Beispiel mit einer Politik des »billigen Geldes« – behindern, wurde die groteske Null-Zins-Politik der Bank of Japan, die vor allem von der Tokioter Regierung erzwungen wurde, in Washington, Paris, London und Berlin und von IWF, Weltbank und OECD begrüßt. Die bescheidende Anhebung des Tageszinssatzes von Null auf 0,25 Prozent im August 2000, die die Bank of Japan gegen den ausdrücklichen Willen der Regierung verfügte, wurde hingegen von denselben Rittern für Markt und Liberalismus als »gefährlich für die Erholung der japanischen Ökonomie« kritisiert.[17]

Alle drei Maßnahmen, die einen Zusammenbruch der japanischen Ökonomie bislang verhinderten, verstoßen nicht nur eklatant gegen die neoliberalen Glaubenssätze. Sie konnten und können auch erfolgreich nur deshalb durchgeführt werden, weil die übrigen OECD-Regierungen sie stillschweigend oder offen förderten und unterstützten und weil diese wissen, daß ein Desaster in Japan nicht kalkulierbare Folgen für die Weltökonomie hat. Allerdings gilt auch: Alle diese Maßnahmen können nur eine begrenzte Zeit aufrechterhalten werden.

• Fusionsfieber und Weltwirtschaft

Doch welche Politik wird vor dem Hintergrund dieser japanischen Misere in den übrigen hochentwickelten kapitalistischen Staaten verfolgt? Werden Lehren aus dem japanischen Beispiel, das so deutlich dem Sprichwort »Hochmut kommt vor dem Fall« folgt, gezogen? Das exakte Gegenteil ist der Fall. Auch hier die in diesem Buch bereits vielfach und detailliert beschriebene Gier nach Größe, die allerdings im Vergleich zu Japan zeitverschoben, in den USA ungefähr fünf und in Westeuropa rund zehn Jahre später das Wirtschaftsgeschehen dominiert. Auch hier ein Fusionsfieber, in dem es keine Grenzen zu geben scheint. Auch hier eine ständige Steigerung der Börsenkurse, die in Form der »Marktkapitalisierung« der großen Konzerne in erheblichem Maß zur weiteren Forcierung des Börsenfiebers beitragen.

Alle in dieser Arbeit beschriebenen Konzentrationsprozesse beschleunigen den Prozeß, mit welchem der Finanzsektor von der materiellen Produktion »abhebt«. Damit wird jedoch die Gefahr eines gewaltigen Finanzkrachs und einer Weltwirtschaftskrise erheblich erhöht. Die Produktion von Werten findet letzten Endes immer im materiellen Sektor statt; Geld macht auf Dauer kein neues Geld. Doch dies scheint im Augenblick stattzufinden. Der Börsenwert der an der New Yorker Börse gelisteten Aktien stieg allein 1999 um 1431 Milliarden US-Dollar oder um 13 Prozent. Der Wert der Computerbörse Nasdaq explodierte gar um 2616 Milliarden US-Dollar oder um 101 Prozent. Diese Wachstumsraten liegen bei einem Vielfachen des realen Wirtschaftswachstums von 5 Prozent.

Diese »ungesunde« Entwicklung, die seit mehr als zehn Jahren anhält, läßt sich durch eine Reihe anderer Daten erhärten. So stiegen im Geschäftsjahr 1998 die Gesamtgewinne der 100 größten US-Unternehmen gegenüber dem Vorjahr um 3 Prozent. Zieht man jedoch die einmaligen Gewinne, die z.B. aus dem Börsengang von Tochtergesellschaften resultierten, ab, so ergibt sich ein Ertragsrückgang um 8,7 Prozent. Ein ähnlich verblüffendes Resulat stellt sich ein, wenn alle 756 Unternehmen, die den Dow Jones-Global-Börsen-Index bestimmen, untersucht werden. Nominell wird für diese im gleichen Jahr 1998 ein Gewinnanstieg ausgewiesen; real gab es einen Gewinnrückgang von 3,1 Prozent, wenn die Sondergewinne, die eng mit dem Fusionsfieber zusammenhängen, herausgerechnet werden. Dennoch gab es 1998 einen Dow-Jones-Kursanstieg um 28,9 Prozent. Das »Handelsblatt«, das diese Rechnungen vornahm, bilanzierte diesen Irrationalisismus des Börsengeschehens: »All das zeigt, daß Börsenkurse als Bewertungsmaßstab für Unternehmenserfolg in Amerika zumindest zur Zeit nicht herhalten sollten.«[18]

Nun ist es aber so: Genau diese Börsenkurse *sind* Bewertungsmaßstab für Fusionen, für Kredite an Unternehmen, für kreditfinanzierte Unternehmenstransaktionen. Und damit droht exakt zu dem Zeitpunkt, an dem die Börsenkurse in die Knie gehen, dieselbe Misere wie in Japan.

Dies ist kein Buch über die Weltkonjunktur. Die Analyse derselben wird hier nur insoweit einbezogen, als sie für das Thema »Fusionsfieber« relevant bzw. insoweit dieses Fusionsfiber in relevantem Maß die Weltwirtschaft beeinflußt. Daher seien zum weiteren Gang der Weltwirtschaft vor dem Hintergrund der Fusionitis drei Aspekte nur noch kurz gestreift:

1 Das Fusionsfieber ist, wie in Teil II beschrieben, in erheblichem Maß Resultat der zurückbleibenden Massennachfrage. Doch es wird auch durch andere Faktoren genährt. So durch den Abbau der Belegschaften, durch Senkungen von Löhnen und Gehältern, mit denen die Kosten der Fusionitis »hereingespielt« werden sollen. Durch die Umwandlung von Normalarbeitsverhältnissen in »McJobs«. Damit verstärkt das Fusionsfieber die aus diesen Prozessen resultierende Krisengefahr. Und es schafft neue Nahrung für eine Steigerung der M&A-Geschäfte, weil Investitionen in die Anlagenerweiterung noch weniger lohnen.

2 Die aktuelle Situation auf den Finanzmärkten und die Konkurrenz USA-EU haben einen *Zinskrieg* hervorgebracht, der die Ökonomie abwürgen kann. In mehreren Schritten haben die US-Nationalbank »Fed« und die Europäische Zentralbank (EZB) im Jahr 2000 das Zinsniveau erhöht. Die Fed tat dies u.a., um die Gefahr einer heiß laufenden Konjunktur mit einer »harten Landung« abzumildern, aber auch, um Kapital weiter an die Dollar-Zone zu binden, was objektiv den Euro weiter schwächte. Die EZB handelte derart vor allem mit dem Ziel, die Euro-Schwäche zu beenden bzw. der EU-Währung zu einem Wiedererstarken zu verhelfen. Die steigenden Kapitalmarktzinsen können allerdings dazu beitragen, daß die Wachstumsraten gesenkt werden, eine neue Rezession eintritt, vor allem aber, daß der unendlich erscheinende Börsenboom umkippt.[19] Genau dies würde jedoch das Gebäude, auf dem die Finanzierung der M&A-Geschäfte im wesentlichen beruht, zum Einsturz bringen

– siehe das japanische Beispiel. Im übrigen könnte es – wie am Beginn der internationalen Rezessionen 1974/75, 1980/82 und 1990/91 erneut die internationale Autoindustrie sein, die als erste von einer Rezession erfaßt wird und die dann, aufgrund ihres spezifischen hohen Gewichts, die Weltkonjunktur negativ beeinflußt.[20]

3 Es gibt eine Reihe von Zeichen für einen neuen Protektionismus. Eine solche Entwicklung würde sich erst recht kontraproduktiv für ein fortgesetztes Wirtschaftswachstum auswirken bzw. Gefahren für eine weltweite Rezession bergen. Motor für eine solche Entwicklung ist die gewachsene Konkurrenz zwischen den Wirtschaftsblökken im allgemeinen und das enorme US-amerikanische Handels- und Leistungsbilanzdefizit. Das letztere wird sich im Jahr 2000 auf 400 Milliarden US-Dollar oder mehr als 4 Prozent des Bruttoinlandprodukts addieren. Die Kommentatorin der »Frankfurter Allgemeinen Zeitung«, Carola Kaps, sieht hier völllig zu Recht eine »protektionistische Zeitbombe ticken, sollte sich die Wirtschaft abkühlen oder gar in eine Rezession gleiten.«[21] Denn gerade weil es keine »Globalisierungstendenzen« in dem Sinne gibt, wie sie in der Öffentlichkeit unterstellt werden, existiert ständig die Drohung eines neuen Protektionismus.

Erste Beispiele dafür existieren bereits. So wurde im Sommer 2000 der japanische Stahlhersteller Nippon Steel mit Strafzöllen in Höhe von 95 Prozent auf seine Stahlimporte nach den USA belegt, weil der Konzern seine Produkte zu »unfairen« Preisen auf den US-Markt gebracht hätte. Andere japanische Importeure wurden mit Strafzöllen in Höhe von 32 Prozent belegt. Teilweise sind solche protektionistischen Drohungen auch direkte Reaktionen auf Großfusionen. Als 1998 Boeing den Flugzughersteller McDonald-Douglas übernahm, drohte die EU-Kommission mit Vergeltungsmaßnahmen wie reduzierte Landerechte für US-Flugzeuge. Sie mußte die Drohung zurücknehmen und reagierte faktisch mit den beschriebenen Fusionsprozessen in der EU-Luftfahrtindustrie. Im Juli 2000 drohte die US-Regierung für den Fall der geplanten Fusion der Fluggesellschaften British Airways und KLM mit dem Entzug von Landerechten, über die bisher KLM in den USA verfügt hatte.[22]

Angesichts dieser Rahmenbedingungen in der Weltwirtschaft wirkt das Fusionsfieber wie ein Spiel mit dem Feuer. Das Phänomen Fusionitis ist einerseits Resultat der spekulativ aufgeheizten Börsenkurse. Andererseits befeuern die M&A-Geschäfte selbst den schwindelerregenden Höhenflug des Ballons »Börsen-Blase«. Das stellt eine äußerst gefährliche Entwicklung dar, auch wenn inzwischen die Öffentlichkeit im Glauben gehalten wird, es könne einen grenzenlosen Boom und fortgesetzt »abgehobene« Börsenentwicklungen geben. Genau dazu allerdings bemerkte der führende US-Ökonom Galbraith: »Ein Börsenkrach und eine Weltwirtschaftskrise kamen bisher immer dann, wenn alle sagten, jetzt könne dies nicht mehr kommen.«[23]

(5) Fusionsfieber, demokratische Rechte und parlamentarische Möglichkeiten

Mit der fortgesetzten Kapitalkonzentration wird eine immer größere wirtschaftliche und politische Macht in den Händen immer weniger Menschen konzentriert.

Wer diese Mächtigen im einzelnen sind, ist teilweise bekannt, teilweise nicht. Da sind zum einen bekannte schwerreiche Familien, die auch heute noch große Industrie- und Finanzimperien beherrschen. Die Familie Ford kontrolliert heute weiterhin den Autokonzern Ford, die Familie N.I. du Pont de Nemours beherrscht den Chemiekonzerne Du Pont und gilt weiter als Hauptaktionärin von General Motors. Die Familie Quandt kontrolliert den Autokonzern BMW. Bill Gates ist Alleinherrscher bei dem Software-Riesen Microsoft. Der Thysssen-Konzern wird weiter in erheblichem Maß von der Familie Claudio Graf Zichy-Thyssen beherrscht; der Henkel-Konzern ist völlig unter Kontrolle der Familie Henkel. Otto Beisheim hat bei der Handelskette Metro das Kommando. Die Familie Albrecht kontrolliert die Aldi-Ketten. Leo Kirch beherrscht mit seinem Medienkonzern u.a. Pro Sieben, Sat 1 und die Agentur ddp und übt auch maßgeblichen Einfluß auf den Springer-Konzern aus. Die schwedische Familie Wallenberg beherrschte 1999 noch den Nutzfahrzeughersteller Scania und den Flugzeughersteller Saab, den Elektronikkonzern Ericson und den Kugellagerhersteller SKF. Die Familie Agnelli hat bei Fiat (mit Alfa und Lancia) das Sagen. Der führende Reifenhersteller Europas, Michelin, und der größte französische Autokonzern, PSA Peugeot, werden von Familienimperien kontrolliert.

Die Zeitschrift »Forbes«, die in dieser Arbeit für die Statistiken über die größten Konzerne mehrfach herangezogen wurde, veröffentlicht jährlich auch eine Aufstellung der reichsten Menschen. Darin werden allerdings »nur« die privaten Vermögen taxiert. Doch die meisten oben Genannten tauchen darin auf. Die Familie Quandt beispielsweise liegt auf Platz 15 der Weltmilliardärs-Liste; ihr Vermögen wird auf 12,8 Milliarden US-Dollar taxiert. Bill Gates gilt danach weiter als der reichste Mann der Welt, obgleich sein Vermögen um ein Drittel auf nunmehr 60 Milliarden US-Dollar schrumpfte. Kirch belegt mit einem privaten Vermögen von 1,5 Milliarden US-Dollar Rang 19.[24]

Nach den großen privaten Eigentümern kommt den Top-Managern der größten Konzerne der Welt ein erheblicher Teil der wirtschaftlichen und politischen Macht zu. Diese haben sie einerseits qua Amt – und wer, wie der Boss von General Electric, Jack Welch, 20 Jahre an der Spitze des Konzerns steht, der personifiziert natürlich in gewissem Maß auch einen solchen Konzern. In einem wachsenden Maß werden die Top-Manager jedoch über das shareholder-value-Prinzip, das heißt, die Auszahlung eines wachsenden Teils ihres Gehalts in Aktienanteilen am eigenen Unternehmen, auch Miteigentümer der Konzerne. Allerdings dürfte selbst eine langjährige Tätigkeit als Vorstandsvorsitzender in einem deutschen oder als CEO (Central Executive Officer) in einem US-amerikanischen Konzern nicht dazu führen, daß damit Top-Manager zu Hauptaktionären der großen Konzerne werden. Sie haben nach einer solchen langen Tätigkeit an der Spitze eines großen Konzerns »nur« ein Vermögen – und gegebenenfalls Kapitalvermögen – von einigen hundert Millionen Mark oder vielleicht einer Milliarde Mark plus x. Doch die maßgeblichen Kontrollanteile an den größten internationalen Unternehmen sind heutzutage umgerechnet einige dutzend Milliarden Dollar teuer. Damit bleiben die grundlegenden Eigentumsverhältnisse auch im Zeitalter der exzessiven shareholder-value-Gehälter weitgehend unangetastet.

Von Interesse ist sicher auch die Geschlechterverteilung von Macht und Reichtum. Bei den Auflistungen der reichsten Menschen werden immerhin bis zu zehn Prozent Frauen genannt; das heißt 90 Prozent dieser Vermögendsten sind männlichen Geschlecht. Von den Bossen (CEOs) der 200 größten Gesellschaften sind laut Auskunft der »Fortune«-Liste für das Geschäftsjahr 1999 ausnahmslos alle männlichen Geschlechts.[25]

Eine exakte Untersuchung über private Vermögen und Eigentum an den 200 größten Konzernen steht noch aus; Gustavus Myers Studie über die Herausbildung von Reichtum in den USA, Ferdinand Lundbergs Veröffentlichungen über die reichsten Familien in den USA und ihre wirtschaftliche Macht und Bernt Engelmanns Arbeiten über Reichtum in Deutschland wären zu aktualisieren. Im Fall der für die bundesdeutschen Konzerne wichtigsten Arbeit, derjenigen von Rüdiger Liedke, gibt es ständig neue Aktualisierungen. Darüberhinaus erscheinen gerade angesichts der Globalisierungs-Debatte vergleichbare Studien auf internationaler Ebene erforderlich.[26]

Doch die personelle Identifizierung derjenigen, die die aktuelle Machtkonzentration ausüben, ist hier nicht entscheidend, auch wenn dies als Konkretisierung und zur Beflügelung der Phantasie wünschenswert wäre. Entscheidend und sicher ist jedoch: Die wirtschaftliche und politische Macht derjenigen, die über persönliches Eigentum an den großen Konzernen und Banken verfügen bzw. auf andere Art Machtpositionen in denselben einnehmen, wächst in dem Maß, wie das Fusionsfieber wütet, wie sich immer größere Kapitaleinheiten herausbilden. Damit wird, zumindest objektiv, der Einfluß der übrigen Gesellschaft – über Mobilisierungen, mit Streiks, über Parlamente, über Verbraucherschutzorganisationen usw. – immer geringer. Zumindest unter den gesellschaflichen Kräfteverhältnissen, die seit 15 Jahren und verstärkt seit 1989/90 in den kapitalistischen Ländern herrschen, kann der Zusammenballung von Macht, die oben erfolgt, unten nicht mit der Herausbildung einer entsprechend größeren Gegenmacht gefolgt werden. Der wachsenden, demokratisch nicht legitimierten Macht entspricht eine wachsende Ohnmacht derjenigen, die offiziell Subjekt der Demokratie und der Menschheitsgeschichte sein sollten: »o demos«, das Volk, die Bevölkerung.

Diese Machtzusammenballung ist oftmals bereits *objektiv* nicht mehr berechenbar. Wenn es in früheren Zeiten oft das Problem gab, daß ein Unternehmen von den persönlichen Launen und Flausen der privaten

Eigentümer abhängig war, so gibt es bei den aktuellen Größenordnungen oft das Problem, daß in diesen großen Konzernen und Finanzinstituten oft Kräfte wirken, die objektiv kaum mehr kontrollierbar sind. Als die Deutsche Bank und die Dresdner Bank im Frühjahr vor der Fusion standen, äußerte sich in diesem Sinn der nicht des Marxismus verdächtige Präsident der Bundesaufsicht für das Kreditwesen, Wolfgang Artopoeus. Heute sei wegen der weltumspannenden Finanzimperien die Gefahr viel größer als früher, daß von Schieflagen einzelner Banken Erschütterungen des Systems ausgehen könnten. »In diesen Gebilden konzentrieren sich in schwer durchschaubarer Weise Risiken enormer Größenordnung«.[27]

(6) Gesellschaftspolitische Entscheidungen werden noch mehr als bisher in abgehobenen, für eine demokratische Beeinflussung unzugänglichen Konzernzentralen und auf den Bank-Chefetagen getroffen
Die Feststellung einer Zusammenballung von immer größerer Macht in den Händen immer weniger Menschen ist keine abstrakte. Sie zeitigt sehr konkrete Folgen. Diejenigen, die über diese Macht verfügen, fällen Entscheidungen, die für das Leben von Hunderttausenden, oft von Millionen Menschen von enormer Bedeutung sind. Bereits diese Tatsache ist zutiefst undemokratisch. Noch problematischer ist, daß diese Zusammenhänge für einen gewöhnlich Sterblichen nicht erkannt werden können, daß diese Entscheidungen einzelner, die für Millionen von Bedeutung sind, im Geheimen fallen und den Betroffenen oft als eine Art Naturnotwendigkeit präsentiert werden.

Nehmen wir nur drei konkrete Beispiele.

Beispiel 1: Warum werden in der BRD im Jahr 2000 113.000 Wohnungen, die bis vor kurzem Eigentum der Deutschen Bundesbahn oder der Deutschen Bahn AG waren, privatisiert? Warum wird ein großer Teil nach dem Verkauf an private Eigentümer in Eigentumswohnungen umgewandelt, warum werden bei den übrigen die Mieten angehoben usw.? Es handelt sich um Vorgänge, die für 350.000 bis 500.000 Mieterinnen und Mieter, die Kinder eingeschlossen, eine Verschlechterung ihrer Lebenssituation darstellen. Offiziell heißt es: Dies alles sei Resultat der »Bahnreform« und somit objektiv notwendig. Hier ist zunächst darzulegen, daß die Bahnprivatisierung in erheblichem Maß ein Resultat der Kapitalkonzentration und des Drucks der Autolobby zur Beseitigung des Schienenverkehrs als weitgehend flächendeckender Alternative zum Kfz-Verkehr ist. Es kann belegt werden, wie das Top-Management der Bahn seit Anfang der neunziger Jahre mit Männern, die der Daimler-Benz AG, der Deutschen Bank oder dem Luftfahrt-Rüstungskonsortium Dasa-Airbus nahestehen, durchsetzt wurde. Die Bahnprivatisierung wurde somit durch personelle Vorgaben und durch Lobbyarbeit systematisch herbeigeführt.[28] Sodann ist von Interesse, daß einer der größten Immobilienhaie in der BRD, ein gewisser Herr Ehlerding, kurz vor der Bundestagswahl 1998 6 Millionen Mark Spende an die CDU abdrückte und damit den Zuschlag für einen großen Teil der zu privatisierenden Eisenbahnerwohnungen erhielt. Schließlich wäre zu eruieren, weshalb sich auch die SPD nach den Wahlen verpflichtet sieht, diese Privatisierung durchzuziehen – obgleich sie im Wahlkampf erklärte, diese rückgängig zu machen.[29]

Beispiel 2: Eines der zentralen Themen in der Sozialpolitik am Beginn des 21. Jahrhunderts ist die »Rentenfrage«. In denjenigen hochindustrialisierten kapitalistischen Ländern, in denen es im 19. und 20. Jahrhundert zum Aufbau eines umfassenden Rentensystems auf Basis einer solidarischen, staatlich garantierten Alterversicherung kam, wird ein gewaltiger Druck ausgeübt, dieses abzuschaffen zu Gunsten von Pensionsfonds, die unter der Kontrolle der privaten Versicherungswirtschaft stehen. Je mächtiger der Finanzsektor in einem kapitalistischen Land ist, desto massiver geht der Druck in diese Richtung. In der Bundesrepublik Deutschland hatten die konservativen Regierungen bis 1998 erste Breschen in das Rentensystem geschlagen – u.a. mit der »Pflegeversicherung«. Die neue Bundesregierung unter SPD und Grünen hat in den Jahren 1999 und 2000 angekündigt, einen größeren Teil der traditionellen Rentenversicherung umzustellen auf eine zusätzliche, privat finanzierte »Altersvorsorge«. Der Beifall von Banken und Versicherungen war ihr dabei gewiß. Es ist erneut bezeichnend, daß es die »moderne« Regierungspartei SPD ist, die diesen »Tabubruch« – u.a. auch gegenüber den Gewerkschaften – durchsetzen will, während die CDU/CSU und FDP, die der Wirtschaft bis dahin eher näher standen, dies in den sechzehn Jahren ihrer Regierungszeit nicht realisieren konnten.

Auch hier wird der Öffentlichkeit dieser Prozeß als »naturnotwendig« präsentiert. Die Rede ist vom »demographischen Faktor«. Gewissermaßen wird den Seniorinnen und Senioren eingeredet, sie vor allem seien »schuld« an dieser Entwicklung, da sie die Unverschämtheit haben, alt und älter zu werden. Alternativen, die zur Alternative »private Vorsorge« entwickelt wurden, werden dabei souverän ignoriert.

Doch auch dieses Thema, das in einem Land wie der BRD Millionen Menschen betrifft, hat sehr viel mit dem Fusionsfieber zu tun.

Der Vorstoß der SPD-Grünen-Bundesregierung auf diesem Gebiet erfolgte in einer Zeit, in der die Deutsche Bank zur größten Bank der Welt aufstieg und in der die Allianz-Versicherung die größte Versicherungsgruppe Westeuropas wurde. In den Banken und Versicherungskreisen wird das »Renten-Thema« als Chefsache angesehen. Und an den Börsen gibt es allerorten die Hoffnung, daß eine »private Altersvorsorge« und die Einrichtung von Pensionsfonds« zu einem neuen Auftrieb des Börsenfiebers führen könnten. Als das Zusammengehen der Deutschen Bank mit der Dresdner Bank, das bekanntlich von der Allianz-Versicherung, die mit beiden Banken verflochten ist, gesteuert wurde, anstand, fanden sich in der Presse offene Hinweise auf die zentrale Bedeutung des Renten-Themas. Der »Welt am Sonntag« war die folgende Passage zu entnehmen: »Wenn die Strategen (der Deutschen Bank; W.W.) in die Zukunft dieser Branche blicken, bekommen sie feuchte Augen. In den meisten Industriestaaten brechen die Rentensysteme unter dem Druck der demographischen Logik zusammen. Folge: Der Bedarf an privater Vorsorge steigt exponentiell... Investmentbanker schätzen, daß allein aus diesem Grund auf die Vermögensverwalter ein Geschäft zwischen drei und fünf Billionen Dollar wartet.«[30]

Ein Blick zurück: Wieviel eine Altersversicherung, die auf Aktien und Sparguthaben aufbaut, wert ist, wenn der Börsenboom zusammenbricht und die Zinsen gegen Null tendieren, zeigt das Beispiel Japan. Es sind in dieser Lage gerade die Seniorinnen und Senioren, die die Zeche bezahlen, das heißt die Schwächsten in der Hackordnung des Casino-Kapitalismus.

Beispiel 3: Die Einführung des Euro wird von den großen Konzernen und Banken in Kontinentaleuropa und insbesondere von der deutschen Wirtschaft als zentrales Projekt verstanden. Mit ihm wird die Kapitalkonzentration weiter beschleunigt, das heißt die größten Konzerne und Banken werden grenzüberschreitend – und weitgehend unter Beibehaltung ihres »nationalen Charakters« – weiter wachsen.

Die Hegemonie der deutschen Konzerne und Banken wird ausgebaut werden; insbesondere werden diese in den schwachen EU-Ländern weiter an Boden gewinnen. Indem mit der Einheitswährung der klassische Mechanismus der Währungsabwertungen, mit dem sich wirtschaftlich weniger starke Länder gegen den übermächtigen westdeutschen bzw. deutschen Kapitalismus wehren konnten, entfällt, werden deren Ökonomien in den kommenden Jahren systematisch von den großen Konzernen gerade aus Deutschland beherscht werden.[31] Die strategische Bedeutung des Projekts Euro erklärt auch, weshalb die wirtschaftlich maßgeblichen Kreise in der EU mit diesem Projekt ein solches gewaltiges Risiko eingehen. Denn in der gesamten Geschichte des Kapitalismus gab es eine einheitliche Währung immer nur für ein Wirtschaftsgebiet, in dem es auch eine einheitliche Wirtschaftspolitik und weitgehend auch vergleichbare soziale und politische Bedingungen – Arbeitskosten, Gesetze, Standards der sozialen (Un-) Sicherheit – gab. Das gibt es jedoch in der EU nicht. Und nachdem dies in den 45 Jahren seit Bestehen der EWG/EG/EU nicht auf politischem Weg und über eine grenzüberschreitende Kapitalkonzentration hergestellt werden konnte, soll dies nun mit der Einführung einer Einheitswährung Euro gewissermaßen gewaltsam erfolgen.[32]

Das Risiko, das mit dem Projekt Euro eingegangen wurde, ist gewaltig. Ein erstes Ziel, damit den Dollar als Welt-Leitwährung anzugeifen und in großem Umfang internationales Kapital in die Euro-Zone zu locken, ist zumindest in den ersten zwei Jahren seit der faktischen Einführung der EU-Einheitswährung gescheitert. Gemessen an den im Herbst 1998 bereits aneinandergeketteten Euro-Währungen liegt der Verfall des Euros im Verhältnis zum US-Dollar bis August 2000 bei knapp 30 Prozent. Seit der formellen Einführung des Euros macht dieser Verfall immer noch rund 25 Prozent aus – offiziell erwartet wurde eine Stärkung des Euro gegenüber dem Dollar.

Bereits die bisherige Durchsetzung des Euro-Projekts erwies sich in der europäischen Öffentlichkeit als äußerst schwierig. In der BRD gab es laut Meinungsumfragen immer eine Mehrheit gegen den Euro, weshalb eine Volksabstimmung erst gar nicht erwogen wurde. In Frankreich wurde in einer Volksabstimmung für den Euro gestimmt, allerdings mit einer hauchdünnen Mehrheit. In Dänemark durfte die Bevölkerung solange abstimmen, bis sich – bei der zweiten Volksabstimmung – eine knappe Mehrheit für den Maastrichter Vertrag (und damit auch für den Euro) ergab. Eine dritte Abstimmung mit ungewissem Ausgang findet im September 2000 statt. In Schweden wurde der Euro mit Rücksicht auf die Stimmung in der Bevölkerung erst gar nicht eingeführt, obwohl die schwedische Wirtschaft alle Euro-Kriterien mit Bravour erfüllte. Bei all diesen Beispielen ist wichtig festzuhalten, daß jeweils 90 Prozent der Medien und des politischen Establishments der genannten Länder für den Euro warben – und es dennoch auch nicht annähernd gelang, eine große Mehrheit der Bevölkerung für das Projekt Euro zu gewinnen. All das zeigt bereits, wie ein zentrales wirtschaftspolitisches Projekt der großen Konzerne und Banken in extrem undemokratischer Art und Weise durchgesetzt wurde.

Doch das Projekt Euro wird nur dann voll durchgezogen werden können, wenn es keine Möglichkeit des Rückzugs gibt bzw. wenn die Kosten für eine spätere Aufgabe des Euro und eine Wiedereinführung nationaler Währungen als unverhältnismäßig hoch erscheinen.

Das allerdings heißt, daß es kein größeres EU-Land geben darf, das hier, einigermaßen erfolgreich, einen Weg außerhalb des Euro-Projekts beschreitet. Dieser Zusammenhang verleiht dem britischen Beispiel großes Gewicht. Großbritannien blieb bisher außerhalb der Euro-Zone. Die Wirtschaft des Landes steht nicht schlechter da als andere EU-Länder, obgleich sie durch den hohen Pfund-Kurs bzw. durch die massive Euro-Abwertung erhebliche Exportnachteile hinzunehmen hat. Es gibt sogar eine Reihe wirtschaftlicher Daten, die das britische Beispiel – aus kapitalistischer Sicht – positiv von anderen EU-Beispielen abheben.[33]

Dennoch wird massiver Druck ausgeübt, Großbritannien ebenfalls in die Euro-Zone zu holen. Es ist das erklärte interne Ziel der New Labour-Regierung unter Tony Blair, dieses Ziel durchzusetzen, obgleich es bisher Mehrheiten gegen eine Aufgabe des Pfund Sterling gibt. Auch in diesem Fall wirkt die Sozialdemokratie als »moderne« Partei zur Durchsetzung der neoliberalen Zielsetzungen großer Konzerne und Banken.[34]

Die deutsche Sozialdemokratie beteiligt sich maßgeblich an der Kampagne, Großbritannien für den Euro zu gewinnen. So erklärte Finanzminister Eichel Mitte August 2000 vor slowakischen (!) Unternehmensvertretern, Großbritanniens Wirtschaft würde besser dastehen, wenn sich die Briten in die Euro-Zone begeben würden. Ausdrücklich verband Eichel diesen Hinweis mit dem Beispiel BMW/Rover. BMW habe Rover fallen lassen müssen, wegen der Nichtteilnahme Britanniens am Euro-Projekt. Das ist einerseits objektiv falsch, weil die BMW-Verluste bei Rover überwiegend in der Zeit anfielen, als es den Euro noch gar nicht gab. Gleichzeitig unterstützt Eichel damit jedoch eine erpresserische Tendenz, die in dieser Euro-Debatte im allgemeinen und beim BMW-Engagement bei Rover im besonderen durchscheint.[35]

Der Druck kommt jedoch noch aus einer anderen Richtung. Große japanische Konzerne, die in Großbritannien Auto- und Elektronik-Werke errichtet haben, üben einen erheblichen Druck auf die britische Regierung aus, der Euro-Zone beizutreten. So drohte im Sommer 2000 das Matsushita-Management, das im walisischen Cardiff über eine große Panasonic-TV-Fabrik verfügt, Großbritannien als Produktionstandort aufzugeben, wenn das United Kingdom nicht Teil der Euro-Zone würde. Toyota forderte zum selben Zeitpunkt sogar, daß die Verträge mit wichtigen Zulieferern für die britischen Toyota-Werke auf Euro-Basis auszustellen seien. Das niederländisch-britische Unternehmen Unilever »ermutigte« seine britischen Zulieferer, die Rechnungen in *Euro* auszustellen. Solche Ansinnen und Forderungen erfüllen den Tatbestand der Erpressung, denn im Fall eines weiteren Anstiegs des Pfund Sterling wäre das für diese Unternehmen mit entsprechenden Verlusten verbunden. Dies war noch nicht alles: Der Nissan-Chef Goshn drohte, ebenfalls im Sommer 2000, mit der Schließung des Nissan-Werks im britischen Sunderland, wenn »das Problem mit dem britischen Pfund nicht gelöst« werde. In jedem Fall sei die Fertigung des neuen Kleinwagens Nissan Micra im Werk Sunderland gefährdet.[36]

Solche direkten Eingriffe in die nationale Politik eines Landes sind ausgesprochen ungewöhnlich und frech. Daß sie allen Vorstellungen von Demokratie Hohn sprechen, liegt auf der Hand. Erfolgen solche Vorstöße gar von ausländischen Konzernen, so wird dies für gewöhnlich als »Erpressung durch ausländisches Kapital« und als »Einmischung in die inneren Angelegenheiten eines Landes« angesehen.

Nun ließe sich sagen: Diesen »Einmischungen« liegen ernste wirtschaftliche Nachteile, die diesen Konzernen mit dem Fernbleiben Großbritanniens von der Euro-Zone entstehen, zugrunde. Doch genau dies kann mit triftigen Gründen hinterfragt werden. Zunächst einmal gilt: Großbritannien allein hat einen beachtlichen Binnenmarkt. Von den britischen Inseln sind viele Exporte in britisch beeinflußte Gebiete – vor allem diejenigen des Commonwealth – günstiger zu realisieren als von Kontinentaleuropa aus. Weiter wird der Verfall des Euro nicht dauerhaft sein. In der Regel löst jeder Währungsverfall irgendwann wieder eine Gegenbewegung aus. Von dieser würden dann diejenigen profitieren, die in der Sterling- (oder Dollar-) Zone produzieren. Schließlich gibt es noch sehr spezifische Vorteile, nicht Teil der Euro-Zone zu sein. So werden die Preise für Rohöl und Gas immer in Dollar notiert. Der US-Dollar behielt gegenüber dem britischen Pfund jedoch weitgehend dieselbe Währungsrelation. Deshalb haben sich die Energiekosten in Großbritannien 1999 und 2000 weit weniger erhöht als in der Euro-Zone. Und Energiekosten sind ein bedeutender Faktor in einer hochentwickelten kapitalistischen Wirtschaft. Sie betreffen die Industrie, die Autofahrer, die Nutzer der öffentlichen Verkehrsmittel und alle Haushalte. Schließlich müssen die Tourismusausgaben angeführt werden. Die Euro-Entwertung hat Reisen der Euro-Zonen-Bevölkerung in Länder außerhalb der Euro-Zone enorm verteuert. Umgekehrt blieben die Tourismus-Kosten für Briten nach USA weitgehend die gleichen, wohingegen sie sich in die Euro-Zone – z.B. nach Spanien, Italien und Portugal – enorm verbilligten.

Im übrigen gibt es nicht nur britische Exporte in die Euro-Zone. Sondern auch solche nach den USA, nach Japan oder in andere Länder der »Dollar-Zone«. Es war ausgerechnet der Konkurrent Honda, der zur selben Zeit, als sich Toyota und Nissan für den Euro aussprachen, erklärte, in Zukunft würden Honda-Modelle aus dem britischen

Honda-Werk in Swindon... nach Japan exportiert werden. Das aber heißt nichts anderes als: Der Standort Großbritannien ist für Honda teilweise günstiger als der japanische. Ein Honda-Sprecher erklärte in diesem Zusammenhang, dies sei ein »long term commitment« zur Honda-Produktion in Großbritannien – ein auf lange Sicht angelegtes Bekenntnis zur Aufrechterhaltung des Honda-Engagements in Großbritannien. Investitionsentscheidungen in den Größenordnungen, um die es bei Autowerken gehe, könnten »nicht von kurzfristigen Währungssschwankungen abhängig« gemacht werden.[37]

Damit hat das Honda-Management offen die Top-Manager der anderen zitierten japanischen Konzerne bloßgestellt. Aufgrund der Drohungen des Nissan-Bosses Goshn sollten wir besser sagen: Bloßgestellt wurde der Chef eines japanischen Autoherstellers, der sich unter Kontrolle von Renault befindet. Renault wiederum ist als Staatskonzern eng mit der französischen Regierung verbunden, die sich wiederum beim Projekt Euro Seite an Seite mit der Berliner Regierung sieht.

Kapitel 14
Globalisierungsdebatte und Widerstand
Oder: Roquefort für alle

Wenn wir die Bauern aus der ganzen Welt gegen die Multis und um ein globales Projekt sammeln, das den Menschen erlaubt, von ihrer Hände Arbeit zu leben und die örtlichen Bevölkerungen zu ernähren, dann würde damit die Forderung nach einer anderen, solidarischen Weltwirtschaftsordnung auf die Tagesordnung gesetzt.

José Bové, Larzac-Roquefort-Bauer, führender Vertreter des linken Bauernverbandes Confédération Paysanne und Co-Autor des Buchs »Le Monde n'est pas une merchandise – die Welt ist keine Ware«[38]

In der aktuellen »Globalisierungs-Literatur« tauchen arbeitende und arbeitslose Menschen entweder überhaupt nicht, oder nur als wehrlose Individuen auf. Arbeitslosigkeit wird in erster Linie als individuelles Schicksal gesehen; ein Zusammenhang mit dem Fusionsfieber wird entweder geleugnet oder als unvermeidbar dargestellt. Auch sind in diesen Arbeiten die tatsächlichen Verhältnisse, unter denen die Arbeiterinnen, Arbeiter und Angestellte und die prekär Beschäftigten ihre Arbeit verrichten, so gut wie nirgendwo Thema. Gewerkschaften treten nur in Erscheinung im Zusammenhang mit »anonymen Apparaten« oder dinosaurierhaften Überbleibseln aus vergangenen Zeiten. Auch gesellschaftliche Kämpfe gegen die Macht der großen Konzerne oder meinetwegen gegen »die Globalisierung« sind kaum Thema und wenn doch, dann als ohnmächtiges Aufbegehren von Ewiggestrigen oder Verlierern der Geschichte. Doch wer sich mit dem Thema »Globalisierung« befaßt, muß als erstes die maßgeblichen Opfer der aktuellen Tendenzen des real existierenden Kapitalismus und die tatsächlichen Kämpfe gegen diese Entwicklungen im Blick haben.

Dies ist ein abschließender Aspekt, der hinsichtlich der negativen Folgen des Fusionsfiebers zu bilanzieren ist. So gut wie jede Kapitalkonzentration mündet unter den gegebenen Bedingungen in einen

Abbau der Beschäftigtenzahlen, in eine Intensivierung der Arbeit für die verbliebenen Beschäftigten, in ein »Outsourcing«, die Ausgliederung bisheriger Bestandteile der Produktion oder Dienstleistung und damit in die Zerstörung bisheriger »Normalarbeitsplätze« und deren teilweiser Ersatz durch »prekäre Beschäftigungsverhältnisse«, also »McJobs«, die keine oder eine völlig unzureichende Sozial- und Krankenversicherung aufweisen.

Die Tendenz zum Arbeitsplatzabbau kann in der aktuellen Konjunktursituation leicht übersehen werden, da der jüngste Boom des Fusionsfiebers in den USA und in Westeuropa mit einer relativ guten Konjunktur und relativ hohen Wachstumsraten zusammenfiel. Dennoch ist die Tendenz nicht zu bestreiten, werben doch die Agenten der Kapitalkonzentration selbst mit solchen »Synergieeffekten«, die wiederum die Aktienkurse puschen sollen. Das Zusammengehen von Deutscher Bank mit der Dresdner Bank sollte 16.500 Beschäftigte »freisetzen«; das hätte 13 Prozent aller Arbeitsplätze entsprochen. Das »Wall Street Journal« schätzte sogar, daß angesichts erheblicher Überschneidungen der Geschäftsbereiche beider Banken von den addierten Arbeitsplätzen (124.254) gut 30 Prozent – rund 41.000 – zerstört worden wären. Beim Zusammenschluß von Hoechst und Rhone-Poulenc befürchten die Gewerkschaften einen Stellenabbau von 11.000 Jobs, das entspricht 12 Prozent aller noch vorhandener Stellen. Die Bahntechnik-Übernahme von Adtranz durch Bombardier dürfte ebenfalls einen Arbeitsplatzabbau in mindestens ähnlicher prozentualer Größenordnung nach sich ziehen.[39]

Die Arbeitsintensivierung begleitet den gesamten Prozeß der »Globalisierung«. Wir sind Zeugen der Wiederkehr eines neuen Taylorismus, der Zergliederung der Arbeit in ihre kleinsten Bestandteile und der Steigerung der Monotonie des Arbeitsprozesses. Dies gilt für den klassischen Sektor der Produktion ebenso wie für den »modernen« Dienstleistungssektor. In vielen Produktionsbereichen, in denen es in den achtziger Jahren als schick galt, daß das Fließband abgeschafft und »Gruppenarbeit« eingeführt wurde, beherrschen das Fließband oder genauer die Produktion mit exakten Taktvorgaben wieder das Bild. So konnten im neuen Daimler-Benz-Werk in Rastatt bis 1996 rund 1800 Beschäftigte die E-Klasse unter Bedingungen herstellen, bei denen oft bis zu einer halben Stunde an einem Stück gearbeitet wurde. Das Band war weitgehend abgeschafft worden; Gruppenarbeit und die Kontrolle der Beschäftigten über das dort gefertigte Produkt dominierten. Seitdem dort die A-Klasse gefertigt wird, ist Teamwork weitgehend eliminiert; vorherrschend ist dagegen die Zerstückelung der Arbeit mit einer Taktzeit von 1,3 Minuten. Der Euphorie über die Gruppenarbeit wurde damit der Boden entzogen.

Damit bewahrheitet sich, was Kritiker der Gruppenarbeit bereits Anfang der neunziger Jahren vorhergesagt hatten: Die tatsächlich den Beschäftigten zugute kommende Gruppenarbeit hatte nur »Inselcharakter«; sie wurde im Bereich der Pkw-Luxus-Klasse (so im Fall der E-Klasse bei Daimler oder bei Volvo) lediglich eine beschränkte Zeit lang akzeptiert. In der Form der »team work« oder gar der »quality control circles«, wie sie vor allem von japanischen Autoherstellern in den »transplants« seit Mitte der achtziger Jahren eingesetzt wurde, war selbst diese Art der »Gruppenarbeit« eine spezifische Form der Ausbeutung. Sie sollte die »Fremdbestimmung« der Beschäftigten so weit wie möglich zu reduzieren, eine völlige Identifikation der Beschäftigten und ihrer »Gruppe« mit dem Unternehmen erreichen und die Gewerkschaften aus den Betrieben heraushalten. In den USA schloß beispielsweise General Motors 1988 ein großes Werk in Fremont, eröffnete es sodann gemeinsam mit Toyota als joint venture unter dem Marken-Namen »NUMMI – New United Motors Manufacturing Inc.« mit einer Beschäftigungsorganisation, die »team work« mit einem »management by stress« verband – und dies für die GM-Umstrukturierung erfolgreich umsetzte.[40]

Was sich damals mit NUMMI, dem ähnlich aufgebauten GM-Werk »Saturn« und dem bereits mehrfach angeführten Nissan-Werk im britischen Sunderland abzeichnete, ist heute Standard in den neuen Autowerken, die hinsichtlich der Arbeitsintensivierung wieder im direkten und im übertragenen Sinn den Takt vorgeben: beim General Motors-Werk in Eisenach, bei DaimlerChrysler in Rastatt, im VW/Ford-Werk zur Herstellung der Großraumlimousine in Portugal.

Schon 1988 wurde im erwähnten NUMMI-Werk ein neues Mittel zur Arbeitsauspressung eingeführt, das heute an anderer Stelle wieder traurige Berühmtheit erhält. Jane Slaughter berichtete 1988: »Bei

NUMMI wird das alte Management-Ziel einer kontinuierlichen Gangart beseitigt und ersetzt durch eine Gangart, bei welcher bewußt das zeitweilige Überhitzen der Produktion in Kauf genommen wird. Die Produktion wird fortwährend wie ein Gummiband ausgeweitet, bis dieses reißt; danach kann die Situation an diesem Flaschenhals verbessert werden. Für diesen Zweck wurden an jedem Arbeitsplatz Verkehrsampeln installiert. Wenn der Arbeitsprozeß ruhig dahingleitet, leuchtet die grüne Lampe. Im Fall, daß ein einzelner Arbeiter oder ein Team nicht mit der allgemeinen Fertigung Schritt halten kann, schalten die Ampeln auf Gelb, indem ein Arbeiter einen Alarmzug betätigt. Wenn diese Alarmschnur nicht kurz danach ein zweites Mal betätigt wird, springt die Ampel auf rot; die Fertigung wird gestoppt. Das NUMMI-Management wünscht nicht, überall grüne Lichter zu sehen... Die Arbeiter werden dann von Produktionsstraßen mit grünen Lichtern abgezogen... Ziel ist, fortwährend im Grenzbereich zwischen grün und gelb zu produzieren.«[41]

Ähnlich arbeiten heute viele »Call-Centres«. Die dort Beschäftigten haben visuelle Anzeigen vor sich, auf denen angezeigt wird, wieviel wartende Anrufe sich »in der Leitung« befinden, wobei die Regel lautet, niemand solle länger als fünf Klingeltöne warten müssen. Aus einem Bericht von Martin Kempe: »Der Zentralcomputer gibt den Takt vor. Er registriert die Zahl der abgefertigten ›Calls‹, speichert die ›persönlichen Verfügungszeiten‹ der ›Agents‹ (so werden die Beschäftigten der Call Centres genannt). Er regiert das Geschehen im Saal lautlos und auf die Sekunde genau... Bis zu 200 ›Calls‹ muß ein ›Agent‹ an einem Arbeitstag von acht Stunden abwickeln, alle zwei Minuten ein Anruf. Eine Bestellung, eine Auskunft, ein Routinekontakt mit 20 Sekunden Zeit zum Nacharbeiten, schon meldet sich das Telefon wieder... In Befragungen haben Beschäftigte von Call Centres Monotonie und Zeitdruck als Hauptbelastungsfaktoren genannt – und den Zwang zur gleichbleibenden Höflichkeit.«[42]

Der menschenverachtende und sinnvolle Arbeit zerstörende Takt im klassischen Sektor Produktion ging einst von den Schlachthöfen in Chicago und von Henry Fords Autoproduktion aus. Er ist zurückgekehrt und erfaßt heute zunehmend mit dem Dienstleistungssektor auch einen Wirtschaftsbereich, der bis dahin per Definition als immun gegenüber Taktvorgaben galt. Wer jedoch die McDonald-Beschäftigten bei ihrer Arbeit beobachtet, weiß, daß der Begriff »McJobs« nicht nur den Billiglohn, sondern auch diese menschenunwürdige Dimension benennt. Charly Chaplin würde seinen Film »Moderne Zeiten« heute möglicherweise in einem McDonald-Restaurant, in einem Call Centre und bei der Beobachtung der »outgesourcten« Fensterputzer und Gebäudereiniger drehen.

Das Fusionsfieber ist darüber hinaus eng mit den »Privatisierungen« verbunden, also mit der Zerstörung von Bereichen, die bisher dem direkten Verwertungszwang des Kapitals entzogen und in größerem Maß für eine gesellschaftliche Kontrolle offen waren. Wie bereits dargelegt wurde, liegt der Anteil derjenigen Bestandteile des Fusionsfiebers, die aus solchen Privatisierungsprozessen resultieren, enorm hoch. Damit werden elementare Bereiche des gesellschaftlichen Lebens erneut dem Prinzip der Profitmaximierung unterworfen, das sich in diesen Sektoren und für Millionen Betroffene zerstörerisch auswirkt: Die Privatisierung der Krankenversicherung führt logischerweise dazu, daß Gesundheit mehr als bisher zur Sache des Geldbeutels wird. Die Privatisierung der Rentenversicherungen wird dazu führen, daß Altersarmut auch in den OECD-Staaten wieder zum Massenphänomen wird. Die Privatisierung der Infrastruktur hat logischerweise die weitgehende Zerstörung verbliebener öffentlicher Verkehrssysteme zur Folge. Die Privatisierung von Ausbildung und Universitäten führt in der Konsequenz dazu, daß auch in den hochindustrialisierten Ländern die Einkommenssituation der Eltern noch weit mehr als bisher ausschlaggebend dafür ist, ob Kinder und Jugendliche einen freien Zugang zu optimaler Ausbildung haben. Die fortgesetzte Privatisierung des kulturellen Sektors zerstört Kultur, verbaut den Zugang zu Kultur für alle und macht diese noch mehr als bisher zu einer Angelegenheit von selbsternannten Eliten. Und dies sind nur einige dieser Privatisierungsfolgen.[43] Im übrigen sind die Privatisierungen selbst Teil des beschriebenen Prozesses der Arbeitsplatzzerstörung und Arbeitsintensivierung.

Schließlich sind mit Fusionsfieber, den Privatisierungen und den neuen Produktionsgrößen das »Outsourcing« bisheriger Bestandteile der Fertigung oder Dienstleistung und die Verrichtung dieser Arbeiten in neuen – meist zunächst kleineren – Unternehmen mit prekären Jobs verbunden. Dieser Prozeß verlief nahezu parallel mit dem Fusionsfieber: Die USA haben unter den OECD-Staaten den höchsten Anteil an solchen Billig-Jobs. In Europa ist Großbritannien das Land, das unter der Premierministerin Margret Thatcher Ronald Reagons Förderung der Wirtschaftsumstrukturierung als erstes aufgriff. In England, Wales und Schottland machen die »Niedriglohnjobs« inzwischen 21 Prozent aller Jobs aus, Irland liegt auf Platz 2 mit 18 Prozent, gefolgt von der BRD mit 17 Prozent; Frankreich weist 13 und Dänemark »erst« 7 Prozent solcher McJobs auf. Ein »Niedriglohn-Job« liegt nach geltender EU-Definition dann vor, wenn die dort Beschäftigten weniger als 60 Prozent des durchschnittlichen Monatslohnes im jeweiligen Land verdienen. Da die durchschnittlichen Löhne teilweise – u.a. unter dem Druck des Outsourcings – sinken, droht ein erbärmliches Lohndumping.

Die gleichen Wirtschaftsjournalisten, die einen goldenen Handschlag im Wert von 60 Millionen Mark für den scheidendenden Mannesmann-Chef Esser als marktüblich darstellen, fordern gleichzeitig, Restbestandteile eines sozialen Netzes zu kappen, um für die ständig billiger werdenden Jobs »Arbeitswillige« zu finden. O-Ton der deutschen Ausgabe der Financial Times: »Weil viele der europäischen Sozialsysteme großzügige Leistungen für Arbeitslose vorsehen, lohnt es sich für die Betroffenen oft nicht, schlecht bezahlte Jobs anzunehmen.«[44]

Mit der Ausgliederung von größeren Unternehmensbestandteilen bei Unternehmenszusammenschlüssen und -übernahmen, können die Top-Manager der großen Konzerne und Banken leicht die Verantwortung für die Arbeitsverhältnisse in den neu ausgegliederten Sektoren ablehnen. Doch dieselben Konzerne mit demselben Top-Management akzeptieren im eigenen Unternehmen in denjenigen Regionen meist extrem ausbeuterische Beschäftigungsverhältnisse, in denen eine kritische »westliche« Berichterstattung und stärkere Gewerkschaften ganz oder weitgehend fehlen. Das trifft zu auf die »Weltmarktfabriken« in der Dritten Welt mit ihren »Wirtschaftssonderzonen« – auch »Free Enterprise Zones« oder »macquiladores« genannt. Hier werden inzwischen von 500 bis 700 großen Unternehmen mehr als 5 Millionen Menschen beschäftigt. Es sind überwiegend Frauen, die sich extremen

Arbeitsbedingungen unterwerfen müssen. Das Durchschnittsalter liegt bei 25 Jahren – mit 30 gelten die meisten als durch Arbeit verbraucht. Einige multinationale Gesellschaften wie Nike, Adidas oder McDonalds, wurden von internationalen Initiativen beschuldigt, sie würden die Arbeit Minderjähriger – z.B. bei Zulieferern – akzeptieren.[45]

Große Konzerne wie Novartis, Aventis oder Monsanto, die aktiv am Fusionsfieber beteiligt waren, wirken teilweise massiv negativ auf die Lebensbedingungen der Menschen in der sogenannten Dritten Welt ein. Konzerne im Agrobusiness und sogenannte »Life-Science-Unternehmen« sind über die Herstellung von genmanipulierten Lebensmitteln dabei, die Landwirtschaft in diesen Regionen existentiell zu gefährden. Gleichzeitig zerstören sie damit oft die Möglichkeit solcher Länder, wenigstens über Lebensmittelexporte dringend benötigte Devisen zu erwirtschaften. Auch am Anfang des 21. Jahrhunderts lebt jedoch die Hälfte der Erdbevölkerung von der Landwirtschaft. Der Angriff von Multis auf diesen für die sogenannte Dritte Welt entscheidenden Sektor kontrastiert mit der Tatsache, daß dieselben Regionen von der Desintegration des Weltmarkts, die ebenfalls Produkt der Kapitalkonzentration ist, am stärksten betroffen sind.

* * *

Die Bilanz des Fusionsfiebers in diesem und im vorangegangenen Kapitel zeigt:

1 Die beschriebenen Merger & Acquisition-Prozesse haben direkt auf die in den großen Konzernen Beschäftigten und indirekt auf die überwältigende Zahl der Erdbevölkerung negative Auswirkungen. Das Fusionsfieber zerstört tausendfach Arbeitsplätze und verschlechtert die Arbeitsbedingungen für Hunderttausende.

2 Das Fusionsfieber bringt eine gewaltige weitere Machtkonzentration auf wenige führende Kapitalgesellschaften und auf wenige Eigentümer und Top-Manager mit sich. Kapitalkonzentration ist gleichbedeutend mit Abbau von Demokratie und sozialer Verfaßtheit der Gesellschaft.

3 Es handelt sich zwar einerseits um Prozesse, die aus der inneren

Logik des Kapitals erfolgen. Andererseits sind es keine objektiv notwendigen und schon gar nicht unaufhaltsamen Prozesse der Kapitalentwicklung. Diese Prozesse der Kapitalkonzentration sind nicht durch die stoffliche Beschaffenheit der Fertigung und Dienstleistungen bedingt. Vielmehr betreiben diejenigen, die von dem Fusionsfieber direkt und indirekt – durch eine Zunahme der Einkommen und vor allem durch die Zunahme an Macht und Einfluß – profitieren, die Kapitalkonzentration. Scheitern entsprechende Projekte oder werden sie verhindert, dann dreht sich die Welt im gleichen Rhythmus weiter. Geändert hätte sich lediglich, daß es »unten« einige Jobs mehr und »oben« einigen Einfluß weniger gibt.[46]

4 Trotz des länderübergreifenden Charakters des Fusionsfiebers und trotz der weltweit operierenden großen Konzerne verläuft die gegenwärtige Bildung von immer größeren Konzernen, Banken und Versicherungen fast ausschließlich im nationalstaatlichen Rahmen. Dieser Prozeß ist verbunden mit einer Zunahme der Konkurrenz zwischen den Nationalstaaten, zwischen Blöcken von Nationalstaaten und mit einer neu beginnenden Aufrüstung und Militarisierung mit wachsenden Kriegsgefahren.

Dies alles verbietet eine neutrale Haltung gegenüber dem Fusionsfieber. Diejenigen, die für die Interessen der Mehrheit der Bevölkerung, den Schutz der Umwelt und die Abwehr von Militarismus und Krieg eintreten, müssen die zerstörerischen Tendenzen der Kapitalkonzentration benennen und bekämpfen. Allein schon ein rein gewerkschaftliches Engagement für den Erhalt der Arbeitsplätze erfordert eine solche Parteinahme. Bereits die pure Verteidigung dessen, was unter »Sozialstaat« verstanden wird, legt eine kritische Bilanz des Fusionsfiebers nahe. Wer Hunger und Armut in der »Dritten Welt« bekämpfen will, muß den Zusammenhang erkennen, der zwischen diesem Elend und der Kapitalkonzentration im allgemeinen und den Tätigkeiten der großen Konzerne des Agrobusiness im besonderen besteht.

Auch ein aufgeklärtes bürgerliches Selbstverständnis, zu dessen Bestandteilen bisher Sozialversicherung, staatliche Infrastrukturvorsorge, allgemeiner Zugang zu Ausbildung und Bildung gehörten, erfordert ein Engagement gegen Privatisierungen und gegen das Fusionsfieber. Ebenso legen das christliche Bekenntnis und der Bezug von Parteien auf das Christentum ein Engagement gegen das Fusionsfieber und damit gegen die Konzentration immer größerer Macht in immer weniger Händen nahe. Genau dies war einmal die Lehre, die aus Nationalsozialismus, Faschismus und Zweitem Weltkrieg gezogen wurde. Das »Ahlener Programm« der CDU von 1949 war nicht irgendein vager und demagogischer antikapitalistischer Zungenschlag. Darin wird nicht zufällig der Bezug zu den Prozessen hergestellt, die in diesem Buch analysiert wurden. In diesem Text heißt es: »Die Zeit vor 1933 hat bereits zu großen Zusammenballungen industrieller Unternehmen geführt... Sie wurden für die Öffentlichkeit undurchsichtig und unkontrollierbar... Das kapitalistische Wirtschaftssystem ist (damit) den... sozialen Lebensinteressen des deutschen Volkes nicht gerecht geworden. Nach dem furchtbaren... Zusammenbruch als Folge der verbrecherischen Machtpolitik kann nur eine Neuordnung von Grund auf erfolgen. Inhalt und Ziel dieser sozialen und wirtschaftlichen Neuordnung kann nicht mehr das kapitalistische Gewinn- und Machtstreben... sein. Durch eine gemeinwirtschaftliche Ordnung soll das deutsche Volk eine Wirtschafts- und Sozialverfassung erhalten, die der Würde des Menschen entspricht.«[47]

Unabhängig von den spezifischen Intentionen und dem Opportunismus, der die CDU zu diesem Zeitpunkt zu solchen Formulierungen veranlaßte, wurde mit ihnen dennoch versucht, Konsequenzen aus den vorangegangenen Katastrophen zu ziehen bzw. Einsichten aufzugreifen, die in der Bevölkerung Verbreitung gefunden hatten. Die Schlußfolgerung, wonach es sich dabei nicht um Naturkatastrophen, sondern um Resultate von Kapitalkonzentration, privat-kapitalistischer Wirtschaftsordnung und Machtpolitik im Interesse weniger handelte, wurden damals nachweisbar von vielen gezogen – siehe die Volksabstimmungen in Hessen und Sachsen, in denen weitgehende Vergesellschaftungsforderungen erhoben wurden; siehe die bis heute gültigen Landesverfassungen in Nordrhein-Westfalen und in Hessen, in denen die Verstaatlichung von Bodenschätzen, Großgrundbesitz und großen Produktionsmitteln eingeklagt wird.

Wir stehen heute nicht vor Faschismus und Weltkrieg. Was wir mit der Kapitalkonzentration, mit den spekulativen Entwicklungen und wachsenden Krisentendenzen, mit der Verschärfung der internationalen Konkurrenz, mit dem offenen Auftreten von Rassismus und mit der neuen faschistischen Formierung erleben, weist jedoch bestürzende Parallelen zur Zeit Ende der zwanziger Jahre auf. Vor allem die neuen Tendenzen zur Blockbildung, zur Militarisierung und Hochrüstung dürfen nicht übersehen werden. Wir erleben eine neue, in der Geschichte des Kapitalismus noch niemals dagewesene Kapitalkonzentration im Rüstungssektor und eine Verflechtung von Kapital, Macht und Politik in den militärisch-industriellen Komplexen, die allein seit der sogenannten Wende 1989/90 zu zwei größeren Kriegen und einer offenen Proklamation des Krieges als Mittel der Politik führten. Nicht nur die US-Regierungen und das Pentagon stehen für eine solche Militarisierung der Politik. Die Europäische Union versucht, mit den Projekten WEU und EADS aufzuholen und nachzuziehen. Selbst die japanische Regierung hat sich als Resultat des Nato-Krieges gegen Jugoslawien in den Jahren 1999 und 2000 für eine Wende in ihrer bisherigen eher zurückhaltenden Militärpolitik ausgesprochen und will die »Selbstverteidigungskräfte« des Landes und seinen Rüstungssektor so »umgestalten«, daß auch diese dritte »Block-Macht« zu militärischen Interventionen in der Region befähigt wird.

Die Entwicklung von nur *einer* militärischen Weltmacht, die Kriege als legitimes Mittel der Politik betrachtet, hin zu zwei oder gar drei politischen Blöcken, die sich zu einem solchen militärischen Interventionismus bekennen, hat nichts Fortschrittliches an sich. Eine »Bipolarität« der Welt – USA und EU – ist in dieser Hinsicht nicht vorteilhafter als die seit 1990 zunächst weitgehend bestehende »Unipolarität«. Sie führt vielmehr zu einem wechselseitigen Prozeß des Hochrüstens und erhöht die Gefahr immer größerer Kriege. Von daher ist eine konsequente Kritik des Militarismus in den USA *und* in der EU erforderlich; angesagt ist eine Äquidistanz gegenüber allen imperialistischen und militaristischen Tendenzen, gleichgültig von wem sie ausgehen, weil sie allesamt die Gefahr künftiger Kriege erhöhen.

All diese Prozesse sind, wie bereits erwähnt, nicht allein Resultat der Kapitalkonzentration. Ihnen und dem Fusionsfieber selbst liegen weitreichende gesellschaftliche Veränderungen zugrunde, in denen die zerstörerischen Tendenzen des Kapitalismus weit deutlicher als in den vorausgegangenen 50 Jahren zum Ausdruck kommen. Jörg Huffschmid hat seine Analyse des Fusionsfiebers zu Recht in diesen Zusammenhang gestellt und bilanziert: »Die in der jüngsten Fusionswelle dominierende Orientierung am shareholder-value signalisiert einen Umschwung im gesellschaftlichen Kräfteverhältnis und ist zugleich das Programm zur rest- und rücksichtslosen Ausnutzung dieses Umschwungs... Es geht dabei um die Rückkehr zu einem Kapitalismus, der nicht nur in der Hauptsache, sondern ausschließlich durch die Interessen der Eigentümer gesteuert wird. Insofern ist er ein neues Programm und in der Tat eine Kampfansage an einen reformpolitisch gezähmten Kapitalismus. Es handelt sich darum, alles, aber auch alles, was nicht dem privaten Eigentum und der Mehrung des privaten Eigentums dient, rigoros zu beseitigen. Und da hat sich in den vergangenen hundert Jahren unter dem Druck der Arbeiterbewegung und demokratischer Kräfte so einiges angesammelt, was die ausschließliche Geltung der Eigentümerinteressen stört und beschränkt.«[48]

Diese Einsicht ist gegenwärtig noch eine minoritäre. Daß die CDU 1999 anläßlich des 50. Jahrestags des angeführten Ahlener Programms dessen Inhalt vergessen machen wollte, ist naheliegend. Sind doch gerade die Enthüllungen im Rahmen des »Bimbes-Skandals« beispielhaft dafür, wie sich die großen Unternehmen 16 Jahre lang eine Politik kaufen konnten, die ihren Interessen entspricht. Doch auch die SPD verleugnet ihre sozialen Traditionen und Wurzeln und bekennt sich seit 1998 in der praktischen Regierungspolitik zur Förderung der großen Konzerne im allgemeinen und des Fusionsfiebers im besonderen. Sie trägt damit zur politischen »Entwaffnung« eines großen Teils der Gewerkschaften bei. Diese Politik ist im übrigen für die SPD in ähnlicher Weise selbstzerstörerisch wie die Politik, die diese Partei Ende der zwanziger Jahre betrieb. Die Grünen unterscheiden sich von der SPD nur dadurch, daß ihre Transformation im Vergleich zu derjenigen der SPD im Zeitraffer verlief. Mit ihrer konkreten Politik als Regierungspartei opfern die Grünen ihre ureigensten Ziele auf dem Altar von Profit und Privatisierung. Die Kapitulation in der Atompolitik kommt einem Kotau vor der größten Kapitalkonzentration in der BRD-Wirtschaft – derjenigen im Energiesektor – gleich. Die »kritische Begleitung« der Bahnprivatisierung wird, konsequent zu Ende geführt, in die weitgehende Zerstörung des Schienenverkehrs und damit in eine noch größere Kapitalkonzentration in den Sektoren Ölverarbeitung, Fahrzeugbau und Flugzeugindustrie münden.

Die Unfähigkeit der maßgeblichen politischen Parteien gegenüber dem Fusionsfieber wird durch die internationale Debatte zum Thema »Globalisierung« und die Ideologie vom »Ende der Geschichte«, von einer Auflösung sozialer Ziele zugunsten der Logik des Kapitals, begünstigt. Die aktuelle wissenschaftliche, politisch-ideologische, moralisch-engagierte und populistische Literatur singt auf die Globalisierung je nach Gemütsverfassung mal ein Loblied, mal ein gar garstig Lied. Doch in so gut wie allen Fällen kommen in ihr eine Bejahung dieser Prozesse oder Hilflosigkeit und Fatalismus zum Ausdruck.

Edward Luttwak, führender Autor des US-Blattes »Foreign Affairs«, erkennt einen »Turbokapitalismus«, dem er ein Buch mit demselben Titel gewidmet hat. Dieser neue Kapitalismus sei »extrem unterschiedlich von dem so strikt kontrollierten Kapitalismus«. Letzterer habe seine Blütezeit zwischen 1945 und 1980 gehabt und so sensationelle Neuheiten wie einen »Reichtum der Massen« mit sich gebracht. Wir sehen hier davon ab, zu untersuchen, wer wann mit welchem »Massenreichtum« gesegnet und welche Teile der Bevölkerung hiervon weiterhin und teilweise in wachsendem Umfang ausgeschlossen waren und sind.

Daß die Unterschiede zwischen dem Kapitalismus der sechziger und siebziger Jahre im Vergleich zum aktuellen Kapitalismus nicht qualitativer Natur und daß die realen Unterschiede, die es zwischen den verschiedenen Perioden gibt, auf Sonderbedingungen zurückzuführen sind, wurde in diesem Buch mehrfach dargelegt. Doch Luttwaks Meinung, damals sei der Kapitalismus »kontrolliert«, also unter starkem Einfluß der Nationalstaaten bzw. deren Regierungen gestanden, wohingegen der heutige weitgehend losgelöst nur dem Spiel der Märkte folge, kontrastiert mit dem Wissen des Autors von einem spezifischen Sektor des »modernen« Kapitalismus, des militärisch-industriellen Komplexes.

Ein Jahr zuvor, am Ende des Nato-Kriegs gegen Jugoslawien, veröffentlichte derselbe Autor einen Aufsatz in »Foreign Affairs«, in dem er forderte »Give War A Chance« und dafür plädierte, Kriege müßten

»ausbrennen«, um ihre Wirkung »voll zu entfalten«. Selbstverständlich ging Luttwak damals von einem Fortbestand der Nato und insbesondere der US-Hochrüstung, also des US-Staates, aus. Mehr noch: Luttwak forderte in diesem Beitrag weltweit höhere Rüstungsausgaben, was im Grunde heißt: »mehr Staat« – zumindest mehr Staat zur Militarisierung der Gesellschaft und der Welt. Genau in diese Richtung weisen auch der US-Rüstungshaushalt und die beschriebenen neuen Rüstungsprojekte der EU. Inwieweit bestimmt hier »der Markt« diese Steigerung solcher, volkswirtschaftlich gesehen, unproduktiven Ausgaben?[49]

Daniel Yergin und Joseph Stanislaw veröffentlichten eine Polemik, in der sie wirtschaftliches Wachstum als Ergebnis der Liberalisierung, der Beseitigung aller Fesseln für das freie Unternehmertum darstellten. Demgegenüber ist festzuhalten: Selbst das relativ hohe Wachstum, das die US-Ökonomie im »langen Boom« der neunziger Jahre erzielte, liegt deutlich unter den Wachstumsraten der US-Ökonomie in den fünfziger und sechziger Jahren, also in einer Periode, in der, nach der Auffassung von Yergin und Stanislaw, der Kapitalismus »gefesselt« war. Aber auch diese Replik kann für die Person eines der Autoren konkretisiert werden. Daniel Yergin hat nur ein bescheidenes Jahrzehnt zuvor einen 1000-Seiten-Schinken über die Geschichte des Öls und der Ölkonzerne geschrieben. Darin wird mal langatmig und mitunter minutiös dargestellt, wie der Aufstieg der Ölkonzerne oftmals weltumspannenden Verschwörungen von Regierungen und gewaltiger Kapitalhilfe durch die Staaten – also die Steuerzahlenden – geschuldet war. Und daß genau diese Zeit des »gefesselten Kapitalismus« die Zeit des Aufstiegs der Ölmultis und ihrer größten Wachstumsraten war.[50]

Der britische Konservative John Gray hat über den »globalen Kapitalismus und seine Folgen« ein Buch geschrieben, aus dem förmlich Krokodilstränen herauskullern. Dieser Autor beklagt sich bitterlich darüber, daß der deregulierte britische Kapitalismus u.a. zur höchsten Scheidungsrate in der Europäischen Union und zu einer Verdopplung unehelich geborener Kinder in den achtziger Jahren beigetragen habe. Heute wäre hinzufügen: Auch ein ehelich geborener und in einer stabilen Ehe aufwachsender Sohn des Premierministers wird heutzutage leicht Opfer des Turbokapitalismus im allgemeinen bzw. des als Guiness-Bierimperium agierenden Kapitals im besonderen.[51] Doch im Ernst: Gray wähnt sich eins mit vielen Top-Managern in der Kritik des Autoritätsverlusts und der Reduktion gemeinschaftlicher Werte, die den »globalen Kapitalismus« begleiteten. Schließlich litten die multinationalen Unternehmen als »amorphe Organismen« selbst an dieser Entwicklung, da sie sich auf die eigenen Beschäftigten ebenfalls negativ auswirke. Gray konzediert allerdings den nicht zu übersehenden Widerspruch, wonach die Multis den »Werteverfall« selbst vorantreiben würden.

Doch auch dieses Buch hat eine persönliche Komponente, die die Debatte so unwirklich und oft unseriös macht. John Gray war vor dem Auftreten seiner scheinbaren Altersradikalität Regierungsberater und aktiver Unterstützer der Premierministerin Margret Thatcher. Er weiß besser als viele andere, wie gezielt die Macht des bürgerlichen Nationalstaats eingesetzt wurde, u.a. um die Streikketten im britischen Bergarbeiterstreik der achtziger Jahre zu zerschlagen, um die Trade Unions zu schwächen und ihre organischen Bindungen an die Labour Party zu zerstören (was erst das Entstehen von »New Labour« ermöglichte), um bestehende Schutzmaßnahmen gegen Armut und Erniedrigung abzubauen. Wenn es so etwas wie einen Werteverfall gibt, dann fiel dieser nicht vom Himmel. Es handelt sich dabei nicht in erster Linie um den Verfall »familärer Werte«. Es geht in erster Linie um die Zerstörung gesellschaftlicher Solidarität. Dies wiederum ist kein Produkt des »globalen Kapitalismus«. Hier handelt es sich vielmehr um konkrete Aktivitäten von Regierungen im Verbund mit Top-Managern. In der Bundesrepublik wäre in diesem Rahmen die unter der Kohl-Regierung durchgesetzte Abschaffung des § 116 Arbeitsförderungsgesetz zu erwähnen, womit aggressive Flächenaussperrungen durch Unternehmen enorm begünstigt werden.[52]

Robert B. Reich, führender US-Wirtschaftswissenschaftler, sieht in seinem Buch »Die neue Weltwirtschaft« die Welt in einer umfassenden Transformation befindlich. Am Ende dieses Prozesses werde es »keine nationalen Produkte und Technologien, keine nationalen Wirtschaftsunternehmen, keine nationalen Industrien mehr geben.« Reich glaubt, daß bereits heute »das amerikanische Kernunternehmen nicht mehr amerikanisch« ist. Diese Unternehmen lösten »sich zusehens von Amerika« und würden »immer schneller zu Bestandteilen globaler Netzwerke.«[53] Nun stammt von Reich nicht nur die zitierte, treffliche Formulierung, wonach der Chef der US-Notenbank, Greenspan, »den wirksamsten Griff in dieser Stadt Washington« habe: »seine Hand um Bills Eier«. Offensichtlich handelt es sich hier nicht um einen Griff »globaler Netzwerke«, sondern um höchst persönliche Greifwerkzeuge. Doch wir können auch hier auf Reichs eigene, praktische Erfahrungen zurückgreifen, die in einem gewissen Widerspruch zu seinen theoretischen Erkenntnissen stehen: Anfang der neunziger Jahre legte sich Reich als Bill Clintons Arbeitsminister mit dem Unternehmen Bridgestone an, weil es in einem der Werke dieses Reifenherstellers tödliche Arbeitsunfälle gegeben hatte. Das Nachrichtenmagazin »Der Spiegel« berichtete über diese Begebenheit: »Eine Kameraschar im Gefolge will Reich dem Firmenchef einen Strafbescheid wegen mangelnder Arbeitsplatzsicherheit persönlich übergeben. Doch schon kurz darauf schlägt der Multi zurück: Die Sicherheitsauflagen seien zu teuer, der Produktionsstandort werde ab sofort dichtgemacht, die 1100 Arbeiter würden ohne Sozialplan entlassen. Reich, der Held von gestern, ist der Blamierte von heute.«[54]

Auch mit diesem Bericht und mit Reichs damaligem spektakulären Vorgehen wird mehr Nationalismus verschleiert als Globalisierung enthüllt. Zunächst einmal: Einen »Firmenchef« kann Reich kaum bei Bridgestone angetroffen haben und er kann auch nicht vorgehabt haben, einen solchen anzutreffen. Mr. Yoichiro Kaizaki ist für derlei Aktionen nicht direkt ansprechbar und residiert im übrigen in Tokio und nicht in einem seiner US-Werke. Reich versuchte offensichtlich, den Strafbescheid einem Werksleiter des Multi Bridgestone zu überreichen. Doch die Hauptfrage lautet: Warum suchte sich der Arbeitsminister der USA für seine Aktion ausgerechnet einen japanischen Konzern aus? Gab es nicht genügend US-Konzerne, die ebenfalls die Arbeitsschutzgesetze verletzten? Warum wurde mit Bridgestone derjenige japanische Konzern ausgewählt, der wenige Jahre zuvor, 1988, den US-Reifenhersteller Firestone übernommen und damit eine strategisch entscheidende Position im industriell wichtigsten Sektor der Weltökonomie und hier in der führenden Wirtschaftsmacht erobert hatte?

Der Bridgestone-Firestone-Coup hatte zu diesem Zeitpunkt als Symbol für den Niedergang der US-Industrie angesichts der »japanischen Herausforderung« gegolten. Der neue japanische Reifenriese Bridgestone/Firestone galt von diesem Zeitpunkt an als Stachel im Fleisch des US-Kapitalismus. Die US-Konzerne reagierten darauf ausgesprochen national. Unter anderem beschloß General Motors als traditioneller Firestone-Reifen-Abnehmer nach diesem takeover, keine Reifen mehr von Firestone/Bridgestone zu kaufen. Die Clinton-Regierung war Anfang der neunziger Jahre die erste US-Regierung, die hinter sich eine boomende US-Industrie und vor sich einen japanischen Kapitalismus sah, der erstmals seit dem Zweiten Weltkrieg eine tiefe Krise erlebte. Das schien eine gute Gelegenheit, die neu erworbenen Kraft des US-Kapitals zu demonstrieren. Möglicherweise war Robert Reich zu naiv, um diese Zusammenhänge zu durchschauen. Wahrscheinlicher aber ist, daß er bei seinem Auftreten bei Bridgestone/Firestone diesen Hintergrund billigend in Kauf nahm, um wenigstens auf diese Weise anscheinend »soziale Politik« machen und in den Medien Präsenz zeigen zu können. So gesehen handelte es sich bei Reichs Auftreten bei Bridgestone gar nicht um ein Beispiel der Globalisierung, der universellen Macht eines Multis. Im Gegenteil: Es handelte sich vielmehr um einen national gefärbten Auftritt der US-Regierung und um eine ebenso national geprägte Reaktion der japanischen Eigentümer.

Diese wechselseitigen nationalistischen Beziehungen bei Bridgestone/Firestone steigerten sich im übrigen in den folgenden Jahren. So kam es 1994 zu massiven Streiks in US-Werken von Bridgestone/Firestone, mit dem Zentrum in der Stadt Decatur. Die Zentrale der zuständigen US-Gewerkschaft argumentierte, Firestone-Arbeiter würden schlechter als ihre Kollegen bei Bridgestone in Japan behandelt – und unterstützten auf dieser Linie die Forderung nach einem Boykott der Bridgestone/Firestone-Pneus, was ganz im Sinne des einzig verbliebenen großen US-Reifenherstellers Goodyear war. Mit entgegengesetzten Motiven reagierte der Multi Bridgestone: Im Sommer 2000 mußte Bridgestone 6 Millionen Reifen für Sport- und Geländewagen zurückrufen, weil es mit solchen eine größere Zahl tödlicher Unfälle gegeben hatte. Die Bridgestone-Zentrale in Tokio behauptete daraufhin, der größte Teil dieser Reifen stamme aus Decatur, der Stadt, die zuvor im

Mittelpunkt der Streiks gestanden hatte. Diese Darstellung kann den Bridgestone-Herstellungsort ernsthaft gefährden. Die Arbeiterinnen und Arbeiter und die lokalen Gewerkschaften bei Firestone-Bridgestone in Decatur sehen darin zu Recht eine exemplarische Bestrafung, die die Konzernzentrale gegenüber diesem Streikzentrum vornehmen will. Auch hierbei handelt es sich um das national geprägte Handeln eines der größten Konzerne der Welt; 1999 lag Bridgestone auf Rang 240 dieser Liste.[55]

Die Bücher zum Thema Globalisierung, auf die bisher eingegangen wurde, werden allerdings bei weitem in den Schatten gestellt durch das Globalisierungs-Oeuvre einer Art Heiliger Johanna der Schlachthöfe von heute. Viviane Forrester präsentierte 1996 das Buch »L'Horreur économique«, das sich in wenigen Monaten zu einem Weltbeststeller zum Thema Globalisierung entwickelte. Die französische »Literaturkritikerin, Schriftstellerin und Essayistin« – so der Verlag – beschreibt als »Terror der Ökonomie« eine Welt, wie sie globaler und anonymer kaum sein kann. Da gibt es »privatwirtschaftliche Gruppen..., die im großen und ganzen eine Art Nation (bilden).« Diese »kümmern sich nicht um den im Vergleich zu ihnen oft armen Staat«. Eine »Konkurrenz... findet nur innerhalb des Clubs und mit Zustimmung all seiner Mitglieder« statt, ja, die »Marktwirtschaft besteht sozusagen nur aus einem einzigen Konzern«. Und weil dies so ist, ist diese Marktwirtschaft »nur noch auf das ausgerichtet, was ihr förderlich ist: auf die Ausgrenzung jener Arbeitswelt, die sie nicht mehr braucht.« Das mit dem »einen Konzern« wird dann nicht ganz so stringent durchgehalten. Schließlich gibt es noch die »riesigen Fusionsprozesse von weltweiter Größenordnung«. Und irgendwie erkennt Forrester auch eine »offizielle Anarchie«, die den Globus beherrsche, was das Bild von dem »einen Club« wieder modifiziert. Dennoch bleibt es letzten Endes bei der »Vormachtstellung einer anonymisierten Privatwirtschaft, die durch massive Fusionsprozesse von weltweiter Größenordnung in komplexe, unentwirrbare Netze verwandelt wurde. Diese Netzwerke sind so mobil und von solcher Ubiquität (allgegenwärtigen Präsenz; W.W.), daß sie fast nicht mehr ausfindig zu machen sind.«[56]

Wenn derart voluminöse Nebelbänke vor dem real existierenden Kapitalismus errichtet werden, ist es wenig verwunderlich, wenn Beifall von der falschen Seite kommt. Jaques Chirac erklärte sich »tief beeindruckt« von Forresters Analyse, während die Verfasserin ihrerseits dem französischen Staatspräsidenten attestierte, »beherzt, wenn auch vergeblich« das »Thema Soziales« in ein G-7-Treffen im April 1997 in Lille eingebracht zu haben. Auf bundesdeutscher Seite war es Lothar Späth, der sich als Liebhaber der Analyse von Madame Forrester outete. Diese, so Späth, verstehe »zwar von Wirtschaft nichts. Doch sie ist empört über die Untätigkeit der Politik (und) analysiert und benennt schonungslos.« Späth brachte am Ende seiner Buchbesprechung gut auf den Punkt, weshalb *diese Art* Globalisierungs-Literatur für die Bosse aller Konzerne und einen Kanzler aller Bosse gut verkraftbar und teilweise gut instrumentalisierbar ist: »Das Hauptverdienst des Buches besteht darin, ein Thema hoher gesellschaftspolitischer Brisanz klar aufzuzeigen, ohne gleich von einem politischen Lager vereinnahmt werden zu können.«[57]

Also: Heftige Kritik an der Globalisierungs-Tendenz des Kapitals, aber bitte nicht von links, und in jedem Fall so, daß eingetrichtert wird: Widerstand ist zwecklos; real Verantwortliche gibt es nicht. Unternehmer, Top-Manager und der Obdachlose von Nebenan – sie alle sind ohnmächtige Gefangene in der Ubiquität globalisierter Netze.

Eine Pointe am Rande: Späth war baden-württembergischer Ministerpräsident. Er war in dieser Zeit berüchtigt für die enge Zusammenarbeit seiner Regierung mit den Konzernen Daimler-Benz, Bosch und SEL, die alle ihren Sitz in dem Südweststaat haben. Späth hatte förmlich ein enges Netz aufgebaut, in dem insgeheim organisierte Staatshilfe für Konzerne, private Profitmaximierung und persönliche Privilegien Hand in Hand gingen. All das ist in dem Insider-Roman »Monrepos«, der unerhört zur Erhellung der wirklichen Machtverhältnisse in der Gesellschaft und dem Zusammenwirken von Staat und Profit beiträgt, dargestellt.[58] Lothar Späth ist heute Chef von Jen-Optik. Dieses Unternehmen gibt es nur, weil weit mehr als eine Milliarde Mark Staatsgelder dafür flossen. Nichtsdestotrotz – oder gerade deshalb – lobt das »Cleverle« nun ein Buch, dessen Hauptthesen vom Ende der Nationalstaaten und der Bedeutungslosigkeit der Regierungen angesichts einer »Globalisierung« handeln.

Zu fragen ist: Gibt es die behauptete Hilflosigkeit tatsächlich? Trifft Madame Forresters Behauptung zu, daß die »Netzwerke« der großen Konzerne nicht nur »nicht auffindbar« sind, sondern daß sie »auf diese Weise (auch) allem entgehen, was sie einschränken, kontrollieren oder auch nur beobachten könnte.«[59]

Nun wäre es zweifellos falsch, der behaupteten – und real in der beschriebenen Weise nicht existenten – Welt der Globalisierung eine ebenso virtuelle Welt des Widerstands entgegenzusetzen. Allerdings gibt es Ansätze für Gegenwehr. Diese ist, wie das nicht ungewöhnlich ist angesichts hereinbrechender neuer Entwicklungen, molekular, aber doch für diejenigen, die für das Thema offen sind, erkennbar. Daß die traditionellen Medien einen großen Teil dieser Proteste ignorieren, bagatellisieren oder, wenn beides nicht möglich ist, diffamieren, ist naheliegend. Die Nutzung alternativer Informationsquellen – siehe zum Beispiel das »LabourNet« – ist unter diesen Bedingungen notwendiger denn je.[60]

Einige Beispiele von Gegenwehr seien, ohne irgendeinen Anspruch auf Vollständigkeit, angeführt.

Der demokratische internationale Widerstand gegen das Multilateral Agreement on Investment (MAI) in den Jahren 1997/98 war ein erstes Exempel für einen solchen Protest, der mit dazu beigetragen hat, daß dieses Thema zunächst von der Tagesordnung abgesetzt wurde.

Es gab in den vergangenen Jahren viele breite Mobilisierungen gegen G-7-Treffen, EU-Gipfel und IWF-Tagungen. Den bisherigen Höhepunkt bildeten die Proteste gegen die Konferenz der Weltfreihandelsorganisation WTO in Seattle Ende 1999. Sie trugen wesentlich dazu bei, daß dieses WTO-Treffen für die Veranstalter zu einem Desaster geriet.

In einer Reihe von Ländern kam es zu massiver Gegenwehr gegen die geplanten Privatisierungen – etwa im Fall der Fluggesellschaft Air France in Frankreich und im Fall der Rentenversicherung in Italien. Die Liverpooler Hafenarbeiter führten 1997 einen langandauernden Streik gegen die Privatisierung des Hafens durch, der eine erstaunlich breite internationale Unterstützung erfuhr. In Frankreich kam es in den letzten Jahren zu mehreren Streiks und Mobilisierungen gegen

Privatisierungen im öffentlichen Sektor und gegen die enorme Arbeitsintensivierung im Transportgewerbe. Die Streiks des Jahres 1995 – u.a. im Bereich der Staatsbahn SNCF und der Lkw-Fahrer – erhielten dabei eine Dimension, wie sie auch in Frankreich seit vielen Jahren nicht mehr gesehen wurde. Dabei zeigte sich zur Überraschung der damaligen Regierung, daß eine übergroße Mehrheit der Bevölkerung die Streiks trotz erheblicher Beeinträchtigung des Alltaglebens unterstützte. Beim US-Zusteller United Parcel Service (UPS) kam es im Jahr 1998 zu einem Streik, der sich gegen prekäre Beschäftigungsverhältnisse richtete und mit einem Teilerfolg endete. Im Frühjahr des Jahres 2000 legten in der Bundesrepublik 5000 Beschäftigte der Region Salzgitter kurzfristig die Arbeit nieder – aus Protest gegen den sich abzeichnenden »Atomkompromiß«. Als Teil dieses Kompromisses soll »Schacht Konrad« in ein Endlager für atomare Brennelemente verwandelt werden, was in den Augen der Protestierenden, die lokale IG Metall inbegriffen, die gesamte Region langfristig bedrohen würde.

Im März 2000 beschlossen die Geschäftsleitungen und Eigentümer von General Motors und Fiat, eine wechselseitige Kapitalverflechtung einzugehen und Teile ihrer Fertigung in Joint Venture-Unternehmen einzubringen. Daraufhin kam es im Juni 2000 im Bochumer Opel-Werk zu einem zweitägigen Streik von 3000 Beschäftigten, mit dem drohende Einkommenseinbußen abgewehrt werden sollten. Teile der Belegschaften anderer GM-Werke schlossen sich den Protesten an. Der Ausstand führte – als Resultat »moderner« Vernetzung der Arbeitsorganisation – zu Ausfällen in einer Reihe anderer GM/Opel-Werke, so in Rüsselsheim und Eisenach. Das Management gab nach und sicherte all denen, die in ausgegliederten GM-Fiat-Unternehmen arbeiten würden, zu, daß sie zu den bestehenden Konditionen übernommen würden.[61]

Im April desselben Jahres fand in Finnland ein heftiger Streik in der Papierindustrie statt. Deutsche Konzerne übten erheblichen Druck aus, um eine schnelle Einigung in Finnland zu erzielen – weil sie die Papierzufuhr, vor allem aber »das Anzeigengeschäft deutscher Magazine gefährdet« sahen (»Financial Times«).

Ein Monat später endete eine eher übliche Lohntarifrunde in Norwegen. Der Gewerkschaftsverband LO legte das Ergebnis – leichte

Lohnerhöhungen, einen Stufenplan für weitere Ferientage und eine Flexibilisierungskomponente – der Mitgliedschaft zur Abstimmung vor. Doch 64,9 Prozent der Mitglieder lehnten den Kompromiß ab. Es kam zu einem einwöchigen Streik von bis zu 100.000 Beschäftigten – dem größten Streik in diesem Land seit 14 Jahren. 2000 Unternehmen mußten die Produktion einschränken oder schließen; ein großer Teil des Transportsektors wurde lahmgelegt; die Tanker der Ölindustrie konnten nicht beladen werden. Als der Streik ausgedehnt werden sollte, gaben die Unternehmer auf der ganzen Linie nach. Die Verbesserungen für die Beschäftigten sind erheblich; u.a. wurde die Einführung einer fünften Urlaubswoche ab den Jahren 2001 und 2002 vereinbart. Es soll den Erfolg der Beschäftigten und Gewerkschaften in Norwegen nicht schmälern, aber auf die Widersprüche innerhalb der Prozesse von Kapitalkonzentration und internationaler Arbeitsorganisation mit »just-in-time«-Philosophie hingewiesen werden, wenn dazu die folgende Passage aus der deutschen Ausgabe der »Financial Times« zitiert wird: »Als wichtiger Grund für die schnelle Beendigung wurde von Beobachtern Druck deutscher Autokonzerne auf norwegische Zulieferer genannt. Unter anderem hatte BMW seinem Lieferanten Raufoss in Kongsberg unweit Oslo bei einer Fortdauer des Arbeitskampfes mit der sofortigen Kündigung aller Verträge gedroht. Bei Saab in Trollhättan (Schweden) mußte bereits am Montag die Produktion wegen ausbleibender Zulieferungen aus Norwegen eingestellt werden. Betroffen waren auch DaimlerChrysler, Ford und Opel... Gewerkschafter meinten, die Mitglieder hätten allen Grund ›zu einem Champagnerfest‹.«[62]

In Frankreich kam es im Juli 2000 zu einem militanten Streik in dem Ardennenstädtchen Givet, als dort die Textilfabrik Cellatex geschlossen werden sollte. Der Kampf endete mit einem Teilerfolg. Kurz darauf traten im elsässischen Adelshoffen die Beschäftigten einer Brauerei, die nach der Übernahme durch den niederländischen Heineken-Konzern geschlossen werden sollte, in den Streik. Selbst die ansonsten an derlei Nachrichten wenig interessierte »Süddeutsche Zeitung« kommentierte die Vorgänge beunruhigt mit den Worten: »Kommt da nun etwa eine breite Welle von Kämpfen der Verlierer der Globalisierung und Liberalisierung in Gang? Handelt es sich etwa um einen

Aufstand der Entrechteten, ähnlich der Aktion der Beschäftigten im ostfranzösischen Besançon, die Anfang der 70er Jahre die von der Schließung bedrohte Uhrenfabrik Lip in Selbstverwaltung übernommen hatten?«[63]

Bei all diesen Aktionen der Gegenwehr stellte sich heraus: Der Gegner ist ausmachbar und entschwindet mitnichten in einer »Ubiquität«. Die Reaktionen und Gegenreaktionen sind überwiegend national. Die Frage von Erfolg und Mißerfolg ist, wie seit Jahrhunderten, eine Frage der Kräfteverhältnisse. Eine Frage des Geldes stellt sich in diesen Auseinandersetzungen in den wenigsten Fällen. Die Gewinne in den Unternehmen sind in fast allen hochindustrialisierten Staaten – Japan ausgenommen – so hoch wie seit langem nicht mehr; sie stiegen meist seit mehr als fünf Jahren. Die »Kriegskassen« der großen Konzerne und Banken sind prall gefüllt – zum Zwecke neuer Unternehmensübernahmen.

Das Geldvermögen der bundesdeutschen privaten Haushalte hat sich allein im Zeitraum 1991 bis 2000 verdoppelt; das in Aktien angelegte Vermögen sogar vervierfacht. Während sich in den vergangenen 15 Jahren in der BRD die Zahl der auf Sozialhilfe angewiesenen Menschen verdreifachte, wuchs auch die Zahl der Millionäre und sogar die der Milliardäre um rund das Dreifache. Das Thema »Geld ist genug da« stand Mitte der neunziger Jahre im Zentrum zweier breit angelegter Kongresse in Freiburg/Brsg.; es ist im Grunde aktueller denn je.[64]

Bei allen Auseinandersetzungen gilt auch: Natürlich sind die Regierungen – in der EU gegebenenfalls die EU-Instanzen – in hohem Maß verantwortlich. Sie pochen zwar einerseits auf die »Tarifautonomie«, was meist heißt, daß sie insgeheim zur Unternehmerseite neigen. Doch bei jeder Zuspitzung von Konflikten erweisen sie sich schnell als entscheidende Ansprechpartner, Vermittler oder offene Gegner. Sie begünstigen und beschleunigen das Fusionsfieber. Die neuen Steuergesetze der Regierung Schröder, die teilweise Anfang 2001, teilweise 2002 in Kraft treten, würden, so die Einschätzung der britischen »Financial Times«, sogar »die Unternehmens-Landkarte in Deutschland völlig neu gestalten«. Es würde aufgrund der steuerlichen Erleichterungen u.a. für den Verkauf von Unternehmensbeteiligung zu einem neuen, breit angelegten Prozeß von Anteilsverkäufen und -neukäufen und zu einer umfassenden Steigerung der Unternehmensgrößen kommen.[65] Fast zeitgleich hat das britische Kabinett im Sommer 2000 entschieden, sich in Zukunft bei Unternehmenszusammenschlüssen noch mehr als bisher »zurückzuhalten« und »den Markt gewähren« zu lassen. Allerdings wurde auch in diesem Zusammenhang die Nationalstaatlichkeit als Notbremse betont: In Fällen, bei denen »die nationale Sicherheit« berührt sei, behalte sich die Regierung eine letzte Entscheidung vor.[66]

Hier wird das Thema »Globalisierung und Nationalstaat« von einem anderen Gesichtspunkt aus berührt. An mehreren Stellen dieses Buchs wurde herausgearbeitet, daß gerade die Internationalisierung der Ökonomie, die Kapitalkonzentration und die internationale Konkurrenz eine Neuverteilung der Aufgaben des Nationalstaats und in diesem Sinne auch eine Stärkung des Nationalstaats und der nationalen Regierung – teilweise auch der EU-Instanzen – mit sich gebracht haben. Das heißt nun auch beim Thema Gegenwehr, daß dieser Ebene kein geringeres Gewicht als in früheren Zeiten zukommt. Umgekehrt gilt auch: Daß diejenigen, die diese Ebene mit einem vagen Verweis auf »Globalisierung« vernachlässigen, sich vieler Möglichkeiten einer Gegenwehr vergeben. In den Worten von Ellen Meiksens Wood: »Wenn der Staat eine solch vitale Rolle bei der Unterstützung des Kapitals auf dem Weltmarkt spielt, dann wäre es pervers, wenn die Linke den Staats als Arena der Auseinandersetzung aufgeben würde und ihre Hoffnungen... auf eine unrealistische Vorstellung von einem Internationalismus, der nicht seinen Ausdruck in lokalen und nationalen Organisationen und Kämpfen findet, projizieren würde.«[67]

Beides ist erforderlich: Das Ausnutzen des staatlichen Terrains – mit entsprechender Einflußnahme auf Regierungen und Parteien – und ein Prozeß wachsender Information, Debatten und Koordination auf *internationaler* Ebene. Gerade angesichts der ständig ausgebauten internationalen Arbeitsteilung ist die Vernetzung des Widerstands auf internationaler Ebene oft eine unabdingbare Voraussetzung für erfolgreiche Gegenwehr. Die beschriebenen Widersprüche der Globalisierung und die innerkapitalistischen Widersprüche können dabei gelegentlich auch von Vorteil sein.

Eine Verbindung von lokalen und nationalen Kämpfen mit einem

Internationalismus, der die Themen Casino-Kapitalismus und Globalisierung im Zentrum hat, findet sich in einer Auseinandersetzung in der französischen Region Larzac, die sich im Sommer 2000 zuspitzte. Am 12. August 1999 demonstrierten 300 französische Bauern in Millau, einer Kleinstadt auf dem Plateau Larzac in Südfrankreich, mit Kind und Kegel, aber auch mit Brecheisen und Kreissägen, gegen eine Baustelle für ein neues McDonald-Restaurant. Das US-Unternehmen reklamierte danach einen Schaden in Höhe von umgerechnet 218.000 Mark. Die Staatsanwaltschaft erhob Anklage gegen den Vorsitzenden des fortschrittlichen Bauernverbandes Confédération Paysanne, José Bové, und gegen neun seiner Mitstreiter.

Den Hintergrund dieser scheinbaren Provinz-Auseinandersetzung bildet allerdings die hohe Politik der internationalen Konkurrenz: Die Bauern auf dem Plateau Larzac sind Schafzüchter der besonderen Art: Sie stellen den Roquefort her, eine der teuersten Käsesorten und Markenzeichen der gehobenen französischen Küche. Roquefort ist ein Käse, der wie exzellenter Wein drei Jahre lang bei konstant 10 Grad in Felsenhöhlen des Larsac reift. Nach dem Verbot der EU für den Import hormonbehandelten Rindfleischs aus den USA belegte die US-Regierung u.a. die Einfuhr französischen Käses mit Sondersteuern in Höhe von 100 Prozent. Während die USA gegen ein Symbol französischer Lebensweise vorgingen, wählten die Bauern in Millau mit McDonalds ihrerseits ein Symbol für den American Way of Life und auch für schlechte Jobs und schlechtes Essen.

Der Konflikt im Larzac wurde in Frankreich zum nationalen Thema. Und als Bové und andere Vertreter seines Bauernverbandes auf den Massendemonstrationen gegen die WTO-Konferenz in Seattle sprachen und die Demonstrierenden mit illegal importiertem Roquefort-Käse versorgten, wurden sie als Helden im Kampf gegen die Globalisierung, als Neuauflage und Politisierung der Asterix-Saga – kleines gallisches Dorf kämpft gegen das Weltkapital – gefeiert.

Am 30. Juni und 1. Juli 2000 fand in Millau der Prozeß gegen Bové und seine Mitstreiter statt. Es kam zu einer landesweiten Mobilisierung. Zeitweilig solidarisierten sich vor Ort bis zu 45.000 Menschen mit dem Bauernverband und seiner Führung. Sprecherinnen und Sprecher der internationalen Bewegung gegen die WTO – darunter Susan

George, Vandana Shiva und Lori Wallach – waren in Millau präsent. Auch der Sekretär der deutschen Gewerkschaft Nahrungsmittel, Genuss, Gaststätten (NGG), Jürgen Hinzer, überbrachte die solidarischen Grüße seiner Gewerkschaft. Noch während des Prozesses zog der Geschäftsleiter von McDonalds seine Nebenklage zurück, um, wie er sagte, »zu verhindern, daß das Medienecho noch größer wird, aber auch unter dem Druck der Behörden«. Bové wurde schließlich zu einer eher symbolischen Strafe – 10 Monate Gefängnis, davon neun auf Bewährung – verurteilt; seine Mitstreiter erhielten drei Monate Gefängnis auf Bewährung.

José Bové, erklärte in einem Interview: »In der bäuerlichen Welt ist ein Bewußtwerdungsprozeß über die Art zu arbeiten und die Art, wie die Bauern und das Land ausgebeutet werden, im Gang. Gleichzeitig lernen die Leute, sich kollektiv gegen multinationale Konzerne, die Banken und den Staat zu wehren... Unsere Confédération erhält vor allem Zulauf in den Regionen des Großen Westens (Frankreichs), gerade dort, wo das produktivistische Modell der Agrarbewirtschaftung in der Krise ist und wo dessen Urheber, die Viehzüchter, heute zu Opfern jenes Modells werden, weil die Preise fallen und die Schulden steigen. Heute kann der Kampf gegen Globalisierung nicht mehr korporationistisch geführt werden. Er muß gemeinsam von all den Sektoren der Gesellschaft geführt werden, die Opfer dieser Form der Globalisierung sind... Das ist ein globaler Kampf. Auf der Demonstration in Seattle hat der US-amerikanische Dachverband der Gewerkschaften, AFL-CIO, akzeptiert, daß an der Spitze des Demozugs je ein Bauer aus jedem Kontinent der Erde marschierte.«[68]

Anmerkungen

Teil I

(1) Bertolt Brecht, Gesammelte Werke, Frankfurt/M. 1967, Band 8, S.316 (gekürzt wiedergegeben).

(2) Die Deutsche Bank steigerte das Gewinnergebnis im ersten Halbjahr 2000 um 114,6 Prozent auf 3,78 Milliarden Mark nach Steuern. Vgl. u.a. Financial Times (dtsch. Ausg.) vom 4.8.2000.
Vorausgegangene Angaben zu den EADS-Rüstungsaufträgen nach: Financial Times vom 25.5. und 9.6.2000.
Zuvor zur gescheiterten Fusion: Zitate aus der Welt am Sonntag vom 9.4.2000.

(3) »Die Zeit von der Französischen Revolution bis zum Ende des Kalten Krieges hat verschiedene Doktrinen hervorgebracht, die von der Hoffnung begleitet waren, die Grenzen des menschlichen Wesens durch die Erschaffung eines neuen Menschen zu überwinden... Der Zusammenbruch dieser Experimente zum Ende des 20. Jahrhunderts hat die Grenzen solcher sozialen Manipulation aufgezeigt. Bestätigt wurde dadurch eine liberale, auf dem Markt basierende Ordnung, die auf das Wesen des Menschen gegründet ist. Das habe ich mit meiner These vom ›Ende der Geschichte‹ gemeint.« Francis Fukuyama, »Das Projekt Mensch«, in: Die Welt vom 27.5.2000.

(4) Karl Marx, Das Kapital, Band 1, nach der 2. Auflage von 1872, Berlin (West) 1969, Ullstein Verlag, S.694. Zu den Gründen, weshalb hier ungewöhnlicherweise aus der 2. Auflage dieses Werkes und nicht aus der MEW-Ausgabe, die auf der 3. und 4. Auflage basiert, zitiert wird, siehe unten Anmerkung 8.

(5) Ernest Mandel, „Die Marxsche Theorie der ursprünglichen Akkumulation des Kapitals und die Industrialisierung der Dritten Welt“, in: Folgen einer Theorie - Essays über Das Kapital, Frankfurt/M. 1971, S.77f.

(6) Thomas Joseph Dunnings, Trades' Unions and strikes, London 1860, S.35f.

(7) Vgl. Joseph A. Schumpeter, Konjunkturzyklen, Göttingen 1961 (US-amerikanische Erstausgabe: Business Cycles. A Theoretical, Historical, and Statistical Analysis of the Capitalist Process, New York 1939), dort vor allem Band II, S.935ff.

(8) K. Marx, a.a.O., S. 576; hervorgehoben von mir.
Die intimen Kenner von Marx Schriften werden an dieser Stelle stutzen. Tatsächlich findet sich in der gebräuchlichen Ausgabe der Marx-Engels-Werke (MEW) die Bezeichnung »Zentralisation des Kapitals« für Fusionsprozesse. Als »Konzentration des Kapitals« wird dort die Akkumulation, das Wachstum aus eigener Kraft, bezeichnet. Das heißt, in der MEW-Ausgabe ist an den oben zitierten Stellen jeweils das Wort »Konzentration« durch das Wort »Zentralisation« ausgetauscht. Doch in den ersten beiden Auflagen des »Kapital«, den einzigen, die noch zu Lebzeiten von Marx erfolgten, verwandte Marx selbst die heute gebräuchliche Terminologie – Konzentration für Fusion usw. Die späteren von Friedrich Engels besorgten Auflagen führten, allerdings auf Grundlage von handschriftlichen Verweisen von Marx, die geänderte Terminologie ein. Heute gebietet allein die vorherrschende Terminologie, sich an dieser auszurichten, das heißt Kapital*konzentration* für M&A-Vorgänge zu

sagen. Die Tatsache, daß Marx selbst ursprünglich diesen Begriff so benutzte, mag hierfür als zusätzliche Bestärkung dienen.

(9) Dem englischen Eisenbahnkönig George Hudson, der ein gutes Jahrzehnt in erheblichem Maß die Entscheidungen des britischen Parlaments beeinflußte, attestierte Schumpeter: „Hudson verfügte über die Fähigkeit... den Willen seiner Mitmenschen seinen Zielen zu beugen. In einem bolschewistischen Staat wäre er ein ungeheuer nützliches Mitglied des Rats der Volkskommissare gewesen." Schumpeter, a.a.O., Band I, S.355f.

(10) Vgl. Gustavus Myers, Money – Die großen amerikanischen Vermögen, Frankfurt/M. 1916, S.619.

(11) Schumpeter, a.a.O., Band I, S.104. »Indessen ist der Sektor der Unternehmen, die als ›große‹ Unternehmen bezeichnet worden sind, nicht nur im landläufigen Sinn der Verfasser, die sich ausrechnen, wieviel Prozent des gesamten Nationalvermögens der USA von den 200 größten Unternehmen kontrolliert werden, sondern auch in dem durch unseren Beweisgang geforderten Sinn vorläufig nicht groß genug, um in irgendeinem Land das Bild zu beherrschen.«

(12) Nach: Mike Clark, Leeds and Liverpool Canal. A History and Guide, Aston 1990, S. 139.

(13) Ausnahme: 1931, inmitten der Weltwirtschaftskrise, als es »nur« 6,5 Prozent waren. Nach: Dick Roberts, American Railroads. The Case for Nationalization, New York 1980, S.34.
Ford und General Motors sind erheblich jünger als diese erwähnten zwei Beispiele und die großen Ölkonzerne weisen wegen durchgeführter Antitrustverfahren nicht dieselbe Kontinuität auf. Würde man solche Brüche rechnerisch eliminieren, dann dürften die Sektoren Ölverarbeitung und Autoindustrie im Zeitraum 1900 bis 2000 ähnlich lange Reihen enormer Profitabilität ausweisen.

(14) Marx irrte, als er Aktiengesellschaften erst bei Eisenbahnen als vorherrschende Kapitalform sah und feststellte: »Beim Bau der Eisenbahnen fand das Spekulationsgelüst der Fabrikanten und Kaufleute zuerst Befriedigung.« Ausführlich zu diesem in der herkömmlichen Wirtschaftsgeschichte vergessenen Kapitel der Kanäle: W. Wolf: »Canal Mania. Oder: Marxens Irrtum«, in: W.Wolf, Eisenbahn und Autowahn, Hamburg 1992, S.95ff.

(15) K. Marx, a.a.O., S.579. Diese Passage findet sich nur in der 3. und 4. Auflage, daher heißt es hier „Zentralisation" statt „Konzentration". (Die verwandte Kapital-Ausgabe gibt die Änderungen und Zusätze der 3. und 4. Auflage wieder).

(16) Auf dem Energiesektor kann inzwischen die These von den Vorteilen kleiner Kapitaleinheiten als vorherrschend gelten. Vgl. Henrik Paulitz, Solare Netze, Göttingen 1997; Hermann Scheer, Solare Weltwirtschaft. Strategie für die ökologische Moderne, München 1999.

(17) Hobson zitiert bei: W.I. Lenin. Der Imperialismus als höchstes Stadium des Kapitalismus, Ausgewählte Werke, Berlin (DDR) 1970, S. 851.

(18) Rede von Bundeskanzler Gerhard Schröder anläßlich der 50. Jahrestagung der Arbeitsgemeinschaft Partnerschaft in der Wirtschaft in Wolfsburg am 28. März 2000.

(19) Robert Reich, Die neue Weltwirtschaft, Frankfurt/M. 1997, S.126; Viviane Forrester, Der Terror der Ökonomie, Wien 1997, S.39.

(20) Fortune vom 24.7.2000.

(21) Viele Botschaften und Analysen des führenden Kopfs dieser Bewegung, Subcommandante Marcos, kennzeichnen die neoliberale Ordnung treffend. Zum Krieg gegen Jugoslawien im Jahr 1999 schrieb er: »Die Clinton-Regierung... richtet zur gleichen

Zeit eine Warnung an Europa: Jeglicher Prozeß transnationaler Einigung muß der US-Politik untergeordnet sein... Ein im Zeichen des Euro entstehender europäischer Wirtschaftsblock, der in Konkurrenz zu den USA steht, wird vor seiner Geburt mit diesem Krieg in eine Krise getrieben.« Nach: La Jornada, Mexico D.F., vom 22. April 1999.

(22) Bertolt Brecht, Gesammelte Werke, Band 14, S.1393.

Teil II

(1) Philipp Coggan, »Little does not go a long way«, in: Financial Times vom 17.1.1998.

(2) Lee A. Iacocca, Eine amerikanische Karriere (deutsch: Düsseldorf und Wien 1985). Interessant ist, wie ein maßgebliches Blatt in diesem Zusammenhang seine »Linie« um 180 Grad änderten. So schrieb die »Frankfurter Allgemeine Zeitung« am 3.1.1979: »Die ökonomischen Gründe für die öffentliche Hilfe (für Chrysler) sind nicht überzeugend... Bei Chryslers Untergang würden mit Sicherheit... Konkurrenten in die Bresche springen und einen großen Teil der... Arbeitskräfte übernehmen. Die amerikanische Autoindustrie würde aus dieser Kur mit einer gesünderen Struktur hervorgehen.« Vier Jahre später, am 27.7.1983, konnte man im selben Blatt lesen: »Iacocca verdient alle Bewunderung, die ihm zuteil wird. Daß der Name Chrysler in Amerika wieder einen guten Klang hat – besser als jemals zuvor in den letzten zehn Jahren – ist fast ausschließlich sein Verdienst.«

(3) Welthandelszahlen nach: Global Trends, The World Almanac of Development and Peace, edited by Ingomar Hauchler and Paul M. Kennedy, New York 1994, S. 207. (Letzte Angaben für 1988).

(4) Ford hatte 1998 einen Umsatz von 144 Milliarden US-Dollar; nur unwesentlich weniger als General Motors und DaimlerChrysler (beide kamen auf 154 Mrd. US-Dollar Umsatz). Während GM jedoch nur 2,8 Milliarden Dollar Gewinn nach Steuern einfuhr und damit eine Umsatzrendite von 1,8 Prozent verzeichnen konnte, während DaimlerChrysler einen Gewinn von 3,8 Milliarden Dollar und eine Umsatzrendite von 3,8 Prozent auswies, fuhr Ford 21,6 Milliarden Dollar Gewinn ein und brachte es auf eine Umsatzrendite von 15 Prozent. Nach: Frankfurter Allgemeine Zeitung vom 6.7.1999.

(5) Angaben nach: Bundeskartellamt 1975 und: Altvater, Hoffmann, Semmler, Vom Wirtschaftswunder zur Wirtschaftskrise, Berlin 1979, S.140 und 142. Danach lag im Zeitraum 1962 bis 1965 die Wachstumsrate der 10 größten BRD-Unternehmen bei 39%, diejenige der 100 größten bei 37%. In den Jahren 1965 bis 1973 lag das Wachstum der 10 größten westdeutschen Unternehmen dann bei 135 Prozent; dasjenige der 100 Größten bei 117 Prozent.
Ähnlich auch bei: Jörg Huffschmid und Herbert Schui, Gesellschaft im Konkurs? Handbuch zur Wirtschaftskrise, Köln 1976, S.84.

(6) Theodor Fuchs, »Unternehmen sind auf Expansion eingestellt«, in: Süddeutsche Zeitung vom 6./7. September 1986.

(7) Klaus Schumann, »Wenig Schwung an der Spitze«, in: Handelsblatt vom 23.7.1987.

(8) Bolke Behrens und Hans Peter Canibol, »Das große Fressen«, in: Die Wirtschaftswoche vom 10.7.1992.

(9) Jürgen Jeske, »Am Ende des Jahrhunderts«, in: Frankfurter Allgemeine Zeitung vom 6.7.1999.

(10) Angaben u. Berechnungen der Tabelle 1nach: »Top 500«, in: Wirtschaftswoche vom 22.6.2000; »Das große Fressen«, Wirtschaftswoche vom 10.7.1992; Statistische Jahrbücher 1975, 1998 und 2000.
Zu den »15 Größten« würde 1999 auch die Ruhrkohle zählen. Da es dieses Unternehmen 1966 noch nicht gab und da dieser Konzern in der BRD-Ökonomie eine ausgesprochene Sonderrolle spielt, wurde er nicht in die Tabelle aufgenommen. Auf der anderen Seite wird in den internationalen Statistiken das Unternehmen Aventis – der Zusammenschluß des BRD-Chemiekonzerns Hoechst mit dem französischen Unternehmen Rhone-Poulenc – wegen dessen Firmensitz in Strasbourg als ein französisches Unternehmen ausgewiesen. Faktisch ist es formal zu 50 Prozent in deutschem und zu 50 Prozent in französischem Eigentum; der Vorstandsvorsitzende wird von der deutschen Seite gestellt. Wir haben das Unternehmen in die Tabelle daher integriert, auch wenn es einen Sonderfall, auf den im weiteren Verlauf dieser Arbeit noch eingegangen wird, darstellt.
Quellen der Tabelle 2 wie oben bzw. eigene Berechnungen. Bei der Gesamtsumme der Beschäftigten wurden alle Arbeiter, Arbeiterinnen, Angestellte und Beamte bzw. Beamtinnen als 100 Prozent-Bezugsgröße gewählt. Es spräche einiges dafür, ausschließlich die Summe der Arbeiter und Angestellten zu wählen, was bei den »15 Größten« einen noch größeren Konzentrationsgrad ergeben würde.

(11) Für 1985 ergibt sich dies, wenn außer der Ruhrkohle AG die von ausländischem Kapital beherrschten Gesellschaften nicht berücksichtigt werden (Deutsche Shell, Esso, Deutsche BP, Opel, Ford, IBM). 1966 zählten die folgenden elf Unternehmen zu denjenigen »15 Größten«, die sich 1999 in dieser Gruppe befinden (in Klammer der 1966er Rang): VW (1), Siemens (2), Veba (3), Thyssen (4). Bayer (6), Hoechst (7), Daimler-Benz (8), MAN (10), BASF (11), Mannesmann (12), Bosch (15). Auch hier wurden ausländische Gesellschaften nicht berücksichtigt. Nach: Wirtschaftswoche vom 10.7.1992.

(12) Bei den in die Steuerbelastung der Unternehmen und Vermögenden einbezogenen Steuern handelt es sich um die folgenden Steuerarten: Veranlagte Einkommenssteuer, Körperschaftssteuer, Kapitalertragsteuer, Gewerbesteuer, Grundsteuer, Erbschaftssteuer und die (inzwischen abgeschaffte) Vermögenssteuer. In die Gruppe der Steuern, die überwiegend von der »durchschnittlichen Bevölkerung« bezahlt werden, wurden einbezogen: Lohnsteuer, Mehrwertsteuer, Mineralölsteuer, Tabaksteuer, Branntweinsteuer. Berechnungen bei: Winfried Wolf, CasinoCapital. Der Crash beginnt auf dem Golfplatz, Köln 1997, S.124.

(13) Nach: Wirtschaftswoche vom 28.10.1999; Financial Times vom 28.1.2000.

(14) Nach: Financial Times, deutsche Ausgabe, 8.3.2000; und dasselbe Blatt, Ausgabe 6.3.2000.

(15) Le Monde vom 30.3.1999.

(16) »Vorstände profitieren von Fusionen«, in: Wirtschaftswoche vom 26.10.1999.

(17) Heute wissen wir dank der »Bimbesaffäre«, daß der damalige CSU-Staatssekretär im Wirtschaftsministerium, Erich Riedl, der diese Ministererlaubnis massiv betrieb, im Dienste der Rüstungsindustrie arbeitete.

(18) Vgl. Teil IV, Kapitel 11.

(19) Das westdeutsche Bruttosozialprodukt wuchs im 4. und 5. Nachkriegszyklus (1963-1966 bzw. 1967-1971) jahresdurchschnittlich um 4,5 bzw. 4,2 Prozent. Seither liegen die jahresdurchschnittlichen Wachstumsraten zwischen 2,1 und 2,7 Prozent. Bei

den Wachstumsraten der industriellen Produktion ist der Rückgang noch deutlicher. Genauere Angaben nach: Winfried Wolf, CasinoCapital. Der Crash beginnt auf dem Golfplatz, Köln 1997, S.48.

(20) Vgl. Monatsberichte der Deutschen Bundesbank 7/2000; für die vorausgegangene Periode zusammenfassend und bis 1997 in: W.Wolf, CasinoCapital, a.a.O., S.180.

(21) Es handelt sich um die folgenden Unternehmen: Deutsche Telekom, Eléctricité, de France, France Telecom, Telecom Italia, British Telecom, Telefónica (Spanien), Deutsche Post, Viag, Statoil (Norwegen), Preussag, SNCF (franz. Bahn), Deutsche Bahn, La Poste (Frankreich), British Airways, Aerospatiale Matra, Deutsche Lufthansa und Norsk Hydro (Norwegen). Angaben nach: Wirtschaftswoche vom 22.6.2000; eigene Berechnungen.

(22) Angaben nach: Mattias Wulf, »Geldsegen für die Top-Etage«, in: Welt am Sonntag vom 13.2.2000; Business Week vom 11.2.2000.

(23) Angaben zu General Electric/GE nach: Wirtschaftswoche vom 10.2.2000; Frankfurter Allgemeine Zeitung vom 15.7.2000.

(24) Wolfgang Gehrmann, »Der Rolling Stone – Cobra-Mann Vedder treibt die Commerzbank und die Dresdner Bank in die Fusion«, in: Die Zeit vom 13.7.2000.

(25) »Erst am Anfang«, in: Die Wirtschaftswoche vom 10.2.2000.

(26) Mannesmann hatte Mitte der neunziger Jahre das bahneigene Telekommunikationsnetz übernommen. An der damit gegründeten neuen Gesellschaft Arcor AG & Co. war die Deutsche Bahn AG bis 1999 mit 25,1 Prozent beteiligt. Als Mannesmann 1999 bei Arcor im Zuge der Übernahme von o.tel.o eine Kapitalerhöhung vornahm, machte die Deutsche Bahn AG diese (finanziell nicht erheblich ins Gewicht fallende Aktion) rein zufällig nicht mit – und verlor so die bisherige Sperrminorität. Entsprechend hielt die Deutsche Bahn AG Anfang 2000, als der Vodafone-Mannesmann-Deal über die Börsen-Bühne ging, nur noch einen Anteil von 18,17% an Arcor.
Heinz Dürr, der Anfang der neunziger Jahre von AEG und Daimler-Benz zur Bahn gewechselt hatte und Bahnchef wurde, hatte Mitte der neunziger Jahre den Deal mit der Übertragung der Bahn-Telekommunikation an Mannesmann eingefädelt. Bei der Übernahme von Mannesmann durch Vodafone war Heinz Dürr bereits verdienter Mannesmann-Aufsichtsrat. Bis 24.2.1999 fungierte er noch als Aufsichtsratsvorsitzender der Deutschen Bahn AG. Geschichten, die das Leben (im Casinokapitalismus) schreibt.. Angaben u.a. nach: Geschäftsbericht der Deutschen Bahn AG 1999, S. 108 und S.29.

(27) Angaben nach: Christian Dose, »Good Bye Mannesmann«, in: Welt am Sonntag vom 6.2.2000 und Dohmen/Kerbusk, »Wir haben den Krieg gewonnen«, in: Der Spiegel 6/2000.

(28) Nach: Financial Times (dtsch. Ausg.) vom 4.7.2000.

(29) Quelle für Tabelle 3: Nach: Fortune vom 24.7.2000.

(30) Zitiert in: Financial Times, deutsche Ausgabe, vom 6.3.2000.

(31) Neue Freie Presse, Dezember 1909, zitiert bei: Frédéric F. Clairmont, »Endlose Profite, endliche Welt«, in: Le Monde Diplomatique, April 1997 (deutsche Ausgabe).

(32) Angaben für Tabelle 4 nach: Fortune vom Juli 2000 und August 1996; eigene Berechnungen. Unter »andere« sind die folgenden Länder geführt: Kanada, China, Mexiko, Finnland, Venezuela. Bis auf China, bei dem zwei Unternehmen zu den »200 Größten« zählen, ist von den anderen genannten Ländern jeweils ein Unternehmen in dieser Liste.

(33) F. F. Clairmont, »Transnationale Konzerne. Endlose Profite, endliche Welt«, in: Le Monde Diplomatique, April 1997, deutsche Ausgabe.

(34) Ebenda.

Teil III

(1) Vgl. Winfried Wolf, Eisenbahn und Autowahn, Personen- und Güterverkehr auf Schiene, Straße, in der Luft und zu Wasser, Hamburg 1992, S.34 und 54.

(2) Angaben zur Stahlerzeugung nach: Ernest Mandel, Die EWG und die Konkurrenz Europa-Amerika, Frankfurt/M. 1968, S.7.

(3) Joseph P. Schumpeter, Konjunkturzyklen, Band I, Göttingen 1961. S.419.

(4) Zitiert bei: Gustavus Myers, Die großen amerikanischen Vermögen, Frankfurt/M. 1916, S.619. »Gut gebrüllt«, läßt sich zu der »Berliner Tagblatt«-Kritik sagen. Als einige Jahre zuvor der deutsche Eisenbahnkönig Bethel Strousberg vergleichbare Finanzmanöver durchführte und die deutsche Regierung am Gängelband hielt, wurde selbiger von den deutschen Medien hofiert – bis ihn die russische Regierung wegen Finanzbetrugs verhaften ließ...

(5) Nach: Gustavus Myers, a.a.O., S. 745. Mit dem letzteren dürften die Staatseinnahmen (Steueraufkommen) der USA gemeint sein.

(6) »Vierzig Prozent aller Granaten, die damals die Alliierten abfeuerten, enthielten Du-Pont-Sprengstoffe. Zugleich befriedigte die Gesellschaft mindestens die Hälfte des gesamten Bedarfs an Dynamit und Schwarzpulver in Amerika. 85 Prozent der Gesamtproduktion (von N.I. du Pont) bestand aus Sprengstoffen. Kurz gesagt, ohne Du Pont hätten die Alliierten kaum einen Kampf führen können, den viele für den unnötigsten Krieg in der Geschichte hielten. Zur selben Zeit stieg das Grundkapital der Gesellschaft von 83 auf 308 Millionen Dollar, und zwar auf der Basis eines durch den Krieg bedingten Bruttoumsatzes von einer Milliarde Dollar. In den vier Kriegsjahren machte das Unternehmen einen Nettogewinn von 237 Millionen Dollar, von denen 141 Millionen Dollar als Dividende an die Familie ausgezahlt wurden. Diese Dividenden waren gleichzusetzen mit 458 Prozent des Aktien-Nennwertes.« Ferdinand Lundberg, Die Reichen und die Superreichen, deutsche Ausgabe, Hamburg 1969, S.128.

(7) Der Gründer von Ford, Henry Ford (gestorben 1947), hatte nur einen Sohn, Edsel, der bereits 1943 starb. Die drei Söhne von Edsel Ford waren Henry Ford II, Benson und William. William Ford heiratete sinnigerweise Martha Firestone, die Alleinerbin des Firestone-Konzerns, der zu diesem Zeitpunkt das Gummi- und Reifengeschäft in den USA kontrollierte. Lundberg, a.a.O., S.139f u. S.196.

(8) Bradford C. Snell, The American Ground Transport. A Proposal for Restructuring the Automobile, Truck, Bus, and Rail Industries, vorgelegt dem subcomitee on Antitrust and Monopoly of the committee on the Judiciary United States Senate, vom 26. Februar 1974 (Skript). Im Jahr 2001 wird eine umfassende Studie desselben Autors zur Geschichte von General Motors erwartet, in der dieser Aspekt der GM-Kapitalmacht ausführlich dargestellt wird.
Der führende US-amerikanische Hersteller von Dieselloks war Electromotive Diesels (EMD), eine GM-Tochter.

(9) Vgl. Winfried Wolf, Eisenbahn und Autowahn, a.a.O., S.87f. Wir können seit den Bahnprivatisierungen in Westeuropa dieselben Phänomene in dieser Region beobachten. Die Bahnprivatisierungen wurden in Großbritannien von einem British Rail-Chef eingeleitet, der zuvor für British Petroleum arbeitete, in Frankreich diente der SNCF-Boss, der mit dieser Politik begann, zuvor dem Ölmulti Elf Aquitaine; sein Nachfolger kommt von Airbus. In der BRD wurde die »Bahnreform« von Heinz Dürr eingeleitet, der zuvor Daimler-Benz Vorstand war und im »Privatleben« Eigentümer der Dürr AG ist, die sich im Geschäftsbericht rühmt, ein Drittel der weltweiten Herstel-

lung von Autolackier-Automaten zu kontrollieren. Der aktuelle Vorstandsvorsitzende der Deutschen Bahn AG, Hartmut Mehdorn, war vor seinem Intermezzo bei der Heidelberger Druck 17 Jahre lang führender Manager in der deutschen Flugzeug- und Rüstungsbranche.
Vgl. auch Teil II, Anmerkung (26).

(10) Siehe Grünbuch der Europäischen Union zu fairen und effizienten Preisen im Transportsektor, Vorwort von Niell Kinnock, Brüssel 1997.

(11) Wenn dennoch eine solche Trennung versucht wird, dann als Teil der aktuellen Privatisierung – so in Großbritannien mit der Heraustrennung der (privaten) Fahrwegorganisation Railtrack. Bei der deutschen Bahnreform wird von unterschiedlicher Seite auch die Forderung aufgestellt, den Verkehrsweg – die AG Netz – aus der Deutschen Bahn AG herauszutrennen. Dort, wo dies u.a. von Umweltverbänden oder der PDS gefordert wird, hat dies die Defensivfunktion, zu verhindern, daß die Bahnprivatisierung in das weitgehende Verschwinden von Schienenstrecken – und in den spekuklativen Verkauf von einem Großteil des Bahngeländes – mündet. Im Gegensatz zu dem britischen Modell, wo Railtrack eine private Gesellschaft ist, deren Strekken von den privaten Betreibern genutzt werden, und gewissermaßen das Desaster der Privatisierung vergrößert, fordert die PDS die Heraustrennung der Netz AG und der AG Station&Service, der Bahnhöfe, damit beide in öffentlichem Eigentum bleiben. Vgl. Winfried Wolf, Die 12 Todsünden der Herren K. und M. – Zur Bilanz der Bahnreform, herausgegeben von der PDS-Fraktion im Bundestag, Oktober 2000.

(12) Die Kosten für Anschaffung und Unterhalt eines Pkw machten bei einem 4-Personen-Haushalt mit einem als Arbeiter oder Angestellten im mittleren Bereich verdienenden »Haushaltsvorstand« 1965 (in Westdeutschland) 16 Prozent der ausgabefähigen Einkommen aus; 1998 liegt dieser Anteil (in Gesamtdeutschland) bei 12,5 Prozent. Im gleichen Zeitraum stieg der Anteil der für die Wohnung aufgewandt werden muß, massiv an – auf inzwischen 22,5 Prozent in den alten und 18,1 Prozent in den neuen Bundesländern. Nach: Verkehr in Zahlen 1999, s. 260ff.

(13) Nach unterschiedlichen Berechnungen liegt der Kostendeckungsgrad im Lkw-Transport zwischen 50 und 60 Prozent; in der Binnenschiffahrt sogar nur bei 10 Prozent. Vgl. Winfried Wolf, Eisenbahn und Autowahn, Hamburg 1992.
Wenn die privaten Eisenbahnen in den USA seit den neunziger Jahren wieder gewinnbringend betrieben werden, dann erfolgt dies unter Sonderbedingungen (wenig zu unterhaltende Brücken und Tunnel, Doppelstock-Beladung mit Containern, doppelt bis dreimal längere Züge als in Westeuropa üblich, vorausgegangene mehrmalige staatliche Stützungsaktionen im Rahmen von Conrail).

(14) Angaben nach: Statistisches Jahrbuch, herausgegeben vom Statistischen Bundesamt, Teil II (Ausland) 1999, S.256ff.

(15) Zur Rolle der zaibatsu, keiretsu und chaebol nach: Paul N. Doremus, William W. Keller, Louis W. Pauly, Simon Reich, The Myth of the Global Corporation, Princeton, New Jersey, USA, 1999, S.43.

(16) Nach: VDA – Daten zur Automobilwirtschaft, Ausgabe 2000, S.60; eigene Berechnungen. Mit den Zahlen sind rund 95 Prozent der weltweiten Kfz-Herstellung erfaßt. Ein in der Tabelle nicht berücksichtigtes Land ist Indonesien. Dieses ist ein krasses Beispiel für das Wirken der Südostasien-Krise. In Indonesien wurden 1997 noch 59.000 Kfz hergestellt; die Pläne liefen darauf hinaus, bis zum Jahr 2000 eine Jahresproduktion von 350.000 Einheiten zu erreichen. Tatsächlich wurden 1999 nur noch 6.000 Kfz hergestellt bzw. montiert.

(17) »Transplants« läßt sich auch aus dem Verb »transplantieren« erklären. Tatsächlich meint der angelsächsische Begriff »transferierte Fabriken«, wobei »plant« für »Pro-

duktionsstätte, Fabrik« steht. Doch genau dieses Verständnis von Transplantieren ist weit mehr zutreffend hinsichtlich der ausländischen Produktionsstätten der nationalen Konzerne als der nebulöse Begriff der »transnationalen Unternehmen«.

(18) Robert Lacey, Ford – Eine amerikanische Dynastie, Düsseldorf – Wien – New York 1987, S.254.

(19) Bradford C. Snell, The American Ground Transport. A Proposal for Restructuring the Automobile, Truck, Bus, and Rail Industries, a.a.O.

(20) Bill Vlasic, »Germans in the fast Lane«, in: Business Week vom 13.4.1998; Financial Times (brit. Ausgabe) vom 3.4.2000.

(21) Angaben zur Kfz-Produktion und Marktanteile nach: Tatsachen und Zahlen, herausgegeben vom Verband der Deutschen Autoindustrie (VDA), Ausgaben 1995 und 1997; eigene Berechnungen.

(22) Andere koreanische Pkw-Hersteller kontrollierten (1997) weitere 16 Prozent der Marktanteile. Daewoos Anteil reduzierte sich zwischen 1993 und 1996 bereits von 18,4 auf 10 Prozent. Nach: Tatsachen und Zahlen..., a.a.O.

(23) Die NS-Losung für den »Automobilsport« lautete: »Räder müssen rollen für den Sieg!« Das eher biedere deutsche Schulfernsehen bilanzierte dazu 1999: »Das NS-Regime interessierte nicht so sehr der sportliche Erfolg, sondern die damit verbundene Demonstration von Macht und Überlegenheit gegenüber dem Ausland.« (Schulfernsehen SÜDWEST, Heft 3 (Feb./März/April), Schuljahr 1999/2000). Hervorzuheben wäre, wie das »Deutsche Reich« 1936 die Olympiade in Berlin auszunutzen verstand, wie die Bundesregierung bzw. die beteiligten deutschen Konzerne unter Führung von Sponsor DaimlerChrysler sich im Juli 2000 den Zuschlag für die Fußball-Weltmeisterschaft 2006 erkauften.

(24) Handelsblatt vom 8.5.1998.
Tatsächlich wurde dieser komplizierte Umweg bei dieser »Unternehmenstransaktion« gewählt. Matthias Graf von Krockow, Sprecher der Geschäftsführung des Bankhauses Sal. Oppenheim, wurde »übergangsweise Aufsichtsratsvorsitzender« der neuen Gesellschaft, in welcher die Fusion zusammengeführt wurde.
Nur die Zeitung »wirtschaft-soziales-widerstand (wsw)«, herausgegeben von der PDS im Bundestag, hat diese Konstruktion aufgegriffen; Winfried Wolf sprach dies als kritischer Aktionär auf der Daimler-Benz-Hauptversammlung im Mai 1998 auch öffentlich an.

(25) Am 17.11.1998 konnte man auf einer ganzen Seite der »Frankfurter Allgemeinen Zeitung« die schlichten Worte lesen: »Liebe DaimlerChrysler. Weiterhin viel Glück und Erfolg. Sal. Oppenheim jr. & Cie. Privatbankiers seit 1789.«

(26) Bernhard Blohm, »Global Players«, in: Welt am Sonntag vom 10.5.1998

(27) Frank Swoboda, »US Auto Union Sees Opportunity in German Links«, in: Washington Post vom 9.5.1998; Richard Waters & Haig Simonian, »Daimler aims for new style board after deal«, in: Financial Times vom 9.5.1998.

(28) Christiane Oppermann, »Der Konzernschmied«, und Harald Schulz, »Im Fusionsrausch«, beide in: Die Woche vom 15. Mai 1998; Der Spiegel Nr. 20/1998.

(29) Das wörtliche Zitat lautet im Englischen noch deutlicher als hier von mir übersetzt: »'Big business‹, Mr. White of New York University said, ›has always been a creature of big government‹.« Artikel von Peter Passell in: New York Times vom 11.5.1997.

(30) Wir übernehmen hier die Darstellung, wie sie das Daimler-Managements selbst gab. Die rein formale »Durchnummerierung« mit »alpha«, »beta« und »gamma« deutet zunächst bereits auf ein strategisches Denken. Es kann allerdings mit Fug und Recht

bezweifelt werden, daß das Daimler-Management bzw. die Deutsche Bank, die hinter demselben steht, die Variante »alpha« ernsthaft geprüft hat. Denn ein Zusammengehen mit General Motors hätte zu diesem Zeitpunkt den umgekehrten Vorgang bedeutet: Das deutsche Unternehmen Daimler wäre ein US-amerikanisches geworden. Vergleichbares galt wohl auch für das Projekt »beta«, ein »Zusammengehen« mit Ford.

(31) Haig Simonian, »Four months of fortune that favoured the brave«, in: Financial Times vom 14.5.1998; Der Spiegel 20/1998; Andrew Fisher, »Deutsche Bank offers support«, in: Financial Times vom 9.5.1998.

(32) Handelsblatt vom 8.5.1998.

(33) Karl-Heinz Büschemann, »Fusion geglückt, Ergebnis enttäuschend«, in: Süddeutsche Zeitung vom 13.7.2000. Dort finden sich auch die Angaben zur Entwicklung der Börsenkapitalisierung von DaimlerChrysler.

(34) Zitiert in: Frankfurter Rundschau vom 24.7.1995; zuvor zu Piëch: Financial Times vom 3.4.1998.

(35) 1998 fertigte der US-Hersteller Cummins weltweit 110.000 schwere Dieselmotoren, DaimlerChrysler 62.000 und DDC 91.000. Angaben nach: Guido Reinking, »DaimlerChrysler sichert sich mit Zukäufen hohen Marktanteil in Nordamerika«, in: Financial Times (dtsch. Ausgabe) vom 21.7.2000.

(36) Tatsächlich hätte ein Zusammengehen der Nutzfahrzeugsparten von Volvo und Scania zusammen mit den bereits bestehenden Kontakten zur Lkw-Tochter von Renault, RVI, zu einem Lkw-Konzern führen können, der die bis dahin vorhandene Vorherrschaft von DaimlerChrysler im Geschäft mit schweren Lkw gefährdet hätte. Rein sachlich ist nicht erkennbar, weswegen die EU-Kommission das Zusammengehen von Volvo/Scania verbot – schließlich legte sie kein Veto gegen die bereits existente Übermacht ein, die Daimler auf dem EU-Kfz-Markt spätestens nach der Einverleibung von Chrysler erhielt. Wenn das Argument gegen das Volvo-Scania Zusammengehen die Dominanz auf einem nationalen Markt (Schweden) war, dann sei darauf verwiesen, daß VW und Seat den spanischen oder Fiat (mit Alfa und Lancia) den jeweils nationalen spanischen bzw. italienischen Markt ebenfalls weitgehend kontrollieren.

(37) Financial Times (dtsch. Ausg.) vom 28.3.2000 (zu VW/Scania) und vom 21.7.2000 (zu RVI/Volvo). Zum Lkw-Weltmarkt insgesamt Angaben nach: Süddeutsche Zeitung vom 28.3.2000.

(38) Piech glaubte, für eine Milliarde Mark die Marke Rolls Royce gekauft zu haben. Tatsächlich erhielt er dafür nur uninteressante Fabrikanlagen. Die Marke Rolls Royce hingegen geht an BMW. Daß VW sich die andere Rolls Royce-Luxusmarke Bentley einverleiben konnte, stellt keinen Ausgleich dar. Der Vorgang wirft ein bezeichnendes Licht auf die Art und Weise, wie »moderne« Manager ohne größere öffentliche Kritik gewaltige Verluste einfahren, die von den Belegschaften wieder »hereingearbeitet« werden müssen. Der Vorgang ist beschrieben bei: Jürgen Grässlin, Ferdinand Piech. Techniker der Macht, München 2000. Übrige Angaben nach: Süddeutsche Zeitung vom 16.2.1999; Financial Times vom 27.5.1999.

(39) Angaben zu BMW/Rover nach: Haig Simonian, »Under Siege«, in: Oberserver, London, 27.3.1997; Franz Rother / Manfred Fischer, »Bittere Niederlage für VW-Chef Piech«, in: Wirtschaftswoche vom 30.7.1998.

(40) Angaben zu Fiat/GM nach: Financial Times (dtsch. Aus.) vom 23.3.2000 und vom 16.6.2000. Vgl. auch Teil V.

(41) Zitiert bei: Scott Miller and David Woodruff, »Schweitzer Readies Renault For Next Step in Global Plan«, in: Wall Street Journal vom 28.4.2000.

Übrige Angaben zu Renault/Samsung nach: Süddeutsche Zeitung vom 25.4.2000. Zu Nissan/Renault nach: Süddeutsche Zeitung vom 18.10.1999.

(42) Angaben zu DaimlerChrysler / Mitsubishi u.a.nach: Berliner Zeitung vom 23.3.2000. Mitsubishi liefert an Chrysler Motoren und stellt sogar zwei Chrysler-Modelle (»Sebring Coup,« und »Dodge Avenger«) überwiegend in dem US-Werk von Mitsubishi Motors of America selbst her.
Im Sommer 2000 sah sich Mitsubishi Motors gezwungen, einer Rückrufaktion in rekordverdächtiger Höhe zuzustimmen: 700.000 Pkw sollen u.a. »Probleme« an den Bremsen aufweisen. Zuvor war bekannt geworden, daß das Unternehmen entsprechende Kundenklagen systematisch vernichtet bzw. in einem Schrank versteckt hatte.

(43) Angaben zur südkoreanischen Autoindustrie nach: Financial Times, deutsche Ausgabe, vom 30.6.2000 und vom 28.6.2000. Financial Times (brit. Ausgabe) vom 4.8.2000.

(44) Bis 1998 beherrschten die folgenden Reifenhersteller der Weltmarkt: Das US-Unternehmen Goodyear, der französische Hersteller Michelin (incl. Uniroyal-Goodrich), die beiden japanischen Unternehmen Bridgestone (inclusive Firestone) und Sumitomo (incl. Dunlop) und das deutsche Unternehmen Conti (incl. Semperit).
1999 übernahm Goodyear die europäische Sparte von Sumitomo (mit dessen deutscher Tochter Dunlop). Gleichzeitig verbanden sich Sumitomo (Japan) und Goodyear wechselseitig mit einer Überkreuzbeteiligung. Pirelli engagierte sich in einer Übernahmeschlacht zur Kontrolle von Conti – und scheiterte, weil die deutsche Autoindustrie die Präsenz eines deutschen Reifenherstellers für strategisch wichtig hält. Inzwischen kontrolliert die Deutsche Bank Conti. Im Jahr 2000 kontrollieren faktisch »The Big Three« Goodyear-Sumitomo, Michelin und Bridgestone rund 80 Prozent des Reifen-Weltmarktes. Angaben nach: Wirtschaftswoche vom 9.5.1996; Financial Times vom 3.2.1999; Rüdiger Liedtke, Wem gehört die Republik, Frankfurt/M. 1993, S.118ff.

(45) Angaben zur Ölbranche nach: Financial Times (brit.Ausgabe) vom 11.8. und 8.8.2000; Financial Times (brit.Ausg.) vom 2.12.1998; Süddeutsche Zeitung vom 12.8.1998. Und: Jutta Hoffritz, »Rockfellers Erben«, in: Die Zeit vom 12.5.1999.

(46) Lenin Werke Band 22, Berlin 1974, S.280.

(47) Berechnungen für Tabellen 7 und 8 auf Grundlage der Veröffentlichung »The World's Largest Corporation«, in: Fortune, USA, vom 24.7.2000. Entsprechend dem dort angegebenen Branchenschlüssel wurde aus den aufgeführten Unternehmen die zur Industrie zählenden Konzerne »destilliert«. Als zur Gruppe der 100 größten Industriekonzerne zählende Unternehmen wurden solche Konzerne berücksichtigt, die eine der nachfolgenden Branchen zugeschrieben wurden: (1) Aerospace (Luftfahrt), (2) Beverages (Getränkeindustrie), (3) Building Materials; Glass (Glasherstellung); (4) Chemicals (Chemische Industrie), (5) Computer; Service and Software; (6) Computer, Office Equipment, (7) Electronic; Electrical Equipment; (8) Engeneering, Construction (Bauindustrie); (9) Food (Nahrungs- und Genussmittelindustrie); (10) Forest and Paper Products (Papier- und Zelluloseindustrie); (11) Industrial and Farm Equipment (Maschinenbau und Landmaschinenbau); (12) Metal Products (Metallindustrie); (13) Mining; Crude-Oil Production (Bergbau; Rohölförderung); (14) Motor Verhicles and Parts (Autoindustrie; Autozulieferer); (15) Petroleum Refining (ölverarbeitende Industrie); (16) Pharmaceuticals (pharmazeutische Industrie); (17) Rubber and Plastic Products (Gummi- und Reifenherstellende Industrie); (18) Photo; (19) Soaps; Cosmetics (Waschmittel und Kosmetik); (20) Tobacco (Tabakindustrie).

Aus der »Branche« »Diversified Financials« wurde das US-Unternehmen »General Electric« in die Liste aufgenommen und zur Elektro- und elektronischen Industrie hinzugezählt. Unklar ist, weswegen das Blatt »Fortune« General Electric in dieser Gruppe, in der sich z.B. auch American Express befindet, auflistet.

(48) Das heißt, in Tabelle 8 wäre die »Zwischensumme Autogesellschaft« entsprechend zu korrigieren.
Veba erzielte 1999 einen Umsatz von umgerechnet 50 Milliarden US-Dollar. Dieses Unternehmen müßte damit in Tabelle 7 auf Rang 8 der größten westeuropäischen Industriekonzerne eingefügt werden. Der Grund dafür, daß das Blatt »Fortune« Veba (seit Juni 2000 umbenannt in E.ON) in der Branche Ölverarbeitung nicht berücksichtigt dürfte darin zu suchen sein, daß Veba dort als eine Finanzholding fungiert. Selbst wenn nach unseren eigenen Kriterien derjenige Teil des Veba-Umsatzes, der auf die Stromversorgung entfällt, herausgerechnet würde, so würde doch ein Umsatz von umgerechnet 25 Milliarden US-Dollar verbleiben, der auf die Ölverarbeitung (im Rahmen von Veba Oel AG und der Aral AG) entfällt. Angaben zu Veba nach: Wirtschaftswoche vom 22.6.2000 und: Rüdiger Liedtcke, Wem gehört die Republik?, a.a.O., S.456ff.

(49) 1996 konzentrierten bei der Liste der größten Industriekonzerne Japans diejenigen der so definierten »Autogesellschaft« noch 47 Prozent des Umsatzes auf sich; diese Gruppe lag damals gleichauf mit denen der Elektronik-Branche.
Berechnet nach: Georg Giersberg, »Die 100 größten Unternehmen, Frankfurter Allgemeine Zeitung vom 8.7.1997.

(50) Bertolt Brecht, Gesammelte Werke, Band 9, Frankfurt a.M. 1967, S.530f.

Teil IV

(1) Zitate nach: Robert B. Reich, Die neue Weltwirtschaft. Das Ende der nationalen Ökonomie, Frankfurt/M. 1997, S.126 (US-amerikanische Erstausgabe 1991); Paul Kennedy, In Vorbereitung auf das 21. Jahrhundert, Frankfurt/M. 1993, S.176 (US-amerikanische Erstausgabe 1992).

(2) Zitiert in: »The Myths of Powerless State«, in: The Economist, London, 7.10.1995.

(3) Francis Fukuyama, The End of History and the last Man, New York 1992, S.xii.

(4) Vgl. u.a. Das MAI und die Herrschaft der Konzerne, herausgegeben von Fritz R. Glunk, München 1969; dort der Beitrag von Sigrid Skarpelis-Sperk, S.169. Und: Joseph K. Roberts, »Multilateral Agreement on Investment, in: Monthly Review, New York, 5/1998 (Oktober 1998).

(5) Robert Reich, Die neue Weltherrschaft, a.a.O., S.127f.

(6) Das erwähnte Land Mexiko beispielsweise erhebt auf komplett importierte Luxus-Pkw mehr als 100 Prozent Importsteuer. Wer jedoch im Land »montiert«, kann einen großen Teil dieser Zölle umgehen. Die »Montage« von Sportwagen sieht dann – beispielsweise im Fall Porsche – wie folgt aus: Die Sportwagen werden in der BRD komplett zusammengebaut, dann wieder zerlegt und nach Mexiko verschifft. In Mexiko werden in einer als »Montagewerk« bezeichneten Halle, die von mehreren

Autofirmen genutzt wird, die Wagen wieder zusammengebaut. Gerade die geringe Zahl, mit der Sportwagen auf Märkten wie Mexiko, aber auch Frankreich verkauft werden können, macht eine dezentrale Fertigung vor Ort an sich extrem unprofitabel – gäbe es die erwähnten Schutzzölle nicht.

(7) Da nach dem Krieg die Berechnung der Krupp-Profite, resultierend aus dem an Vickers verliehenen Patent kompliziert erschien, einigten sich die Bosse von Krupp und Vikkers in den zwanziger Jahren auf die folgende Regelung: Vickers zahlte 1924 an Krupp je drei Pfund Sterling für jeden im britischen Kampfabschnitt gefallenen deutschen Soldaten. Angaben nach: »Krupp und die soziale Waffenschmiede«, in: Süddeutsche Zeitung vom 9.2.1988.

(8) Eigene Berechnungen nach: Statistische Jahrbücher 1988 und 1998, herausgegeben vom Statistischen Bundesamt Wiesbaden.

(9) Diese Staatengruppe hatte zusammengenommen 1996 noch Exporte, die 13,5 Prozent der weltweiten Exporte entsprachen. Diese Exporte brachen in der Krise 1997/98 massiv ein. Angaben nach: Statistisches Jahrbuch 1998 und 1999.

(10) Angaben nach: Paul Kennedy, In Vorbereitung...., a.a.O., S.254.

(11) Auf das Thema »ungleicher Tausch« gehe ich ausführlich ein in: Winfried Wolf, CasinoCapital. Der Crash beginnt auf dem Golfplatz, Köln 1998, S.138ff; auch in: W.Wolf, 500 Jahre Conquista, Köln 1992.

(12) Paul Doremus u.a., The Myth of Global Corporation, a.a.O., S.124. Die Grafik wurde ebenfalls von dort übernommen.

(13) Beispiele für diese Art internationaler Arbeitsteilung sind dokumentiert in: Winfried Wolf, Eisenbahn und Autowahn, a.a.O., S.505ff. Die nachfolgende Tabelle wurde berechnet nach: Statistisches Jahrbuch 1998, Band II, S.366.

(14) Nach: Robert E. Lipsey, Magnus Blomstrom und Eric Ronstetter, »Internationalized Production in World Output«, National Bureau of Economic Research, Inc., Working Papers 5385, Dec. 1995. Und: Paul Doremus u.a., The Myth of Global Corporation, a.a.O., S.86.

(15) The Myth..., a.a.O., S.102ff u. 111ff.

(16) The Myth..., a.a.O., S.3 und S.142. Die Passage am Beginn des von mir übersetzten Zitats lautet im Amerikanischen: »States charter MNCs and shape the operating environment in which they flourish.« (MNC steht für »Multinational Corporation«). Der Begriff »charter« ist hier ähnlich gemeint wie in der deutschen Formulierung, wonach Regierungen *Konzessionen* z.B. für das Betreiben einer Eisenbahnlinie vergaben. So erklärt z.B. ein autoritatives US-amerikanisches Wörterbuch: »to charter: document, issued by a sovereign or state, outlining the conditions under which a corporation... is organized.« Das verstärkt im Grunde die entsprechende – nur unzureichend ins Deutsche zu übersetzende – Passage. (Nach: The Random House College Dictionary, New York, 1973, S.227.)

(17) Damit bestätigt sich im übrigen eine These, die ich seit langem – unter anderem in dem Buch »Festung Europa« – vertrete. Vgl. Winfried Wolf und Jutta Klaß, Festung Europa, Köln 1994, u.a. S.46ff.

(18) Beispiele u.a. nach: Ernest Mandel, Die EWG und die Konkurrenz Europa-Amerika, a.a.O., S.36.

(19) Nach: Frankfurter Rundschau vom 10.5.1999.

(20) U.a. nach: Corriere della Sera vom 23.4.1999; Süddeutsche Zeitung vom 26.5.1999. Zur Übernahme von Voicestream durch Telekom vgl. Frankfurter Allgemeine Zeitung vom 26.7.2000.

(21) Vgl. ausführlich in Kapitel 8. Im übrigen stieg Daimler bei Fokker 1994 ein und

bereits wieder 1996 aus. Allein dieser kurze Zeitraum deutet auf eine »strategische Operation« hin. Ein angeschlagener Flugzeugbauer kann niemals binnen eines so kurzen Zeitraums wieder in die Gewinnzone gebracht werden.

(22) Süddeutsche Zeitung vom 17.12.1999.

(23) Financial Times (brit. Ausgabe) vom 1.4.2000.

(24) Adtranz ist ein Beispiel, wie mit Unternehmenstransaktionen auch deutlich strategische Ziele – hier der Auto- und Flugzeugbranche – realisiert werden.

(25) Wirtschaftswoche vom 20.5.1999.

(26) Die »Ausnahme« ABB existiert auch nach der Heraustrennung der Kraftwerksbau-Teile weiterhin. Unterstellen wir, daß die Rest-ABB in der gegebenen Form überlebt, dann bietet sich als Erklärung an: Im Grunde handelt es sich hier um einen Konzern, bei welchem das Eigentum auf zwei relativ schwache Nationalstaaten gleichmäßig verteilt wurde: Schweden und die Schweiz. Das kann auch Vorteile bieten – einmal Nicht-EU, einmal »Inzwischen-EU«, beide sind »neutrale« Länder. Allerdings wurde ABB nach der Abgabe der erwähnten Teile an Alstom zu einem Multi zweiter Klasse.

(27) Paul Kennedy, In Vorbereitung auf..., a.a.O., S.163.
So erklärte sich im Konflikt zwischen Rom und London der englische König schlicht selbst zum Kirchenoberhaupt.

(28) World Bank, The State in a Changing World, Report on 1997, New York 1997, S.12 u. S.134.

(29) Daran ändert sich im übrigen auch dadurch nichts, daß inzwischen Teile des Gefängniswesens in den USA und in einzelnen Fällen auch in Großbritannien privatisiert wurden. Denn diese Bereiche arbeiten weiterhin auf Basis großer staatlicher Zuschüsse. Daß es zu einer solchen Privatisierung kam, liegt in den USA an dem Umfang, den inzwischen das Gefängniswesen – mit einer Verdopplung der Gefangenenzahl auf nunmehr zwei Millionen Menschen – angenommen hat. Hier wird von interessierter Seite zu Recht die Möglichkeit großer privater Geschäfte gesehen – solange der Staat weiter die bisherigen oder gar höhere Subventionen für diese »Sicherheitsbranche« gewährt. Und kein relevanter Teil des US-amerikanischen Bürgertums fordert eine Rückführung dieser – an sich unproduktiven – Ausgaben. In Änderung begriffen ist nur die Form des Managements. Gäbe es den Nationalstaat nicht, gäbe es diese Zuschüsse nicht, gäbe es keine Gefängnisse usw. usf. Nach: Jürgen Koar, »Zahl der Gefängnisinsassen verdoppelt«, in: Stuttgarter Zeitung vom 21.5.2000.

(30) MEW Band 19, S.222.

(31) The Myth of the Powerless State«, in: The Economist vom 7.10.1995.

(32) Konstantin Tsoulakas, »Globalisation and the ›Executive Committee‹: Reflections on the Contemporary Capitalist State«, in: Global Capitalism versus Democracy, Socialist Register 1999, herausgegeben von Leo Panitch und Colin Leys. Ein Teil des Zitates ist von Nicos Poulantzas entnommen und dort von: M.P., Classes in Temporary Capitalism, London 1974.

(33) Leo Panitch, »The State in a Changing World: Social-Democratizing Global Capitalism«, in: Monthly Review, 5/1998, S.11ff. Zuvor: Ellen Meiksins Wood, »Capitalism, Globalization, and Epochal Shifts: An Exchange – Reply to A. Sivanandan«, in: Monthly Review, 9/1997.

(34) Ausführlich zum TEN-Programm in: Winfried Wolf, Eisenbahn und Autowahn, a.a.O., S.507ff.

(35) Leo Panitch, »The State...«, a.a.O., S.13f.

(36) World Bank, The State in a Changing World, Report on 1997, New York 1997, S.25.

(37) Stellungnahme der Bundesregierung zum Tätigkeitsbericht des Bundeskartellamtes für 1967, in: Deutscher Bundestag, 5. Wahlperiode, Drucksache V/2841, Bonn April 1968., S.2.
(38) Rede von Bundeskanzler Schröder vom 24.1.2000, nach: http://www.bundesregierung.de/dokumente/Redeix_12998.htm
(39) Nikolaus Piper, »Schöpferische Zerstörung«, in: Süddeutsche Zeitung vom 11.3.2000.
(40) Hilmar Höhn, »Bundesregierung will den Turbokapitalismus mit weiterem Treibstoff versorgen«, in: Frankfurter Rundschau vom 26.2.2000.
(41) The Myth of the Powerless State«, in: The Economist vom 7.10.1995.
(42) Frankfurter Rundschau vom 26.2.2000.
(43) Angaben nach: Süddeutsche Zeitung vom 26. und 27.7.2000.
(44) Ein anderes französisch-britisches Projekt ist der Tunnel unter dem Ärmelkanal, der bereits finanziell als absolutes Desaster bezeichnet werden muß. Ursprünglich war unterstellt worden, der Eurotunnel könne ab dem Jahr 2004 profitabel betrieben werden. Inzwischen rechnet die französisch-britische Kanaltunnel-Betreibergesellschaft damit, daß sich dieser Zustand erst im Jahr 2099 einstellen wird, also am St.Nimmerleinstag. Spätestens dann sind umfassende und sehr teure Neuinvestitionen erforderlich. Bis dahin finanzieren die Steuerzahler auf beiden Seiten des Ärmelkanals die Defizite. Was bezeichnenderweise bleibt, ist die britisch-französische Zusammenarbeit auf dem atomar-militärischen Sektor. Siehe Kapitel 11.
(45) Handelsblatt vom 21.4.1967
(46) Angaben nach: Ernest Mandel, Die EWG und die Konkurrenz..., a.a.O., S.37.
(47) Zitiert nach: Archiv der Gegenwart vom 7.12.1961, S.9527.
(48) Spätkapitalismus ohne Perspektive, a.a.O., S. 175. Das Impressum weist 22 Autoren aus. Für den Teil, aus welchem das Zitat stammt, werden Wolfgang Hahn und Dr. Hans Tammer als Verfasser ausgewiesen. Zuvor: Ernest Mandel, a.a.O., S.48.
(49) Business Week vom 27.12.1993.
(50) Berechnet nach: Liste aus Fortune, July 2000 (siehe u.a. Tabelle 1) und Statistisches Jahrbuch, a.a.O., 1998, Band 2.
(51) Berechnet nach: Statistisches Jahrbuch 1998, Band II, S.94ff
(52) Berechnet nach: Statistisches Jahrbuch 1998, Band I, S.96f. MOE = Polen, Ungarn, Tschech. u. Slow. Rep., Rumänien, Bulgarien; Mercosur = Argentinien, Brasilien, Paraguay, Uruguay; ASEAN = Brunei, Indonesien, Laos, Malysia, Myanmar, Philippinen, Singapur, Thailand u. Vietnam.
(53) Angaben nach: Statistisches Jahrbuch 1998, a.a.O., Band I, S.288.
(54) Der mexikanische Konzern, der in dieser Gruppe vertreten ist, ist der Ölmulti Pemex. Die Unternehmen, die 1938 im Staatskonzern Pemex schließlich aufgingen, waren britische (Shell) und US-amerikanische; die mexikanische Revolution mündete in der Verstaatlichung des entscheidenden Rohstoffreichtums, über den Mexiko verfügte. In dem Maß, wie Mexiko im Rahmen des neoliberalen Diktats sturmreif geschossen wurde und sich schließlich als Teil der Nafta direkt den US-Konzernen ökonomisch unterwerfen mußte, erscheint Pemex wieder auf der Liste der zu privatisierenden Großkonzerne. Zwar verbietet das offiziell noch die mexikanische Verfassung. Doch was die verkommene »Partei der institutionalisierten Revolution (PRI)«, die 70 Jahre lang alle Regierungen gestellt hatte, bis zu ihrer Abwahl im Juni 2000 vorbereitete, wird von der neuen Regierung unter der neoliberalen PAN verwirklicht werden: der Ausverkauf dieser wichtigsten nationalen Ressource. Es ist kaum vorstellbar, daß dabei nicht auf die eine oder andere Weise US-amerikanisches Kapital zum Zuge kommen und Pemex nicht Teil des US-Öl-Imperiums werden würde. Womit

auch in diesem Land das Rad der Wirtschaftsgeschichte um 75 Jahre zurückgedreht würde. Angaben zu Mexiko nach: Ferdinand Lundberg, America's 60 families, New York 1938, S.63f.; zusammengefaßt in. W.Wolf: Eisenbahn und Autowahn, a.a.O., S.715 u. S.129.

(55) Eigene Berechnungen nach: »Die 800 größten westeuropäischen Industrie- und Dienstleistungsunternehmen«, in: Wirtschaftswoche vom 27.12.1991; und »Die 500 größten westeuropäischen Industrie- und Dienstleistungsunternehmen«, in: Wirtschaftswoche vom 22.6.2000.
Für das Jahr 1990 gab es die drei binationale Unternehmen: Shell und Unilever (jeweils niederländisch-britisch) und Metro (damals deutsch-schweizerisch); 1999 waren es die drei: Shell, Unilever und Aventis (Hoechst/Rhone Poulenc – BRD/Fr). Grundsätzlich wurden in der Tabelle diese Unternehmen jeweils doppelt gezählt (in jedem »Eignerland« einmal). Der Umsatz wurde jeweils zur Hälfte der Umsatzsumme beim jeweiligen Land zugeschlagen, womit sich das Gesamtgewicht der addierten Konzernumsätze und die Gewichtung der einzelnen »Eignernationen« nicht verfälscht.

(56) Ernest Mandel, Die EWG..., a.a.O., S.38.

(57) Entwurf für eine Denkschrift des Auswärtigen Amtes über die Schaffung eines »Europäischen Staatenbundes« Berlin, 9. September 1943; wiedergegeben in: Reinhard Opitz, Europastrategien des deutschen Kapitals, 1900-1945, Bonn 1994, S.965.

(58) Franz Josef Strauß, Entwurf für Europa, Stuttgart 1966, S.133f.
Zuvor in: Jean-Jacques Servan-Schreiber, Die amerikanische Herausforderung, Hamburg 1968, S.32.

(59) In: BDI-Jahresbericht 1966/67, Köln 1968, S.10. Das volle Zitat lautet: »Bei der Verfolgung unserer spezifisch westdeutschen Anliegen ist die Stimme der Bundesrepublik Deutschland ohne einen starken ökonomischen Resonanzboden nicht kräftig genug, um gehört zu werden und aufhorchen zu lassen.«

(60) Nach: Frankfurter Allgemeine Zeitung vom 14.2.1992.

(61) Berechnet nach: »Die 800 größten westeuropäischen Industrie- und Dienstleistungsunternehmen«, in: Wirtschaftswoche vom 27.12.1991; und »Die 500 größten westeuropäischen Industrie- und Dienstleistungsunternehmen«, in: Wirtschaftswoche vom 22.6.2000.

(62) Paul Kennedy, In Vorbereitung..., a.a.O., S.347f.

(63) Rudolf Augstein, »Die Schuldigen: Wir«, in: Der Spiegel, 50/1995.

(64) Friedrich Thelen, »Neues Deutschland«, in: Wirtschaftswoche vom 2.9.1999.

(65) Nach: Financial Times (dtsch. Ausgabe) vom 28.6.2000.

(66) Financial Times (dtsch. Ausgabe) vom 10.5.2000.

(67) Siehe Rosa Luxemburg, Die Akkumulation des Kapitals, Berlin 1913 (Reprint 1969). Ich habe R.L.'s Argumenation zusammengefaßt und für den aktuellen militärisch-industriellen Komplex konkretisiert in: W. Wolf, Bombengeschäfte. Zur Politischen Ökonomie des Kosovo-Kriegs, Hamburg 1999; insbesondere S.46ff. Teile dieses Kapitals basieren (mit freundlicher Genehmigung von Dorothe Gremliza, Konkret Literatur Verlag, Hamburg) auf Ausarbeitungen, die für dieses Buch – dort: Kapitel 13, S.142ff – vorgenommen wurden.

(68) Karl Kautsky, Die Neue Zeit vom 30.4.1915.

(69) W.I.Lenin, Der Imperialismus als höchstes Stadium des Kapialismus, Berlin 1970, S. 866.

(70) Michael Skapinker, »Time is right to reflect on Kosovo lessons«, in: »Financial Times Survey Aerospace«, Beilage zu Financial Times vom 14.6.1999.

(71) Alexander Nicoll, »European Grouping still in the making«, in: Financial Times vom 14.6.1999.
(72) Alexander Nicoll, »Casa deal develops aerospace jigsaw«, in: Financial Times vom 14.6.1999.
(73) Lothar Schnitzler, »Für Amerikaner nicht mehr sakrosankt«, in: Wirtschaftswoche vom 10.6.1999. Angaben zu Aerospatiale-Matra-Daussault nach: Handelsblatt vom 16.2.1999.
(74) Angaben u.a. nach: Wirtschaftswoche vom 10.6.1999 und Financial Times vom 14.6.1999.
(75) Wall Street Journal vom 11.6.1999.
(76) Wirtschaftswoche vom 10.6.1999. Die Zusammenarbeit Dasa-Northrop soll im Bereich der Verteidigungselektronik stattfinden. Sie soll im Rahmen der EADS »fortgesetzt« werden. Nach: Süddeutsche Zeitung vom 26.4.2000.
(77) Financial Times vom 16.6.1999.
(78) Dietmar Hawranek, »Der Superdeal«, in: Der Spiegel 30/1999 vom 26.7.1999.
(79) In: Financial Times (deutsche Ausgabe) vom 22.6.2000.
(80) Angaben nach: Financial Times vom 25.5.2000 und 2.6.2000 (jeweils dtsch. Ausgabe); Fortune vom 24.7.2000.
(81) Die EU versucht beispielsweise mit dem Hinweis auf ein abstrakt postuliertes Verbot der »Quersubventionierung«, den Stadtwerken zu verbieten, über Gewinne in der Energiesparte (Stromerzeugung und -verteilung) öffentliche Verkehrsunternehmen, die bisher meist integraler Bestandteil dieser Stadtwerke waren, zu finanzieren.
(82) Rosa Luxemburg, Die Akkumulation des Kapitals, Berlin 1913 (Reprint 1969), S.442.
(83) Die Fachpresse ist vielfach voller Hohn hinsichtlich der Art, wie Airbus das Projekt gesundrechnet: »Die Berufsoptimisten von Airbus Industrie in Toulouse schwärmen.. von der A3XX wie von einem Kind.« Zur Innenaustattung des Jumbos wird gewitzelt: »Die Entwürfe für das Kabinendesign erinnern eher an ein Kreuzfahrtschiff denn an ein Flugzeug... Fehlt nur noch die Disko.« Der Artikel endet mit den Sätzen: Der Airbus-Verkaufsdirektor »John Leahy gibt indirekt den Zweiflern Munition: ›Wir verwetten die ganze Gesellschaft auf das Ding‹. Die Ähnlichkeit mit einem Kreuzfahrtschiff ist in diesem Sinn eher bedrohlich als ermutigend. Schiffe können absinken.« Michael Freitag, »Riskanter Riese«, in: Wirtschaftswoche vom 18.5.2000.
(84) Manfred Bischoff, »Die Dasa ist dort, wo sie hingehört – in der Weltspitze«, Rede anläßlich der Bilanzpressekonferenz am 8.3.2000, Broschüre herausgegeben von DaimlerChrysler Aerospace, Dokumente der Luft- und Raumfahrtindsustrie, Nr.2/ 2000, S.3.
Die vorausgegangenen Angaben wie folgt: Wirtschaftswoche vom 18.5.2000 (zum Boeing- und Airbus-Jumbo); Financial Times (dtsch. Ausgabe) vom 5.6. und 9.6.2000 (zum Vergleich A400M und Antonow-70).
(85) Bischoff-Rede, a.a.O.
(86) Angaben zur Entwicklung der Rüstungsunternehmen im Ersten und Zweiten Weltkrieg nach: Heinz-J. Bontrup / Norbert Zdrowomyslaw, Die deutsche Rüstungsindustrie. Ein Handbuch, Heilbronn 1988, S.74ff.
(87) O.M.G.U.S. – Ermittlungen gegen die Deutsche Bank 1946/47, übersetzt und bearbeitet von der Dokumentationsstelle zur NS-Politik, Hamburg, Nördlingen 1985, S.111f und S.150.f
(88) »Wir reden nicht vom Dritten Weltkrieg. In solchen Fällen wird es ohne Nato und USA nicht gehen. Wir wollen keine zweitklassige Nato, sondern eine Ergänzung, die es den Europäern erlaubt, auf Krisen zu reagieren.« Robertson in: Süddeutsche Zeitung vom 7.2.2000.

Vorausgegangene Angaben zu den EADS-Rüstungsaufträgen nach: Financial Times vom 25.5. und 9.6.2000.

(89) Nach: Financial Times (dtsch. Ausg.) vom 22.8.2000.

(90) Grafik nach den Angaben der EADS und der Deutschen Bank anläßlich des Börsengangs im Juli 2000.

(91) HDW war bis 1990 Tochter des staatlichen Stahlkonzerns Salzgitter. Danach wurde Salzgitter von Preussag übernommen, ein Konzern, der in starkem Maß von der staatlichen Bank WestLB bestimmt wird. 1999 ging HDW an Babcock. Babcock weist ebenfalls einen größeren Einfluß der WestLB auf, 40 Prozent der Aktien sollen allerdings bei britischen Pensionsfonds liegen. Hier könnte die Verbindung zur BAe Systems Sinn machen. Salzgitter war 1989/89 tief in den Rüstungsskandal in Libyen verwickelt (Lieferung einer Giftgasanlage). Preussag wurde beschuldigt, maßgeblich an der Hochrüstung des Iraks bis 1990 beteiligt gewesen zu sein. HDW selbst war in der Zeit des südafrikanischen Apartheid-Systems an der Lieferung von Atom-U-Booten an das südafrikanische Militär beteiligt und kooperierte dabei mit dem DDR-Rüstungshandel KoKo.
Angaben zu HDW nach: Financial Times vom 15.3.2000 (dtsch. Ausg.); und: Wem gehört die Republik?, a.a.O., S. 42 u. S. 344ff. Zuvor Angaben zu MTU nach: Financial Times vom 14.3.200

(92) Angaben zu BAe Systems nach: Financial Times (dtsch. Ausg.) vom 28.4.2000. Zu Santa Barbara: dpa-Meldung vom 4.7.2000 und Die Welt vom 14.4.2000. Zu Bofors: Financial Times vom 16.6.2000 (dtsch. Ausg.). Zu Bofors sei angemerkt, daß das Unternehmen von sich stolz sagt, eine Tradition in der Waffenproduktion zu haben, die »bis auf den Dreißigjährigen Krieg« zurückreiche.

(93) Wall Street Journal vom 11.6.1999.

(94) Nach: International Institute for Strategic Studies, in: Die Zeit vom 31.5.2000.

(95) Wall Street Journal vom 11.6.1999. Zuvor: Angaben zum NMD u.a. nach: Der Tagesspiegel vom 1.5.2000 und Stiftung Wissenschaft und Politik (SWP), Peter Rudolf, »Allein hinterm Raketenzaun? Aus amerikanischen Fachzeitschriften, zweites Halbjahr 1999, SWP-Zeitschriftenschau, Februar 2000. Zum F-22-Projekt nach: Neue Züricher Zeitung vom 4.8.2000.

(96) Zur Concorde: Ernest Mandel, Die EWG..., a.a.O., S.56.
Vorausgegangene Angaben zu Flick nach: Frankfurter Allgemeine Zeitung vom 30.12.1983; Ulrike Hörster-Philipps, Im Schatten des großen Geldes. Flick Konzern und Politik, Köln 1985, S.85f. und Bernt Engelmann, Das ABC des großen Geldes, Berlin (DDR) 1986, S. 135.
Angaben zu Dersch und Riedl nach: Wem gehört die Politik, a.a.O., S.131f.

(97) Angaben für USA, Japan und BRD (A) nach: Doremus u.a., The Myth of Global Corporation, a.a.O., S.52. Angaben für BRD (B) nach: Deutsche Bundesbank, Monatsberichte 7/1997. Ergänzende Angaben zur BRD: Franz Garnreiter, Macht und Herrschaft in der Marktwirtschaft, isw-report Nr. 32, München 1997, S.15.

(98) Hermannus Pfeiffer, Das Imperium der Deutschen Bank, Frankfurt/M. 1987, v.a. S.32f.

(99) Hermannus Pfeiffer, a.a.O., S. 22f.

(100) Der Spiegel 45/1965.

(101) Angaben: Monatsberichte der Deutschen Bundesbank; W.Wolf, CasinoCapital, a.a.O., S.190; The Myth of..., a.a.O., S.56.

(102) Ernest Mandel, Die EWG und die Konkurrenz Europa-Amerika, a.a.O., S.35.

(103) Nach: Financial Times (dtsch. Ausg.) vom 8.3.2000.

(104) Angaben u.a. nach: Financial Times vom 14.3.2000 (zu japanischen Banken-Fusio-

nen); Welt vom 2.11.1999 (zu Allianz/Pimco); Berliner Tagesspiegel vom 14.8.1999 (zu ING/BHF). Auf einige der genannten Banken-Transaktionen wird weiter unten eingangen.

(105) Nach: Fortune, 24.7.2000. Da zwei der in der Liste angegebenen Institute bereits im Verlauf des Berichtsjahres 1999 mit einem anderen in der selben Tabelle – wie angegeben – verschmolzen wurden, wurden für die »20 größten Banken der Welt« zwei weitere Banken, gewissermaßen als »Nachrücker«, aufgelistet. Aufgrund der im Text unten wiedergegebenen neuen Fusionen ist damit allerdings nicht gewährleistet, daß die Liste für das Jahr 2000 die jetzigen Ränge 21 und 22 tatsächlich als Teil der »20 Größten« enthalten wird.
Die Branchen-Abgrenzung des Blattes »Fortune« trennt – mit einiger Berechtigung – die klassischen Banken von den Investmentbanken. Würde man diese Trennung *nicht* ziehen und beide Gruppen als eine einheitliche nehmen, dann würden auf die Plätze 21 und 22 der Tabelle die zwei größten Investmentbanken der Welt, Morgan Stanley Dean Witter (mit einer Bilanzsumme von 367 Mrd. $ und einem sagenhaften ausgewiesenen Gewinn von 17 Mrd. $) und Merril Lynch (328 Mrd. $ Bilanzsumme; Gewinn von 13 Mrd. $) »einrücken«. Die drittgrößte Investmentbank, Goldman Sachs läge dann mit 251 Mrd. $ Bilanzsumme (Gewinn von 10,1 Mrd. $) »außerhalb« der Größenordnung unserer Tabelle. Angaben ebenfalls nach der Fortune-Liste, Juli 2000. Vgl. Tabelle 3.

(106) In: Süddeutsche Zeitung vom 28.6.2000.

(107) Angaben zu Japan u.a. nach: Süddeutsche Zeitung vom 23.4.2000; Financial Times vom 16.6.2000.

(108) Le Monde vom 30.3.1999.

(109) Nach: Süddeutsche Zeitung vom 12.7.2000.

(110) Zur BCCI nach: Guardian (London) vom 13.2.1992; W.Wolf, Das Beispiel BCCI, in: Sozialistische Zeitung vom 7.2.1992.

(111) Angaben zur HypoVereinsbank und BankAustria nach: Financial Times (dtsch. Ausg.) vom 24.7.2000 und junge welt vom 25.7.2000. Und. Wem gehört die Republik?, a.a.O., S.66ff und 57ff.

(112) Allgemein zur Deutschen Bank vgl. Eberhard Czichon, Die Bank und die Macht. Hermann Josef Abs, die Deutsche Bank und die Politik, Köln 1995. Czichon hat vier solcher Anläufe der Deutschen Bank, im Finanzsektor an die Weltspitze zu gelangen, bilanziert.

(113) O.M.G.U.S.-Report zur Deutschen Bank, a.a.O., O.M.G.U.S.-Report zur Dresdner Bank, Nördlingen 1985.

(114) Gerhard Wisnewski, Wolfgang Landgraeber, Ekkehard Sieker, Das RAf-Phantom. Wozu Politik und Wirtschaft Terroristen brauchen, München 1997.

(115) Financial Times (deutsche Ausgabe) vom 6.4.200.

Im übrigen tat sich die deutsche Ausgabe der »Financial Times« dadurch unrühmlich hervor, daß in diesem Blatt die Geschichte der deutschen Banken im Dritten Reich bagatellisiert wurde. Dort hieß es: »Während der Nazi-Diktatur wurden die privaten Banken zu Gunsten staatlicher Institute verdrängt; ihr Einfluß schwand. Die Banken standen vor zwei Möglichkeiten: Verteidigung gegen die Einmischung von Partei und Staat auf der einen und Kompromißbereitschaft auf der anderen Seite.« Die britische »Financial Times« hat auf die NS-Geschichte der beiden Banken durchaus hingewiesen.

Übrige Angaben zum geplatzten Deal Deutsche/Dresdner Bank u.a. nach: Welt am Sonntag vom 12.3.2000 und vom 9.4.2000, Wall Street Journal vom 8.3.2000; Frankfurter Allgemeine Zeitung vom 8.3.2000; Wirtschaftswoche vom 22.6.2000; Der Spiegel 15/2000.

(116) Financial Times vom 6.4.2000.

Teil V

(1) C. Fred Bergsten / C.Randall Henning, Global Economic Leadership and the Group of Seven, herausgegeben vom Institute for International Economics, Washington D.C. 1996.

(2) Dabei wurden in beiden Fällen die finanziellen Fähigkeiten des IWF bis ans Äußerste strapaziert. Die neuen Großkredite wurden im krassen Gegensatz zu vorausgegangenen Beteuerungen der IWF-Führung und der G-7-Finanzministertreffen vergeben, in Zukunft in Krisenfällen nicht erneut mit Großkrediten die Widersprüche verkleistern zu wollen. Im übrigen wirken diese Großkredite als neue Hebel zur indirekten Rekolonialisierung (z.B. zum Verkauf des südkoreanischen Ölkonzerns SK oder des brasilianischen Ölmultis Petrobas an einen G-7-Multi. Vgl. Winfried Wolf, Casino-Capial, a.a.O., S.21ff und S.138ff.

(3) Angaben zu Vodafone/Mannesmann nach: Süddeutsche Zeitung vom 10.3.2000; Angaben zu BP nach Frankfurter Rundschau vom 2.4.1999.

(4) »Vorstände gegen eigene Fehler versichert«, in: Welt am Sonntag vom 28.11.1999.

(5) Angaben zu Iridium nach: Financial Times (dtsch. Ausg.) vom 17.3.2000; Wall Street Journal 16. und 20.3.2000; Süddeutsche Zeitung vom 20.3.2000; Berliner Zeitung vom 20.3.2000.

(6) Nach: Hillary Durgin, »Exxon – a Giant that sees no evil«, in: Financial Times vom 11.8.2000.

(7) Zitat und andere Angaben zu diesem Sektor nach: Steward Boyle und Caspar Henderson, »Small-scale ist beautiful«, in: Financial Times vom 10.8.2000.

(8) Eine Zusammenfassung zu Staudammprojekten ist wiedergegeben in: Thommy Schroedter, »Mega-Mammut-Staudamm«, in: Sozialistische Zeitung/SoZ, Köln, vom 9.3.1995; Fred Pearce, »Wenn sich Flüsse rächen«, in: Geo 9/1997. Vgl. auch Antrag der PDS im Bundestag »Keine Hermes-Bürgschaft für den Ilisu-Staudamm«, Drucksache 14/2336.

(9) Nach: Rudolf Hickel, »Fusionsverträge für die Verlierer«, in: Süddeutsche Zeitung vom 6.6.2000. Zuvor zur Hyundai-Elektronik-Produktion nach: Financial Times vom 12.8.2000.

(10) Simon Brady, »The Global Myth?«, in: Fortune vom 24.7.2000.

(11) Doremus u.a., The Myth of..., a.a.O., S.149; Ellen Meiksin Wood, in: Monthly Review, 9/1997, S. 27.

(12) Mitte August 2000 willigte der Hyundai-Firmengründer und Hauptaktionär des Unternehmens Chun ein, den Fahrzeughersteller Hyundai Motors aus dem Unternehmen auszugliedern. Dies wurde in den Kreisen der internationalen Konkurrenz mit Befriedigung zur Kenntnis genommen. Damit dürfte nach Kia, Samsung, Daewoo auch Hyundai als unabhängiger südkoreanischer Autokonzern ausscheiden. Angaben nach: Financial Times vom 14.8.2000.

(13) Barbara Kussel, »HSBC erwirbt Mehrheit an Bangkok Metropolitan Bank – Thailand liberalisiert seinen Finanzsektor«, in: Financial Times (dtsch. Ausg.) vom 28.4.2000.

(14) William Hall, »Austria set to act as gateway to east for HypoVereinsbank«, in: Financial Times vom 8.8.2000.

(15) Angaben nach: Prague Post (auf englisch in Prag erscheinende Wochenzeitung) 2/1993; Frankfurter Rundschau vom 2.2.1993. Die übernommenen Zeitungen hielten sich in der Frage der Eigentumsrückerstattung an Sudetendeutsche zumindest in den ersten Jahren betont zurück. Auch die neuen Eigentümer scheuten sich, die sudetendeutsche Linie umgehend durchdrücken; in diesem Fall wäre ein »antimonpolistisches » Einschreiten der Regierung in Prag unumgänglich gewesen.
Ein vergleichbarer Vorgang spielte sich in Österreich in den achtziger Jahren ab. Bis zu diesem Zeitpunkt waren die österreichische Presse und die Öffentlichkeit eher kritisch gegenüber der BRD und der EWG/EG eingestellt. Dann wurden binnen weniger Jahre die wichtigsten Tageszeitungen (»Kronenzeitung«, »Kurier«) und die wichtigste Wochenzeitung (»Profil«) von deutschen Verlagen übernommen. Darüber hinaus kam es zur Gründung einer neuen, heute tonangebenden Zeitung durch einen deutschen Verlag (»Standard«). Wenige Jahre nach diesen Vorgängen wurde in der österreichischen Presse und Öffentlichkeit überwiegend »deutschfreundlich« und zu 90 Prozent EU-euphorisch berichtet.

(16) Im Juli 2000 lag der Wert der hinterlassenen Schulden bankrott gegangener Gesellschaften um 215 Prozent über demjenigen des Vorjahres. 1617 große Unternehmen mit offenen Rechnungen über umgerechnet 80 Milliarden Mark gingen allein in diesem Monat pleite – ein Nachkriegsrekord. Nach: Financial Times vom 15.8.2000.

(17) Angaben zu Japan u.a. nach: Gillian Tett und Ed Crooks, »Japan´s Gesture«, in: Financial Times vom 14.8.2000; DIW-Wochenberichte, herausgegeben vom Deutschen Institut für Wirtschaftsforschung (Berlin), 1-2/2000; W.Wolf, CasinoCapital, a.a.O., S. 203ff.; Thomas Fricke, »Abenteuerliche Aussichten für Japans Wirtschaft«, in: Financial Times vom 21.7.2000.
Angaben zu Japans Null-Prozent-Zins-Politik nach: Angela Köhler, »Japan rückt nicht von Nullzins-Politik ab«, in: Frankfurter Rundschau vom 18.7.2000. Zu neuen Konjunkturprogrammen: Michiyo Nakamoto, »Tokyo considers public spending bout«, in: Financial Times vom 16.8.2000.
Die Niedrig-Zins-Politik und die Forderung der Tokioter Regierung, diese aufrechtzuerhalten, hat natürlich auch etwas mit der gigiantischen Staatsschuld zu tun. Solange die Zinsen auf dem niedrigen Niveau bleiben, sind diese Schulden relativ »billig«. Steigt der Diskont aber auf eine für andere G-7-Staaten »normale« Höhe von 4 oder 5 Prozent, dann verdoppelt und verdreifacht sich der Schuldendienst für diese Staatsschuld – was einen Staatsbankrott heraufbeschwören müßte.

(18) Thomas Knipp, »Mega-Fusionen verändern das Bild der US-Industrie«, in: Handelsblatt vom 1.3.2000.

(19) Der US-Diskontsatz hatte im Juli 1998 seinen Tiefststand mit 4,75 Pozent erreicht und war danach bis August 2000 in sechs Stufen auf 6,5 Prozent hochgeschleust worden. Der EU-Diskont wurde seit Anfang 2000 und bis August 2000 in vier Schritten auf 4,25% angehoben. Angaben nach: Financial Times vom 15.8.2000 (brit. Ausg.) und 23.8.2000 (dtsch. Ausg.).

(20) Im ersten Halbjahr 2000 gab es bei den deutschen Kfz-Zulassungen einen Rückgang um 18,1 Prozent gegenüber dem Vorjahr. Insgesamt wird für das Jahr 2000 mit einem Rückgang des Pkw-Absatzes innerhalb der BRD um 10 Prozent gerechnet. Be-

reits im vergangenen Jahr 1999 hatte es im Inland nur noch ein bescheidenes Wachstum der Zulassungen gegeben; die Steigerung der deutschen Kfz-Produktion war in erster Linie dem Export zu verdanken. Auch in Italien und Großbritannien stagnierten 1999 die Pkw-Zulassungen gegenüber dem Vorjahr. Angaben nach: VDA, Daten zur Automobilwirtschaft, Ausgabe 2000; Süddeutsche Zeitung vom 26.7.2000; Frankfurter Allgemeine Zeitung vom 18.8.2000.

(21) Carola Kaps, »Für den freien Handel hat Bill Clinton wenig getan«, in: Frankfurter Allgemeine Zeitung vom 15.7.2000.

(22) Jens Flottau, »Luftverkehrsrecht bremst Airline-Fusionen«, in: Financial Times vom 21.7.2000. Zuvor Angaben zu Nippon Steel nach: Financial Times (brit. Ausg.) vom 4.8.2000.

(23) In: Business Week vom 23.2.2000.

(24) Angaben nach: Forbes, Juni 2000. Wallenberg nach: Financial Times (dtsch. Ausg.) vom 24.3.2000.

(25) Angaben nach: Forbes, Juli 2000; zu Welch nach: Wall Street Journal vom 14.4.2000.

(26) Gustavus Myers, Money. Die großen amerikanischen Vermögen, Frankfurt/M. 1979 (US-.Erstausgabe 1916); Ferdinand Lundberg, America's Sixty Families, New York 1937; derselbe The Rich and the Super-Rich – A Study in the Power of Money Toda, New York 1968 (letzteres erschien in deutscher Sprache 1969). Rüdiger Liedcke, Wem gehört die Republik, Frankfurt/M. 1993.
Auch die hervorragende Arbeit von Ulrich Küntzel über die Vermögen exemplarischer reicher Menschen der Weltgeschichte sei hier erwähnt: U. Küntzel, Nervus Rerum. Die Geschäfte berühmter Männer, Frankfurt/M.1991.

(27) Wiedergegeben in: Süddeutsche Zeitung vom 23.3.2000.

(28) Angaben zu den Hintergründen der Bahnreform nach: Henrik Paulitz, Bernhard Strowitzki und Winfried Wolf, Deutsche Bahn Abwicklungsgesellschaft, herausgegeben von der PDS im Bundestag, 2. Auflage 1998. Und: Winfried Wolf, Die zwölf Todsünden der Herren K. und M. – Die Zerstörung des Schienenverkehrs in der Bundesrepublik Deutschland, herausgegeben von der PDS im Bundestag, Oktober 2000.

(29) Vgl. Gerd Warda, Verkauf der Eisenbahnerwohnungen, in: Die Wohnungswirtschaft, Mai 1999, S.14ff.

(30) Welt am Sonntag vom 12. März 2000.

(31) In der Geschichte der EWG, EG und EU gab es seit 1956 mehr als 100 Ab- und Aufwertungen der verschiedenen EU-Währungen. So gut wie immer wurden dabei die D-Mark »stärker« und die Währungen schwächerer Ökonomien – wie die italienische, französische, spanische, griechische, portugiesische – schwächer. Das heißt übersetzt in die Realitäten des wichtigen Außenhandels: deutsche Produkte verteuerten sich durch diese Maßnahme, während die Produkte aus Italien, Spanien, Portugal oder Griechenland sich weitgehend um die Marge der Abwertungen verbilligten – das heißt, sie wurden konkurrenzfähiger. Allein im Zeitraum 1979 bis 1993 wurde die italienische Lire im Vergleich zum DM-Kurs um 52 Prozent abgewertet. Im gleichen Zeitraum wurde die griechische Drachme gegenüber der DM um 86 Prozent, der portugiesische Escudo um 75 Prozent und die spanische Pesete um 54 Prozent abgewertet.
Trotz dieser zum Teil gewaltigen Währungsveränderungen zuungunsten der deutschen Exportwirtschaft wuchs das Gewicht der deutschen Ökonomie in der EU kontinuierlich. Es gibt nun keinerlei ernst zu nehmenden Hinweis darauf, daß sich die grundlegenden Faktoren, die zu dieser Entwicklung von Ungleichgewichten in Westeuropa seit Ende des Zweiten Weltkriegs beitrugen, verändert hätten. Wohl aber gibt es einen neuen Faktor, der diese Entwicklung beschleunigen muß: die Einführung

des Euro. Das heißt, das formelle Verbot für »schwache« Länder, mit einer wirtschaftspolitischen Schutzpolitik – »Protektionismus« – ihre Währungen abzuwerten. Angaben zu den erwähnten Abwertungen nach: Frankfurter Rundschau vom 12.8.1993.

(32) Daß es sich um ein politisches Projekt handelt und daß dabei mit hohem Einsatz gespielt wird, erkennt man bereits daran, daß eines der ursprünglichen Kriterien zur Aufnahme in den »Euro-Club« besagte, die Summe der öffentlichen Schulden dürfe nicht mehr als 60 Prozent des Bruttoinlandproduktes ausmachen. Einmal abgesehen davon, daß selbst die BRD dieses Kriterien nur mit Hilfe der Waigelschen »kreativen Buchführung« erfüllte, wurden Italien und Belgien in den Euro-Club aufgenommen, obgleich in diesen Ländern die öffentlichen Schulden jeweils bei über 100 Prozent des BIP liegen. Demnächst soll Griechenland aufgenommen werden, wo die öffentlichen Schulden ebenfalls deutlich über 100 Prozent des BIP liegen.
Daß die Regierungen der USA, Kanadas und Mexikos 1993/94, als sie zeitgleich mit dem »Maastrichter Vertrag«, der den Euro begründen sollte, die nordamerikanische Freihandelszone Nafta begründeten, darauf verzichteten, eine einheitliche Währung ins Auge zu fassen, hat einen einleuchtenden Grund: In dieser Zone ist der Dollar längst faktisch eine Art Einheitswährung und die USA die unumstrittene Hegemonialmacht. Auch gibt es zwischen den USA und Kanada längst eine grenzüberschreitende Kapitalkonzentration – mit US-amerikanischer Hegemonie. Unter diesen Bedingungen wäre es für die US-Regierung kontraproduktiv, das Risiko einer solchen Nafta-Einheitswährung einzugehen.

(33) 1999 war Großbritannien das EU-Land, das von ausländischem Kapital bei Kapitalanlagen am meisten bevorzugt wurde. Die Zahl von Unternehmen unter ausländischer Kontrolle stieg in diesem Jahr in Großbritannien um 11,5 Prozent an (interessanterweise befanden sich französische und niederländische Unternehmen an der Spitze dieser Engagements). Im übrigen wies Großbritannien 1999 die niedrigste Inflationsrate seit 30 Jahren und die niedrigste Arbeitslosenrate seit 20 Jahren aus. Das soll keine Hommage auf den spezifischen Charme des britischen Kapitalismus sein; es zeigt aber doch, daß die pro-Euro-Kampagne wenig überzeugende Argumente anführen kann. Angaben nach: Financial Times (brit. Ausg.) vom 16.8.2000.

(34) Im Juli 2000 gelangte ein internes Papier, verfaßt von Tony Benn, an die Öffentlichkeit, in dem sich dieser explizit für die baldige Einführung des Euro in Großbritannien erklärte. Nach: Financial Times (brit. Ausg.) vom 30.7.2000.

(35) Eichel nach: Financial Times (brit. Ausg.) vom 16.8.2000.

(36) Angaben nach: Brian Groom, »Matsushita chief issues warning on euro stance«, in: Financial Times vom 4.8.2000; John Griffiths, »Toyota demands contracts in euros«, in: Financial Times vom 11.8.2000; Tim Burt / David Owen, »Nissan-Chef droht britischer Regierung«, in: Financial Times vom 30.6.2000; Nanna Hepka, »Großkonzerne fordern in England Euro-Abrechnung«, in: Financial Times vom 23.8.2000.

(37) Vicki Bakshi, »Honda to export Swindon models to Japan«, in: Financial Times vom 14.8.2000.

(38) Nach: Interview mit der Wochenzeitung »Rouge«; wiedergegeben in: Sozialistische Zeitung/SoZ vom 17.8.2000.

(39) Angaben nach: Wall Street Journal vom 8.3.2000 (Deutsche/Dresdner); Berliner Tagesspiegel vom 24.3.2000 (Aventis); Süddeutsche Zeitung vom 3.8.2000 (Adtranz/Bombardier).

(40) Vgl. Winfried Wolf, »Konzerne rüsten gegen Belegschaften«, in: Sozialistische Zei-

tung / SoZ vom 29.9.1988; W. Wolf, Autokrieg – Konzerne rüsten für die Zukunft, Hamburg 1986, S.146ff.

(41) Wiedergegeben in: Wolf, »Konzerne rüsten...«, a.a.O.

(42) Martin Kempe, »Eins, zwei, drei«, in: Berliner Tagesspiegel vom 28.5.2000.

(43) Damit verbunden sind Verheerungen der jeweiligen Landessprachen durch die Übernahme von Computer-Sprachen-Elementen und Amerikanismen. Kultur wird outgesourced; die Agents können sich, das richtige Password parat, einloggen und auf Calls hin Mcjobben, z.B. als Operators in Call Centers der Telekom – wofür die neue Schreibweise paßt: ein Gräuel.
Im übrigen gibt es auch problematische Verbindungen zwischen neuen Kommunikationstechniken und der Zerstörung traditioneller Kultur. Clifford Stoll, einer der Erfinder des Internets, wies u.a. darauf hin, daß US-amerikanische Schulen in dem Maß die Schulbibliotheken abbauten oder dicht machten, wie sie an das Internet angeschlossen wurden. Clifford Stoll, Die Wüste Internet. Geisterfahrten auf der Datenautobahn, Frankfurt a.M. 1998.

(44) Margaret Heckel, »Der Aufstieg aus schlecht bezahlten Jobs ist zu schaffen«, in: Financial Times vom 4.8.2000.

(45) Nach: Le Monde Diplomatique, deutsche Ausgabe, März 1996, S.17; W.Wolf, CasinoCapital, a.a.O., S. 156.

(46) Dies läßt sich sehr praktisch belegen. Es gibt eine Reihe von Fusionen, die gescheitert sind und nachträglich rückgängig gemacht wurden. Einige solcher Beispiele wie Estel (Hoesch-Hoogovens) oder Agfa-Gevaert wurden in Kapitel 9 beschrieben. Das Platzen des Zusammengehen Deutsche Bank und Dresdner Bank ist ein aktuelles Beispiel dafür, daß ein solches Ausbleiben von Kapitalkonzentration für die Allgemeinheit in erster Linie positive Aspekte hat. Daimler ohne Chrysler, Mannesmann ohne Vodafone, Hoechst ohne Rhone-Poulenc – und damit ohne einen Konzern Aventis – wären nicht anders zu bilanzieren.

(47) Ahlener Programm der CDU nach: Was will die CDU?, herausgegeben von H. Schreiber, Köln 1948, S.7ff.

(48) Jörg Huffschmid, »Megafusionen. Die Reaktion des Kapitals auf die Krise der Akkumulation«, in: junge Welt vom 6.7.2000; ausführlich auch in der Zeitschrift »Sozialismus« Nr. 6/2000.

(49) Edward Luttwak, Turbo Capitalism, New York 1999; derselbe: »Give War a Chance«, in: Foreign Affairs, July/August 1999, S.36ff.

(50) Daniel Yergin & Joseph Stanislaw, The Commanding Heights. The battle between government and Marketplace that ist remaking the modern World, Fortune, USA, July 2000. Und: Daniel Yergin, The Prize, New York 1990 (dtsch: Der Preis. Die Jagd nach Öl, Geld und Macht, Frankfurt/M. 1991).

(51) Im Juli 2000 wurde Euan Blair, Sohn des Premierministers, betrunken auf der Straße aufgegriffen, zunächst unerkannt in eine Polzeiwache verbracht – und später in Nr. 10, Downing Street abgeliefert. In ähnlicher Weise fiel Blairs Sohn kurz danach während des Toscana-Urlaubs der Familie Blair auf. Tony Blair hatte zuvor mehrfach öffentlich eingeklagt, daß Eltern verantwortlich für schlechtes Benehmen der Kinder seien und verlangt, daß die Polizei angetrunkene Jugendliche umgehend zum nächsten Geldautomat nehmen und sie veranlassen sollte, dort mit eigener Kreditkarte eine saftige Strafe zu zahlen. Die britischen Medien griffen Blairs Forderungen nach diesen Vorfällen genüßlich auf – nicht ohne den Hinweis, daß zwar Blairs Sohn über Kreditkarten verfüge, nicht jedoch ein durchschnittlicher britischer Jugendlicher.

(52) John Gray, Die falsche Verheißung. Der globale Kapitalismus und seine Folgen, Berlin 1999.

(53) Robert Reich, Die neue Weltwirtschaft, deutsche Erstausgabe 1993, hier nach: Frankfurt/M. 1997, Seiten 9, 93 und 135. (erste US-Ausgabe 1991).

(54) Nach: Spiegel 18/1997.

(55) Angaben zu Bridgestone und der Geschichte Bridgestone/Firestone nach: Nikki Tait, »Tyre troubles puncture Decature's pride«, in: Financial Times vom 12.8.2000.

(56) Viviane Forrester, L'horreur économique, Paris 1996; deutsche Erstausgabe Wien 1997, S.39ff und 177f.

(57) L. Späth, »Ein Warnschuß, der wachrüttelt«, in: Stern 36/1997.

(58) Manfred Zach, Monrepos oder die Kälte der Macht, Tübingen 1997 (Taschenbuchausgabe: Reinbek 2000).

(59) Forrester, a.a.O., S.178.

(60) Seit 1997/98 hat sich als Folge des – weiter unten erwähnten – Liverpooler Hafenarbeiterstreiks ein Verbund internationaler Home Pages für Aktivistinnen und Aktivisten des Betriebs-. und Gewerkschaftssektors gebildet – das »LabourNet«. LabourNet Germany wird seit 1998 betrieben, ehrenamtlich erstellt von den zwei Gewerkschaftsmitgliedern Dave Hollis (IG Metall Betriebsrat in Nürnberg) und Mag Wompel (Industriesoziologin in Bochum). Adresse: http://www.labournet.de

(61) Angaben nach: Financial Times (dtsch. Ausg.) vom 28.3. und 16.6.2000 und Süddeutsche Zeitung vom 17.6.2000.

(62) »Sieg für Norwegens Gewerkschaften«, in: Financial Times (dtsch. Ausg.) vom 10.2.2000. Angaben zu Finnland nach demselben Blatt vom 13. und 12.4.2000.

(63) Gerhard Bläske, »Die Verzweiflung der Arbeiter«, in: Süddeutsche Zeitung vom 26.7.2000. Auch nach: Le Monde vom 25.7.2000;

(64) Das private Geldvermögen in der BRD wurde für 1991 mit 3500 Milliarden Mark angegeben und übersteigt im Jahr 2000 die Marge von 7200 Milliarden Mark. Angaben nach: Deutsche Bundesbank, Monatsberichte; und: Die Zeit vom 13.7.2000. Die erwähnten Kongresse sind dokumentiert in: »Geld ist genug da – Freiburger Kongreß, Freiburg/Brsg. 1997; 2. Freiburger Kongreß »Geld ist genug da«, Freiburg 1998.

(65) Haig Simonian, »Germany Unbound«, in: Financial Times vom 10.8.2000.

(66) Kevin Brown / Roger Shrimsley, »Ministers to keep out of decisions on merger cases«, in: Financial Times vom 5.8.2000.

(67) Ellen Meiksins Wood, »A reply...«, Monthly Review 9/1997, S.29.

(68) Wiedergegeben in: Sozialistische Zeitung/SoZ vom 16.8.2000. Vorausgegangene Angaben zum Larzac usw. nach: Patrice Vidieu, »Changer la politique agricole«, in: Rouge (Paris) vom 20.4.2000; Angela Klein, »Millau – Roquefort für alle«, in: Sozialistische Zeitung vom 16.8.2000.

Die Bauernbewegung im Larzac ist im übrigen nicht aus dem Nichts gekommen. Sie ist Resultat einer lang andauernden Organisierungsarbeit vor Ort – und praktizierter Vernetzung mit anderen Formen des gesellschaftlichen Protestes. Bereits beim erwähnten Eisenbahnerstreik 1995 hatte Bovés Verband in den Bahnhof von Millau zu einem Festessen mit Lamm und Roquefort eingeladen.